브이레이
포 스케치업
feat   V-Ray for SketchUp feat Chaos Vantage
카오스밴티지

건축 인테리어 실사 모델링의 표준!

브이레이 포 스케치업 feat 카오스밴티지

초판 1쇄 인쇄 | 2025년 3월 20일
초판 1쇄 발행 | 2025년 3월 25일

지 은 이 | 한정훈
발 행 인 | 이상만
발 행 처 | 정보문화사

기 획 진 행 | 오아시스
편 집 진 행 | 노미라
교 정 교 열 | 안종군
디 자 인 | 디박스

주   소 | 서울시 종로구 동숭길 113 (정보빌딩)
전   화 | (02)3673-0037(편집부) (02)3673-0114(代)
팩   스 | (02)3673-0260
등   록 | 1990년 2월 14일 제1-1013호
홈 페 이 지 | www.infopub.co.kr

I S B N | 979-11-991583-0-6

건축
인테리어
실사
모델링의
표준!

브이레이
포 스케치업

feat V-Ray for SketchUp feat Chaos Vantage

카오스밴티지

한정훈 지음

정보문화사
Information Publishing Group.

여섯 번째 이야기

저의 여섯 번째 책이 출간되었습니다. 책 출간은 저와 다른 세계의 사람들이나 가능하다고 살아왔던 제가 50대의 삶을 살면서 여섯 권의 책을 출간한 저자가 되었다는 것이 아직도 실감이 나질 않습니다. 이제는 제가 작업한 실내건축 프로젝트명보다 출간 도서 목록을 프로필에 포함시키는 것만 보아도 책 출간은 이제 제 생활의 일부가 되었다는 것을 의미합니다.

이 책은 스케치업에서 사용할 수 있는 대표적인 렌더링 프로그램인 브이레이(V-Ray)와 가장 좋은 품질의 실시간 렌더링 프로그램인 카오스 밴티지(Chaos Vantage)를 학습하는 내용을 담고 있으며 저의 다섯 번째 책인 『스케치업 2021 feat Ruby』의 따라하기 모델을 일부 수정한 파일을 이용해 단계별로 학습합니다.

스케치업 브이레이는 스케치업을 어느 정도 알고 있어야 좀 더 쉽고 재미있게 익힐 수 있습니다. 스케치업 브이레이를 공부하기 전에 먼저 학습해야 하는 단계는 바로 스케치업 학습입니다. 스케치업을 학습할 독자분들은 『스케치업 2021 feat Ruby』를 선행 학습하는 것을 추천합니다. 많은 실무진이 경험한 사실로 스케치업의 또 다른 세계를 경험할 수 있고 브이레이 공부의 즐거움을 느끼게 해 줄 것이라고 확신합니다.

이 책을 학습하다가 막히는 부분이 있으면 언제든지 제 메일이나 블로그의 안부 게시판에 문의해 주시면 즉시 답변해 드리겠습니다. 그리고 2010년 첫 번째 책부터 쭉 그래왔듯이 지면의 한계로 인해 담지 못한 내용이나 버전 업그레이드로 인해 기능이 개선된 내용은 제 블로그와 제가 운영하는 카페의 게시글을 통해 꾸준하게 알려드리겠습니다.

이 책을 구매해 주신 독자들께 지면으로나마 감사의 인사를 드리며 업무에 많은 도움이 되기를 진심으로 바랍니다. 우리가 투자한 시간은 절대로 배신하지 않습니다. '누군가 잘하고 있다'는 것은 '누구나 잘할 수 있다'라는 의미이기도 합니다. 이정표를 보고 꾸준히 공부하면 누구나 잘할 수 있습니다.

마지막으로 여섯 번째 책 출간을 맞아 첫 번째 책부터 저와 함께하고 있는 네모 기획과 정보문화사에 감사드리며 저의 응원군인 실내건축가 클럽의 11만여 명의 회원님들에게도 감사드립니다.

사랑하는 가족과 저를 꾸준히 지켜봐 주시고 격려해 주시는 많은 지인들, 마지막으로 가장 든든한 조력자인 세젤예 아내 미선과 함께 여섯 번째 책 출간의 기쁨을 함께하겠습니다.

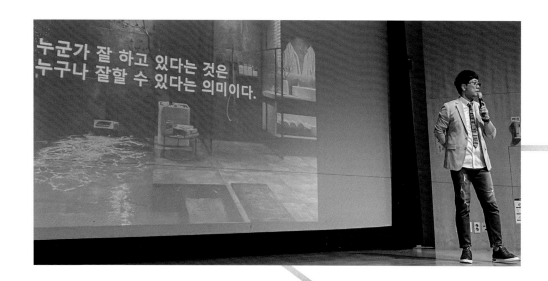

정보의 홍수 속에서 기술 서적이 독자로 하여금 이토록 만족감을 줄 수 있는 경우는 잘 없다고 단언합니다. 하지만 이 책은 이미 5번의 출간 경험을 통해 얻은 저자의 노하우가 잘 녹아 있습니다. 이해하기 쉽고 배우기 쉬운 저자의 실력이 묻어 나오는 책이라고 생각합니다. 실무에서 늘 함께하는 백과사전처럼 활용할 수 있는 책이라 독자들에게 많은 도움이 될 것입니다.

김동영(실내건축회사 대표)

한정훈 저자의 다섯 번째 책『스케치업 2021 feat Ruby』가 스케치업의 사전이었다면 이번 여섯 번째 책은 브이레이의 사전이라고 말씀드릴 수 있습니다. 모든 과정을 상세하게 설명하고 있기 때문에 브이레이가 처음인 분들도 이해하기 쉽습니다. 또한 아직까지 국내에 발간된 적이 없는 실시간 렌더링 프로그램인 밴지티에 대한 설명이 책 속의 책으로 실려 있어서 더욱 좋았습니다.

김미경(실내건축 디자이너)

건축과 실내건축 분야에서 디자인 프로그램의 중요성이 점점 더 커지고 있는 요즘, 저 역시 어떤 책을 선택해 공부해야 할지 많은 고민을 했습니다. 그런 저에게 길잡이가 되어 준 이 책은 단순히 프로그램을 학습하는 데 그치지 않고, 실무에서 체계적이고 효율적으로 적용할 수 있도록 구성되어 있습니다. 건축 및 실내건축 분야의 실무자, 취업을 준비하는 학생 그리고 스케치업 브이레이를 처음 접하는 초보자들에게 자신 있게 추천합니다.

천수아(건축사)

이 책은 의미 없는 소개와 군더더기로 가득 차 있는 다른 책들과 차별화됩니다. 실무에 바로 접목할 수 있는 기본적인 베이스 모델을 통해 브이레이 핵심 기능들을 빠르고 정확하게 이해할 수 있도록 따라하기 방식으로 구성되어 있기 때문에 지루할 틈을 주지 않습니다. 실무 능력을 향상시키고 싶다면 이 책을 항상 곁에 두시길 추천합니다.

최태인(건축시공)

1 ▶ 예제 파일 다운로드

이 책의 학습에 필요한 예제 파일과 완성 파일을 제공하고 있습니다. 정보문화사 홈페이지(www.infopub. co.kr)의 [자료실]에서 도서명으로 검색한 후 제공되는 압축 파일을 다운로드하여 책의 본문 내용을 따라합니다.

www.infopub.co.kr

2 ▶ 문의 사항

저자의 책으로 학습을 진행하면서 궁금한 점이 있다면 언제든지 저자의 메일(inde9898@naver.com), 저자의 블로그(풋대를 향하여, blog.naver.com/inde9898)의 안부 게시판, 저자가 운영하는 네이버 카페(실내건축가클럽, cafe.naver.com/indesignclub)의 질답 게시판에 문의해 주기 바랍니다. 저자가 출간한 모든 책의 질문은 출간 연도와 상관없이 모두 답변해 드리고 있으니 언제든지 문의해 주세요.

저자 블로그: 풋대를 향하여

저자 카페: 실내건축가 클럽

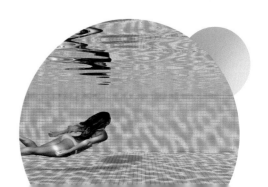

책 속의 책

카오스 밴티지 사용하기 ⟶ 634

저자
갤러리

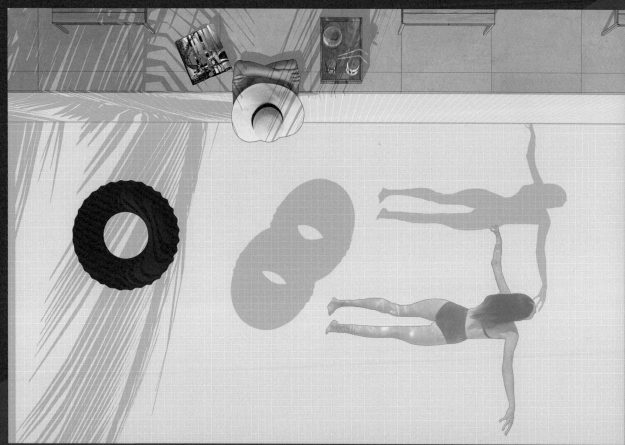

카오스 밸티지

카오스 밸티지

스케치업 브이레이의 핵심 파악하기

SketchUp & V-Ray & Chaos Vantage

PROGRAM 1 과정에서는 스케치업 브이레이와 카오스 밴티지를 설치한 후 브이레이 실무 옵션을 만들고 각종 재질감을 설정하는 방법에 대해 학습하겠습니다.

스케치업 브이레이의
기본 개념 이해하기

스케치업 브이레이와 카오스 밴티지 설치하기

1

1강에서는 스케치업 브이레이와 카오스 밴티지의 설치 방법을 알아보겠습니다. 정품 버전의 설치 방법 위주로 설명하지만, 일정 기간만 사용할 수 있는 트라이얼 버전의 설치 방법도 크게 다르지 않습니다. 이 책에서 학습하는 버전은 2024년 12월 현재 스케치업 2024 버전, 스케치업 브이레이 6.2(6.20.06) 버전, 카오스 밴티지 2.6.1 버전입니다. 이 책이 출간된 이후 프로그램이 버전업되면 버전업된 최신 버전을 다운로드한 후 이 책의 내용을 따라하기 바랍니다.

1 ── 카오스 그룹 접속

설치 파일을 다운로드하기 위해 카오스 그룹(https://www.chaos.com/kr)에 접속한 후 로그인합니다. 해당 url은 카오스 그룹의 한글 페이지이며 다운로드 및 설치 관련 내용도 한글 페이지를 기준으로 합니다. 카오스 그룹 계정이 없는 분들은 계정을 만든 후에 로그인합니다.

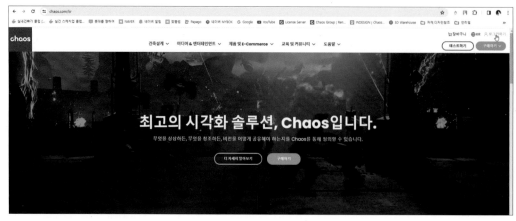

카오스 그룹 홈페이지 접속-로그인

브이레이, 카오스 밴티지

브이레이와 카오스 밴티지에 대해 간단하게 알아보겠습니다.

1. 브이레이(V-Ray)

브이레이는 카오스 그룹에서 제작, 공급하는 대표적인 렌더링 프로그램으로, 스케치업에 플러그인 형식으로 설치됩니다. 브이레이 최신 버전은 2024년 12월 현재 6.2 버전입니다.

2. 카오스 밴티지(Chaos Vantage)

카오스 밴티지 역시 카오스 그룹에서 제작, 공급하는 실시간 렌더링 프로그램으로, 스케치업에 플러그인 형식으로 설치됩니다. 카오스 밴티지의 최신 버전은 2024년 12월 현재 2.6.1 버전입니다.

2 —— [내 제품들] 클릭

로그인이 완료되면 화살표가 지시하듯이 개인 계정 아이콘이 나타납니다. 개인 계정 아이콘을 클릭한 후 [내 제품들]을 클릭합니다.

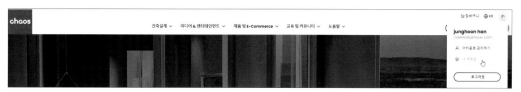

아이콘 클릭-[내 제품들] 클릭

3 —— Download

브이레이 연간 구독형 사용자들은 다운로드 가능한 제품이 나타나며 [Download] 버튼을 클릭하면 최신 버전을 다운로드할 수 있습니다. 트라이얼 버전을 사용할 독자들은 4번 과정부터 따라합니다.

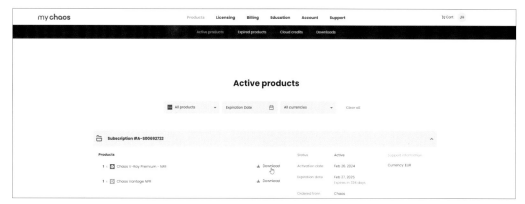

[제품 확인]-[다운로드]

4 ─── 스케치업 브이레이 다운로드

[Download] 메뉴를 클릭합니다.

[Download] 클릭

5 ─── 제품 클릭

[V-Ray for SketchUp]을 클릭한 후 브이레이를 설치할 스케치업 버전을 클릭합니다.

[v-ray for sketchUp] 클릭   설치할 스케치업 버전 클릭

6 ─── 다운로드

[다운로드] 버튼을 클릭해 다운로드합니다.

[다운로드] 버튼 클릭

7 ─── [전체 제품 항목으로 돌아가기] 클릭

스케치업 브이레이를 다운로드했으면 [전체 제품 항목으로 돌아가기]를 클릭한 후 [모든 제품 살펴보기]를 클릭합니다.

[전체 제품 항목으로 돌아가기] 클릭   [모든 제품 살펴보기] 클릭

8 — 카오스 밴티지 다운로드

[Chaos Vantage]를 클릭한 후 [다운로드] 버튼을 클릭해 다운로드합니다.

[Chaos Vantage] 클릭

[다운로드] 클릭

9 — 브이레이 설치 파일 더블클릭

스케치업이 실행되지 않은 상태에서 다운로드한 브이레이 설치 파일 vray_62006_sketchup_win 을 더블클릭합니다.

10 — 브이레이 인스톨

브이레이 설치 화면이 나타나면 [I Agree] 버튼을 클릭한 후 [Install] 버튼을 클릭합니다. 컴퓨터에 설치된 스케치업 버전이 모두 표시됩니다. 이곳에 체크 표시를 하면 하나의 버전만 설치하거나 여러 개의 버전을 설치할 수 있습니다.

[I Agree] 버튼 클릭

[Install] 버튼 클릭

11 — 브이레이 설치 완료

설치가 완료되면 [Done] 버튼을 클릭해 설치를 완료합니다.

 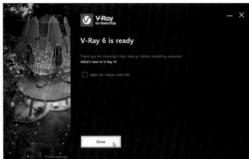

설치 과정이 나타남.　　　　　　　　　　　　　　　　　[Done] 버튼 클릭

12 — 카오스 밴티지 설치 파일 더블클릭

스케치업이 실행되지 않은 상태에서 다운로드한 카오스 밴티지 설치 파일 vantage_2.6.1 을 더블클릭합니다.

13 — 카오스 밴티지 인스톨

라이선스 정책에 동의한다는 [I accept the Agreement] 옵션에 체크 표시를 한 후 [INSTALL] 버튼을 클릭합니다. 설치가 완료되면 [DONE] 버튼을 클릭합니다.

옵션에 체크 표시-[INSTALL] 버튼 클릭　　　　　　　　[DONE] 버튼 클릭

14 — 도구 모음 배치하기

스케치업을 실행한 후 추가된 도구 모음을 확인하고 원하는 위치에 배치합니다. 도구 모음이 나타나지 않으면 도구 모음이 배치된 곳에 마우스 포인터를 올려놓은 후 마우스 버튼을 우클릭하면 나타나는 확장 메뉴 중 [Chaos Vantage]와 [V-Ray for SketchUp] 관련 명령에 체크 표시를 합니다.

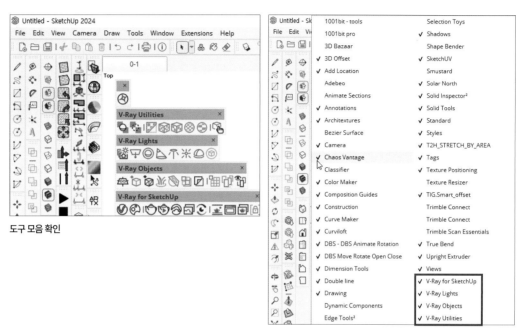

도구 모음 확인

마우스 버튼 우클릭-체크 표시

스케치업, 브이레이, 카오스 밴티지 버전 확인하기

1 │ 스케치업 버전 확인

스케치업 설치 파일명을 확인하거나 메뉴의 [Help]-[About SketchUp]을 클릭하면 스케치업 버전을 확인할 수 있습니다.

메뉴의 [Help]-[About SketchUp] 클릭

버전 확인

2 | 브이레이 버전 확인

브이레이 설치 파일명을 확인하거나 메뉴의 [Extensions]-[V-RAY]-[Help]-[About]을 클릭하면 브이레이 버전을 확인할 수 있습니다.

메뉴의 [V-Ray]-[Help]-[About] 클릭

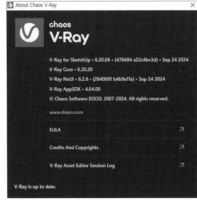

버전 확인

3 | 카오스 밴티지 버전 확인

카오스 밴티지 설치 파일명을 확인하거나 카오스 밴티지를 실행하면 버전을 확인할 수 있습니다.

카오스 밴티지 실행-버전 확인

폴더 만들고 스케치업 작업 영역 설정하기

2

이번 과정에서는 이 책의 학습에 필요한 파일을 복사/붙여넣기하고 스케치업 작업 영역 크기를 표준 규격 (A4, A3, A2, Etc)과 비슷하게 설정하는 방법을 학습하겠습니다. 표준 규격과 비슷한 크기로 작업 영역을 설정하는 이유는 이 책을 따라하면서 렌더링하는 이미지의 비율을 이 책에서 제공하는 렌더링 이미지의 비율과 비슷하게 설정하기 위한 것입니다. 실무 작업에서도 중요한 부분으로 하나의 기준점을 만드는 과정이라고 생각하기 바랍니다.

1 ── [sketchUp,vray,study,source] 폴더 복사/붙여넣기

정보문화사에서 다운로드한 [예제 파일] 폴더에 있는 [sketchUp,vray,study,source] 폴더 전체를 복사해서 D 드라이브에 붙여넣기합니다. [sketchUp,vray,study,source] 폴더 안에는 [1] components 폴더와 [2] materials 폴더가 있으며 각각의 폴더 안에는 이 책을 학습하는 데 필요한 파일들이 있습니다. D 드라이브에 예제 파일의 [sketchUp,vray,study,source] 폴더 전체를 복사하는 이유는 각종 파일의 경로를 일치시켜야 제공되는 스케치업 파일이 이 책에서 학습하는 내용대로 표현되기 때문입니다. 이 책을 학습할 컴퓨터에 D 드라이브가 없는 독자들은 파티션을 분할해서 D 드라이브를 만든 후에 폴더를 복사 및 붙여넣기해야 합니다.

복사/붙여넣기

폴더 확인

알아두기

경로 일치

저자가 온·오프라인에서 스케치업과 브이레이 강의를 할 때 자주 강조하는 내용이 경로 일치에 관한 내용입니다. 모델링과 매핑이 완료된 스케치업 파일을 렌더링하기 위해서는 다양한 파일(범프 맵, 노멀 맵, IES 데이터 파일, HDR 파일, 기타 파일)을 각각의 폴더에서 불러오게 됩니다. 이렇게 불러오는 파일의 용량은 작게는 몇 메가바이트(MB)에서 많게는 몇 기가바이트(GB)까지로 작업 파일의 특성에 따라 크게 달라집니다. 기존 스케치업 파일 용량에서 불러온 파일의 용량이 추가돼 스케치업의 용량이 크게 증가하는 것이 아니라 불러온 파일의 경로(파일이 저장된 위치)만 기억하기 때문에 스케치업의 용량 차이는 거의 없습니다.

특정 파일을 불러온 후 파일의 이름이나 파일이 저장된 폴더의 이름이 수정되거나 위치가 이동되면 해당 파일에 설정한 표현(범프, IES, HDR, 기타)이 안 되기 때문에 경로 일치는 매우 중요합니다.

1번 과정에서 붙여넣기한 폴더들은 저자가 10여 년 전부터 지금까지 이름을 수정하지 않고 사용하고 있으며 앞으로도 마찬가지입니다. 브이레이 학습을 이제 시작한 독자들은 쉽게 이해할 수 없는 내용이지만, 이 책을 학습하면 자연스럽게 이해할 수 있습니다.

2 —— [vray study] 폴더 만들기

바탕 화면에 [vray study] 폴더를 만든 후 [vray study] 폴더 안에 [data file], [vfb history], [rendering], [vray option] 폴더를 만듭니다. [data file] 폴더는 연산 데이터 파일을 저장하고 [vfb history] 폴더는 [vfb history] 창에 저장되는 [vrimg] 파일을 저장합니다. [rendering] 폴더는 렌더링 완료 이미지를 저장하고 [vray option] 폴더는 새롭게 만드는 브이레이 옵션을 저장합니다. 1번 과정처럼 저자가 미리 만든 폴더를 복사/붙여넣기하지 않는 이유는 새로 만드는 폴더들의 특성을 조금이라도 더 기억하라는 의미가 담겨 있습니다.

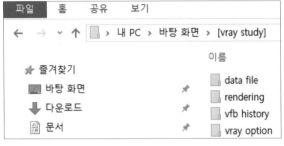

폴더 만들기

3 —— [따라하기] 폴더 복사/붙여넣기

'예제 파일' 폴더의 [따라하기] 폴더를 복사한 후 원하는 위치에 붙여넣기합니다. 해당 폴더는 이 책을 따라하는 예제 파일과 완성 파일이 저장돼 있습니다.

복사/붙여넣기

4 —— 파일 실행

[예제 파일] 폴더의 [따라하기] 폴더에 있는 'P1-1-2.skp' 파일을 실행합니다.

예제 파일 실행

5 — Export

메뉴의 [File]-[Export]-[2D Graphic]을 클릭한 후 [Export 2D Graphic] 창이 나타나면 [Options] 버튼을 클릭합니다.

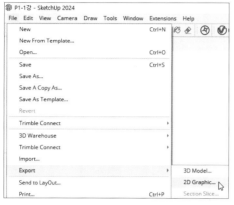

메뉴의 [File]-[Export]-[2D Graphic] 클릭

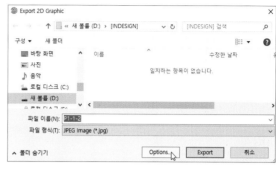

[Options] 버튼 클릭

6 — 픽셀 크기 입력

[Export options] 창이 나타나면 현재 화면의 작업 영역 크기를 나타내는 [Use view size] 옵션의 체크 표시를 해제합니다. 이어서 [Width] 입력란에 '4961'을 입력하고 [Height] 입력란의 숫자를 확인합니다. 저자의 모니터는 세로 크기가 3,536픽셀로 A3 표준 규격의 세로 크기인 3,508픽셀과 비슷합니다.

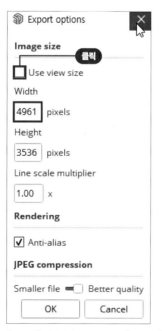

[Width] 입력란에 '4961' 입력-[Height] 수치값 확인

알아두기

스케치업 작업 영역을 표준 규격 크기로 설정하는 이유

픽셀은 우리가 사용하는 모니터의 화면 이미지를 구성하는 최소 단위를 말하며 A3 픽셀 크기는 4,961x3,508픽셀입니다. 스케치업에서 이미지를 내보내기(Export)하거나 렌더링할 때 픽셀 크기가 기준이기 때문에 픽셀 개념을 꼭 이해해야 합니다. A3 픽셀 크기와 최대한 비슷하게 화면 크기를 설정하면 A4, A2, A1, A0 등의 표준 규격과 가로, 세로 비율이 거의 비슷하기 때문에 바로 프린트하거나 후반 작업을 할 때 효율적입니다. 브이레이는 스케치업의 작업 영역과 동일한 비율(Match Viewport 타입일 때)로 렌더링되기 때문에 스케치업 작업 영역 설정은 중요한 부분입니다. 실무 작업을 할 때 표준 규격이 아닌 와이드 형식으로 가로 크기를 더 크게 렌더링하는 경우도 있겠지만, 기본적인 작업 영역은 표준 규격과 최대한 비슷한 크기로 설정하기 바랍니다.

7 —— 도구 모음 재배치

독자들의 작업 영역 크기가 표준 규격의 세로 픽셀 크기와 차이가 많이 나면 스케치업 화면 왼쪽에 있는 각종 도구 모음들의 가로 칸수를 조절해서 표준 규격과 최대한 비슷하게 설정합니다. 저자의 작업 화면을 보면 왼쪽에 도구 모음이 총 여섯 칸 배치돼 있고 오른쪽에 트레이 두 칸이 배치돼 있습니다. 대부분 와이드 모니터를 사용하기 때문에 가로 칸수를 늘려서(예 6칸에서 8칸으로) 표준 규격과 최대한 비슷하게 설정합니다.

저자의 스케치업 화면

현 장 ― 플 러 스 ✳

트레이 폭을 조절하면 안 됨

스케치업 화면 우측에 배치된 트레이의 폭을 조절해서 작업 영역 크기를 설정하면 안 됩니다. 그 이유는 정확한 픽셀 크기(폭)로 조절할 수 없으며 스케치업을 실행할 때마다 작업 영역을 동일한 폭으로 설정하기 힘들기 때문입니다. 작업 중 필요한 경우(예 이름이 긴 그룹, 컴포넌트, 태그, 계층 구조 등의 확인)에만 폭을 늘려 확인하고 그 외에는 항상 최소 폭으로 설정하기 바랍니다.

트레이의 왼쪽 끝에 마우스 포인터 위치

클릭한 상태에서 드래그-트레이 폭이 늘어나거나 줄어듦.

3 렌더링하고 [VFB] 창 설정하기

이번 과정에서는 렌더링하면서 [VFB] 창의 구성, 그림자 시간에 따른 렌더링 이미지의 다양한 느낌, vrimg 파일 형식의 특성 등을 알아보겠습니다. 이번 과정은 '2' 과정을 따라한 스케치업 파일로 진행합니다.

1 —— 그림자 활성화

스케치업 [Shadows] 창의 비활성화된 [Show/Hide Shadows] 아이콘 을 클릭해 그림자를 활성화한 후 그림자 시간을 확인합니다. 그림자 시간은 오후 1시, 9월 1일로 설정돼 있습니다.

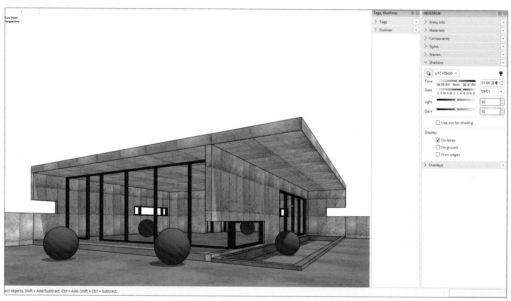

제공 파일 실행-그림자 활성화-그림자 시간 확인

현장 — 플러스 ✳

스케치업 브이레이 업데이트

이 책에서 학습하는 스케치업 브이레이 버전은 6.2 버전입니다. 스케치업 브이레이는 계속 업데이트되기 때문에 독자들이 이 책을 구매할 시기에는 6.2 버전보다 상위 버전으로 학습하게 됩니다. 스케치업 브이레이가 업데이트돼도 지금까지 저자가 출간한 다섯 권의 책과 마찬가지로 저자가 운영하는 카페(네이버 카페: 실내건축가 클럽)와 블로그(네이버 블로그: 푯대를 향하여)를 통해 개선된 내용을 알려드리기 때문에 학습하는 데 큰 어려움은 없습니다. 상위 버전으로 학습하는 독자들은 다음 내용을 참조해 주세요.

1 │ 업그레이드

제공되는 스케치업 파일을 실행하고 스케치업 브이레이의 각종 도구를 클릭했을 때 그림과 같은 알림 창이 나타나면 [OK] 버튼을 클릭합니다. 해당 알림 창은 브이레이 구성 요소를 업그레이드하라는 내용입니다.

2 │ Denoiser

스케치업 브이레이 7 버전에서는 [Denoiser] 옵션이 자동 활성화돼 있습니다. 이전 버전에서 작업한 스케치업 파일을 실행하면 [Denoiser] 옵션이 비활성화돼 있지만, 스케치업 브이레이 7 버전으로 작업을 시작하게 되면 자동 활성화된 상태로 시작합니다. 해당 옵션은 비활성화 상태에서 작업하는 방법을 권장합니다. [Denoiser]는 렌더링 이미지의 노이즈를 제거하는 옵션으로, 자세한 설명은 'PROGRAM 3/4강. [Settings] 옵션 창 알아보기/13. [Denoiser] 탭 알아보기' 내용을 참조하기 바랍니다.

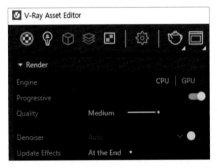
브이레이 6.2 버전에서 작업한 파일을 7.0 버전에서 실행했을 경우: Denoiser 비활성화

브이레이 7.0 버전에서 작업을 시작할 경우: Denoiser 활성화

3 │ 렌더링이 안 될 경우

[Render] 도구 나 [Render with V-Ray] 아이콘을 클릭했을 때 그림과 같은 알림 창이 나타나고 렌더링이 되지 않으면 [Do not show this again(during the current session)] 옵션에 체크 표시하고 [Proceed] 버튼을 클릭하면 됩니다. 해당 알림 창은 '동일한 이름의 이미지 파일이 있다'는 내용으로 렌더링 완료 이미지의 자동 저장 경로와 이름을 설정했을 경우에 나타납니다.

옵션 체크 표시-[Proceed] 버튼 클릭

현
장
―
플
러
스

✳

렌더링이란?

그래픽 분야에서 렌더링(Rendering)이란, 렌더링 프로그램(예 스케치업 브이레이, 카오스 밴티지, 기타)을 이용해 스케치업 모델에 빛(태양, 인공조명)과 각종 재질값(반사, 굴절, 범프, 디스플레이스먼트, 기타)을 설정해 실제 사진과 같은 이미지를 만드는 과정을 말합니다.

스케치업

스케치업 브이레이

2 —— 렌더링

[V-Ray for SketchUp] 도구 모음 의 [Render] 도구를 클릭해 렌더링합니다. 렌더링이 시작되면 [V-Ray Frame Buffer] 창이 나타나며 렌더링 과정을 실시간으로 확인할 수 있습니다. [V-Ray Frame Buffer] 창은 줄여서 [VFB] 창이라고 부르며 [V-Ray for SketchUp] 도구 모음 에 있는 Frame Buffer 도구를 클릭해도 [VFB] 창이 나타납니다.

[Render] 도구를 클릭해 렌더링-확인

알아두기

[VFB] 창의 구성

[VFB] 창은 렌더링 진행 과정과 완성된 렌더링 이미지를 확인하고 보정하는 기능을 가진 창으로, 왼쪽에는 렌더링 이미지를 저장하는 [History] 창, 가운데는 렌더링 진행 과정과 완성 이미지를 확인하는 [Rendering] 창, 오른쪽에는 렌더링 이미지를 보정하고 렌더링 정보를 표시하는 [Layers, Stats, Log] 창으로 구성돼 있습니다. 보정을 주로 하기 때문에 [Layers, Stats, Log] 창을 [Color Collection] 창이라고 부르기도 합니다.

3 —— 이미지 비율 확인하기

스케치업 작업 영역과 [VFB] 창의 렌더링 완성 이미지를 비교해 보면 렌더링 이미지가 스케치업 작업 영역보다 가로가 길다는 것을 알 수 있습니다. 이 부분은 브이레이 기본 옵션의 렌더링 크기가 800x450으로 설정돼 있기 때문입니다. 즉, 세로(높이) 비율은 스케치업 작업 영역과 같지만, 가로(폭) 비율은 다르다는 의미입니다.

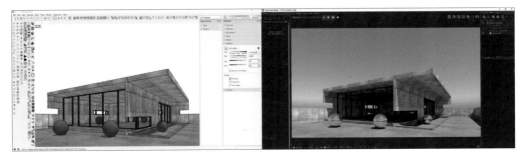

이미지 비율 확인

4 —— 그림자 시간 수정

그림자 시간을 오후 4시로 수정한 후 [Render] 도구🖐를 클릭해 렌더링합니다. 완료 이미지를 보면 스케치업 화면과 동일한 방향으로 그림자가 표현되고 주변 환경과 모델에 반영되는 색감도 달라지는 것을 확인할 수 있습니다.

그림자 시간: 오후 4시

렌더링-확인

그림자 시간에 따른 렌더링 이미지의 다양한 느낌

스케치업에서 설정한 그림자 시간에 따라 렌더링 이미지의 느낌이 달라집니다. 즉, 실제 환경처럼 시간대에 따라 다양한 느낌을 표현할 수 있습니다.

11월 8일, 오전 6시

오전 7시 '1' 장면

11월 8일, 오전 6시

오전 7시 '1' 장면

오전 11시

오후 1시

오후 3시

오후 5시

오후 6시

오후 7시

5 ── [VFB settings] 창 열기

[VFB] 창의 위쪽에 있는 [Options] 메뉴를 클릭한 후 [VFB settings] 명령을 클릭하고 [VFB settings] 창을 나타낸 다음 [History] 메뉴를 클릭합니다. 기본 단축키 S 를 눌러도 [VFB settings] 창이 나타납니다.

[Options]-[VFB settings] 클릭

[History] 클릭

6 ── 저장 경로 설정

설정한 옵션을 적용하는 [Enabled] 옵션에 체크 표시를 합니다. 이어서 [VFB] 창의 왼쪽에 배치된 [History] 창에 저장되는 브이레이 이미지 파일 형식인 vrimg 파일의 저장 경로를 설정하기 위해 [History Folder] 옵션의 [Browse] 아이콘📁을 클릭합니다. [Use Project Path] 옵션에 체크 표시가 돼 있다면 체크 표시를 해제해야 [History Folder] 옵션이 나타납니다. 저장 경로는 바탕 화면에 만들어 놓은 [vray study] 폴더 안에 있는 [vfb history] 폴더를 선택한 후 [폴더 선택] 버튼을 클릭합니다.

Enabled 체크 표시-[Browse] 아이콘 클릭   폴더 선택-[폴더 선택] 버튼 클릭

알아두기

vrimg 파일

vrimg 파일 형식은 브이레이 원본 파일 형식입니다. 우리가 흔히 알고 있는 이미지 파일 형식(jpg, png, bmp 등)은 압축 파일 형식이기 때문에 이미지 파일 형식에 따라 품질이 저하되는 경우가 발생하지만, vrimg 파일 형식은 원본 파일이기 때문에 품질 저하가 없습니다. vrimg 파일 형식은 윈도우상에서 미리 보기가 되지 않고 [VFB] 창에서만 확인할 수 있습니다. 또한 렌더링할 때마다 자동으로 저장되기 때문에 후보정이 필요하거나 중요한 파일은 이름을 수정해서 저장하고 불필요한 파일은 삭제해야 합니다.

7 ── 옵션 체크

렌더링 이미지를 [History] 창에 자동 저장하는 [Auto Save] 옵션과 완성된 렌더링 이미지만을 저장하는 [Auto Save Completed Only] 옵션에 체크 표시를 한 후 [Save and close] 버튼을 클릭합니다.

옵션 체크-[Save and close] 버튼 클릭

8 —— 렌더링/렌더 타임 확인

스케치업 화면 왼쪽 위에 있는 '1' 장면 탭을 클릭한 후 렌더링합니다. 이어서 [VFB] 창의 왼쪽에 있는 [History] 창에 자동 저장된 렌더링 파일에 마우스 포인터를 올려놓아 렌더링에 소요된 시간인 렌더 타임을 확인합니다.

'1' 장면 탭 클릭-렌더링-렌더 타임 확인

9 —— vrimg 파일 확인

바탕 화면의 [vray stury] 폴더 안에 있는 [vfb history] 폴더를 확인해 보면 vrimg 파일이 자동 저장된 것을 확인할 수 있습니다.

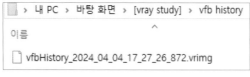

폴더 확인

4

브이레이 실무 옵션 만들기

이번에는 브이레이의 가장 기본인 실무 옵션을 만드는 방법을 학습하겠습니다. 브이레이를 처음 학습하는
독자들이 브이레이의 모든 옵션이 낯설고 어렵게 느껴지는 것은 극히 당연한 현상입니다. 저자 역시 브이
레이를 처음 공부할 때 아무런 이정표가 없었기 때문에 수많은 시행착오를 경험하면서 하나씩 정립했던 기
억이 납니다. 이번 과정에서 학습하는 내용은 여러 번 반복하면서 손이 기억해야 하는 브이레이의 핵심입
니다. 이번 과정을 학습하면서 한 번에 모든 옵션을 이해하려고 하지 말고 처음에는 눈도장만 찍는다는 생
각으로 가볍게 따라하기 바랍니다. 이번 과정은 '3'과정에서 따라한 스케치업 파일로 진행합니다.

1 ── [V-Ray Asset Editor] 창 나타내기

[V-Ray for SketchUp] 도구 모음 ⊘⊘⊙⊘⊘⊘⊙|⊞⊟⊞⊟에 있는 Asset Editor 도구⊘를 클
릭해 브이레이의 전반적인 기능을 설정하는 [V-Ray Asset Editor] 창을 나타내고 펼침 버튼▶을 클릭해 오른
쪽에 세부 옵션 창을 나타냅니다.

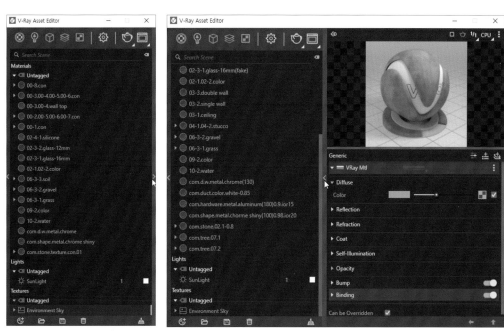

[펼침] 버튼 클릭   옵션 창이 나타남

알
아
두
기

오른쪽에 세부 옵션 창 나타내고 숨기기

펼침 버튼▶을 클릭하면 오른쪽에 세부 옵션 창이 나타나고 닫힘 버튼◀을 클릭하면 세부 옵션 창이 닫힙니다.

2 ── Progressive 비활성화

[Settings] 아이콘을 클릭해 [Settings] 옵션 창을 나타나게 한 후 [Render] 탭 타이틀 바를 클릭해 펼치고 [Progressive] 옵션을 비활성화합니다.

[Progressive] 비활성화

현장 플러스 ✳

[V-Ray Asset Editor] 창에서 각종 옵션 창 나타내기/옵션 활성화, 비활성화

1 | 옵션 창 나타내기

[V-Ray Asset Editor] 창 위에 배치된 아이콘이 흑백이면 해당 창이 비활성화 상태이며 클릭해서 컬러로 표시되면 창이 활성화돼 나타납니다. 연하게 표시된 아이콘은 현재 아무런 내용이 없음을 나타내며 객체나 채널을 추가하면 진하게 표시됩니다. 활성화된 아이콘을 클릭하면 비활성화되고 다시 클릭하면 활성화됩니다.

[Settings] 옵션 창 비활성화 상태

클릭-[Settings] 옵션 창이 나타남.

Ctrl 이나 Shift 를 눌러 여러 개의 아이콘을 다중 선택할 수 있으며 다중 선택한 옵션 창이 트리 구조로 나타납니다.

2 | 각종 옵션 활성화, 비활성화

각종 옵션을 활성화 하거나 비활성화 하려면 슬라이드 바의 오른쪽 끝부분을 클릭(활성화)하거나 왼쪽 끝부분을 클릭(비활성화)하면 됩니다.

여러 개의 아이콘 클릭-여러 개의 옵션 창이 트리 구조로 나타남.

3 ── 렌더링

[Render] 도구⏱를 클릭해 렌더링합니다. 이전 렌더링 진행 과정과는 다르게 버킷(사각형 박스)이 나타나면서 렌더링이 된다는 것을 확인할 수 있습니다. [History] 창에서 렌더 타임을 확인해 보면 이전 렌더링 이미지보다 렌더 타임이 좀 더 빨라졌다는 것도 알 수 있습니다.

렌더 도구 클릭-버킷 확인

렌더 타임 확인

렌더링 방식/버킷 개수/권장 사양

1 | 렌더링 방식

렌더링 방식은 점진적으로 얼룩을 제거하는 프로그레시브(Progressive) 방식과 버킷이 나타나면서 렌더링 과정을 확인할 수 있는 버킷(Bucket) 방식이 있습니다. 버킷 방식이 렌더링 진행 과정을 좀 더 세밀하게 확인할 수 있고 품질도 좋으며 렌더 타임도 프로그레시브 방식보다 빠릅니다.

2 | 버킷의 개수

버킷의 개수는 CPU에 따라 다르게 나타납니다. 저자의 경우 CPU가 i9 13세대로 총 32개의 버킷이 나타납니다. 버킷 개수가 많으면 렌더 타임이 빠르고 버킷 개수가 적으면 렌더 타임이 느립니다.

버킷 32개

3 | 권장 사양

저자가 생각하는 스케치업 브이레이와 카오스 밴티지를 사용하기 위한 권장 사양은 2024년 12월 현재 기준으로 CPU는 i7 13세대 이상, 그래픽 카드는 RTX 3060 이상입니다. 같은 i7(또는 i9)이라고 하더라도 세대에 따라 버킷 개수가 다릅니다.

4 —— 렌더링 비율 설정

[Render Output] 탭 타이틀 바를 클릭해 [Render Output] 탭을 펼칩니다. 이어서 렌더링 화면 비율을 설정하는 [Aspect Ratio] 옵션의 내림 버튼 을 클릭하고 스케치업 작업 영역과 동일한 비율로 설정하는 Match Viewport 타입을 클릭합니다.

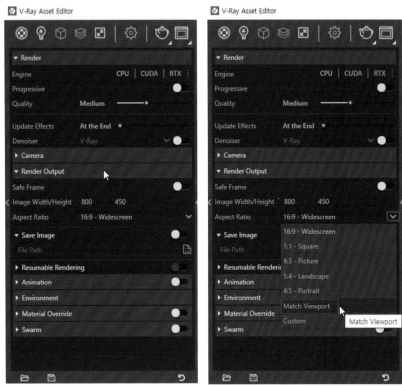

[Render Output] 탭 펼치기   내림 버튼 클릭-[Match Viewport] 클릭

알아두기

각종 탭 펼치고 닫기

각종 탭의 타이틀 바를 클릭하면 펼쳐지고 다시 클릭하면 닫힙니다.

5 —— 렌더링 크기 및 자동 저장 설정

렌더링 크기를 설정하는 [Image Width/Height] 옵션의 [Width] 수치 입력란에 '1200'을 입력한 후 Enter 를 누릅니다. 그런 다음 렌더링 이미지를 자동으로 저장하기 위해 [Save Image] 옵션을 활성화하고 자동 저장되는 경로를 설정하기 위해 [Save File] 아이콘 을 클릭합니다. 바탕 화면에 만든 [vray study] 폴더 안의 [rendering] 폴더로 경로를 지정합니다. 이어서 파일 이름에 'vray'를 입력하고 파일 형식은 'bmp'로 설정한 다음 [저장] 버튼을 클릭합니다.

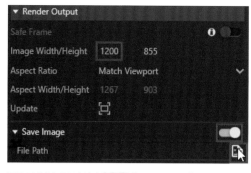

[Width]에 '1200' 입력- Enter -[Save Image] 활성화-[Save File] 아이콘 클릭

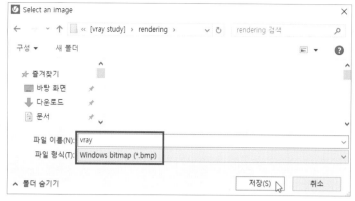

경로 설정-이름 입력-파일 형식 설정-[저장] 버튼 클릭

렌더링 크기

렌더링 크기를 1,200픽셀로 설정했지만, 컴퓨터 사양이 높은 독자들은 좀 더 크게 (⑩ 1,500픽셀) 설정해도 되고 컴퓨터 사양이 낮은 독자들은 좀 더 작게(⑩ 900픽셀) 설정해도 됩니다. 하지만 작은 픽셀 크기보다 큰 픽셀 크기의 렌더링 이미지가 확인이 잘되기 때문에 컴퓨터 사양이 낮은 독자들도 이 책에서 설명하는 크기보다 좀 더 크게 렌더링하는 방법을 권장합니다.

6 —— 렌더링

렌더링합니다. 렌더링이 완료되면 [History] 창의 섬네일 이미지가 원본 비율 크기로 보이게 설정하기 위해 [VFB settings] 창에 있는 [History] 메뉴의 [Position and Thumbnail]의 세부 옵션을 설정한 후 [Save and close] 버튼을 클릭합니다. 독자들의 모니터 비율이 모두 다르기 때문에 해당 과정은 독자들이 여러 옵션을 클릭해 보면서 스스로 설정해야 합니다.

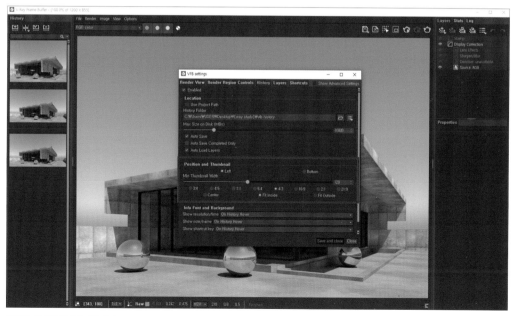

렌더링-섬네일 이미지 비율 설정

파일 형식

가장 일반적인 이미지 파일 형식은 jpg 파일 형식이지만, 압축을 가장 많이 하기 때문에 렌더링 이미지의 품질이 저하돼 사용하지 않습니다. 렌더링 이미지는 압축률이 적은 bmp 파일 형식이나 무손실 파일 형식인 tif 파일 형식으로 저장하기 바랍니다. 또한 png 파일 형식은 배경을 투명하게 저장해서 배경을 합성할 수 있지만, 반사값을 가진 재질에 합성한 배경이 반사되지 않고 이 책에서 학습하는 돔 라이트를 배치하는 방법이 좀 더 효율적이기 때문에 png 파일 형식도 잘 사용하지 않습니다. 이 책에서는 bmp 파일 형식으로만 저장하겠습니다.

bmp 파일 형식   png 파일 형식: 배경이 투명하게 저장됨.

7 ―― 폴더 확인

바탕 화면의 [vray study] 폴더 안에 있는 rendering 폴더를 확인해 보면 렌더링 이미지가 자동 저장된 것을 확인할 수 있습니다. 파일 이름을 'vray'로 자동 저장되게 설정했기 때문에 렌더링이 완료된 이미지 파일의 이름이 같아 기존 이미지 파일을 덮어쓰게 됩니다. 이런 이유로 렌더링을 완료한 후 자동 저장한 이미지 파일의 이름을 항상 수정해야 합니다. 자동 저장된 이미지 파일 이름을 '1-1-1'로 수정합니다.

확인   이름 수정

[Rendering] 창에서 렌더링 이미지 확인

[VFB] 창의 [Rendering] 창에서 렌더링 이미지를 확인하는 방법에 대해 알아보겠습니다.

1. 이미지 확대, 축소, 이동: 마우스 스크롤 버튼을 당기면 렌더링 이미지가 축소(0.4%까지)되고 밀면 확대 (102,400%까지)됩니다. 확대한 상태에서 스크롤 버튼을 누른 상태로 드래그하면 렌더링 이미지를 이동할 수 있습니다.
2. 원본 크기: 마우스 왼쪽 버튼을 더블클릭하면 원본 픽셀 크기로 확인할 수 있습니다.
3. 이미지 꽉 채우기: 키보드의 F 를 누르면 [Rendering] 창 화면에 꽉 차게 나타납니다.
4. 자동 저장된 이미지 불러오기: [History] 창의 섬네일 이미지를 더블클릭하면 [Rendering] 창에 나타납니다.

8 —— 환경 설정

환경을 설정하는 [Environment] 탭을 펼치고 배경을 설정하는 [Background] 옵션의 활성화된 [Texture Slot] 버튼█을 클릭합니다. 브이레이는 기본적으로 [Background] 설정이 Sky 타입으로 설정돼 있어 지평선을 기준으로 지평선 위는 실제 하늘 느낌을 표현하며 지평선 아래는 회색 색상으로 표현합니다.

[Texture Slot] 버튼 클릭

[Sky] 타입 확인

[Texture Slot] 버튼

세부 설정이 돼 있으면 [Texture Slot] 버튼이 활성화█ 상태로 표시되고 아무 설정이 없으면 비활성화█ 상태로 표시됩니다. [Texture Slot] 버튼을 줄여 '맵 버튼'이라고도 합니다.

9 —— 태양 크기 설정

[Sky] 옵션 창 오른쪽의 슬라이드 바를 조금 내려 스샷의 옵션들이 보이게 설정합니다. 그런 다음 [Size Multiplier] 옵션의 수치값에 '1.5'를 입력하고 Enter 를 누릅니다.

슬라이드 바 내림.

[Size Multiplier]에 '1.5' 입력- Enter

현 장 — 플 러 스 ✳

Size Multiplier

[Size Multiplier] 옵션은 태양의 크기를 설정하는 옵션으로 수치값을 올리면 태양이 커지고 그림자의 경계 면이 부드러워집니다.

Size Multiplier: 1

Size Multiplier: 3

10 — 렌더링

[VFB] 창의 오른쪽 위에 있는 [Render] 아이콘 을 클릭해 렌더링합니다. 렌더링이 완료되면 자동 저장된 이미지 번호를 '1-1-2'로 수정합니다. 이후부터는 렌더링 번호만 적고 이름을 바꾸는 내용의 설명은 생략합니다. 렌더링 이미지가 저장된 폴더에서 '1-1-1번'과 '1-1-2번' 이미지를 비교해 봅니다. 시각적으로 큰 차이점을 느낄 수 없다는 것을 알 수 있습니다.

[Render] 아이콘 클릭해 렌더링

알아두기

렌더링 이미지 비교

제공되는 '예제 파일'의 [렌더링] 폴더에는 이 책에서 학습하는 모든 렌더링 이미지가 있습니다. [렌더링] 폴더의 렌더링 이미지와 독자들이 렌더링한 이미지를 계속 비교하면서 학습하기 바랍니다.

파일 이름 수정-이미지 비교

11 — 렌더링

[Size Multiplier] 옵션의 특성을 확인하기 위해 수치값을 '5'로 수정하고 렌더링(1-1-3)합니다.

Size Multiplier: 5

12 — 이미지 비교

이전에 렌더링한 이미지와 비교하기 위해 [History] 창 위쪽에 있는 [A/B horizontal] 아이콘을 클릭합니다. 이어서 최근 이미지를 클릭(A)한 후 이전의 이미지를 클릭(B)합니다. 그런 다음 화면에 보이는 가이드 선을 클릭한 상태에서 좌, 우로 움직이면서 2장의 이미지 차이를 비교합니다. [Size Multiplier] 옵션의 수치값을 '5'로 설정한 후 렌더링한 이미지가 그림자의 경계 면이 더 흐릿하고 구에 반사되는 태양의 크기가 더 크다는 것을 확인할 수 있습니다.

그림자의 경계 면과 구에 반사되는 태양의 크기가 차이남.

[A/B horizontal] 아이콘 클릭-A 이미지 클릭-B 이미지 클릭-가이드 선을 좌, 우로 움직이면서 차이점 확인

알
아
두
기

비교 화면 취소

비교 화면을 취소하려면 렌더링하거나 활성화된 [A/B horizontal] 아이콘을 클릭해 비활성화하면 됩니다.

13 — 수치값 조절

[Size Multiplier] 옵션의 수치값을 다시 '1.5'로 수정합니다.

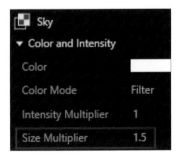

Size Multiplier: 1.5

14 — Sky Model

내림 버튼 클릭

[Preetham et al] 선택

[Sky]-[Sky Model] 옵션의 내림 버튼▼을 클릭해 [Preetham et al] 타입을 선택합니다.

15 — 렌더링

렌더링(1-1-4)합니다.

렌더링

Sky Model

[Sky Model] 옵션은 하늘을 표현하는 [Sky Model] 타입을 설정하며 내림 버튼 ⌄ 을 클릭하면 총 5가지 타입을 선택할 수 있습니다. 저자가 가장 많이 사용하는 [Sky Model]은 [Preetham et al] 타입으로, 가장 맑은 하늘을 표현합니다.

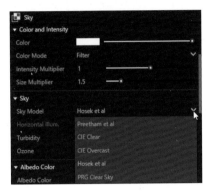

[Sky Model] 타입

[Preetham et al]

[CIE Clear]

[CIE Overcast]

[Hosek et al]

[PRG Clear Sky]

16 — Turbidity

[Turbidity] 옵션의 수치값을 '2'로 수정한 후 렌더링(1-1-5)하고 [VFB] 창에서 이전의 이미지와 비교해 봅니다. 하늘이 더 맑아진 것을 확인할 수 있습니다.

Turbidity: 2

렌더링-비교

17 — 태그 설정

스케치업 [Tags] 창에서 '00. 건축 기초/구조 공사' 태그 폴더의 '00-6. 건축-담장' 태그를 비활성화하고 렌더링(1-1-6)합니다. 이어서 [Albedo Color] 옵션 탭에 있는 [Blend Angle] 옵션의 수치값을 '1'로 설정합니다.

건축-담장 태그 비활성화-렌더링

Blend Angle: 1

Turbidity

[Turbidity] 옵션은 공기 중에 있는 먼지의 양을 설정하며 대기의 흐림 정도와 혼탁도를 표현합니다. 2 에서 10까지 설정할 수 있으며 작은 수치값은 맑고 푸른 하늘을 표현하고 수치값이 올라갈수록 노란색 과 주황색이 증가합니다.

오전 11시, 08월 26일: Turbidity 2

Turbidity 5

Turbidity 10

오후 5시, 08월 26일: Turbidity 2

Turbidity 5

Turbidity 10

18 —— 렌더링/비교

렌더링(1-1-7)한 다음 [VFB] 창에서 이전의 이미지와 비교해 봅니다. 지평선 부근에 보이는 회색 색상의 범위가 낮아진 것을 확인할 수 있습니다.

렌더링-비교

알아두기

Blend Angle

[Blend Angle] 옵션은 수평선과 하늘 사이의 혼합 각도를 설정하며 [Albedo Color] 옵션에서 설정한 색상으로 표현됩니다. 0과 가까워지면 선명한 수평선이 생성되며 수치값을 올릴수록 범위가 넓어지고 부드러워집니다.

19 —— Render Parameters

[Settings] 아이콘을 클릭한 후 렌더링 이미지의 품질을 설정하는 [Render Parameters] 탭을 확장합니다.

[Settings] 아이콘 클릭-[Render Parameters] 탭 확장

20 — 품질 설정

노이즈를 제어하는 [Noise Limit] 옵션의 수치값을 '0.1'로 설정
하고 최대 샘플 수를 설정하는 Max Subdivs 수치값을 '3'으로 설
정한 다음 렌더링(1-1-8)합니다. 렌더링 완료 이미지를 확인해 보
면 렌더 타임은 많이 줄어들었지만, 이미지에 얼룩(Noise)이 많이
보인다는 것을 알 수 있습니다.

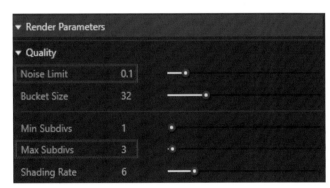

Noise Limit: 0.1, Max Subdivs: 3

품질 및 렌더 타임 확인

알
아
두
기

노이즈

노이즈(Noise)의 일반적인 의미는 잡음, 소음이지만, 디지털 이미지의 노이즈란 작은 입자나 얼룩진 형태로 이
미지에 랜덤하게 나타나 품질을 저하시키는 현상을 말합니다.

21 — 품질 설정

[Noise Limit] 옵션의 수치값을 '0.05'로 설정한 후 [Max Subdivs] 수치값을 '5'로 설정하고 렌더링(1-1-9)합니다. 렌더링 완료 이미지를 확인해 보면 렌더 타임은 늘어났지만, 이미지의 얼룩은 이전 이미지에 비해 많이 제거된 것을 알 수 있습니다.

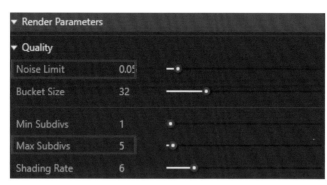

Noise Limit 0.05, Max Subdivs 5

품질 및 렌더 타임 확인

22 — Antialiasing Filter

이미지에 각이 지는 계단 현상을 제어하는 필터를 선택하기 위해 [Antialiasing Filter] 옵션 탭의 내림 버튼 🔽을 클릭합니다. 그런 다음, 가장 선명하게 렌더링하는 [Catmull Rom] 타입을 선택합니다.

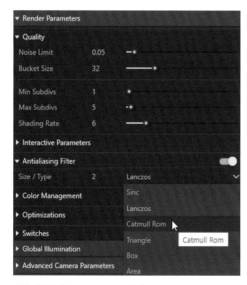

내림 버튼 클릭-Catmull Rom 클릭

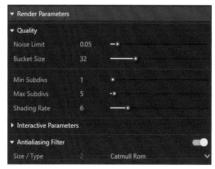

[Catmull Rom] 타입이 선택된 상태

알아두기

Antialiasing Filter

[Antialiasing Filter] 타입은 가장 선명하게 렌더링하는 [Catmull Rom] 타입이나 가장 부드럽게 렌더링하는 [Area] 타입을 주로 사용합니다. 저자의 경우에는 가장 선명한 [Catmull Rom] 타입 위주로 렌더링하며 이 책의 학습도 [Catmull Rom] 타입을 기본으로 합니다.

23 — 렌더링

렌더링(1-1-10)한 후 이전의 이미지와 비교해 봅니다. 이전의 이미지에 비해 더 선명해진 것을 확인할 수 있으며 구에 흰색 반점이 나타난 것도 확인할 수 있습니다.

렌더링-이미지 비교

화이트 도트

모니터가 표현할 수 있는 색상 범위를 넘어 흰색 반점이 생기는 현상을 '화이트 도트'라고 말합니다. 주로 [Antialiasing Filter] 타입이 [Catmull Rom] 타입인 경우에 랜덤하게 나타나지만 [Area] 타입일 경우에 나타나는 경우도 있습니다.

24 — Global Illumination

GI의 연산 타입과 방식을 설정하는 [Global Illumination] 탭을 확장시킨 후 [Primary Rays] 옵션의 내림 버튼✓을 클릭해 [Irradiance map] 타입을 선택합니다.

선택된 상태

[Global Illumination] 탭 확장-[Primary Rays] 옵션의 내림 버튼
✓ 클릭-Irradiance map 선택

25 — 렌더링

렌더링(1-1-11)한 후 [VFB] 창에서 이전의 렌더링 이미지와 비교해 봅니다. 이전의 렌더링 이미지보다 얼룩이 더 제거되고 렌더 타임이 좀 더 빨라진 것도 확인할 수 있습니다.

렌더 타임 확인

렌더링-이미지 비교

현 장 ― 플 러 스 ✳

[Irradiance map] 타입의 장점

25번 과정에서 두 장의 이미지를 비교해도 차이점이 잘 느껴지지 않는 독자들은 실내 부분을 중점으로 확인해 봅니다. 기본으로 설정된 [Brute force] 타입보다 [Irradiance map] 타입이 렌더링 이미지의 노이즈가 적다는 것을 알 수 있습니다.

[Brute force] 타입: 노이즈가 많음.

[Irradiance map] 타입: 노이즈가 적음.

26 — Materials Override

[Materials Override] 옵션을 활성화합니다.

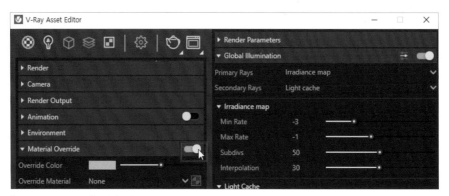

[Material Override] 옵션 활성화

알
아
두
기

Material Override

[Material Override] 옵션은 메트리얼의 재질값은 무시하고 설정한 색상만으로 빠르게 렌더링하는 옵션입니다.

27 — 렌더링

렌더링(1-1-12)한 후 완료 이미지를 확인해 보면 단일 색상으로 객체가 표현된 것을 알 수 있습니다.

렌더링

Override Color

[Material Override] 탭에 있
는 [Override Color] 옵션은
객체를 표현할 색상을 설정합니
다. [Override Color] 옵션의
색상 박스를 클릭하면 [V-Ray
Color Picker] 창이 나타나며
[Range] 옵션의 내림 버튼✔
을 클릭해 '0 to 255' 타입을 선
택한 후 RGB 수치값을 각각 입
력하면 원하는 색상을 설정할 수
있습니다. 기본 색상은 R:188,
G:188, B:188로 설정돼 있습
니다.

색상 확인

28 ― Ambient Occlusion

[Global Illumination] 탭의 [switch To Advanced
Settings] 아이콘➡을 클릭해 숨긴 옵션을 나타나게 한 후
Ambient Occlusion 옵션을 활성화합니다.

switch To Advanced
Settings

[switch To Advanced Settings]
아이콘➡을 클릭하면 숨어 있던 옵션들
이 나타납니다.

[switch] 아이콘 클릭

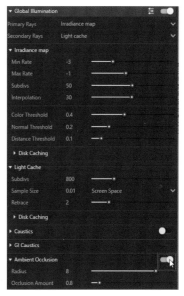

[Ambient Occlusion] 활성화

렌더링(1-1-13)한 후 [VFB] 창에서 이전의 이미지와 비교해 봅니다. 객체 경계 면에 음영이 추가된 것을 확인할 수 있습니다.

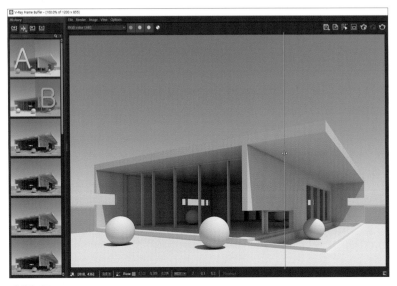

렌더링-비교

Ambient Occlusion

[Ambient Occlusion] 옵션은 객체 경계 면에 음영을 표현합니다. 기본값은 음영의 반지름을 설정하는 [Radius] 옵션이 '8'로 설정돼 있고 음영의 세기를 설정하는 [Occlusion Amount] 옵션이 '0.8'로 설정돼 있습니다. 외부 투시도일 경우, 기본값으로 렌더링해도 괜찮지만, 밝은 색상의 메트리얼로 매핑했거나 실내 장면일 경우에는 음영이 강하게 표현되기 때문에 수치값을 내려야 합니다. [Ambient Occlusion] 옵션을 비활성화하면 객체 경계 면에 음영이 없어 다소 밋밋하게 표현되기 때문에 [Ambient Occlusion] 옵션은 항상 활성화하고 장면과 매핑한 메트리얼에 따라 수치값을 조절하기 바랍니다.

Ambient Occlusion: 8, 0.8

Ambient Occlusion: 4, 0.4

Ambient Occlusion 비활성화

30 — Outlines

[Outlines] 옵션을 활성화한 후 렌더링(1-1-14)합니다. 완료 이미지를 확인해 보면 객체에 선이 표현된 것을
알 수 있습니다.

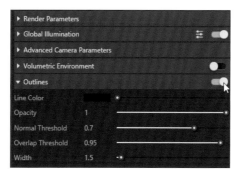

[Outlines] 활성화

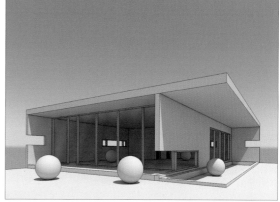

렌더링

현 장 ― 플 러 스

Outlines

[Outlines] 옵션은 객체의 가장자리 선을 표현합니다. 선의 색상을 설정하는 [Line Color] 옵션, 선
의 두께를 설정하는 [Width] 옵션 등을 수정해 다양한 색상과 두께로 객체의 가장자리 선을 표현할 수
있습니다. [Material Override] 옵션과 함께 사용하면 더욱 다양한 표현을 할 수 있습니다.

기본 렌더링

Material Override+Outlines

71

기본 렌더링

Material Override+Outlines

기본 렌더링

Material Override+Outlines

31 — 옵션 비활성화

[Material Override] 옵션과 [Outlines] 옵션을 비활성화합니다.

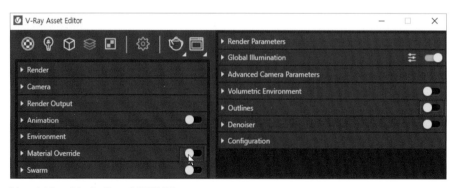
Material Override, Outlines 옵션 비활성화

32 — 렌더링

'1' 장면 탭을 클릭한 후 렌더링(1-1-15)해서 완성합니다.

'1' 장면 탭 클릭

렌더링

33 — 브이레이 옵션 저장

[Settings] 옵션 창 왼쪽 아래에 있는 [Save Render Settings To File] 아이콘을 클릭합니다. 저장 경로는 바탕 화면에 만든 [vray study] 폴더 안의 vray option 폴더로 설정하고 파일 이름을 '브이레이 6.2 버전 실무 옵션'으로 입력한 다음 [저장] 버튼을 클릭합니다. 이 책이 출간된 다음 브이레이가 버전업되면 해당 버전에 맞는 버전명을 입력하기 바랍니다. 이렇게 저장한 옵션은 [Load Render Settings From File] 아이콘을 클릭해 작업 중인 파일에 적용할 수 있습니다.

[Save] 아이콘 클릭

경로 설정-이름 입력-[저장] 버튼 클릭

알
아
두
기

Settings 옵션 창 아래에 있는 아이콘의 기능

- [Load Render Settings From File] 아이콘: 브이레이 옵션 파일을 불러옵니다.
- [Save Render Settings To File] 아이콘: 현재의 브이레이 설정을 브이레이 옵션 파일로 저장합니다.
- [Revert to Default Render Settings] 아이콘: 현재의 브이레이 설정을 브이레이 기본 옵션으로 되돌립니다.

34 — 스케치업 파일 저장

메뉴의 [File]-[Save A Copy As] 명령(다른 이름으로 복사본 저장)을 클릭합니다. [다른 이름으로 저장] 창이 나타나면 파일 이름에 'P1-1-4.완성.1'을 입력한 후 [저장] 버튼을 클릭합니다. 제공되는 파일에 'P1-1-4.완성' 파일이 있기 때문에 제공된 파일과 독자들이 학습한 파일을 구분하기 위해 'P1-1-4.완성.1'로 입력한 것입니다. 지금까지 학습한 스케치업 파일은 저장하지 않고 종료합니다.

[File]-[Save A Copy As] 클릭   이름 입력-[저장] 버튼 클릭

[History] 창에서 이미지 선택, 다중 선택, 삭제

[History] 창에서 섬네일 이미지를 클릭하면 선택되고 Ctrl 을 누른 상태에서 다른 이미지를 선택하면 다중 선택됩니다. 첫 번째 이미지를 선택한 후 Shift 를 누른 상태에서 아래의 이미지를 선택하면 중간에 포함된 이미지도 선택됩니다. 선택한 섬네일 이미지를 삭제하려면 [Delete] 아이콘을 클릭하면 됩니다.

선택

Ctrl

Shift

삭제

2강

SketchUp

재질의
사실감
설정하기

2강에서는 가장 기본적인 재질감인 반사(Reflection), 투명한 객체의 재질을 표현하는 굴절(Refraction), 거친 질감을 표현하는 범프(Bump), 실제 솟아오르는 볼륨감을 표현하는 디스플레이스먼트(Displacement), 잔디를 표현하는 퍼(Fur)에 대해 학습하겠습니다.

● 예제 파일: 따라하기/P1-2-1.skp ● 완성 파일: 따라하기/P1-2-1.완성.skp

1 | 반사 표현하기

이번 과정에서는 가장 기본적인 재질감인 반사에 대해 학습하겠습니다. 반사는 주변의 사물이 반영되는 것을 말하며 선명한 반사와 흐릿한 반사로 구분됩니다. 대부분의 재질은 각각의 반사값(Reflection Glossiness)을 갖고 있기 때문에 재질의 특성에 맞는 반사값 설정은 매우 중요합니다.

1 ── 파일 실행

[예제 파일] 폴더의 [따라하기] 폴더에 있는 'P1-2-1.skp' 파일을 실행한 후 1강에서 학습한 브이레이 실무 옵션을 설정하고 렌더링(1-2-1)합니다. 브이레이 옵션을 설정할 때 지난 과정에서 저장한 브이레이 옵션을 불러오지 않고 반복 학습 차원에서 브이레이 옵션을 하나하나 설정한 후 렌더링하기 바랍니다. 브이레이 학습에서 가장 많은 반복이 필요한 부분이기 때문에 기억이 나지 않으면 이 책의 이전 내용을 참조해도 됩니다. 바탕 화면의 [vray study] 폴더 안의 rendering 폴더에 자동 저장된 렌더링 이미지는 꼭 이름을 수정해야 한다는 점도 다시 한번 강조합니다.

알아두기

저장한 브이레이 옵션 파일을 불러올 경우

브이레이 6.20.06 버전 기준(2024년 12월 현재)으로 저장한 브이레이 옵션 파일을 불러왔을 때 현재 실행된 파일의 SunLight 설정이 불러온 옵션 파일의 설정으로 바뀌는 것이 아니라 그대로 유지되는 버그가 있습니다. 저장한 브이레이 옵션 파일을 불러왔을 경우에는 꼭 SunLight 설정을 확인하고 수정해야 합니다.

렌더링-자동 저장된 렌더링 이미지 이름 수정

2 ── 메트리얼 확인

[V-Ray Asset Editor] 창에서 [Materials] 아이콘◉을 클릭해 [Materials] 옵션 창이 나타나도록 합니다. 그런 다음 스케치업의 [Materials] 창에서 현재의 모델에 매핑한 메트리얼이 등록된 라이브러리를 나타내기 위해 [In Model] 아이콘⌂을 클릭합니다. 그런 다음 객체에 매핑된 메트리얼을 확인하기 위해 [Sample Paint] 아이콘✎을 클릭하고 바닥 '00-1.건축-기초' 그룹을 클릭합니다. 바닥은 '00-1.con' 메트리얼로 매핑된 것을 알 수 있습니다.

알
아
두
기

매핑이란?

매핑(Mapping)은 재질을 입히는 과정을 의미합니다. 여기서 재질은 각종 이미지(구조재, 마감재, 기타 사진) 파일을 말하며 메트리얼(Material), 텍스처(Texture), 이미지(image)와 동일한 의미로 사용됩니다. 메트리얼은 머터리얼, 머테리얼 등 등의 다양한 단어로 표기되고 있지만, 이 책에서는 메트리얼로 통일해서 표기합니다.

[Materials] 아이콘 클릭-스케치업의 [Materials] 창에서 [In Model] 아이콘 클릭-[Sample Paint] 아이콘 클릭-바닥을 클릭해 샘플링

3 ── 재질감 미리 보기 방식 수정

[Materials] 옵션 창의 오른쪽에 있는 [Generic] 옵션 창 위에 있는 [Selects the scene used to preview the asset] 아이콘 을 클릭한 후 [Floor] 타입을 선택합니다. [Selects the scene used to preview the asset] 아이콘 은 재질감 미리 보기 타입을 선택하는 아이콘으로, 이름이 길기 때문에 이후에는 줄여서 [Select preview] 아이콘 이라고 설명하겠습니다.

[Select preview] 아이콘 클릭-[Floor] 클릭

[Floor] 타입으로 미리 보기됨.

4 ── 반사 활성화

[Generic] 옵션 창에 있는 [VRay Mtl] 레이어 탭의 타이틀 바를 클릭해 펼친 후 [Reflection] 옵션 탭도 클릭해 펼칩니다. 반사를 활성화하기 위해 [Reflection Color] 옵션에 있는 슬라이드 바의 가장 오른쪽을 클릭합니다. 슬라이드 바의 조절점을 가장 오른쪽으로 이동시켜도 됩니다. [미리 보기] 창에 반사가 표현되는 것을 확인할 수 있습니다. 현재 반사값은 최댓값인 '1'로 설정돼 있습니다. 렌더링(1-2-2)한 후 완료 이미지를 확인해 보면 바닥에 반사가 표현되고 반사를 활성화하기 전보다 렌더 타임이 증가한 것을 알 수 있습니다.

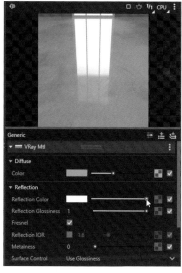

반사 활성화

렌더링-이미지 확인-렌더 타임 확인

재질감 미리 보기 방식 설정/[미리 보기] 창 크기 조절하기

1 | 재질감 미리 보기 방식

[Materials] 옵션 창의 [미리 보기] 창에서 재질의 특성에 맞는 미리 보기 방식을 설정하는 것이 작업에 효율적입니다. 예를 들어 패브릭 재질이면 Fabric 타입으로, 물 재질이면 Ground 타입으로 미리 보기하면 재질감을 더 직관적으로 확인할 수 있습니다.

Generic

Fabric

Floor

Ground

Subsurface Scattering

Wal

Wall Closeup

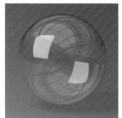
Sphere

2 | [미리 보기] 창 크기 조절하기

[미리 보기] 창의 아래쪽 경계 부분에 마우스 포인터를 올려놓은 후 그림 상태로 드래그하면 [미리 보기] 창의 크기를 늘리거나 줄일 수 있습니다.

마우스 포인터의 위치

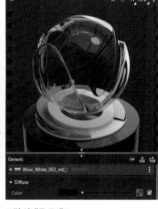
그림 상태로 드래그

현장
플러스

✳

반사 활성화, 비활성화/반사값 설정

반사와 굴절 옵션은 활성화 또는 비활성화로 설정합니다. [Reflection Color] 옵션의 슬라이드 바가
가장 오른쪽에 있으면 활성화 상태(흰색), 가장 왼쪽에 있으면 비활성화(검은색) 상태입니다.

반사 비활성화

반사 활성화

[Reflection Color] 옵션에 있는 슬라이드 바의 조절점을 흰색과 검은색이 아닌 회색으로 설정하는
경우는 드물기 때문에 활성화, 비활성화로만 설정한다고 기억하기 바랍니다. 반사의 세기를 설정하는
반사값은 [Reflection Glossiness] 옵션의 수치값으로 설정합니다.

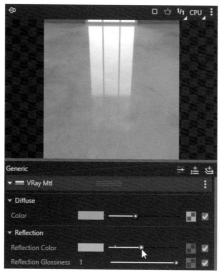

[Reflection Color] 옵션의 슬라이드 바가 중간인 경우

[Reflection Color]: 흰색, [Reflection Glossiness] 옵션: 반사값

5 —— 반사값 설정

[Reflection Glossiness] 옵션의 수치값을 '0.8'로 설정한 후 Enter 를 누르고 렌더링(1-2-3)하면 흐릿한 반사가 표현되는 것을 알 수 있습니다. [Reflection Glossiness] 옵션이 반사값이라고 기억하기 바랍니다.

[Reflection Glossiness] : 0.8

렌더링-확인

6 —— 반사값 설정

[Materials] 옵션 창에서 벽면에 매핑돼 있는 '00-3.00-4.00-5.00-6.con' 메트리얼을 선택한 후 재질감 미리 보기 타입을 [Wall Closeup]으로 설정하고 반사를 활성화한 다음 반사값을 '0.8'로 설정합니다.

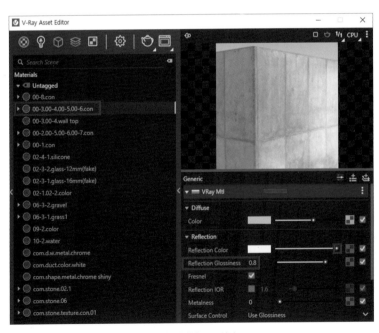

메트리얼 선택-미리 보기 방식 설정-반사 활성화-반사값 : 0.8 설정

반사값

반사란, 주변의 사물이 반영되는 현상을 의미합니다. 반사의 강도를 설정하는 반사값은 0~1까지 설정할 수 있으며 1이 가장 선명한 반사를 표현하고 수치가 내려갈수록 흐릿한 반사를 표현합니다. 반사값이 0.5 이하일 경우에는 반사가 거의 표현되지 않기 때문에 저자의 경우에는 반사값을 0.5~1까지 설정해 렌더링하고 있습니다. 즉, 수치값을 0.5, 0.55, 0.6, 0.65, 0.7, 0.75, 0.8, 0.85, 0.9, 0.95, 1까지 0.05 단위로 설정해 모든 재질감을 표현합니다. 반사가 많이 표현되는 재질은 1이나 1과 가깝게 설정(선명한 반사)하고 반사가 적게 되는 재질은 0.5나 0.5와 가깝게 설정(흐릿한 반사)한다고 이해하기 바랍니다.

반사값에 따른 반사의 차이

색의 밝고 어두움 정도를 말하는 명도에 따라 동일한 반사값이라고 하더라도 반사의 느낌이 달라집니다. 즉, 명도가 높은 색상인 흰색으로 매핑하면 반사가 약하게 표현되는 느낌이 들고 동일한 반사값이라도 명도가 낮은 색상인 검은색은 흰색에 비해 반사가 강한 느낌이 들게 됩니다.

흰색 매핑: 반사가 약한 느낌

검은색 매핑: 흰색에 비해 반사가 강한 느낌

7 —— 반사값 설정

실내 바닥과 담장 윗면 등에 매
핑돼 있는 '00-2.00-5.00-
6.00-7.con' 메트리얼을 선
택한 후 재질감 미리 보기 타
입을 [Floor]로 설정하고 반
사를 활성화한 다음 반사값을
'0.8'로 설정합니다.

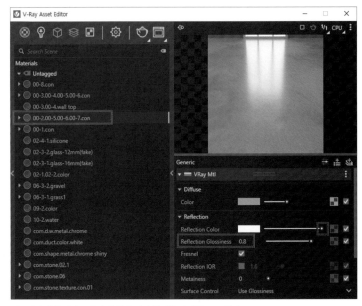

메트리얼 선택-미리 보기 방식 설정-반사 활성화-반사값: 0.8 설정

8 —— 반사값 설정

윈도우 및 도어 프레임에 매핑돼 있는 '02-1.02-2.color' 메트리얼을 선택한 후 재질감 미리 보기 타입을
[Sphere]로 설정하고 반사를 활성화한 다음 반사값을 '0.8'로 설정합니다.

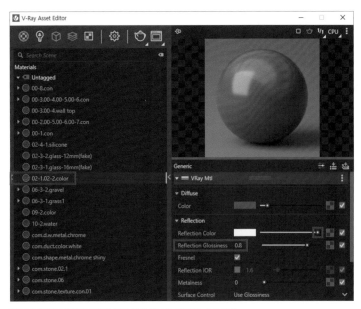

메트리얼 선택-미리 보기 방식 설정-반사 활성화-반사값: 0.8 설정

9 —— 반사값 설정

구에 매핑돼 있는 'com.shape.metal.chrome shiny' 메트리얼을 선택한 후 재질감 미리 보기 타입을 [Sphere]로 설정하고 반사를 활성화한 다음 반사값을 '0.98'로 설정합니다.

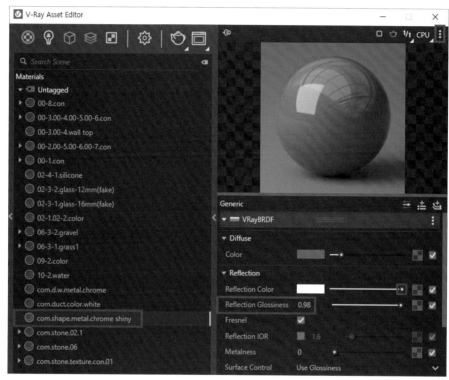

메트리얼 선택-미리 보기 방식 설정-반사 활성화-반사값: 0.98 설정

반사값을 0.98로 설정하는 이유

저자의 경우에는 0.05 단위로 반사값을 적용한다고 했는데 구에 매핑한 메트리얼만 반사값을 '0.98'로 설정한 이유는 반사값을 '1'로 설정했을 때 화이트 도트 현상이 발생하기 때문입니다. 다음 그림의 구 아래에 보이는 흰색은 [SunLight] 때문에 발생한 화이트 도트 현상이 바닥에 반사되고 있는 것입니다. 화이트 도트 현상을 제거하는 방법은 15번 과정에서 학습합니다.

반사값을 '1'로 설정했을 경우: 화이트 도트 현상 발생

렌더링(1-2-4)하면 전반적으로 반사가 표현되고 있으며 이전 이미지보다 렌더 타임이 크게 증가한 것을 알 수 있습니다. 재질값이 설정되는 메트리얼의 개수가 많아질수록 렌더 타임은 계속 증가합니다.

렌더링-렌더 타임 확인

렌더링 시작/렌더링 종료

1 │ 렌더링 시작

렌더링을 시작하려면 다음 3가지 방법 중 하나를 선택하면 됩니다.

① [V-Ray for SketchUp] 도구 모음 에 있는 [Render] 도구 클릭

② [VFB] 창의 [Render] 아이콘 클릭

[Render] 아이콘 클릭

③ [V-Ray Asset Editor] 창의 [Render with V-Ray] 아이콘 클릭

[Render with V-Ray] 아이콘 클릭

2 | 렌더링 종료

렌더링을 종료하려면 아래 3가지 방법 중 하나를 선택하면 됩니다.

① [V-Ray for SketchUp] 도구 모음 에서 [Render] 도구를 클릭해 비활성화

② [VFB] 창의 [Abort rendering] 아이콘을 클릭해 비활성화

③ [V-Ray Asset Editor] 창의 [Stop Render] 아이콘 클릭

11 ― 렌더링

'2' 장면 탭을 클릭한 후 렌더링(1-2-5)하고 렌더 타임을 확인합니다.

'2' 장면 탭 클릭-렌더링-렌더 타임 확인

알
아
두
기

장면에 따른 렌더 타임의 차이

메트리얼의 각종 재질값에 따른 렌더 타임의 차이도 있지만, 장면에 따른 렌더 타임의 차이도 있습니다. 일반적으로 장면에 객체가 적게 보이면 렌더 타임은 감소하고 장면에 객체가 많이 보이면 렌더 타임은 증가합니다. 즉, 화면을 축소(멀리서 볼 때)하면 렌더 타임은 감소하고 화면을 확대(가까이에서 볼 때)하면 렌더 타임은 증가합니다.

12 — 재질값 설정

'com.shape.metal.chrome shiny' 메트리얼을 선택한 후 [Reflection IOR] 옵션에 체크 표시를 하고
수치값을 '5'로 설정합니다.

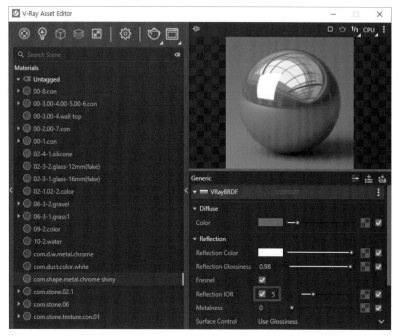

메트리얼 선택-[Reflection IOR] 옵션에 체크 표시-'5' 입력

13 — 렌더링

렌더링(1-2-6)한 후 완료 이미지를 확인해 보면 렌더 타임은 변함 없고 주변이 더 선명하게 반사되는 것을 알 수
있습니다.

렌더링-렌더 타임 확인

[Follow mouse], [Region Render]

1 ┃ **[Follow mouse] 아이콘** : 렌더링이 시작된 후 [Follow mouse] 아이콘 을 클릭하고 마우스 포인터를 특정 지점에 올려놓으면 마우스 포인터가 있는 지점부터 렌더링이 진행됩니다. 특정 재질감을 먼저 확인하고자 할 경우에 유용합니다.

렌더링 시작-[Follow mouse] 아이콘 클릭-마우스 포인터 위치-마우스 포인터가 있는 위치부터 렌더링됨.

2 ┃ **[Region Render] 아이콘** : [Region Render] 아이콘 을 클릭한 후 영역을 지정하고 렌더링하면 해당 영역만 렌더링됩니다.

[Region Render]-영역 지정

렌더링

14 — 수치값 조절

[Reflection IOR] 옵션의 수치값을 '20'으로 설정한 후 렌더링(1-2-7)합니다. [IOR] 옵션의 수치값이 '5'일 때보다 주변이 더 선명하게 반사되는 것을 알 수 있습니다.

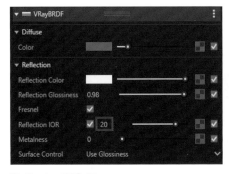

[Reflection IOR]: 20

렌더링

15 — 화이트 도트 현상 제거

[Region Render] 아이콘 ▣을 클릭해 구에 나타난 화이트 도트 부분을 지정한 후 [Settings] 아이콘 ⚙을 클릭해 [Settings] 옵션 창을 나타나게 하고 [Environment] 탭의 [Background] 옵션에 있는 [Texture Slot] 버튼 ▧을 클릭합니다. 그런 다음 [Sky] 옵션 창의 [Options] 탭을 확장시키고 태양이 보이지 않게 설정하기 위해 [Invisible] 옵션에 체크 표시를 합니다.

영역 지정

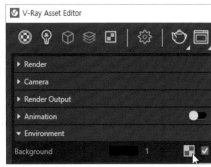

Background 맵 버튼 클릭

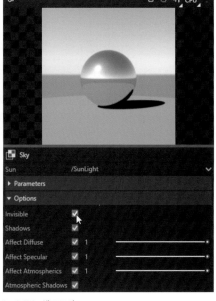

Invisible 체크 표시

Reflection IOR

Reflection IOR(Index Of Refraction)은 반사 굴절률을 의미합니다. 브이레이에서는 [Reflection IOR] 옵션의 수치값을 기본적으로 '1.6'으로 설정해 놓고 사용자가 원하면 임의로 수치값을 입력할 수 있게 만들어 놓았습니다. [Reflection IOR] 옵션의 수치값을 '10' 이상으로 설정하면 금속 질감으로 표현됩니다. 다음 그림을 보면 IOR 수치값이 '1.6'일

IOR 수치값에 따른 질감의 차이

경우에는 금속 질감이 전혀 느껴지지 않지만 IOR 수치값이 올라갈수록 선명한 금속 질감으로 표현된다는 것을 알 수 있습니다.

IOR 수치값은 '20'으로 통일된 상태에서 반사값의 변화에 따른 질감의 차이도 한번 비교해 보겠습니다. 반사값 0.7~0.8 정도가 실무에서 볼 수 있는 스테인리스 헤어라인 느낌이고 0.9~1 정도가 스테인리스 밀러 느낌입니다. 이처럼 IOR 수치값과 반사값을 설정하면 다양한 금속 질감을 표현할 수 있습니다.

반사값에 따른 질감의 차이

16 — 렌더링

렌더링(1-2-8)한 후 렌더링 완료 이미지를 확인해 보면 화이트 도트 현상이 제거된 것을 알 수 있습니다. 활성화된 [Region Render] 아이콘▣을 클릭해 영역 지정을 해제합니다.

렌더링-확인-영역 지정 해제

현
장
ㅡ
플
러
스
✳

Affect Specular

태양(SunLight)을 보이지 않게 설정하더라도 화이트 도트 현상이 랜덤하게 나타날 수 있습니다. 이 경우에는 태양이 발산하는 빛이 재질에 반사되는 [Affect Specular] 옵션의 체크 표시를 해제하면 됩니다. [Affect Specular] 옵션은 [SunLight]에만 있는 것이 아니라 환경 조명인 [Dome Light]와 인공조명(Ractangle Light, IES Light, Spot Light)에도 있습니다.

[Affect Specular]의 체크 표시 해제

[Affect Specular] 옵션의 체크 표시를 해제하고 렌더링하면 화이트 도트 현상을 제거할 수 있지만, 렌더링 이미지의 사실감이 줄어들기 때문에 [Affect Specular] 옵션에 체크한 상태로 렌더링하는 방법을 권장합니다. 눈에 띄는 화이트 도트가 발생할 경우에는 포토샵에서 간단하게 보정할 수 있기 때문에 문제가 되지 않습니다.

[SunLight Affect Specular] 체크 표시 해제

[SunLight Affect Specular] 체크 표시

17 — Metalness

윈도우 및 도어 프레임에 매핑돼 있는 '02-1.02-2.color' 메트리얼을 선택한 후 [Reflection] 옵션 탭에 있는 [Metalness] 옵션의 수치값을 '0.3'으로 설정합니다.

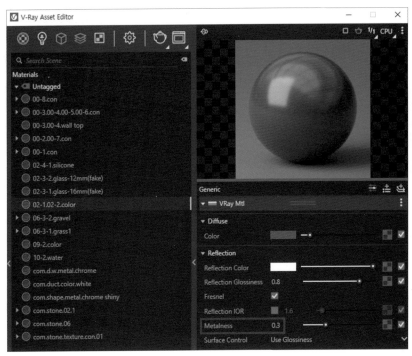

메트리얼 선택-Metalness: 0.3

18 — 렌더링

렌더링(1-2-9)한 후 [VFB] 창에서 이전의 이미지와 비교해 봅니다.

렌더링-비교

현 장 ─ 플 러 스

✳

Metalness

[Metalness] 옵션은 금속 질감을 표현하며 수치값을 0부터 1까지 설정할 수 있습니다. 앞에서 설명한 [IOR] 옵션은 완전 금속 질감을 표현하는 옵션으로 이해하고 [Metalness] 옵션은 색상을 좀 더 진하게 표현하고 반사를 좀 더 선명하게 표현해 금속 질감을 추가하는 옵션으로 이해하기 바랍니다. 저자의 경우에는 금속면 위에 도장(예 갈바 위 도장)을 한 경우에 사용하는 옵션입니다.

[Metalness] 옵션 수치값에 따른 질감의 차이

19 ── 렌더링

'1' 장면 탭 클릭-렌더링

'1' 장면 탭을 클릭한 후 렌더링(1-2-10)해 완성합니다.

20 — 스케치업 파일 저장

계속 학습을 진행할 독자들은 바로 다음 과정으로 넘어가고 나중에 학습할 독자들은 메뉴의 [File]-[Save A Copy As] 명령을 클릭해 파일 이름을 'P1-2-1.완성.1'로 입력하고 [저장] 버튼을 클릭합니다. 제공되는 파일에 'P1-2-1.완성' 파일이 있기 때문에 제공된 파일과 독자들이 학습한 파일을 구분하기 위해 이름을 'P1-2-1.완성.1'로 입력한 것입니다.

지금까지 학습한 스케치업 파일은 저장하지 않고 종료합니다. 다음 과정부터는 파일 저장 관련 설명을 생략하기 때문에 계속 완성 파일을 저장할 독자들은 이번 과정과 같은 방법으로 완성 파일을 저장하기 바랍니다.

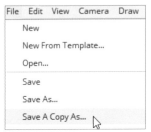

[File]-[Save As Copy As]

이름 입력-[저장] 버튼 클릭

거울(Mirror) 표현

거울을 표현하려면 반사를 활성화(Reflection Color 흰색)하고 반사값(Reflection Glossiness)을 '1'로 설정한 후 [Fresnel] 옵션의 체크 표시를 해제하면 됩니다. [Fresnel](또는 Fresnel 반사)은 보는 각도에 따라 반사의 강도가 달라지는 현실적인 반사를 말하며 기본적으로 체크 표시가 돼 있지만, 거울 표현을 할 경우에는 체크 표시를 해제합니다.

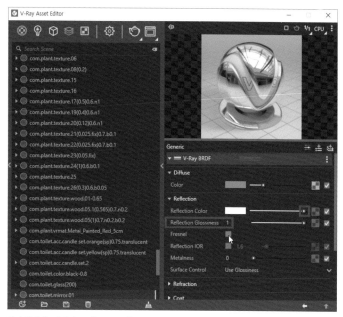

반사 활성화-반사값: 1-[Fresnel] 옵션의 체크 표시 해제

스케치업

브이레이

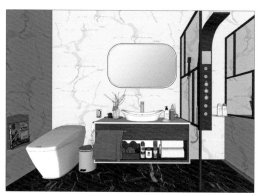

스케치업

브이레이

2 굴절 표현하기

이번 과정에서는 굴절에 대해 알아보겠습니다. 굴절의 사전적인 의미는 빛이 휘어 진행 방향이 바뀌는 현상을 말하지만, 쉽게 이해하기 위해 투명한 재질(물, 유리)은 굴절이 일어나며 반사와 같이 설정해야 한다고 기억하기 바랍니다.

1 ── 장면 확인

이전 과정의 완성 파일로 계속 학습하거나 예제 파일을 실행한 후 '3' 장면 탭을 클릭하고 [Tags] 창을 확인합니다. '3' 장면은 '1' 장면과 달리, [Tags] 창에서 '02-2-2', '02-3-1', '02-3-2', '02-4-1', '10-2'번 태그에 체크 표시(활성화)된 상태로 '유리' 그룹과 '물' 그룹이 추가돼 있습니다.

'3' 장면 탭 클릭

태그 확인

2 ── 불투명도 확인

스케치업의 [Materials] 창에서 유리에 매핑한 '02-3-1.glass-16mm' 메트리얼을 선택한 후 [Edit] 탭을 클릭하고 불투명도를 설정하는 [Opacity] 옵션을 확인합니다. 해당 메트리얼은 현재 [Opacity] 수치값이 '10'으로 설정돼 있기 때문에 스케치업 화면에서 투명하게 보입니다. '10-2.water' 메트리얼도 불투명도를 확인합니다.

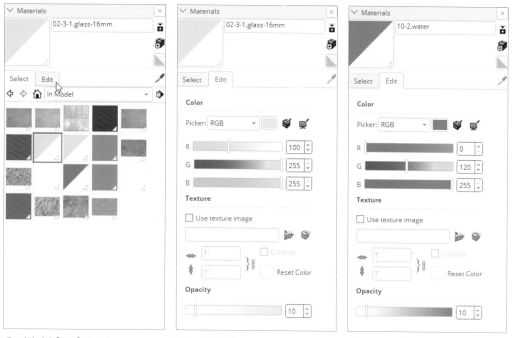

메트리얼 선택-[Edit] 탭 클릭　　　　[Opacity] 확인　　　　메트리얼 선택-[Edit] 탭 클릭-[Opacity] 확인

3 ── 렌더링

렌더링(1-2-11)한 후 완료 이미지를 확인해 보면 유리와 물이 불투명하게 표현되는 것을 알 수 있습니다. 스케치업과 달리 불투명하게 표현되는 이유는 브이레이에서 재질감을 설정하지 않았기 때문입니다.

렌더링

4 — 반사 활성화

브이레이 [Materials] 옵션 창에서 '10-2.water' 메트리얼을 선택한 후 [Select preview] 아이콘▐을 클릭해 재질감 미리 보기 타입을 [Sphere]로 선택한 다음 반사를 활성화합니다.

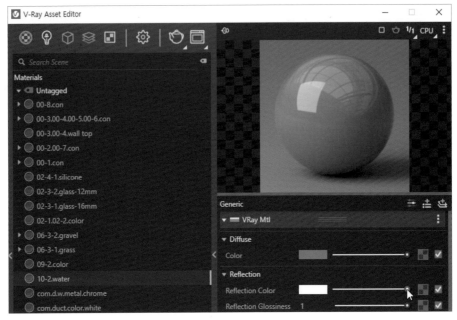

메트리얼 선택-재질감 미리 보기 타입: Sphere-반사 활성화

5 — 반사 활성화

'02-3-1', '02-3-2'번 메트리얼도 재질감 미리 보기 타입을 [Sphere]로 선택한 후 반사를 활성화합니다.

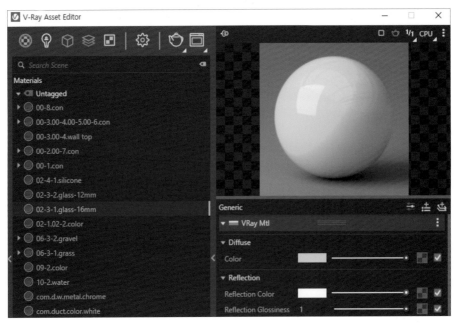

메트리얼 선택-재질감 미리 보기 타입: Sphere-반사 활성화

6 —— 렌더링

렌더링-[VFB] 창에서 이전 이미지와 비교

렌더링(1-2-12)한 후 [VFB] 창에서 이
전의 이미지와 반사 활성화 전후 차이를
비교해 봅니다.

7 —— 굴절 활성화

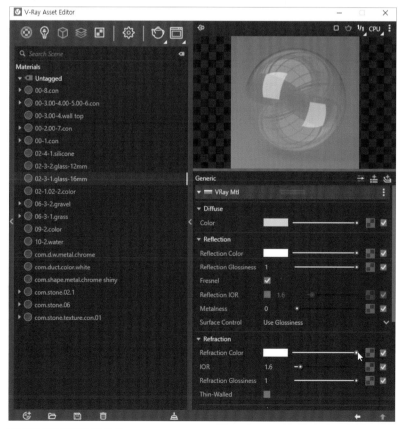

메트리얼 선택-굴절 활성화-확인

'02-3-1.glass-16mm' 메트리얼을
선택한 후 [Refraction] 옵션 탭을 클
릭해 확장하고 굴절을 활성화하기 위해
[Refraction Color] 옵션에 있는 슬라
이드 바의 가장 오른쪽을 클릭합니다. 굴
절 활성화는 반사 활성화와 동일한 방법입
니다. [미리 보기] 창을 확인해 보면 재질
감이 투명해진 것을 확인할 수 있습니다.

알
아
두
기

투명한 재질 표현

투명한 재질(예 유리, 물)은
반사와 굴절을 같이 활성화
해야 투명한 굴절과 반사가
표현됩니다.

99

8 ── 굴절 활성화

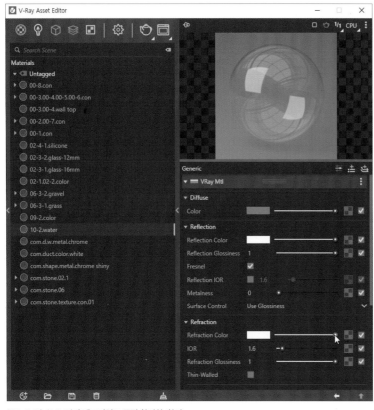

'02-3-2', '10-2'번 메트리얼도 굴절을 활성화합니다.

'02-3-2', '10-2'번 메트리얼도 굴절 활성화-확인

9 ── 렌더링

렌더링(1-2-13)합니다. 유리와 물 재질이 투명해지고 렌더 타임도 증가했다는 것을 알 수 있습니다. 반사만 표현될 때보다 굴절이 추가로 표현되면 렌더 타임은 증가합니다.

렌더링-렌더 타임 확인

[V-Ray Asset Editor] 창의 세로 크기 조절하기

[V-Ray Asset Editor] 창에서 여러 가지 설정을 하다 보면 세로 크기를 늘려야 하는 경우가 많습니다. 세로 크기를 늘리려면 [V-Ray Asset Editor] 창의 위나 아래의 경계면에 마우스 포인터를 올려 놓은 후 그림 상태로 드래그하면 [V-Ray Asset Editor] 창의 세로 크기를 줄이거나 늘릴 수 있는데 매번 이 방식을 사용하기에는 다소 불편합니다.

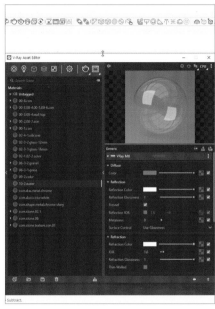

마우스 포인터의 위치

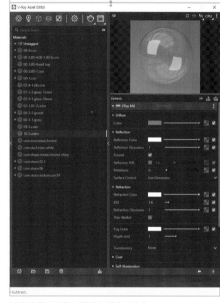

그림 상태로 드래그: 창의 높이가 조절됨.

[V-Ray Asset Editor] 창의 세로 크기를 최대화 하려면 마우스 포인터를 경계면에 올려놓고 더블 클릭하면 창의 세로 크기 가 스케치업 화면 높이에 꽉 차게 최대화되고 다시 더블클릭하면 이전 크기로 돌아갑니다.

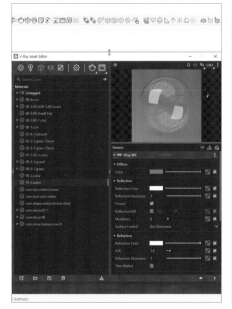

마우스 포인터의 위치

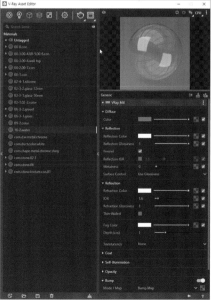

더블클릭: 창의 길이가 최대화됨.

10 — Diffuse Color 복사

현재의 맑은 유리를 그린 컬러 유리로 표현해 보겠습니다. '02-3-1.glass-16mm' 메트리얼의 [Diffuse] 옵션 탭에 있는 [Color] 옵션의 색상 박스를 그림 상태로 아래의 [Reflection] 옵션 탭에 있는 [Fog Color] 옵션의 색상 박스로 드래그해서 복사합니다.

색상 박스 클릭

드래그

색상이 복사됨.

11 — Diffuse Color 복사

'02-3-2.glass-12mm' 메트리얼도 [Diffuse Color]를 [Fog Color]로 복사합니다.

색상 복사

12 — 렌더링

렌더링(1-2-14)합니다.

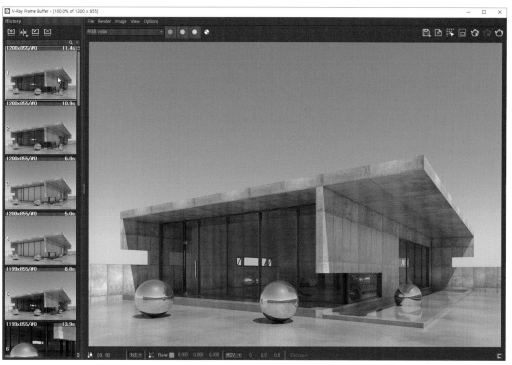

렌더링-확인

Fog Color

[Fog Color] 옵션은 투명한 객체를 통과하는 빛의 색상을 설정하는 옵션으로 유리나 물 등의 투명한 재질의 색상을 설정한다고 이해하기 바랍니다. [Fog Color]는 투명한 객체의 두께에 따라 색상이 다르게 표현됩니다. 즉, 동일한 설정값이라고 하더라도 얇은 객체는 연하게, 두꺼운 객체는 진하게 표현됩니다.

유리 두께에 따른 색상의 차이

13 — Depth

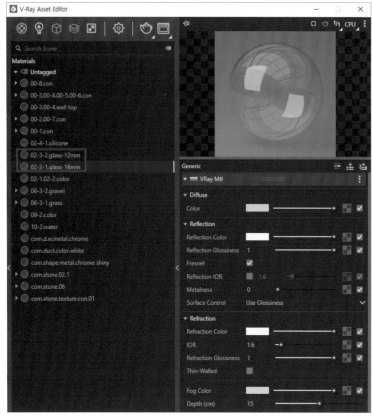

[Depth] : 15

유리 색상이 진하기 때문에 연하게 표현해 보겠습니다. '02-3-1', '02-3-2'번 메트리얼의 [Depth] 옵션의 수치값을 '15'로 설정합니다. [미리 보기] 창을 확인해 보면 유리 색상이 연해진 것을 알 수 있습니다.

14 — 렌더링

렌더링(1-2-15)합니다.

렌더링-확인

Depth

[Depth] 옵션은 [Fog Color]의 세기를 설정합니다. 수치값이 높을수록 세기가 약해지고 투명하게
표현됩니다.

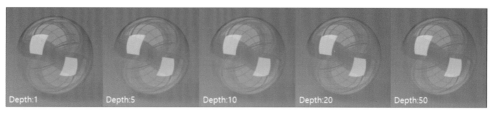

[Depth] 수치값에 따른 색상의 차이

15 — 불투명도 설정

유리의 불투명도를 설정하기 위해 '02-3-1', '02-3-2'번 메트리얼의 [Refraction] 옵션 탭에 있는
[Refraction Glossiness] 옵션의 수치값을 '0.8'로 설정합니다.

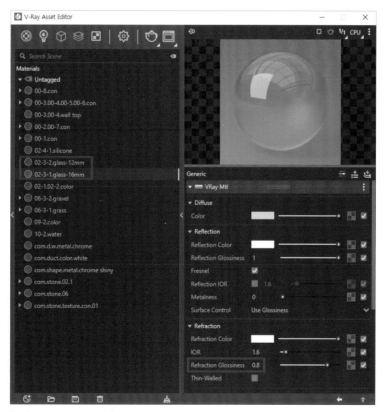

[Refraction Glossiness] : 0.8

Refraction Glossiness

불투명한 유리를 표현할 때 [Refraction Glossiness] 옵션의 수치값을 설정합니다.

[Refraction Glossiness]: 1

[Refraction Glossiness]: 0.9

수치값이 1일 경우 완전 투명하고, 수치값이 0일 경우 완전 불투명합니다.

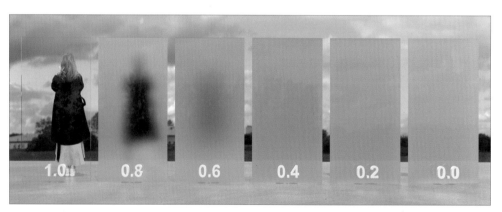

맑은 유리

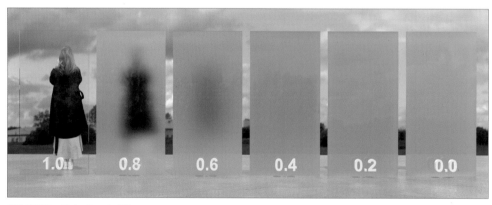

그린 유리(Fog Color Depth 15)

16 — 렌더링

렌더링(1-2-16)한 후 완료 이미지를 확인해 보면 유리가 불투명해진 것을 알 수 있습니다.

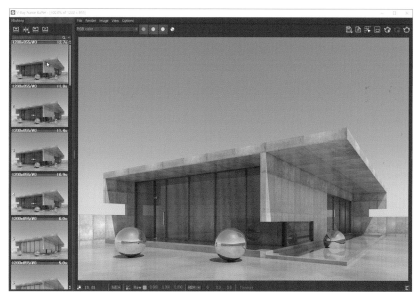

렌더링-확인

17 — 노이즈 확인

[VFB] 창에서 마우스 스크롤 버튼을 밀어 화면을 200% 확대합니다. 유리에 노이즈가 많이 보이는 것을 확인할 수 있습니다.

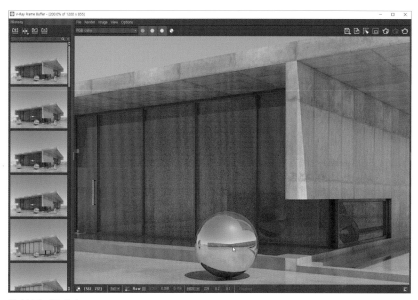

화면 확대-얼룩 확인

18 ― 품질 설정

노이즈를 제거하기 위해 이미지 품질을 고품질로 설정하겠습니다. [Settings] 아이콘 을 클릭해
[Settings] 옵션 창을 나타낸 후 [Render Parameter] 탭의 [Quality] 옵션 탭에 있는 [Noise Limit] 옵
션의 수치값을 '0.02'로 설정하고 [Max Subdivs] 옵션의 수치값을 '8'로 설정합니다.

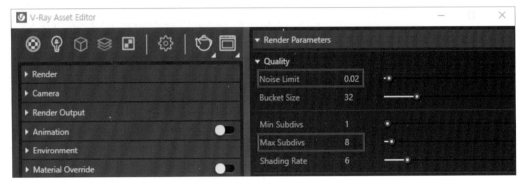

[Noise Limit]: 0.02, [Max Subdivs]: 8

19 ― 렌더링

렌더링(1-2-17)한 후 [VFB] 창에서 이전의 이미지와 비교해 봅니다. 노이즈가 많이 제거됐고 렌더 타임은 증
가했다는 것을 알 수 있습니다.

렌더링-비교-렌더 타임 확인

20 — 품질 설정

최고 품질로 설정해 보겠습니다.
[Noise Limit] 옵션의 수치값
을 '0.01'로 설정한 후 [Max
Subdivs] 옵션의 수치값을 '10'으
로 설정합니다.

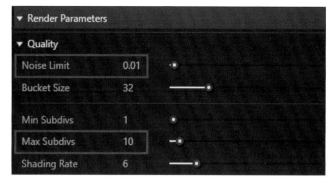

[Noise Limit] : 0.01, [Max Subdivs] : 10

21 — 렌더링

렌더링(1-2-18)한 후 [VFB] 창에서 이전의 이미지와 비교해 봅니다. 노이즈가 더 제거됐고 렌더 타임도 더 증
가했다는 것을 알 수 있습니다.

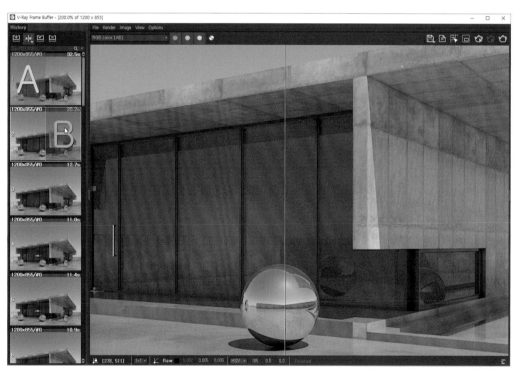

렌더링-비교

22 — 재질값 수정

다시 맑은 유리로 표현하기 위해 '02-3-1.glass-16mm' 메트리얼의 [Refraction Glossiness] 옵션의
수치값을 '1'로 수정한 후 [Fog Color] 옵션의 색상 박스 위에 마우스 포인터를 올려놓고 마우스 버튼을 우클릭
하면 나타나는 확장 메뉴 중 [Reset] 명령을 클릭합니다. 그런 다음 [Depth] 옵션의 수치값을 '1'로 설정합니
다. 그런 다음 '02-3-2.glass-8-12mm' 메트리얼도 동일하게 설정합니다.

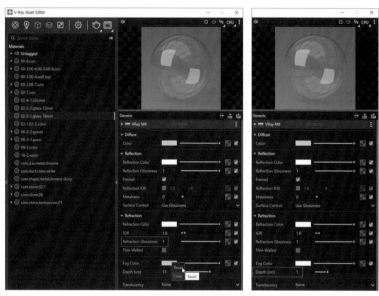

[Refraction Glossiness] : '1' 입력-Fog Color 색상 박스 위에   [Depth] : '1' 입력
서 마우스 버튼 우클릭-[Reset] 클릭

23 — 렌더링

렌더링(1-2-19)한 후
[VFB] 창에서 확대된
렌더링 이미지에 마우스
포인터를 올려놓고 더블
클릭해 원본 보기로 확
인합니다. 현재 최고 품
질 옵션이 적용된 상태
입니다.

렌더링

24 — Coat

유리와 물 재질에 반사를 좀 더 표현해 보겠습니다. '02-3-1.glass-16mm' 메트리얼의 [Coat] 옵션 탭을 확장한 후 [Coat Amount] 옵션의 수치값을 '0.5'로 설정합니다. 그런 다음 '02-3-2.glass-12mm', '10-2.water' 메트리얼도 이와 동일하게 설정합니다.

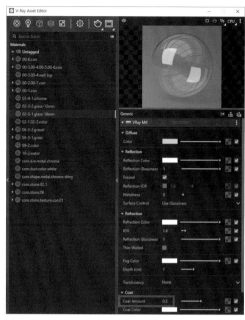

02-3-2, 10-2번 메트리얼도 [Coat Amount]를 '0.5'로 설정

25 — 렌더링

렌더링(1-2-20)해 완성한 후 [VFB] 창에서 이전의 이미지와 비교해 봅니다. 유리와 물 재질에 주변이 좀 더 반사되는 것을 알 수 있습니다.

렌더링-비교

Coat

[Coat] 옵션은 코트 레이어를 해당 재질에 혼합합니다. 저자의 경우에는 유리나 물의 반사값을 '1'로 설정해도 반사 표현이 약하게 느껴질 경우 [Coat] 옵션의 수치값을 올려 주변의 반사를 좀 더 표현합니다.

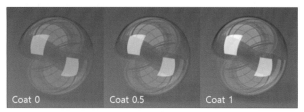

[Coat Amount] 옵션의 수치값에 따른 반사의 차이: 주변의 반사가 좀 더 선명해짐.

[Coat Amount] 옵션의 수치값에 따른 반사의 차이: 주변의 반사가 좀 더 선명해짐.

● 예제 파일: 따라하기/P1-2-2 완성.skp   ● 완성 파일: 따라하기/P1-2-3.완성.skp

3 범프 표현하기

이번 과정에서는 재질의 거친 질감(매입과 돌출 효과)을 표현하는 범프(Bump) 효과에 대해 알아보겠습니다. 범프 효과를 표현하기 위해서는 매핑한 메트리얼의 흑백 이미지가 필요하며 흑백 이미지 중에서 어두운 색 영역이 매입되는 재질감을 표현합니다.

1 ― 렌더링

이전 과정의 완성 파일로 계속 학습하거나 예제 파일을 실행합니다. 그런 다음 '1' 장면 탭을 클릭하고 범프 효과의 전, 후를 비교하기 위해 렌더링(1-2-21)합니다.

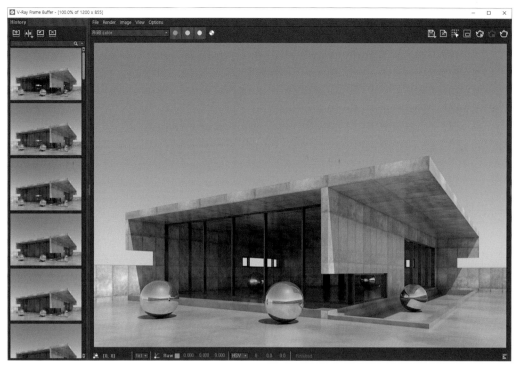

'1' 장면 탭 클릭-렌더링

2 ── 품질 설정

현재 최고 품질 옵션으로 설정돼 있기 때문에 기본 품질 옵션으로 수정하겠습니다. [Settings] 옵션 창에서 [Render Parameter] 탭의 [Quality] 옵션 탭에 있는 [Noise Limit] 옵션의 수치값을 '0.05', [Max Subdivs] 옵션의 수치값을 '5'로 설정합니다.

[Noise Limit] : 0.05, [Max Subdivs] : 5

3 ─ 렌더링

렌더링(1-2-22)한 후 이전의 이미지와 품질 및 렌더 타임을 비교해 봅니다. 렌더 타임은 많이 줄어들었지만, 이전 렌더링 이미지에 비해 실내 천장과 벽면에 노이즈가 보인다는 것을 확인할 수 있습니다.

렌더링-비교

현 장 ― 플 러 스 ✳

기본 품질

브이레이 실무 옵션과 따라하기 학습의 기본 수치값인 [Noise Limit] : 0.05와 [Max Subdivs] : 5는 기본 품질 옵션으로 기억하기 바랍니다. 해당 수치값은 모든 장면에서 기본이라는 의미가 아니라 이 책을 학습하는 기본 품질이라는 의미입니다. 테스트 렌더링을 할 경우에는 해당 수치값을 사용하고 최종 완성 렌더링할 경우에는 해당 수치값보다 고품질([Noise Limit] 옵션의 수치값은 낮게, [Max Subdivs] 옵션의 수치값은 높게)로 설정해서 렌더링해야 합니다.

기본 품질 옵션

4 —— 이미지 편집

스케치업의 [Materials] 창에서 '00-3.00-4.00-5.00-6.con' 메트리얼에 마우스 포인터를 올려놓고 마우스 버튼을 우클릭하면 나타나는 확장 메뉴 중 이미지를 편집하는 [Edit Texture Image] 명령을 클릭합니다. 포토샵이 바로 실행되고 해당 메트리얼(이미지)이 포토샵 화면에 나타나는 것을 확인할 수 있습니다.

마우스 버튼 우클릭-[Edit Texture Image]

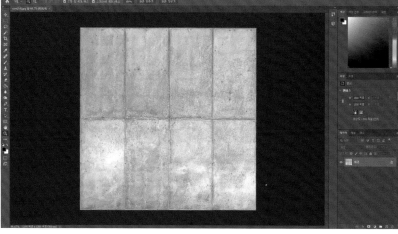

포토샵이 실행되고 이미지 파일이 나타남.

현 장 플 러 스

이미지 편집 프로그램 설정

스케치업 메뉴의 [Window]-[Preferences]를 클릭하면 나타나는 [SketchUp Preferences] 창의 [Applications] 항목에서 이미지 편집 프로그램을 설정할 수 있습니다. [Applications] 항목의 [Choose] 버튼을 클릭해 포토샵 실행 파일을 선택하고 [SketchUp Preferences] 창의 [OK] 버튼을 클릭하면 이미지 편집 프로그램으로 포토샵이 실행됩니다.

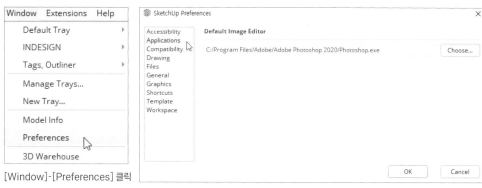

[Window]-[Preferences] 클릭

[Applications] 클릭-[Choose] 버튼 클릭-포토샵 실행 파일 선택-[OK] 버튼 클릭

5 ── 흑백 만들기

Ctrl + Shift + Alt + B 를 누릅니다. [흑백] 창이 나타나면 [확인] 버튼을 클릭합니다. 그런 다음 밝기를 조절하는 [레벨] 창을 나타내기 위해 Ctrl + L 을 누릅니다.

 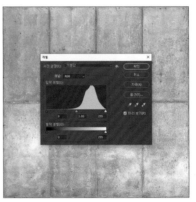

Ctrl + Shift + Alt + B 누름-[확인] 버튼 클릭   Ctrl + L 을 눌러 [레벨] 창 나타내기

6 ── 밝기 조절

[레벨] 창의 왼쪽에 있는 어두운 색 영역의 수치 입력란에 '100'을 입력한 후 오른쪽에 있는 밝은 색 영역 수치 입력란에 '190'을 입력하고 [확인] 버튼을 클릭합니다. 그런 다음 Ctrl + Shift + S 를 눌러 [다른 이름으로 저장] 창을 나타나게 합니다. 그런 다음 저장 경로(D/[sketchUp,vray,study,source]/[2]material/[con])를 설정한 후 파일 이름을 'con(2.4)b'라고 입력하고 [저장] 버튼을 클릭해 저장합니다. 해당 경로는 'PROGRAM 1/1강/2. 폴더 만들고 스케치업 작업 영역 설정하기' 과정에서 예제 파일을 복사, 붙여넣기한 폴더입니다.

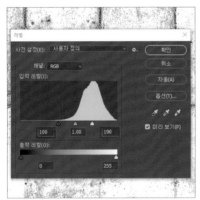 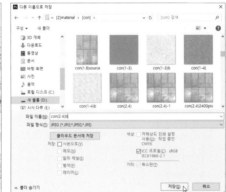

어두운 색 영역: 100, 밝은 색 영역: 190   저장

> **알아두기**
>
> **명도**
> 흑백 이미지를 만들 때 밝고 어두움의 명도 차이가 크면 범프 효과도 강하게 나타납니다.

116

7 —— 이미지 닫기

Ctrl + W 를 클릭한 후 변경 내용을 저장하겠느냐는 [Adobe Photoshop]의 알림창이 나타나면 [아니오] 버튼을 클릭해 이미지 파일을 닫습니다.

[아니오] 버튼 클릭

포토샵에서 보정한 이미지 파일을 바로 저장할 경우

7번 내용에서 [예] 버튼을 클릭하면 스케치업에서 매핑한 메트리얼이 포토샵에서 보정한 이미지로 수정됩니다. 만약 [예] 버튼을 클릭해 저장했다면 스케치업에서 Ctrl + Z 를 눌러 되돌리기를 해야 합니다.

[예] 버튼 클릭

보정한 이미지로 수정됨.

8 —— [Bitmap] 타입

[Materials] 옵션 창에서 '00-3.00-4.00-5.00-6.con' 메트리얼을 선택한 후 범프 이미지를 불러오기 위해 [Bump] 옵션 탭을 확장합니다. 그런 다음 [Mode/Map] 옵션의 비활성화 [Texture Slot] 버튼███을 클릭하고 [Bitmap] 타입을 클릭합니다.

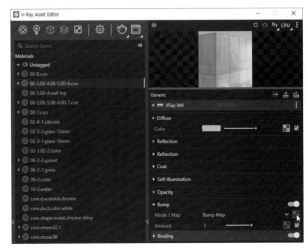

메트리얼 선택-[Texture Slot] 버튼 클릭

[Bitmap] 클릭

9 —— 이미지 파일 선택

6번 과정에서 저장한 'con(2.4)b.jpg' 파일을 선택한 후 [열기] 버튼을 클릭합니다.

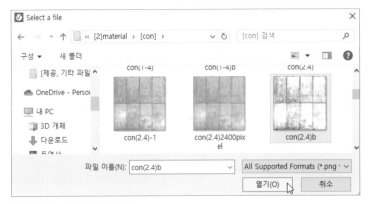

이미지 파일 선택-[열기] 버튼 클릭

10 ─ 타입 선택

해당 이미지 파일의 표현 방식을 설정하는 [Transfer Function] 옵션의 내림 버튼▼을 클릭해 [sRGB] 타입을 선택합니다. 매핑한 이미지 파일은 자동으로 [sRGB] 타입으로 선택되지만, 범프 표현을 위해 불러오는 이미지 파일은 [None]으로 설정(브이레이 6.20.05 버전 기준)되기 때문에 [sRGB] 타입으로 수정해야 합니다.

이전 창으로 돌아가기 위해 [Select Preview Asset] 아이콘◀을 클릭한 후 [미리 보기] 창을 확인해 보면 재질이 거칠게 표현되고 반사 표현이 약해진 것을 알 수 있습니다. 범프 효과가 적용되면 반사 표현은 약해집니다.

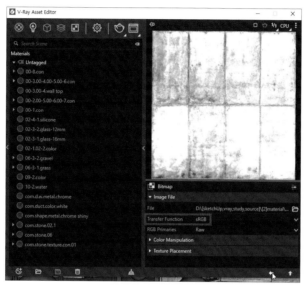 

[sRGB] 타입 선택-[Select Preview Asset] 아이콘 클릭　　　　　　재질감 확인

Transfer Function 타입

Transfer Function 타입을 [None]으로 설정하면 이미지가 흐릿하게 표현됩니다.

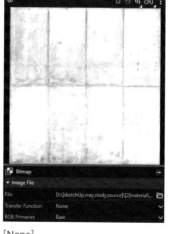 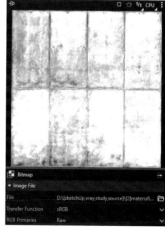

[None]　　　　　　　　　　　sRGB

11 — 렌더링

렌더링(1-2-23)한 후 완료 이미지를 확인해 보면 거친 질감이 표현되는 것을 알 수 있습니다.

렌더링-비교

12 — [Bitmap] 타입

[Materials] 옵션 창에서 '00-1-1. 건축-기초' 그룹에 매핑한 '00-1.con' 메트리얼을 선택한 후 범프 이미지를 불러오기 위해 [Bump] 옵션 탭을 확장합니다. 그런 다음 [Mode/Map] 옵션의 [Texture Slot] 버튼■을 클릭하고 [Bitmap] 타입을 클릭합니다.

메트리얼 선택-[Texture Slot] 버튼 클릭

[Bitmap] 클릭

13 — 이미지 파일 선택

'con(3)b.jpg' 파일(경로:D/
[sketchUp,vray,study,source]/
[2]material/[con])을 선택한 후
[열기] 버튼을 클릭합니다.

이미지 파일 선택-[열기] 버튼 클릭

14 — 타입 선택

[Transfer Function] 옵션의 내림 버
튼[▼]을 클릭한 후 [sRGB] 타입을 선택
하고 이전 창으로 돌아가기 위해 [Select
Preview Asset] 아이콘[◀]을 클릭합니다.
[미리 보기] 창을 확인해 보면 거칠게 표현되
고 있는 것을 알 수 있습니다.

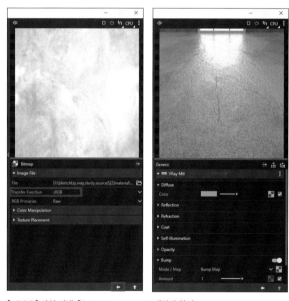

[sRGB] 타입 선택-[Select
Preview Asset] 아이콘 클릭

재질감 확인

15 — 맵 복사

'00-1.con' 메트리얼의 [Bump] 옵션 탭에
있는 [Mode/Map] 옵션의 [Texture Slot]
버튼[■]을 우클릭하면 나타나는 확장 메뉴 중
[Copy]를 클릭합니다.

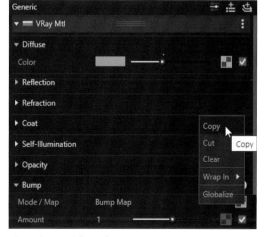

마우스 버튼 우클릭-[Copy] 클릭

16 — 붙여넣기

'00-2.건축-바닥', '00-5.건축-천장', '00-6.건축-담장', '00-7.건축-수조' 그룹에 매핑한 '00-2.00-5.00-6.00-7.con' 메트리얼을 선택한 후 [Bump] 옵션 탭에 있는 [Mode/Map] 옵션의 [Texture Slot] 버튼에 마우스 포인터를 올려놓고 마우스 버튼을 우클릭하면 나타나는 확장 메뉴 중 [Paste as Copy] 명령을 클릭해 복사한 맵을 붙여넣기합니다. '00-1.con' 메트리얼의 범프 이미지 파일인 'con(3)b.jpg' 파일이 동일하게 적용된 것을 알 수 있습니다.

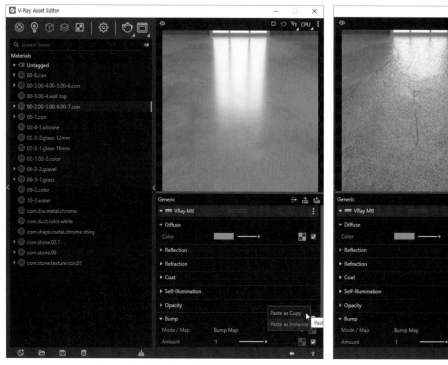

메트리얼 선택-마우스 버튼 우클릭-[Paste as Copy] 클릭   재질감 확인

알아두기

맵 복사

[Bitmap] 타입으로 불러온 이미지 파일은 다른 메트리얼의 맵으로 복사할 수 있습니다. 여기서 말하는 맵은 이미지 파일 또는 적용한 타입이라고 이해하기 바랍니다. '00-1.con' 메트리얼과 '00-2,00-5,00-6,00-7.con' 메트리얼은 같은 이미지 파일이기 때문에 먼저 적용한 범프 맵을 복사한 것입니다. 같은 이미지 파일인데도 메트리얼 이름이 다른 이유는 매핑한 객체가 다르기 때문입니다.

17 — 렌더링

렌더링(1-2-24)한 후 완료 이미지를 확인해 보면 전체적으로 범프가 적용된 것을 확인할 수 있습니다.

렌더링-확인

18 — 범프 세기 조절

범프 세기가 강해 거칠게 표현되기 때문에 범프 세기를 조절해 보겠습니다. '00-2.00-5.00-6.00-7. con' 메트리얼의 [Bump] 옵션 탭에 있는 [Amount] 옵션의 수치값을 '0.3'으로 설정합니다. 그런 다음 '00-1.con' 메트리얼과 '00-3.00-4.00-5.00-6.con' 메트리얼도 동일하게 [Amount] 옵션의 수치값을 '0.3'으로 설정합니다.

메트리얼 선택-Amount: 0.3

19 ── 렌더링

렌더링(1-2-25)한 후 이전의 이미지와 비교해 봅니다.

렌더링-비교

Amount

[Amount] 옵션은 적용한 효과의 세기를 조절하는 옵션입니다.

20 ── 장면 확대

'4' 장면 탭을 클릭한 후 '10-2.water' 메트리얼의 범프 효과 전, 후를 비교하기 위해 렌더링(1-2-26)합니다.

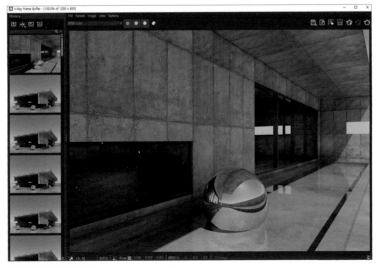

'4' 장면 탭 클릭-렌더링

21 — Bitmap

'10-2.water' 메트리얼을 선택한 후 재질감 미리 보기 타입을 [Ground]로 설정합니다. 그런 다음 범프 효과를 적용하기 위해 [Bump] 옵션 탭에 있는 [Mode/Map] 옵션의 [Texture Slot] 버튼■■을 클릭하고 [Bitmap] 타입을 클릭합니다.

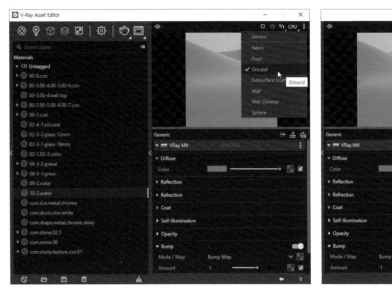

'10-2.water' 메트리얼 선택-재질감 미리 보기 타입 Ground 선택-[Texture Slot]   Bitmap 클릭
버튼 클릭

알
아
두
기

물의 재질감 미리 보기 타입

[Ground] 타입이 [Sphere] 타입보다 물의 범프 효과를 좀 더 직관적으로 확인할 수 있습니다.

22 — 이미지 파일 선택

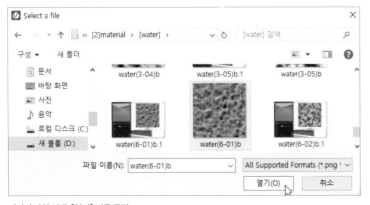

이미지 파일 선택-[열기] 버튼 클릭

'water(6-01)b.jpg' 파일(경로:D/[sketchUp, vray,study,source]/[2]material/[water])을 선택한 후 [열기] 버튼을 클릭합니다.

알
아
두
기

물의 범프 맵

일반적인 범프 이미지는 매핑한 메트리얼의 흑백 이미지 파일이지만, 물은 이미지 매핑이 아닌 색상 매핑을 주로 하기 때문에 별도의 이미지 파일을 불러오는 것입니다.

23 — [sRGB] 타입

[Transfer Function] 옵션의 내림 버튼 ▼ 을 클릭한 후 [sRGB] 타입을 선택하고 이전 창으로 돌아가기 위해 [Select Preview Asset] 아이콘 ← 을 클릭합니다. [미리 보기] 창을 확인해 보면 물의 파장이 표현되는 것을 알 수 있습니다.

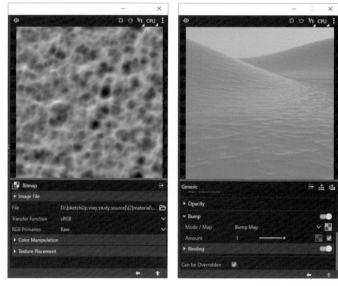

내림 버튼 클릭-[sRGB] 타입 선택-[Select   재질감 확인
Preview Asset] 아이콘 클릭

24 — 렌더링

렌더링(1-2-27)한 후 완료 이미지를 확인해 보면 물의 파장이 너무 촘촘하게 표현되고 있는 것을 알 수 있습니다.

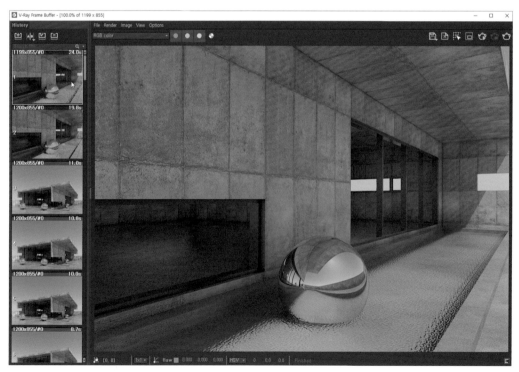

렌더링-확인

[Amount]: 0.5

[Amount]: 0.2

2 | Repeat U/V: [Repeat U/V] 옵션은 텍스처를 몇 번 반복할지를 설정합니다. 수치값이 내려가면 반복되는 횟수가 줄어듭니다.

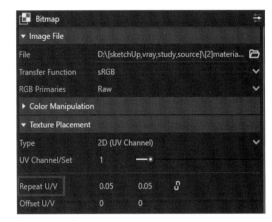
[Repeat U/V]

[Refeat U/V]: 1

[Refeat U/V]: 0.1

[Refeat U/V]: 0.05

[Refeat U/V]: 0.02

28 — 품질 설정

최고 품질 옵션으로 설정하기 위해 [V-Ray Asset Editor] 창의 [Settings] 아이콘 을 클릭해 [Settings] 옵션 창이 나타나도록 합니다. 그런 다음 [Render Parameters] 탭에 있는 [Quality] 옵션 탭의 [Noise Limit] 옵션의 수치값을 '0.01'로 설정하고 [Max Subdivs] 옵션의 수치값을 '10'으로 설정합니다.

[Noise Limit]: 0.01, [Max Subdivs]: 10

29 — 렌더링

렌더링(1-2-30)해 완성한 후 이전의 이미지와 품질 및 렌더 타임을 비교해 봅니다. 주의 깊게 비교해 봐야 할 부분은 실내 바닥의 품질 차이입니다.

렌더링-비교-렌더 타임 확인

범프

재질의 거친 질감을 표현하는 범프 효과는 흑백 이미지 파일을 이용하는 일반 범프와 파란색 이미지 파일을 이용하는 노멀(Normal) 범프가 있습니다. 개념 정립을 위해 일반 범프에 대해 먼저 알아본 후 이 책의 다음 과정에서 노멀 범프에 대해 알아보겠습니다. 일반 범프의 경우, 흑백 이미지 파일의 검은색 부분이 매입되는 효과를 표현하게 됩니다.

1 │ 스타코

매핑 이미지

범프 이미지

[반사]: 0.5

[반사]: 0.5, [범프 세기]: 2

2 │ 콘크리트

매핑 이미지

범프 이미지

[반사]: 0.8

[반사]: 0.8, [범프 세기]: 2

3 | 타일

매핑 이미지

범프 이미지

[반사] : 0.9

[반사] : 0.9, [범프 세기] : 0.3

4 | 타일(줄눈 강조)

타일의 줄눈만을 강조하려면 매핑한 이미지 파일의 흑백 이미지가 아닌 줄눈만 검은색으로 표현된 이미지 파일이 필요합니다.

매핑 이미지

범프 이미지

[반사] : 0.9

[반사] : 0.9, [범프 세기] : 1

4 디스플레이스먼트 표현하기

이번 과정에서는 재질의 볼륨감을 표현하는 디스플레이스먼트(Displacement) 효과에 대해 알아보겠습니다. 범프 효과는 범프 맵의 매핑 좌표를 조금 수정해 재질의 거친 질감을 표현하는 일종의 눈속임이지만, 디스플레이스먼트 효과는 평면상의 재질이 실제로 솟아오르면서 볼륨감을 표현합니다.

1 ─ 옵션 설정

이전 과정의 완성 파일로 계속 학습하거나 예제 파일을 실행합니다. 그런 다음 [Settings] 옵션 창에 있는 [Render Parameters] 탭의 [Quality] 옵션을 기본 품질 옵션(Noise Limit 0.05, Max Subdivs 5)으로 설정합니다. 그런 다음 디스플레이스먼트 효과 적용 전, 후를 비교하기 위해 '4' 장면 탭을 클릭하고 [Materials] 옵션 창에서 '10-2.water' 메트리얼의 [Bump] 옵션을 비활성화합니다.

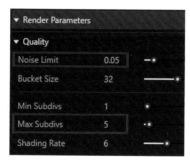

기본 품질 옵션 설정

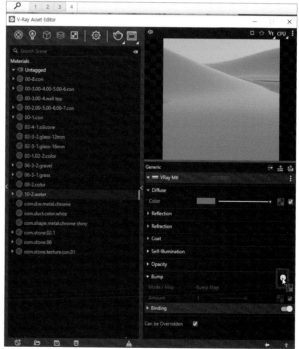

'4' 장면 탭 클릭-'10-2.water' 메트리얼 범프 비활성화

2 ── 렌더링

렌더링(1-2-31)합니다.

렌더링

3 ── Displacement 레이어 추가

[Add Attribute] 아이콘 클릭-[Displace-
ment] 클릭

[Displacement] 탭 클릭-옵션 활성화

'10-2.water' 메트리얼의 [Generic] 옵션 창
에 있는 [Add Attribute] 아이콘을 클릭한 후
[Displacement]를 클릭해 [Displacement] 레
이어를 추가합니다. 그런 다음 [Displacement] 레
이어 탭을 클릭해 확장시키고 [Displacement] 옵
션을 활성화합니다.

4 —— Noise A

[Displacement] 레이어 탭에 있는 [Mode/Map] 옵션의 [Texture Slot] 버튼■을 클릭한 후 [Noise A] 타입을 클릭합니다.

[Texture Slot] 버튼 클릭

[Noise A] 클릭

5 —— 렌더링

[Noise A] 타입의 맵을 확인한 후 렌더링(1-2-32)합니다. 완료 이미지를 확인해 보면 물의 파장이 촘촘하다는 것을 알 수 있습니다. 이전 과정에서 학습한 범프와 마찬가지로 [Repeat U/V] 옵션의 수치값 때문입니다.

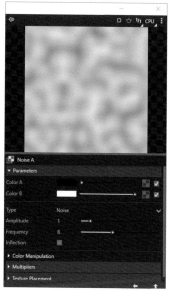

확인

렌더링-확인

맵 타입

브이레이는 다양한 맵 타입을 지원하기 때문에 다양한 재질감을 표현할 수 있습니다. 지면의 한계로 모든 맵 타입을 학습할 수는 없기 때문에 이 책에서는 실무에 자주 사용하는 맵 타입 위주로 학습하겠습니다.

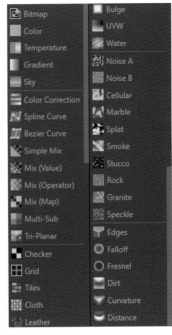

맵 타입

6 ── Repeat

[Noise A] 옵션 창의 [Texture Placement] 옵션 탭에 있는 [Repeat U/V] 옵션의 수치값을 '0.1', '0.1'로 설정한 후 렌더링(1-2-33)합니다.

[Repeat U/V] : 0.1, 0.1

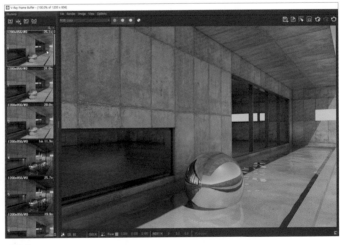

렌더링

7 — Amount

[Noise A] 옵션 창에서 [Select Preview Asset] 아이콘◀을 클릭한 후 [Generic] 옵션 창이 나타나도록 합니다. 그런 다음 [Displacement] 레이어 탭에 있는 [Amount] 옵션의 수치값을 '2'로 설정합니다.

[Select Preview Asset] 아이콘 클릭

[Amount] : 2

8 — 렌더링

확인

렌더링(1-2-34)한 후 렌더링 완료 이미지를 보면 이전 이미지에 비해 파장의 세기가 강해졌고 수면의 높이도 높아졌다는 것을 알 수 있습니다.

알아두기

범프와 디스플레이스먼트의 렌더 타임 차이

범프 효과는 일종의 눈속임이고 디스플레이스먼트 효과는 평면상의 재질이 실제로 솟아오르기 때문에 범프 효과보다 디스플레이스먼트 효과가 렌더 타임이 더 길게 나옵니다.

9 — 그림자 설정

[Shadows] 창에서 그림자 시간은 '오후 6시 30분'으로 설정하고 날짜는 5월 1일로 설정한 후 렌더링(1-2-35)합니다. 완료 이미지를 확인해 보면 물의 파장이 오후 시간대에 비해 더 잘 확인되는 것을 알 수 있습니다.

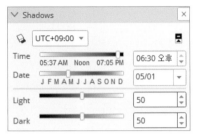

그림자 설정

렌더링

10 — 품질 설정

최고 품질 옵션으로 설정하기 위해 [V-Ray Asset Editor] 창의 [Settings] 아이콘⚙을 클릭해 [Settings] 옵션 창이 나타나도록 합니다. 그런 다음 [Render Parameters] 탭에 있는 [Quality] 옵션 탭의 [Noise Limit] 옵션의 수치값을 '0.01'로 설정하고 [Max Subdivs] 옵션의 수치값을 '10'으로 설정합니다.

Noise Limit: 0.01, Max Subdivs: 10

11 — 렌더링

렌더링(1-2-36)해 완성한 후 이전의 이미지와 품질 및 렌더 타임을 비교해 봅니다. 계속해서 렌더링 품질을 기본 품질 옵션과 최고 품질 옵션으로 수정하는 이유는 반복 학습을 통해 해당 옵션들의 특성을 확실하게 이해시키기 위함입니다.

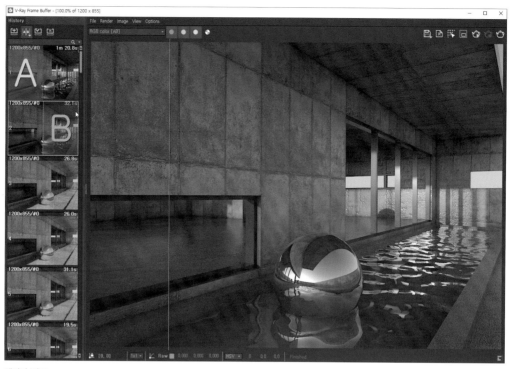

렌더링-비교

디스플레이스먼트

범프는 매핑한 메트리얼의 매핑 좌표를 조금 이동시켜 재질의 거친 질감(매입과 돌출 효과)을 표현하며 디스플레이스먼트는 평면상에 매핑한 메트리얼이 실제로 돌출되면서 재질의 볼륨감을 표현합니다. 범프는 일종의 눈속임이고 디스플레이스먼트는 실제라고 이해하기 바랍니다.

디스플레이스먼트 효과도 범프와 마찬가지로 매핑한 이미지 파일의 흑백 이미지 파일이 필요합니다. 흑백 이미지 중에서 밝은 색 영역이 돌출되는 효과를 표현하게 됩니다. 그리고 범프와 디스플레이스먼트를 함께 적용하는 경우도 있습니다.

1 │ 디스플레이스먼트 효과

디스플레이스먼트 효과는 재질의 볼륨감을 표현합니다.

① 콘크리트

[반사] : 0.8

[반사] : 0.8, [디스플레이스먼트 세기] : 2

② 자갈

[반사] : 0.8

[반사] : 0.8, [디스플레이스먼트 세기] : 2

2 │ 범프와 재질감 차이

범프는 거친 질감만을 표현하지만, 디스플레이스먼트는 거친 질감과 볼륨감을 동시에 표현할 수도 있고
부드러운 볼륨감만 표현할 수도 있습니다.

범프

디스플레이스먼트

범프　　　　　　　　　　　　　　　　　　　　디스플레이스먼트

3 │ 디스플레이스먼트를 사용할 때 참조할 부분

① **객체가 묻힘**: 디스플레이스먼트는 평면상의 재질이 실제로 솟아오르기 때문에 객체가 묻힙니다.

디스플레이스먼트 적용 전　　　　　　디스플레이스먼트 세기 2　　　　　　디스플레이스먼트 세기 4

② **디스플레이스먼트 이미지 파일**: 디스플레이스먼트 효과를 표현할 이미지 파일은 선명한 이미지보다 흐릿한 이미지의 효과가 좋습니다. 이미지를 부드럽게 만드는 필터 옵션도 있지만, 기본적인 이미지 파일이 흐릿하면 더 부드러운 볼륨감을 표현합니다.

선명한 디스플레이스먼트 이미지　　　　　　렌더링

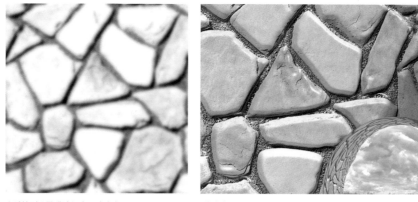

흐릿한 디스플레이스먼트 이미지   렌더링

③ **그룹(또는 컴포넌트) 매핑**: 디스플레이스먼트 효과를 표현하려면 그룹(또는 컴포넌트) 편집 모드
에서 매핑하는 것이 아니라 그룹에 바로 매핑해야 합니다. 매핑 위치를 연결시켜야 할 경우에는 그룹
에 매핑한 후 그룹 편집 모드에서 다시 매핑하면 됩니다.

그룹(또는 컴포넌트)에 바로 매핑

④ **Keep Continuity**: 디스플레이스먼트 효과를 표현하면 객체의 모서리 부분이 벌어지는 문제가
발생하기 때문에 [Keep Continuity] 옵션에 체크 표시를 해야 합니다.

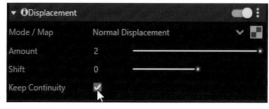

[keep Continuity]

체크 해제(기본 설정) 모서리 부분이 벌어짐. 모서리 부분이 연결됨.

● 예제 파일: 따라하기/P1-2-4 완성.skp   ● 완성 파일: 따라하기/P1-2-5.완성.skp

5 퍼 표현하기

이번 과정에서는 잔디, 카펫, 러그, 인형 등의 볼륨감을 표현할 수 있는 퍼(Fur)에 대해 알아보겠습니다. 퍼로 표현할 객체는 단일 그룹(또는 컴포넌트)이어야 하고 하위 그룹을 갖고 있거나 여러 개의 그룹으로 묶인 그룹은 퍼로 만들지 못합니다.

1 — 렌더링

이전 과정의 완성 파일로 계속 학습하거나 예제 파일을 실행하고 '5' 장면 탭을 클릭합니다. '5' 장면 탭은 '06-3-1. 바닥 마감 공사-외부-잔디' 태그와 '10-4.기타 공사-디딤석' 태그가 활성화된 장면입니다. 렌더링 품질을 기본 품질 옵션으로 설정하고 렌더링(1-2-37)합니다.

[Noise Limit]: 0.05, [Max Subdivs]: 5

렌더링

143

2 —— 퍼 추가

선택 도구 ▶ 로 '06-3-1. 바닥 마감 공사-외부-잔디' 그룹을 선택한 후 [V-Ray Asset Editor] 창의 비활성화
된 [Geometry] 아이콘 ▥을 클릭하고 [Fur]를 클릭합니다.

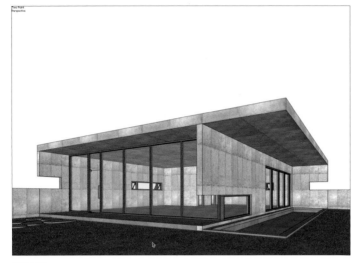

그룹 선택

[Geometry] 아이콘 클릭-[Fur] 클릭

3 —— 이름 수정/그룹 포함하기

[Geometry] 옵션 창에 퍼가 추가됐습니다. 추가된 퍼를 더블클릭한 후 이름을 'Fur-잔디'로 수정하고 'Fur-잔
디'에 마우스 포인터를 올려놓은 다음 마우스 버튼을 우클릭하면 나타나는 확장 메뉴 중 [Apply to Selection]
명령을 클릭합니다. 스케치업 모델을 확인해 보면 해당 그룹이 빨간색 점선으로 영역이 지정되면서 퍼로 설정된
것을 확인할 수 있습니다.

이름 수정-마우스 버튼 우클릭-[Apply to
Selection] 클릭

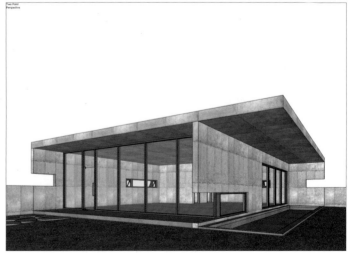

확인

알아두기

Apply to Selection

[Apply to Selection] 명령은 선택한
객체에 해당 기능을 적용하는 명령입니다.

4 ── 렌더링

렌더링(1-2-38)한 후 [VFB] 창에서 이전 렌더링 이미지와 비교해 봅니다.

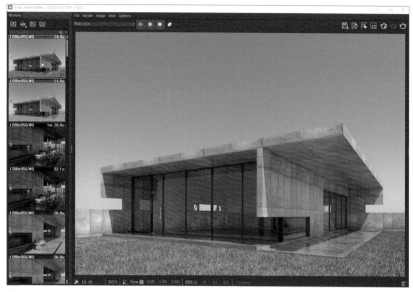

렌더링-확인

5 ── 렌더링

'6' 장면 탭을 클릭한 후 렌더링(1-2-39)합니다. 완료 이미지를 확인해 보면 퍼가 디딤석을 뚫고 나왔고 너무 드 문드문 표현된다는 것을 알 수 있습니다.

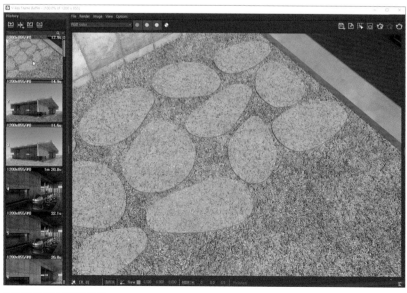

'6' 장면 탭 클릭-렌더링-확인

6 —— Hide

선택 도구 ▶로 '10-4.기타 공사-디딤석' 그룹을 클릭한 후 마우스 버튼을 우클릭하면 나타나는 확장 메뉴 중 [Hide] 명령을 클릭해 해당 그룹을 숨깁니다. '디딤석' 그룹이 퍼로 설정한 '잔디' 그룹과 겹쳐 있다는 것을 알 수 있습니다.

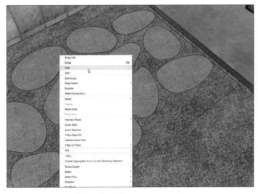

마우스 버튼 우클릭-[Hide] 클릭

그룹이 숨겨짐.

<table>
<tr><td>알아두기</td><td>

Fur의 속성

따라하기 모델처럼 '잔디' 그룹과 '디딤석' 그룹이 겹쳐 있다면 퍼는 겹쳐진 객체를 뚫습니다. 두 개의 객체(그룹 또는 컴포넌트)가 겹쳐 있다면 겹쳐 있는 부분에는 면이 없어야 합니다. 즉, '디딤석' 그룹과 겹쳐 있는 '잔디' 그룹의 면을 뚫어야 한다는 의미입니다.

</td></tr>
</table>

7 —— 교차된 객체를 선으로 분할시키기

Ctrl + Z 를 클릭해 숨긴 '10-4. 기타 공사-디딤석' 그룹을 나타나게 한 후 선택 도구 ▶로 '06-3-1. 바닥 마감 공사-외부-잔디' 그룹을 더블클릭해 편집 모드로 만듭니다. 이어서 다음 마우스 버튼을 우클릭하면 나타나는 확장 메뉴 중 [Intersect Faces-With Model] 명령을 클릭합니다. 이어서 '06-3-1. 바닥 마감 공사-외부-잔디' 그룹의 영역 외부에 마우스 포인터를 올려놓은 후 마우스 버튼을 우클릭하면 나타나는 확장 메뉴 중 [Close Group]을 클릭해 그룹 편집 모드를 해제합니다.

그룹 편집 모드 만들기-마우스 버튼 우클릭-[Intersect Faces-With Model] 클릭

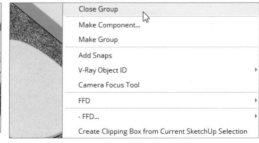

그룹 영역 외부에 마우스 포인터 위치-마우스 버튼 우클릭-[Close Group] 클릭

알
아
두
기

객체 편집 모드/[Intersect Faces]-[With Model] 명령

1. **편집 모드**: 객체(그룹 또는 컴포넌트)를 편집할 수 있는 상태를 편집 모드라고 합니다. 편집 모드는 선택 도구 ▶ 로 객체를 더블클릭하면 됩니다. 편집 모드를 해제하려면 객체의 편집 모드 영역 외부에 마우스 왼쪽 버튼을 클릭하거나 마우스 버튼을 우클릭하면 나타나는 확장 메뉴 중 [Close Group](또는 [Close Component]) 명령을 클릭하면 됩니다.

2. **[Intersect Faces]-[With Model]**: [Intersect Faces]-[With Model] 명령은 객체의 교차된 부분을 선으로 분할하는 명령으로, 모델링 작업 시에 자주 사용합니다.

8 —— 태그 비활성화

[Tags] 창에서 '10-4. 기타 공사-디딤석' 태그의 체크 표시를 해제합니다. '06-3-1. 바닥 마감 공사-외부-잔디' 그룹과 '10-4. 기타 공사-디딤석' 그룹이 교차된 부분이 선으로 분할된 것을 알 수 있습니다. '06-3-1. 바닥 마감 공사-외부-잔디' 그룹을 다시 편집 모드로 만듭니다.

태그 비활성화

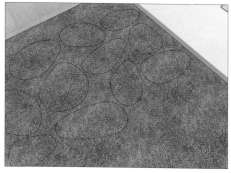

확인-그룹 편집 모드 만들기

9 —— 면 뚫기

밀기/끌기 도구 🔷 로 분할된 면을 그림 상태로 아래로 내리면서 면에 닿았다는 'On face Outside Active'라는 말풍선이 나타나는 지점을 클릭해 면을 뚫습니다. 그런 다음 다른 분할된 면들은 밀기/끌기 도구 🔷 로 면을 더블클릭해 뚫습니다.

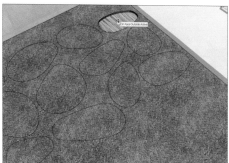

밀기/끌기 도구로 면 뚫기

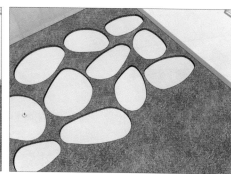

밀기/끌기 도구로 더블클릭해 면 뚫기

10 ─ 면 뚫기

화면을 축소한 후 나머지 부분의 면도 뚫고 그룹 편집 모드를 해제합니다. 그런 다음 '6' 장면 탭을 클릭합니다.

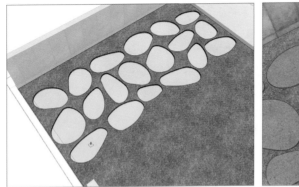

화면 축소-면 뚫기-그룹 편집 모드 해제   '6' 장면 탭 클릭

11 ─ Count

퍼의 개수를 늘리기 위해 [Fur] 옵션 창에 있는 [Count(Area)] 옵션의 수치값을 '10'으로 설정합니다.

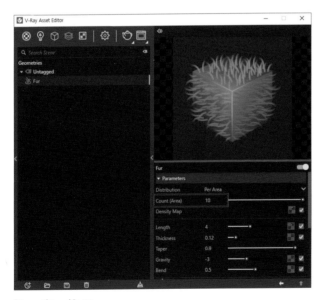

[Count(Area)]: 10

12 ─ 렌더링

렌더링(1-2-40)한 후 [VFB] 창에서 이전의 이미지와 비교해 봅니다. 디딤석을 뚫지 않고 더 풍성해진 퍼가 표현되는 것을 알 수 있습니다.

렌더링-비교

13 ― 렌더링

'5' 장면 탭을 클릭한 후 렌더링(1-2-41)합니다.

렌더링

14 — 품질 설정

최고 품질 옵션으로 설정한 후 렌더링(1-2-42)하고 이전의 이미지와 품질 및 렌더 타임을 비교해 봅니다.

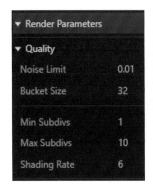

최고 품질 옵션 설정

렌더링

15 — 그림자 설정

그림자를 오후 3시로 설정한 후 렌더링(1-2-43)합니다.

그림자 설정

렌더링

16 ─ 그림자 설정

그림자를 오후 6시로 설정한 후 렌더링(1-2-44)해 완성합니다. 그림자 시간대를 수정해 렌더링하는 이유는 그림자 시간에 따라 전체 이미지의 느낌이 많이 달라진다는 것을 반복적으로 학습하기 위함입니다.

그림자 설정

렌더링

현 장 ─ 플 러 스 ✳

퍼(Fur) 활용 예

퍼는 잔디 표현 외에도 인형, 카펫, 러그, 수건 등을 표현할 때 활용할 수 있습니다.

스케치업 이미지

브이레이 렌더링 이미지

3강

SketchUp

인공조명 학습하기

3강에서는 빛을 표현하는 인공조명(렉탱글 라이트, 스피어 라이트, 스팟 라이트, IES 라이트, 메시 라이트)과 브이레이의 강력한 기능 중 하나인 라이트 믹스(Light Mix)에 대해 학습하겠습니다. 과정별로 예제 파일이 제공되지만, 각 과정의 예제 파일로 따라하지 말고 'P-3-1.skp' 파일로 마지막 7번 과정까지 따라하는 방법을 추천합니다.

● 예제 파일: 따라하기/P1-3-1.skp   ● 완성 파일: 따라하기/P1-3-1.완성.skp

1 | 브이레이 옵션 설정하고 기본 렌더링하기

이번 과정에서도 지난 과정에서 학습한 브이레이 실무 옵션을 적용하는 방법을 학습합니다. 다시 한번 강조하지만 실무 옵션을 만드는 과정은 수십 번 반복해도 부족하지 않은 내용이므로 학습한 내용을 떠올려 옵션을 설정하기 바랍니다. 기억이 나지 않는 부분은 이전 페이지를 참조해도 됩니다.

1 ── 파일 실행

[예제 파일] 폴더의 [따라하기] 폴더에 있는 'P1-3-1.skp' 파일을 실행한 후 각 장면 탭을 클릭하면서 설정돼 있는 장면을 확인합니다. 효율적인 학습을 위해 장면을 모두 설정해 놓은 상태입니다.

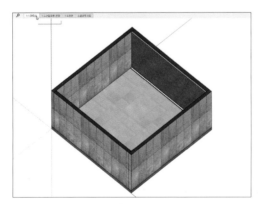

'1-1. 아이소' 장면

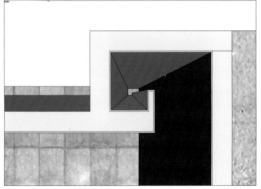

'1-2. 간접 조명-천장' 장면: 렉탱글 라이트 배치용 장면

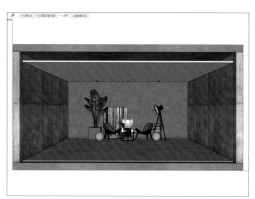

'1-3. 정면' 장면: 렉탱글 라이트 배치용 장면

'2. 실내 투시도' 장면: 각종 인공조명을 학습할 장면

현장 — 플러스

✳

장면 전환 빠르게 하기

장면 탭을 클릭해 보면 이전 과정에서 제공된 예제 파일보다 장면 전환이 빠르다는 것을 알 수 있습니다. 이 과정의 예제 파일은 [Model Info] 창의 [Animation] 항목에서 장면 전환 시간을 설정하는 [Enable scene transitions] 옵션의 체크 표시를 해제했기 때문입니다. 장면 전환 시간을 설정해서 스케치업 동영상을 저장하거나 클라이언트 미팅 시 애니메이션 느낌으로 장면을 설명할 경우에만 해당 옵션에 체크 표시를 한 후 시간을 설정하면 되고 이외의 모든 작업은 해당 옵션의 체크 표시를 해제해서 장면 전환을 빠르게 하는 것이 효율적입니다.

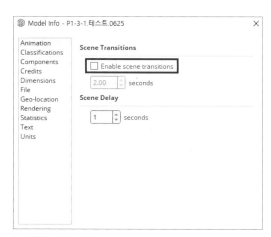

옵션의 체크 표시를 해제

2 ── [Tags] 창, [Outliner] 창 확인

[Tags] 창을 확장한 후 [Untagged] 항목에 마우스 포인터를 올려놓고 마우스 버튼을 우클릭하면 나타나는 확장 메뉴 중 [Expend All] 명령을 클릭해 닫힌 계층 구조를 펼쳐 태그 폴더와 태그 구성을 확인합니다. 그런 다음 [Outliner] 창을 확장시켜 그룹과 컴포넌트의 구성을 확인합니다. 제공 파일에 배치된 모든 객체(그룹 또는 컴포넌트)는 이름이 있고 각각의 태그에 포함돼 있습니다.

[Tags] 창 확인

[Outliner] 창 확인

3 ── 재질감 확인

[V-Ray for SketchUp] 도구 모음 에 있는 [Asset Editor] 도구 를 클릭해 [V-Ray Asset Editor] 창을 나타나게 합니다. 그런 다음 [Materials] 아이콘을 클릭해 [Materials] 옵션 창을 나타나게 하고 벽면에 매핑한 '04-1.stucco' 메트리얼의 재질감을 확인합니다. 현재 반사값과 범프가 적용된 상태로 제공된 파일의 모든 메트리얼은 재질값이 설정돼 있습니다.

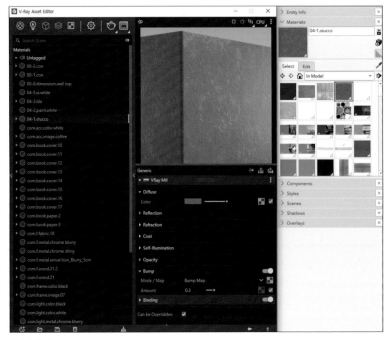

재질감 확인

4 —— 브이레이 옵션 설정

지난 과정에서 학습한 '브이레이 6.2 버전 실무 옵션'을 설정합니다. 기억이 나지 않는 부분은 지난 과정(P1-4. 브이레이 실무 옵션 만들기)을 참조해도 됩니다. '브이레이 6.2 버전 실무 옵션'의 설정이 끝났으면 고품질 옵션으로 설정하기 위해 [Render Parameters] 탭에 있는 [Quality] 옵션 탭의 [Noise Limit] 옵션의 수치값을 '0.02', [Max Subdivs] 옵션의 수치값을 '8'로 설정합니다.

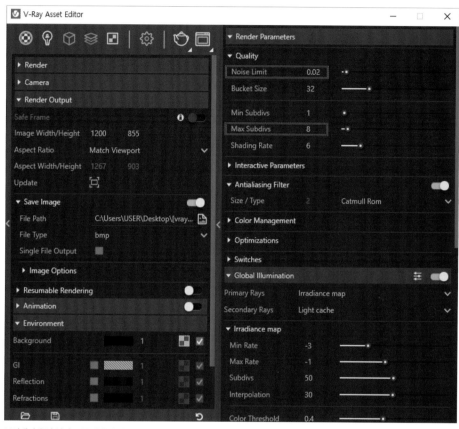

브이레이 옵션 설정-고품질 옵션 설정

저자의 실무 옵션

저자가 실무에 사용하는 옵션은 이 책에서 학습하는 옵션과 다르지 않지만, 작업 파일의 특성에 맞는 수치값을 적용해서 실무에 사용하고 있습니다.

1. 테스트 품질 옵션: Noise Limit 0.1, Max Subdivs 3
컴포넌트 테스트, 메트리얼 재질감 테스트, 작업 파일 테스트 등에 사용하는 옵션입니다.

2. 기본 품질 옵션: Noise Limit 0.05, Max Subdivs 5
이 책에서도 만든 기본 옵션으로 무난한 품질로 렌더링할 때 사용하는 옵션입니다.

3. 고품질 옵션: Noise Limit 0.02, Max Subdivs 8
테스트를 마친 마지막 렌더링에 사용하는 고품질 옵션입니다.

4. 최고 품질 옵션: Noise Limit 0.01, Max Subdivs 10
가장 신경 써야 할 장면을 렌더링할 때 사용하는 최고 품질의 옵션입니다.

최고 품질 옵션으로 올라갈수록 [Noise Limit] 옵션의 수치값은 작아지고 [Max Subdivs] 옵션의 수치값은 커집니다. [Noise Limit] 옵션은 노이즈를 제거하는 옵션, [Max Subdivs] 옵션은 최대 샘플 수를 설정해 계단 현상을 완화하는 옵션입니다.

5 —— [VFB] 창 열기

[V-Ray for SketchUp] 도구 모음  에 있는 [Frame Buffer] 도구 🔲 를
클릭해 [V-Ray Frame Buffer] 창을 나타나게 한 후 메뉴의 [Options-VFB settings] 명령을 클릭합니다.

[Option]-[VFB settings] 클릭

6 —— 옵션 체크

[Enabled] 옵션에 체크 표시가 안 됐으면 체크 표시를 하고 [Save and close] 버튼을 클릭합니다. 이 내용은
반복해서 설명했기 때문에 다음 과정부터는 생략합니다.

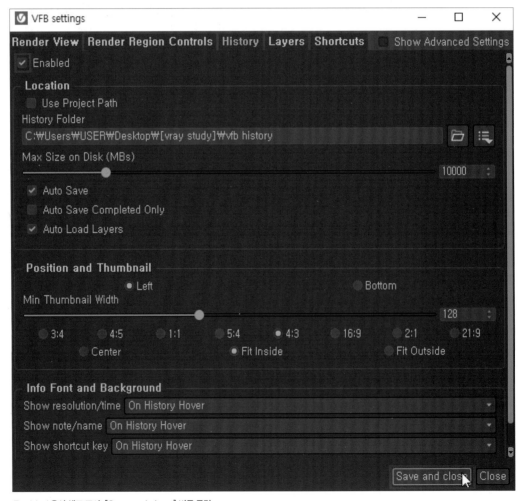

Enabled 옵션 체크 표시-[Save and close] 버튼 클릭

7 —— 렌더링

'2. 실내 투시도' 장면 탭을 클릭한 후 렌더링(1-3-1)합니다. 렌더링이 완료되면 자동 저장된 경로에서 렌더링
완료 이미지 번호를 수정해야 한다는 점을 다시 한번 강조합니다.

렌더링-자동 저장된 이미지 이름 수정

8 —— 화면 확인

화면을 축소한 후 외부로 장면을 설정하고 그림자를 활성화합니다. 벽면이 오픈돼 있기 때문에 태양 빛
(SunLight)이 실내로 들어온다는 것을 알 수 있습니다.

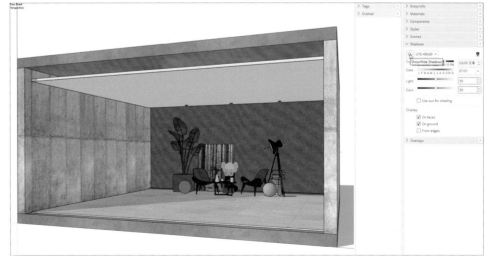

[장면 설정]-[그림자 활성화]-[확인]

9 ── 장면 업데이트

'2. 실내 투시도' 장면 탭을 클릭한 후 [Tags] 창에서 비활성화돼 있는 '00-2-1. 건축 공사-벽체-전면' 태그 앞의 [태그 비활성화] 아이콘◯을 클릭해 태그를 활성화합니다. 그런 다음 장면 탭의 '2. 실내 투시도' 장면 탭에 마우스 포인터를 올려놓고 마우스 버튼을 우클릭하면 나타나는 확장 메뉴 중 [Update]를 클릭해 장면을 업데이트합니다.

태그 활성화

장면 업데이트

현장
ㅡ
플
러
스
✳

태그 활성화/비활성화

태그 활성화👁는 태그 앞의 [태그 비활성화] 아이콘◯을 클릭해 체크 표시하는 것을 말하며 태그 비활성화◯는 체크 표시를 클릭해 체크 표시를 해제하는 것을 말합니다.

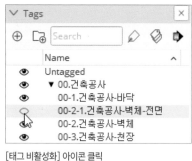

[태그 비활성화] 아이콘 클릭

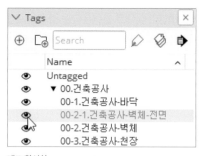

태그 활성화

158

10 — 장면 확인

다시 외부로 장면을 설정해 모델을 둘러 봅니다. 외부가 모두 막혀 실내로 태양 빛이 들어올 공간이 없다는 것을 알 수 있습니다.

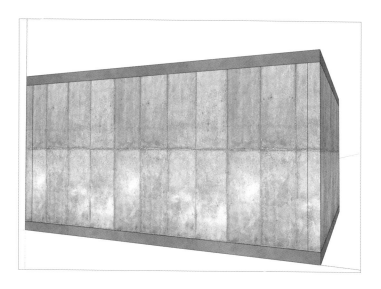

11 — 렌더링

'2. 실내 투시도' 장면 탭을 클릭한 후 렌더링(1-3-2)합니다. 빛이 전혀 없기 때문에 아무것도 보이지 않습니다.

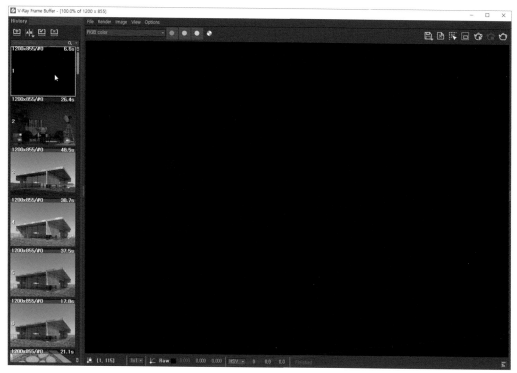

렌더링

● 예제 파일: 따라하기/P1-3-1 완성.skp   ● 완성 파일: 따라하기/P1-3-2.완성.skp

2 | 렉탱글 라이트 학습하기

이번 과정에서는 [V-Ray Lights] 도구 모음에 있는 [Rectangle Light]
도구로 만드는 렉탱글 라이트(Rectangle Light)를 학습하겠습니다. 렉탱글 라이트는 작업 모델의
주조명, 간접 조명, 보조 조명 용도로 사용합니다.

1 ── 렉탱글 라이트 주조명 만들기

이전 과정의 완성 파일로 계속 학습하거나 예제 파일을 실행합니다. '1-3.정면' 장면 탭을 클릭하고 [V-Ray
Lights] 도구 모음에 있는 [Rectangle Light] 도구를 클릭합니다. 그런 다음 '04-
2. 기타 공사-도장' 그룹의 끝점을 클릭하고 드래그한 후 대각선 방향의 끝점을 클릭해 렉탱글 라이트를 만듭니다.

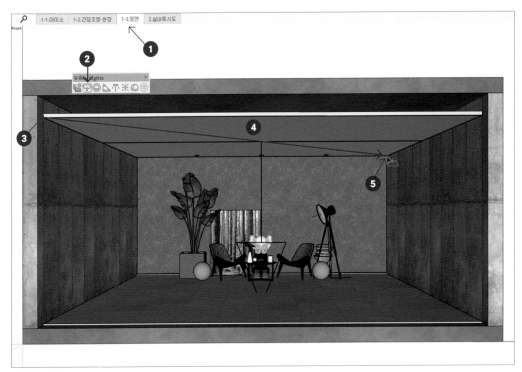

장면 탭 클릭-[Rectangle Light] 도구 클릭-그룹 끝점 클릭-드래그-끝점 클릭

알아두기 | **렉탱글 라이트의 용도**

렉탱글 라이트는 용도에 따라 3가지로 분류해서 활용할 수 있습니다.

1. 주조명: 장면의 전체 빛을 표현하는 용도로 사용합니다.
2. 간접 조명: 간접 조명을 표현하는 용도로 사용합니다.
3. 보조 조명: 장면의 빛을 보강하는 용도로 사용합니다.

2 ── 렉탱글 라이트를 면으로 만들기

렉탱글 라이트는 기본적으로 선으로 만들어지기 때문에 [V-Ray Utilities] 도구 모음에 있는 [Enable Solid Widgets] 도구 를 클릭해 렉탱글 라이트를 면으로 만듭니다.

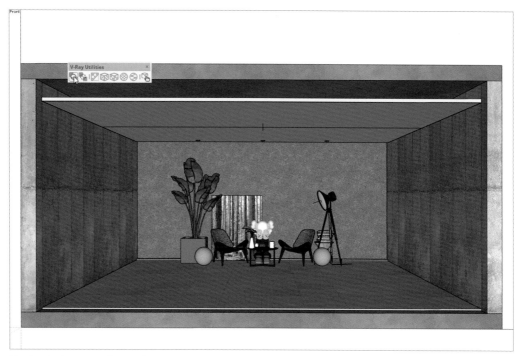

[Enable Solid Widgets] 도구 클릭

Enable Solid Widgets

인공조명은 모두 선으로 만들어집니다. [Enable Solid Widgets] 도구 를 클릭하면 렉탱글 라이트와 스피어 라이트는 면으로 채워지지만, 나머지 조명들은 기존 상태를 유지합니다.

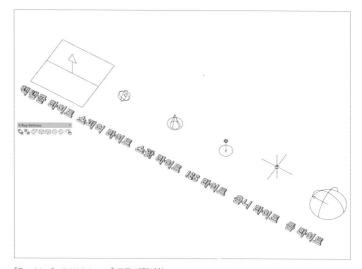

[Enable Solid Widgets] 도구 비활성화

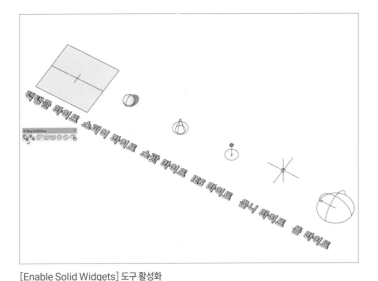
[Enable Solid Widgets] 도구 활성화

3 ── 태그 폴더 및 태그 추가

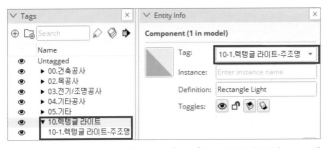
태그 폴더/태그 추가-[Entity Info] 창에 있는 [Tags] 옵션의 내림 버튼 클릭-'10-1. 렉탱글 라이트-주조명' 태그 클릭

[Tags] 창에서 [태그 폴더 추가] 아이콘을 클릭해 태그 폴더를 추가한 후 이름에 '10. 렉탱글 라이트'를 입력합니다. 그런 다음 [태그 추가] 아이콘⊕을 클릭해 태그를 추가하고 이름에 '10-1.렉탱글 라이트-주조명'을 입력합니다. 그 후 새롭게 만든 렉탱글 라이트 컴포넌트를 선택 도구▶로 선택하고 [Entity Info] 창에 있는 [Tag] 옵션의 내림 버튼▼을 클릭해 '10-1. 렉탱글 라이트-주조명' 태그를 클릭해 렉탱글 라이트 컴포넌트를 포함합니다.

현
장
一
플
러
스
✳

인공조명 컴포넌트

인공조명은 컴포넌트로 만들어지기 때문에 스케치업의 [Components] 창에서 언제든지 작업 중인 모델로 불러올 수 있습니다.

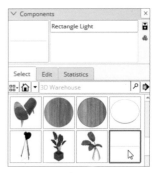
[Components] 창에 등록됨.

4 —— 렌더링

'2. 실내 투시도' 장면 탭을 클릭한 후 렌더링(1-3-3)합니다. 완료 이미지를 확인해 보면 렉탱글 라이트가 보이고 세기가 약해 실내가 어둡고 반사값을 가진 재질(구, 액자)에 렉탱글 라이트가 반사되고 있다는 것을 알 수 있습니다.

렌더링-확인

5 —— 세기 설정

[V-Ray Asset Editor] 창에 있는 [Lights] 아이콘을 클릭해 [Lights] 옵션 창을 나타나게 한 후 [Rectangle Light]를 클릭하고 수치 입력란에 '120'을 입력한 다음 Enter 를 누릅니다.

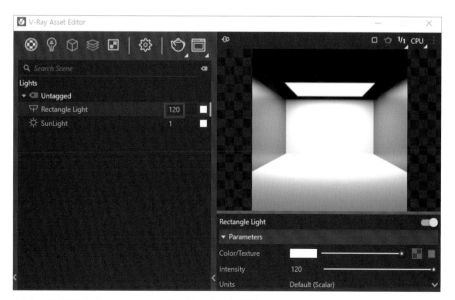

[Lights] 아이콘 클릭-[Rectangle Light] 클릭-'120' 입력- Enter

Intensity

[Intensity] 옵션은 세기를 설정하는 옵션으로, 수치 입력란에 입력한 수치값은 [Rectangle Light]
옵션 창에 있는 [Intensity] 옵션의 수치값과 연동됩니다.

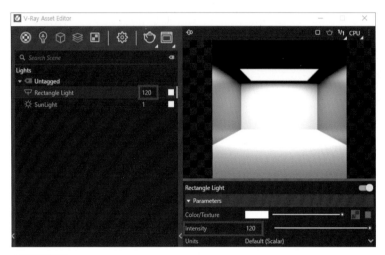

수치값이 연동됨.

6 ── 렌더링

렌더링(1-3-4)한 후 완료 이미지를 확인해 보면 장면이 밝아진 것을 알 수 있습니다.

렌더링-확인

7 ── Invisible

렉탱글 라이트를 보이지 않게 설정하기 위해 [Rectangle Light] 옵션 창에 있는 [Options] 탭을 확장하고 [Invisible] 옵션에 체크 표시를 한 다음 렌더링(1-3-5)합니다. 완료 이미지를 확인해 보면 천장에 보이던 렉탱글 라이트는 보이지 않지만, 반사값을 가진 재질에는 여전히 렉탱글 라이트가 반사되고 있는 것과 렉탱글 라이트, 'com.light.매입등-원형~' 컴포넌트가 겹쳐 있는 부분이 좀 더 밝게 표현되고 있는 것을 알 수 있습니다.

[Invisible] 체크 표시

렌더링-확인

> 알아두기
>
> ### [미리 보기] 창
>
> 인공조명의 세기나 옵션을 수정하면 [Rectangle Light] 옵션 창 위에 있는 [미리 보기] 창에서 조명의 세기와 옵션 설정에 따른 변화를 실시간으로 확인할 수 있습니다.

8 ── 이동

렉탱글 라이트 10mm 내리기

선택 도구▶로 렉탱글 라이트를 클릭해 선택한 후 이동 도구✛를 이용해 아래로 10mm 내립니다.

9 ── 렌더링

렌더링(1-3-6)한 후 이전 이미지와 비교합니다.

알아두기

천장에 배치하는 주조명 용도의 렉탱글 라이트의 위치

예제 파일처럼 천장에 매입등이 배치돼 있거나 다른 객체가 있을 때 렉탱글 라이트와 겹쳐진 부분은 좀 더 밝게 표현되기 때문에 객체와 겹치지 않게 렉탱글 라이트를 아래로 내려야 합니다.

렌더링-비교

10 ── Affect Reflection

반사값을 가진 재질에 렉탱글 라이트가 반사되는 [Affect Reflection] 옵션의 체크 표시를 클릭해 체크 표시를 해제한 후 렌더링(1-3-7)합니다. 완료 이미지를 확인해 보면 렉탱글 라이트가 여전히 반사값을 가진 재질에 반사되고 있는 것을 알 수 있습니다. 해당 반사는 인공조명이 발산하는 빛이 반사되는 'Specular 반사'입니다.

[Affect Reflection] 체크 표시를 해제

렌더링

11 — Affect Specular

렉탱글 라이트가 발산하는 빛이 반사값을 가진 재질에 반사되는 [Affect Specular] 옵션의 체크 표시를 클릭해 체크 표시를 해제한 후 렌더링(1-3-8)하고 이전의 이미지와 비교해 봅니다. 렉탱글 라이트가 발산하는 빛이 반사값을 가진 재질에 반사되지 않기 때문에 이전의 렌더링 이미지에 비해 재질감의 차이가 있다는 것을 확인할 수 있습니다.

[Affect Specular]의 체크 표시를 해제

렌더링-비교

현장 — 플러스 ✳

수치 입력란의 최솟값과 최댓값

옵션의 수치 입력란에 마우스 포인터를 올려놓으면 해당 옵션의 최솟값과 최댓값이 표시됩니다.

[Intensity] 옵션의 최솟값과 최댓값

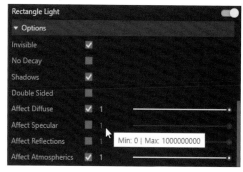

[Affect Specular] 옵션의 최솟값과 최댓값

12 ── 장면 업데이트/이름 수정

[Tags] 창에서 '10-1. 렉탱글 라이트-주조명' 태그를 비활성화한 후 장면 탭에 있는 '2. 실내 투시도' 장면에 마우스 포인터를 올려놓고 마우스 버튼을 우클릭하면 나타나는 확장 메뉴 중

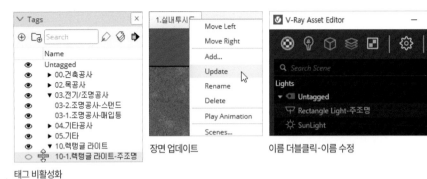

태그 비활성화

장면 업데이트

이름 더블클릭-이름 수정

[Update]를 클릭해 장면을 업데이트합니다. [Lights] 옵션 창에서 [Rectangle Light]를 더블클릭한 후 이름에 'Rectangle Light-주조명'을 입력합니다.

알아두기

인공조명의 이름

하나의 모델에 다양한 인공조명이 배치되고 같은 인공조명이라고 하더라도 용도가 다르기 때문에 고유한 이름을 입력해서 다른 조명들과 구분해야 합니다.

13 ── 렉탱글 라이트 만들기

'1-2. 간접 조명-천장' 장면 탭을 클릭한 후 [Rectangle Light] 도구 ⛛ 를 클릭합니다. 그런 다음 시작점을 클릭하고 드래그한 후 끝점을 클릭해 렉탱글 라이트를 만듭니다. 새롭게 만든 렉탱글 라이트의 보이는 면이 앞면이라는 것을 기억합니다.

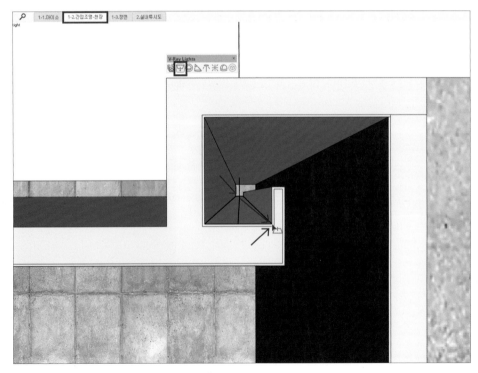

'1-2. 간접 조명-천장' 장면 탭 클릭-[Rectangle Light] 도구 클릭-시작점 클릭-드래그-끝점 클릭

14 — 이름 수정/태그 추가/태그 지정

새로 만든 렉탱글 라이트의 이름을 'Rectangle Light-간접 조명'으로 수정한 후 스케치업의 [Tags] 창에서 '10-2. 렉탱글 라이트-간접 조명' 태그를 추가합니다. 그런 다음 새로 만든 'Rectangle Light-간접 조명' 컴포넌트를 선택 도구 ▶ 로 선택하고 [Entity Info] 창에서 '10-2. 렉탱글 라이트-간접 조명' 태그에 포함합니다.

이름 수정-태그 추가-태그 지정

현
장
ㅡ
플
러
스
✳

인공조명 활성화/비활성화

[Lights] 옵션 창에서 [Rectangle Light] 활성화 아이콘 을 클릭하면 [Rectangle Light] 비활성화 아이콘 으로 수정되고 렉탱글 라이트의 빛이 표현되지 않지만, 아이콘을 클릭해 활성화/비활성화하는 방법은 권장하지 않습니다.

많게는 수백 개 이상의 인공조명이 작업 중인 모델에 배치되기 때문에 각각의 태그에 포함시켜 태그를 활성화/비활성화하는 방법이 가장 효율적인 작업 방식이기 때문입니다.

활성화 아이콘을 클릭해 비활성화할 수 있음.

15 ── 복사

렉탱글 라이트가 선택된 상태에서 이동 도구 ✛로 렉탱글 라이트의 끝점을 클릭한 다음 Ctrl 을 눌러 복사 기능을 활성화합니다. 그런 다음 아래로 이동하고 바닥에 배치된 '04-4. 기타 공사-간접 박스' 그룹의 끝점을 클릭해 복사합니다.

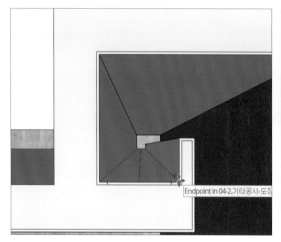

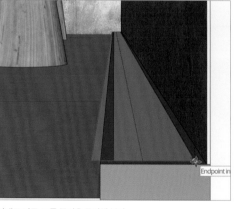

이동 도구로 렉탱글 라이트 끝점 클릭- Ctrl 누름.

아래로 이동-그룹 끝점을 클릭해 복사

16 ── 크기 조절

배율 도구 🔲를 선택한 후 중간 그립을 클릭한 상태로 안으로 드래그하고 자동으로 스냅이 잡히는 '04-4. 기타 공사-간접 박스' 그룹의 안쪽 프레임의 선을 클릭해 폭을 조절합니다.

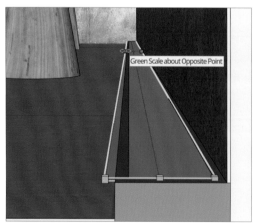

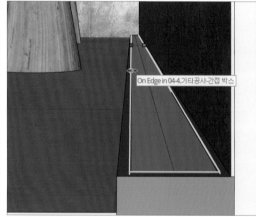

배율 도구 선택-중간 그립 클릭

안쪽으로 드래그-클릭해서 폭 조절

17 — 렌더링

'2. 실내 투시도' 장면 탭을 클릭한 후 렌더링(1-3-9)합니다. 완료 이미지를 확인해 보면 렉탱글 라이트의 빛이 약해 어둡게 표현된 것을 알 수 있습니다.

알
아
두
기

간접 조명 용도의 렉탱글 라이트 세기

렉탱글 라이트는 크기와 밝기가 비례하므로 간접 조명 용도의 렉탱글 라이트는 세기를 높게 설정해야 합니다. 간접 조명 용도의 렉탱글 라이트는 대부분 폭이 좁게 만들어지기 때문입니다.

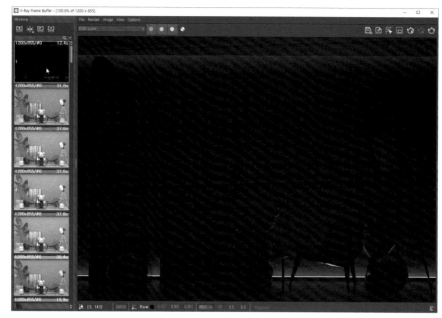

렌더링-확인

18 — 조명 세기 설정

'Rectangle Light-간접 조명'의 세기를 '600'으로 설정하고 렌더링(1-3-10)합니다. 완료 이미지를 보면 렉탱글 라이트가 배치된 벽면의 색상이 위쪽과 아래쪽이 다르다는 것을 확인할 수 있습니다.

세기 '600'

렌더링-확인

매핑하지 않은 면

매핑하지 않은 면일 경우, 해당 장면에 설정된 스타일의 앞면 색상으로 스케치업과 브이레이가 표현됩니다. 해당 장면에 설정된 스타일의 앞면 색상이 흰색이면 흰색, 빨간색이면 빨간색으로 표현한다는 의미입니다. 제공 파일에 설정된 스타일은 저자가 사용하는 기본 스타일로, 매핑을 한 면과 하지 않은 면을 쉽게 구분하기 위해 앞면 색상이 민트(mint) 색상으로 설정돼 있습니다. 해당 스타일은 저자가 집필한 책들과 온라인, 오프라인 강좌에서 기본적으로 사용하는 스타일이기도 합니다.

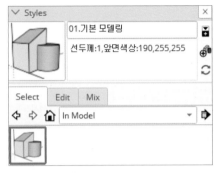
장면에 설정된 스타일

19 — 장면 확인/매핑

'1-2. 간접 조명-천장' 장면 탭을 클릭합니다. 그림의 화살표가 지시하는 면은 현재 매핑되지 않았기 때문에 렌더링을 하게 되면 해당 색상(스타일의 앞면 색상)이 조명에 반사돼 표현되는 것입니다. 매핑하기 위해 '04-2. 기타공사-도장' 그룹을 편집 모드로 만듭니다. 그런 다음 스케치업의 [Materials] 창의 '04-2.paint.white' 메트리얼로 각각의 면을 클릭해 매핑하고 그룹 편집 모드를 해제합니다.

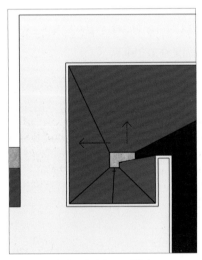
장면 탭 클릭-확인-그룹 편집 모드 만들기

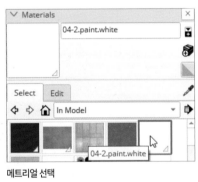
메트리얼 선택

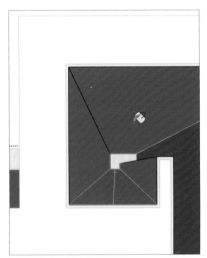
매핑-편집 모드 해제

20 — 렌더링

'2. 실내 투시도' 장면 탭을 클릭한 후 렌더링(1-3-11)하고 이전의 이미지와 비교해 봅니다.

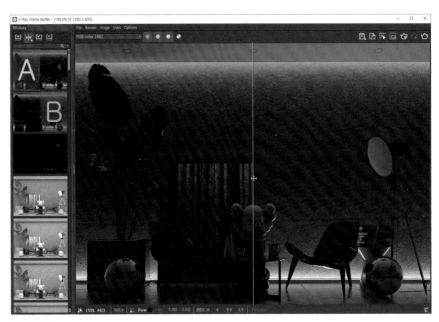

렌더링-비교

21 — 화면 설정

그림처럼 장면을 왼쪽 구석이 보이게 설정한 후 렌더링(1-3-12)합니다. 완료 이미지를 확인해 보면 렉탱글 라이트의 테두리가 각이 지는 계단 현상이 발생하고 검은색으로 표현되고 있다는 것을 알 수 있습니다.

화면 회전, 확대

렌더링-확인

알아두기

렉탱글 라이트가 보일 경우

렉탱글 라이트가 보이면 렉탱글 라이트의 테두리가 검은색으로 표현되고 각이 지기 때문에 [Invisible] 옵션에 체크 표시를 해서 보이지 않게 설정해야 합니다.

22 — 옵션 설정

[Lights] 옵션 창에서 'Rectangle Light-간접 조명'을 선택한 후 [Rectangle Light] 옵션 창의 [Options] 탭에서 렉탱글 라이트를 보이지 않게 설정하기 위해 [Invisible] 옵션에 체크 표시를 하고 렌더링 (1-3-13)합니다. 완료 이미지를 확인해 보면 렉탱글 라이트가 보이지 않고 렉탱글 라이트의 빛은 표현되고 있는 것을 알 수 있습니다. 하지만 렉탱글 라이트가 보일 때와 달리 조명의 느낌도 없어져 간접 조명 표현용으로는 부족해 보입니다.

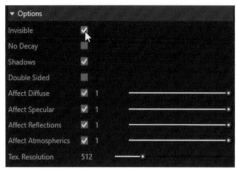

[Invisible] 체크 표시

렌더링

23 — 메트리얼 확인

브이레이 오브젝트를 숨기는 [Hide V-Ray Wedgets] 도구🔳를 클릭합니다. 그런 다음 스케치업의 [Materials] 창의 [Sample Paint] 아이콘🖊️을 클릭해 선택하고 '04-4. 기타 공사-간접 박스' 그룹의 흰색 면을 클릭해 메트리얼을 확인합니다.

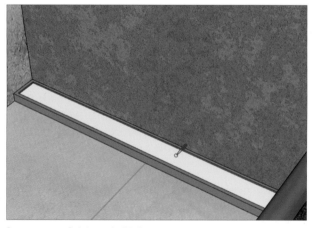

[Sample Paint] 아이콘 클릭-샘플링

메트리얼 확인

브이레이 오브젝트 숨기기

[V-Ray Utillities] 도구 모음에 있는 [Hide V-Ray Wedgets] 도구를 클릭하면 인공조명을 포함한 브이레이 오브젝트가 보이지 않습니다. 렌더링 이미지가 아닌 스케치업 이미지를 내보내기(저장)할 때 유용한 도구입니다.

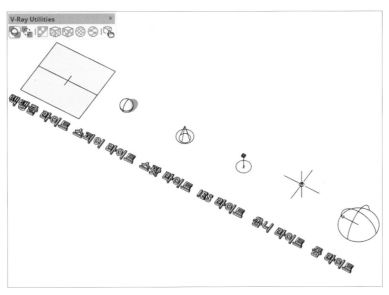

인공조명이 보임.

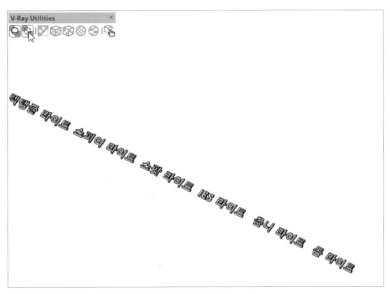

[Hide V-Ray Wedgets] 도구 클릭: 인공조명이 보이지 않음.

24 — Self-Illumination

[Materials] 옵션 창에서 23번 과정에서 확인한 '04-5.si.white' 메트리얼의 [Generic] 옵션 창에서 [Self-Illumination] 옵션 탭을 확장한 후 [Color] 옵션을 활성화합니다. [미리 보기] 창을 확인해 보면 해당 재질이 빛이 나는 것처럼 표현(자체 발광)되고 있는 것을 알 수 있습니다.

메트리얼 선택-[Self Illumination] 옵션 탭 확장-[Color] 옵션 활성화-확인

25 — 렌더링

렌더링(1-3-14)한 후 이전 이미지와 비교해 보면 세기가 약해 자체 발광의 느낌이 없다는 것을 알 수 있습니다.

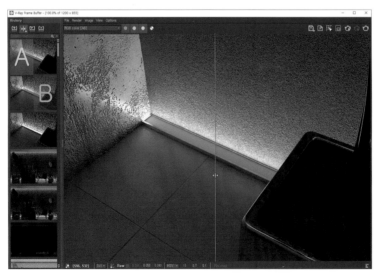

렌더링-비교

26 — 세기 설정

[Intensity] 옵션의 수치값을 '50'으로 설정하고 렌더링(1-3-15)합니다. 완료 이미지를 확인해 보면 빛이 표현되는 것을 알 수 있습니다.

Intensity: 50

렌더링

자체 발광

자체 발광(Self Illumination)은 해당 재질이 빛을 발산하는 것처럼 표현합니다. Intensity의 수치 값을 올리면 장면이 좀 더 밝아지기는 하지만 제거하지 못하는 얼룩이 발생하기 때문에 일정 수치값 이상 을 올리면 안 됩니다. 즉, 자체 발광은 조명이 아닌 빛이 발산하는 효과만을 낸다고 이해하기 바랍니다. 자체 발광은 대부분 인공조명과 함께 사용되며 특히 간접 조명 용도의 렉탱글 라이트는 자체 발광과 같 이 사용하는 것이 가장 좋은 작업 방식입니다.

렉탱글 라이트의 [Invisible] 옵션 체크 표시를 해제: 테두리가 각이 지고 검은색으로 표현됨.

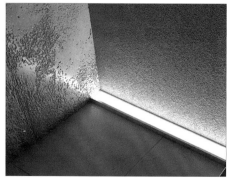

렉탱글 라이트의 [Invisible] 옵션 체크 표시+자체 발광: 깔끔 하게 표현됨.

27 — 렌더링

'2. 실내 투시도' 장면 탭을 클릭한 후 렌더링(1-3-16)하고 렉탱글 라이트를 숨기기 전의 이미지와 비교해 봅니다. 전체적인 빛의 느낌은 비슷하고 바닥 간접 조명에 배치한 렉탱글 라이트의 테두리에 검은색 선이 보이지 않는 것을 알 수 있습니다.

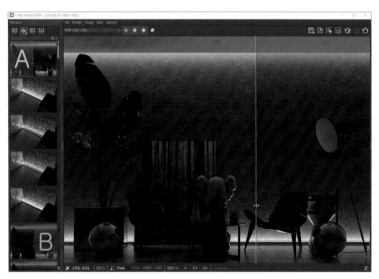

렌더링-비교

28 — 렉탱글 라이트 만들기

'1-3. 정면' 장면 탭을 클릭한 후 활성화돼 있는 [Hide V-Ray Wedgets] 도구를 클릭해 비활성화한 다음 [Rectangle Light] 도구를 클릭합니다. 그 후 시작점('04-2. 기타 공사-타일' 그룹 위쪽 끝점)을 클릭하고 드래그한 다음 끝점('04-2. 기타 공사-도장' 그룹 아래쪽 끝점)을 클릭해 렉탱글 라이트를 만듭니다.

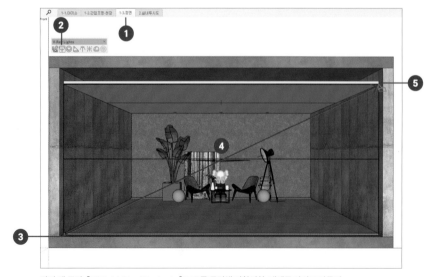

장면 탭 클릭-[Hide V-Ray Wedgets] 도구를 클릭해 비활성화-렉탱글 라이트 만들기

29 ── 렉탱글 라이트 뒤집기

현재 보이는 면이 렉탱글 라이트의 앞면이기 때문에 뒤로 뒤집기 위해 대칭 이동 도구⚠를 선택합니다. 그런 다음 투명한 파란색 면을 클릭해 렉탱글 라이트를 뒤집습니다.

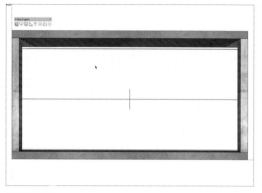

면의 방향 확인

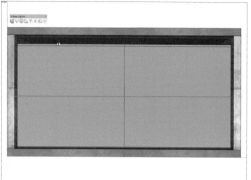

대칭 이동 도구 클릭-파란색 면 클릭

30 ── 크기 조절

면이 뒷면으로 대칭 이동된 것을 확인한 후 렉탱글 라이트의 크기를 조절하기 위해 배율 도구📷를 선택합니다. 그런 다음 렉탱글 라이트의 중심부터 배율을 조절하기 위해 Ctrl 을 누르고 대각선 그립을 클릭한 후 안쪽으로 드래그하고 클릭합니다. 수치값을 입력하기 때문에 크기는 신경 쓰지 않아도 됩니다. 그 후 키보드로 0.9 Scale 0.9 를 입력하고 Enter 를 눌러 크기를 조절합니다.

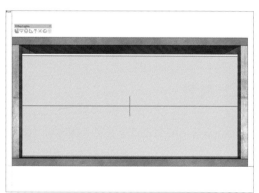

뒷면 확인

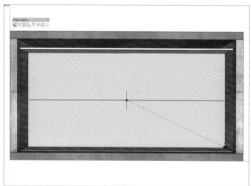

배율 도구 선택- Ctrl 누름-선택-대각선 그립 클릭-안쪽으로 드래그-클릭-'0.9' 입력- Enter

렉탱글 라이트의 방향성

렉탱글 라이트는 기본적으로 앞면으로만 빛을 발산하며 뒷면은 검은색으로 표현됩니다.

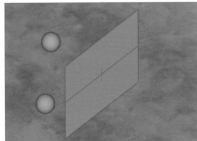
보이는 면이 뒷면

검은색으로 표현됨.

[Invisible] 옵션에 체크 표시를 하면 렉탱글 라이트는 보이지 않고 렉탱글 라이트가 발산하는 빛만 표현됩니다.

[Invisible] 옵션 체크 표시

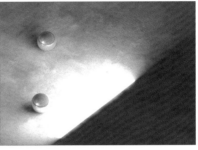
렉탱글 라이트는 보이지 않고 빛만 표현됨.

31 ㅡ 이름 수정/태그 추가/태그 지정

새로 만든 렉탱글 라이트의 이름을 'Rectangle Light-보조 조명'으로 수정한 후 '10-3. 렉탱글 라이트-보조 조명' 태그를 추가합니다. 그런 다음 새로 만든 'Rectangle Light-보조 조명' 컴포넌트를 선택 도구 ▶로 선택 하고 [Entity Info] 창에서 '10-3. 렉탱글 라이트-보조 조명' 태그에 포함합니다.

이름 수정-태그 추가-태그 지정

32 — 렉탱글 라이트 옵션 설정

렉탱글 라이트를 숨기는 [Invisible] 옵션은 체크 표시, 렉탱글 라이트가 발산하는 빛이 반사값을 가진 재질에 반사되는 [Affect Specular] 옵션은 체크 표시 해제, 반사값을 가진 재질에 렉탱글 라이트가 반사되는 [Affect Reflection] 옵션도 체크 표시를 해제합니다.

알아두기

'렉탱글 라이트-간접 조명' 옵션은 수정하지 않은 이유

'렉탱글 라이트-간접 조명'은 크기가 작고 배치된 위치 때문에 반사값을 가진 재질에 조명이 반사돼도 큰 문제가 되지 않지만, '렉탱글 라이트-주조명'과 '렉탱글 라이트-보조 조명'은 크기가 크고 배치된 위치 때문에 반사값을 가진 재질에 눈에 띄게 반사가 돼 [Affect Specular], [Affect Reflection] 옵션에 체크 표시를 한 것입니다.

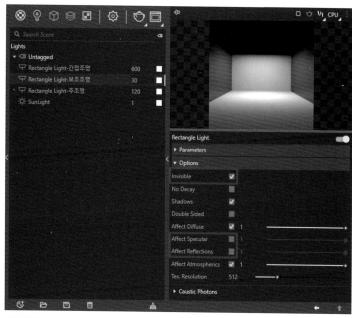

옵션 설정

33 — 렌더링

'2.실내 투시도' 장면을 클릭한 후 렌더링(1-3-17)하고 완료 이미지를 확인해 보면 '렉탱글 라이트-보조 조명'을 추가하기 전의 이미지와 밝기 차이가 없다는 것을 알 수 있습니다.

알아두기

렉탱글 라이트의 배치 위치

렉탱글 라이트는 기본적으로 면에 붙어서 만들어지기 때문에 빛이 표현되지 않는 경우가 발생합니다. 이 경우에는 면에서 몇 mm 이동하면 됩니다.

렌더링-비교

34 — 확인

둘러보기 도구⊙를 선택한 후 화면을 클릭한 상태로 오른쪽으로 회전시켜 맞은편 벽면('00-2-1. 건축 공사-벽체-전면' 그룹)이 보이도록 장면을 이동해 봅니다. '렉탱글 라이트-보조 조명'이 해당 그룹과 겹쳐서 보이지 않는다는 것을 알 수 있습니다.

둘러보기 도구를 클릭한 상태로 오른쪽으로 회전

확인

실내 장면에서 화면 이동

둘러보기 도구⊙는 실내 장면에서 화면을 이동할 때 유용하게 활용할 수 있습니다. 궤도 도구✛는 회전 반경이 크지만, 둘러보기 도구⊙는 크지 않기 때문입니다.

35 — 이동

이동 도구✛를 이용해 렉탱글 라이트를 앞으로 2mm 이동합니다.

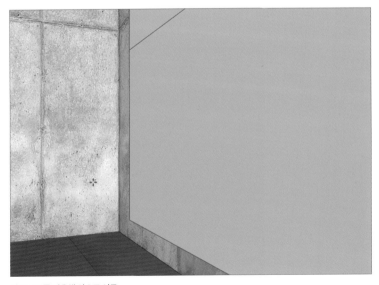

이동 도구를 이용해 앞으로 이동

36 —— 렌더링

'2. 실내 투시도' 장면 탭을 클릭한 후 렌더링(1-3-18)하고 이전의 이미지와 비교해 봅니다.

렌더링-비교

37 —— No Decay

[No Decay] 옵션에 체크
표시를 합니다.

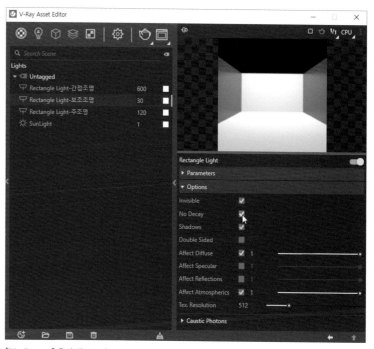

[No Decay] 옵션 체크 표시

렌더링(1-3-19)해서 완성한 다음 [VFB] 창에서 이전의 이미지와 비교해 봅니다.

렌더링-비교

No Decay

렉탱글 라이트는 거리가 멀어질수록 빛이 약해
지지만, [No Decay] 옵션에 체크 표시를 하
면 거리가 멀어져도 빛이 약해지지 않습니다. 이
런 이유로 인해 실내에 빛을 더 보강해야 할 필
요성이 있는 장면에 배치하는 렉탱글 라이트는
[No Decay] 옵션에 체크 표시를 해서 렌더링
하는 경우가 많습니다. 이때 주의해야 할 점은
렉탱글 라이트의 세기를 높게 설정하면 안 된다
는 것입니다. 렉탱글 라이트와 인접한 객체는 타
는 현상이 발생하기 때문입니다.

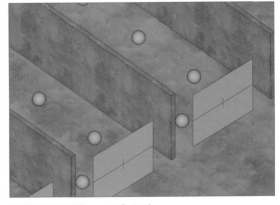

렉탱글 라이트 위치([Intensity] : 300)

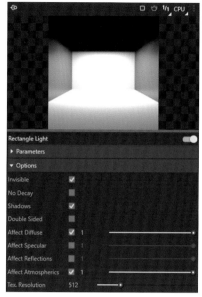

렌더링

[No Decay]: 체크 표시를 해제

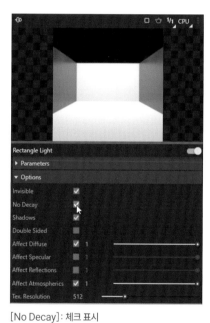

렌더링

[No Decay]: 체크 표시

3 스피어 라이트 학습하기

이번 과정에서는 [V-Ray Lights] 도구 모음 에 있는 [Sphere Light] 도구 ◎를 클릭해서 만들 수 있는 스피어 라이트(Sphere Light)를 학습하겠습니다. 스피어 라이트는 원형 조명으로 펜던트나 스탠드 조명을 표현할 때 주로 사용합니다.

1 ── 장면 추가

이전 과정의 완성 파일로 계속 학습하거나 예제 파일을 실행합니다. [Scenes] 창에서 '2. 실내 투시도' 장면 이름을 '2. 렉탱글 라이트'로 수정합니다. 그런 다음 [Tags] 창에서 '10-3. 렉탱글 라이트-보조 조명' 태그를 비활성화합니다. 그 후 [Scenes] 창에서 장면을 추가하고 장면 이름에 '3. 스피어 라이트'를 입력합니다.

이름 수정

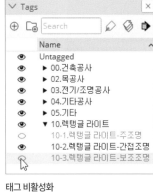

태그 비활성화

장면 추가-이름 입력

2 ── 렌더링

스피어 라이트를 추가하기 전후를 비교하기 위해 렌더링(1-3-20)합니다.

렌더링

186

3 —— 메트리얼 확인

[Materials] 창의 [Sample Paint] 아이콘 🖌을 클릭한 후 'com.light.스탠드.02-1' 컴포넌트의 '커버' 그룹을 클릭해 매핑한 메트리얼을 확인합니다.

메트리얼 확인

4 —— Self Illumination

3번 과정에서 확인한 'com.light.si.white.1' 메트리얼의 [Generic] 옵션 창에서 [Self Illumination] 옵션 탭을 확장합니다. 그런 다음 [Color] 옵션을 활성화하고 [Intensity] 옵션의 수치값을 '50'으로 설정합니다.

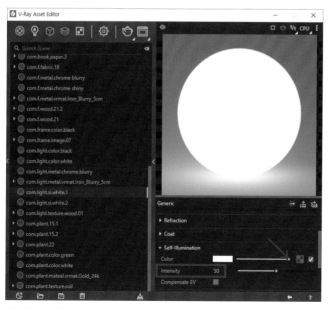

메트리얼 선택-[Self Illumination] 옵션 탭 확장-[Color] 옵션 활성화-[Intensity] : 50

5 ─── 렌더링

렌더링-비교

렌더링(1-3-21)한 후 이전의 이미지와 비교해 보면 'com.light.si.white.1' 메트리얼이 자체 발광으로 표현되고 있고 장면이 약간 더 밝아진 것을 확인할 수 있습니다.

6 ─── 스피어 라이트 배치하기

[V-Ray Lights] 도구 모음(🔲🔽○◁↑☀○○)에 있는 [Sphere Light] 도구◎를 클릭한 후 'com.light.스탠드.02-1' 컴포넌트에 미리 만들어 놓은 선의 끝점을 클릭합니다. 그런 다음 바깥쪽으로 드래그하고 '25'를 입력하고 Enter 를 눌러 반지름이 25인 스피어 라이트를 배치합니다. 스피어 라이트는 원하는 크기로 만들 수 있으며 선을 미리 만들어 놓은 이유는 스피어 라이트를 배치할 때 기준점으로 활용하기 위해서입니다.

스피어 라이트 도구 클릭-끝점 클릭

바깥쪽으로 드래그

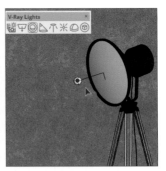

키보드로 '25' 입력- Enter

> **알아두기**
>
> **스피어 라이트가 안 보일 경우**
>
> [V-Ray Utillities] 도구 모음🔍🔧▢▢▢⊗⊗▢에 있는 [Hide V-Ray Wedgets] 도구🔧의 활성화 여부를 확인합니다. [Hide V-Ray Wedgets] 도구🔧가 활성화돼 있다면 스피어 라이트가 보이지 않기 때문에 해당 도구를 다시 클릭해 비활성화합니다.

7 —— 이름 수정/태그 추가/태그 지정

스피어 라이트의 이름을 'Sphere Light-스탠드'로 수정한 후 '11. 스피어 라이트' 태그 폴더를 추가하고 해당 폴더 안에 '11-1.스피어 라이트-스탠드' 태그를 추가합니다. 그런 다음 'Sphere Light-스탠드' 컴포넌트를 '11-1.스피어 라이트-스탠드' 태그에 포함합니다.

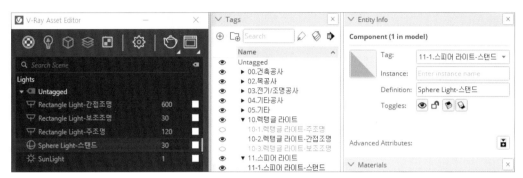

이름 수정-태그 추가-태그 지정

8 —— 렌더링

렌더링(1-3-22)한 후 완료 이미지를 확인해 보면 스피어 라이트를 배치하기 전과 장면의 밝기 차이가 없으며 스피어 라이트가 보인다는 것을 알 수 있습니다.

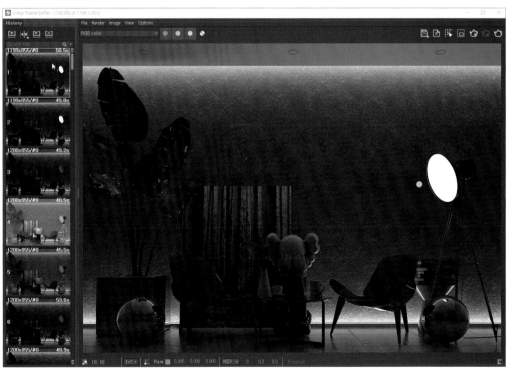

렌더링-확인

9 —— 옵션 설정

[Lights] 옵션 창에서 'Sphere Light-스탠드'를 선택한 후 세기에 '60000'을 입력하고 Enter 를 누른 다음 [Invisible] 옵션에 체크 표시를 합니다.

[세기] : 60000-[invisible] 체크 표시

10 — 렌더링

렌더링(1-3-23)합니다. 완료 이미지를 확인해 보면 장면은 더 밝아졌으며 스피어 라이트가 보이지 않는다는 것을 알 수 있습니다.

렌더링-확인

Affect Specular

지난 과정에서 학습한 '렉탱글 라이트-주조명', '렉탱글 라이트-보조 조명'의 설정과 달리, 스피어 라이트는 [Affect Specular], [Affect Reflection] 옵션에 체크 표시를 한 상태로 렌더링했습니다. 해당 옵션의 체크 표시를 해제하면 재질값(반사, 범프, 기타)을 가진 재질에 조명과 조명이 발산하는 빛이 반사되지 않아 다소 밋밋하게 표현되기 때문에 2개의 옵션에 체크 표시된 기본 상태로 렌더링한 것입니다. 화이트 도트 현상은 발생하지만, 제거할 수 있기 때문에 크게 신경 쓰지 않아도 됩니다. 화이트 도트 현상을 제거하는 내용은 '7. 라이트 믹스(LightMix)/이미지 보정(Color Correction)' 과정에서 학습합니다.

[Affect Specular], [Affect Reflection]
체크 표시

[Affect Specular], [Affect Reflection]
체크 표시 해제

11 — Area

렌더링 이미지를 좀 더 부드럽게 표현하는 방법을 학습하겠습니다. [Settings] 옵션 창의 [Render Parameter] 탭에 있는 [Antialiasing Filter] 옵션 탭을 확장한 후에 [Size/Type] 옵션의 내림 버튼▼을 클릭해 가장 부드럽게 표현하는 [Area] 타입을 선택합니다.

내림 버튼 클릭-[Area] 선택

12 — 렌더링

렌더링(1-3-24)한 후 [VFB] 창에서 이전의 이미지와 비교해 봅니다. 이전 이미지보다 전체적으로 부드러워졌고 구에 발생한 화이트 도트도 부드러워진 것을 알 수 있습니다.

렌더링-비교

렌더링 이미지를 부드럽게 표현하는 [Area] 타입

[Catmull Rom] 타입은 이미지를 가장 선명하게 표현하고 [Area] 타입은 이미지를 가장 부드럽게 표현합니다. 부드럽다는 것은 [Catmull Rom] 타입에 비해 약간 흐릿하다는 의미입니다. [Catmull Rom] 타입은 선명하게 표현하기 때문에 직선이 아닌 사선 부분에 각이 지는 계단 현상이 발생할 수 있으며 화이트 도트도 선명하게 표현됩니다. 이에 비해 이미지를 부드럽게 표현하는 [Area] 타입은 사선 부분의 계단 현상이 [Catmull Rom] 타입에 비해 줄어들며 화이트 도트 현상도 줄어듭니다.

개개인의 시각적인 차이로 인해 선명한 [Catmull Rom] 타입을 선호하는 사람도 있고 약간 흐릿한 [Area] 타입을 선호하는 사람도 있습니다. 즉, 어떤 타입이 가장 좋다고 정의내리는 것이 무의미하지만 저자를 비롯한 대부분의 브이레이 사용자가 [Catmull Rom] 타입을 선호하기 때문에 이 책에서는 [Area] 타입의 특성만 알아본 후 [Catmull Rom] 타입을 중심으로 설명하겠습니다.

[Catmull Rom] : 전체 이미지와 구의 화이트 도트가 선명함.

[Area] : 전체 이미지와 구의 화이트 도트가 흐릿함.

13 — Catmull Rom

[Antialiasing Filter] 타입을 [Catmull Rom]으로 선택합니다.

[Catmull Rom]

옴니 라이트의 특성

[V-Ray Lights] 도구 모음에 있는 [Omni Light] 도구☀를 클릭한 다음 참조 점을 클릭하면 옴니 라이트(Omni Light)가 배치됩니다. 옴니 라이트는 스피어 라이트와 비슷한 조명의 느낌을 표현하고 스피어 라이트에 비해 그림자의 경계면을 설정할 수 있는 특성이 있습니다. 또한 옴니 라이트는 크기와 밝기가 비례하지 않습니다. 즉, 옴니 라이트의 크기를 배율 도구로 조절한다고 해서 장면의 빛이 강해지거나 약해지지 않습니다. 옴니 라이트는 스피어 라이트와 전체적인 내용이 비슷하기 때문에 따라하기 과정에는 포함하지 않았습니다.

옴니 라이트

렌더링: 그림자의 경계면이 선명함.

[Shadow Radius]: 1

렌더링: 그림자의 경계면이 부드러워짐.

14 ── 잘라내기

스피어 라이트를 선택한 후 `Ctrl` + `X`를 누릅니다. 그런 다음 'com.light.스탠드.02-1' 컴포넌트를 편집 모드로 만듭니다.

스피어 라이트 선택

`Ctrl` + `X`

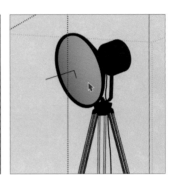
편집 모드 만들기

15 ── Paste In Place

메뉴의 [Edit]-[Paste In Place] 명령을 클릭해 동일한 위치에 붙여넣기합니다. 그런 다음 'com.light.스탠드.02-1' 컴포넌트의 편집 모드를 해제하고 'com.light.스탠드.02-1' 컴포넌트를 선택하면 스피어 라이트가 포함됐다는 것을 확인할 수 있습니다.

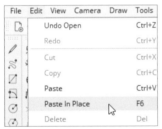
[Edit-Paste In Place] 클릭

동일한 위치에 붙여넣기됨.

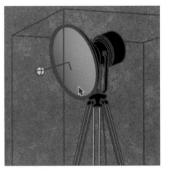
편집 모드 해제-컴포넌트 선택-확인

16 ── 계층 구조 확인

[Outliner] 창에서 'com.light.스탠드.02-1' 컴포넌트의 계층 구조를 살펴보면 'Sphere Light-스탠드' 컴포넌트와 '스탠드' 그룹으로 구성된 것을 알 수 있습니다.

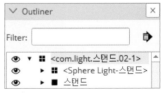
계층 구조 확인

4 | 스팟 라이트 학습하기

V-Ray Lights ×

이번 과정에서는 [V-Ray Lights] 도구 모음에 있는 [Spot Light] 도구
를 클릭하면 만들 수 있는 스팟 라이트(Spot Light)를 학습하겠습니다. 스팟 라이트는 할로겐 조명을 표
현할 때 주로 사용합니다.

1 — 메트리얼 확인

이전 과정의 완성 파일로 계속 학습하거나 예제 파일을 실행
합니다. 화면을 확대한 후 [Materials] 창의 [Sample
Paint] 아이콘 🖌을 클릭하고 그림을 참조해 'com.light.매
입등~' 컴포넌트의 안쪽 면을 클릭해 메트리얼을 확인합니다.

메트리얼 확인

2 — 자체 발광

1번 과정에서 확인된 'com.light.si.white.2' 메트리얼의
[Generic] 옵션 창에 있는 [Self Illuminaation] 옵션 탭을 확장합니다. 그런 다음 [Color] 옵션을 활성화
하고 [Intensity] 옵션의 수치값에 '50'을 입력한 후 Enter 를 누릅니다.

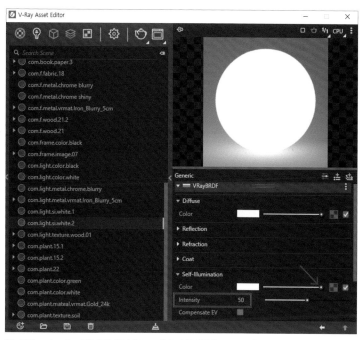

[Self Illumination] 옵션 탭 확장-[Color] 옵션 활성화-[Intensity]: 50

3 ── 렌더링

'3. 스피어 라이트' 장면 탭을 클릭한 후 렌더링(1-3-25)합니다.

'3' 장면 탭 클릭-렌더링

4 ── 스팟 라이트 배치

화면을 확대한 후 'com.light.매입등~' 컴포넌트를 편집 모드로 만듭니다. 그런 다음 [V-Ray Lights] 도구 모음 에 있는 [Spot Light] 도구 를 클릭합니다. 그 후 원의 중심점을 클릭해 스팟 라 이트를 배치합니다. 중심점에 스냅이 잡히지 않으면 마우스 포인터를 원의 가장자리 끝점에 위치시킨 후 원의 중 심으로 드래그하면 중심점에 스냅이 잡힙니다.

컴포넌트 편집 모드 만들기

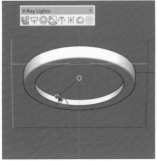
스팟 라이트 도구 선택-끝점에 위치시킴.

드래그-중심점 클릭

5 ── 확인

'3. 스피어 라이트' 장면 탭을 클릭해 'com.light.원형~' 컴포넌트에 모두 배치된 것을 확인합니다.

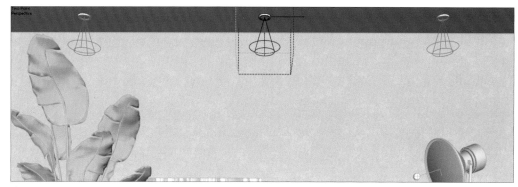

'3. 스피어 라이트' 장면 탭 클릭-확인

알
아
두
기

컴포넌트의 속성

컴포넌트를 편집 모드에서 수정하면 모델에 배치된 동일한 컴포넌트는 한 번에 수정됩니다.

6 ── 이름 수정/태그 추가/태그 지정

스케치업 화면에서 'Spot Light' 컴포넌트를 선택한 후 [Lights] 옵션 창에서 스팟 라이트의 이름을 'Spot Light-매입등'으로 수정합니다. 그런 다음 '12. 스팟 라이트' 태그 폴더와 '12-1. 스팟 라이트-매입등' 태그를 추가하고 'Spot Light-매입등' 컴포넌트를 '12-1. 스팟 라이트-매입등' 태그에 포함시킨 후 'com.light.원형~' 컴포넌트의 편집 모드를 해제합니다.

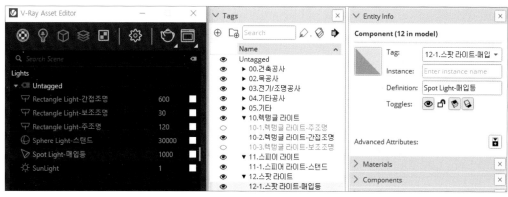

이름 수정-태그 폴더 및 태그 추가-태그 지정-컴포넌트 편집 모드 해제

7 ── 렌더링

렌더링(1-3-26)한 후 이전의 이미지와 비교해 보면 스팟 라이트를 배치하기 전의 이미지와 장면의 밝기 차이가 없다는 것을 알 수 있습니다. 스팟 라이트에 기본으로 설정된 세기가 약하기 때문입니다.

렌더링-확인

8 ── 세기 설정

스팟 라이트의 세기를 '300000'으로 설정한 후 렌더링(1-3-27)합니다.

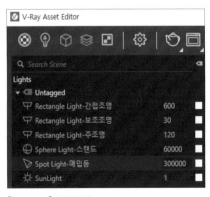

[Intensity]: 300000

렌더링

9 —— 옵션 설정

빛이 산란되는 각도를 설정하는 [Cone Angle] 옵션의 수치값을 '30'으로 설정한 후 그림자의 경계면을 부드럽게 하는 [Shadow Radius] 옵션의 수치값을 '3'으로 설정합니다. 그런 다음 렌더링(1-3-28)하고 [VFB] 창에서 이전의 이미지와 비교해 봅니다.

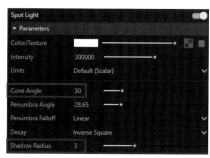

[Cone Angle] : 30, [Shadow Radius] : 3

렌더링/비교

10 —— 장면 추가

[Scenes] 창에서 장면을 추가한 후 장면 이름에 '4. 스팟 라이트'를 입력합니다.

장면 추가-장면 이름 입력

5 IES 라이트 학습하기

이번 과정에서는 [V-Ray Lights] 도구 모음  에 있는 [IES Light] 도구 ↑를 클릭하면 만들 수 있는 IES 라이트(IES Light)에 대해 학습하겠습니다. IES 라이트는 스팟 라이트와 마찬가지로 할로겐 조명을 표현할 때 주로 사용하며 IES 데이터 파일이 있어야 빛이 표현됩니다.

1 —— 장면 추가

이전 과정의 완성 파일로 계속 학습하거나 예제 파일을 실행합니다. [Tags] 창에서 '12-1. 스팟 라이트-매입등' 태그를 비활성화한 후 [Scenes] 창에서 장면을 추가하고 장면 이름에 '5. IES 라이트'를 입력합니다.

태그 비활성화　　　　　　장면 추가-장면 이름 입력

2 —— IES 데이터 파일 선택

화면을 확대한 후 'com.light.매입등~' 컴포넌트를 편집 모드로 만듭니다. 그런 다음 [V-Ray Lights] 도구 모음 에 있는 [IES Light] 도구 ↑를 클릭해 선택합니다. [IES File] 창이 나타나면 '1.ies' 파일(경로: D/[sketchUp,vray,study,source]/[2]component/[IES])을 선택한 후 [열기] 버튼을 클릭합니다.

화면 확대-컴포넌트 편집 모드 만들기

[IES Light] 도구 클릭

'1.ies' 파일 선택-[열기] 버튼 클릭

3 ── IES 라이트 배치

원의 중심점을 클릭해 IES 라이트를 배치합니다.

클릭

배치됨.

4 ── 확인

'5. IES 라이트' 장면 탭을 클릭한 후 IES 라이트가 'com.light.매입등~' 컴포넌트에 모두 배치된 것을 확인할 수 있습니다.

확인

알아두기 > **IES 라이트의 특성**

IES 라이트는 IES 데이터 파일을 적용해야 빛이 표현됩니다.

5 ── 이름 수정/태그 폴더 및 태그 추가/태그 지정

스케치업 화면에서 'IES Light' 컴포넌트를 선택한 후 [Lights] 옵션 창에서 IES 라이트의 이름을 'IES Light-매입등'으로 수정합니다. 그런 다음 '13. IES 라이트' 태그 폴더와 '13-1. IES 라이트-매입등' 태그를 추가합니다. 'IES Light-매입등' 컴포넌트를 '13-1. IES Light-매입등' 태그에 포함한 후 'com.light.원형~' 컴포넌트의 편집 모드를 해제합니다.

'IES Lights' 컴포넌트 선택-이름 수정-태그 폴더 및 태그 추가-태그 지정-컴포넌트 편집 모드 해제

6 ── 렌더링

렌더링(1-3-29)한 후 완료 이미지를 확인해 보면 IES 라이트의 빛이 표현되지 않는 것을 알 수 있습니다. IES 라이트에 기본으로 설정된 세기가 약하기 때문입니다.

렌더링-확인

7 — 세기 설정

[Lights] 옵션 창에서 'IES Light-매입등'을 선택한 후 [Intensity] 옵션의 수치값을 '600000'으로 설정하고 렌더링(1-3-30)합니다.

[Intensity] : '600000' 입력

렌더링

알아두기

Spot Light, IES Light의 빛이 표현되지 않을 경우

[Spot Light]와 [IES Light]는 면에 붙어 만들어지기 때문에 빛이 표현되지 않는 경우가 발생할 수 있습니다. 이때는 [Spot Light]와 [IES Light]를 몇 mm 아래로 내리면 빛이 표현됩니다.

8 — 장면 추가

[Tags] 창에서 '13-1. IES 라이트-매입등' 태그를 비활성화한 후 [Scenes] 창에서 장면을 추가합니다. 그런 다음 장면 이름에 '2-1. 렉탱글 라이트-매입등'을 입력하고 장면을 '2. 렉탱글 라이트' 다음 장면으로 이동합니다.

13-1번 태그 비활성화   장면 추가-장면 이름 입력-장면 위치 이동

9 — 렉탱글 라이트 만들기

'com.light.매입등~' 컴포넌트가 배치된 부분을 확대, 회전한 후 'com.light.매입등~' 컴포넌트를 편집 모드로 만들고 렉탱글 라이트를 만듭니다. 다음 과정에서 렉탱글 라이트의 모양과 크기를 조절하기 때문에 현재 만드는 렉탱글 라이트의 크기는 원 안에 배치될 수 있는 크기면 됩니다.

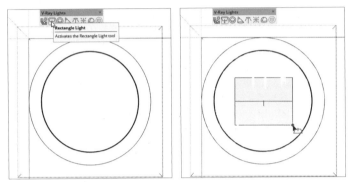

화면 설정-컴포넌트 편집 모드 만들기-[렉탱글   렉탱글 라이트 만들기
라이트] 아이콘 클릭

10 — 이름 수정/태그 추가/태그 지정

스케치업 화면에서 [Rectangle Light] 컴포넌트를 선택한 후 [Lights] 옵션 창에서 렉탱글 라이트의 이름을 'Rectangle Light-매입등'으로 수정합니다. 그런 다음 '10. 렉탱글 라이트' 태그 폴더 안에 '10-4. 렉탱글 라이트-매입등' 태그를 추가합니다. 그 후 'Rectangle Light-매입등' 컴포넌트를 '10-4.렉탱글 라이트-매입등' 태그에 포함합니다.

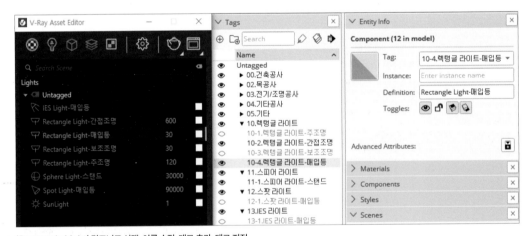

'Rectangle Light' 컴포넌트 선택-이름 수정-태그 추가-태그 지정

11 — 모양 수정하기

[Lights] 옵션 창에서 'Rectangle Light-매입등'을 선택한 후 [Shape] 옵션의 내림 버튼 ▼을 클릭해 [Disc] 타입을 선택합니다.

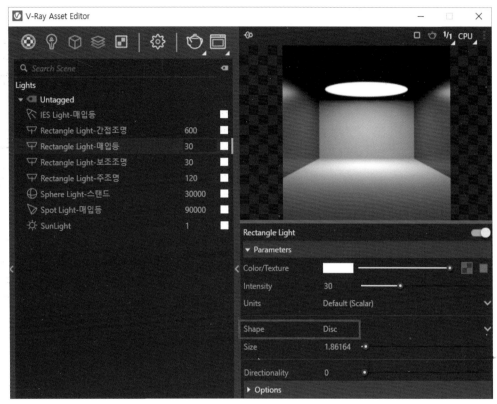

'Rectangle Light-매입등' 선택-[Shape] 옵션의 내림 버튼 클릭-[Disc] 타입 선택

12 — 크기 조절

사각형에서 원으로 수정된 렉탱글 라이트의 원 크기를 배율 도구 ▣를 이용해 조절합니다. 'com.light.매입등~' 컴포넌트의 안쪽 내경과 비슷한 크기로 조절하면 됩니다.

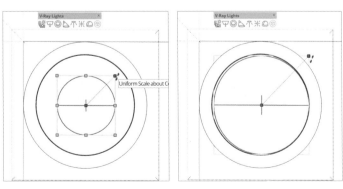

배율 도구 선택- Ctrl 누름.   크기 조절

13 — 이동

화면을 회전한 후 이동 도구 ✛를 이용해 렉탱글 라이트를 아래로 5mm 내립니다.

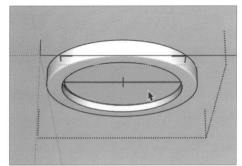
렉탱글 라이트 선택

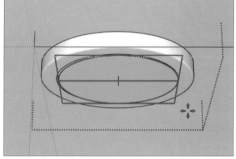
이동 도구를 이용해 아래로 5mm 내림.

현 장 — 플 러 스 ✳

렉탱글 라이트를 아래로 내리는 이유

렉탱글 라이트를 아래로 내리지 않으면 매입등 내부가 너무 밝게 표현되기 때문입니다.

매입등 내부가 너무 밝게 표현됨.

14 — 옵션 설정

'Rectangle Light-매입등'의 세기를 '60000'으로 설정한 후 [Invisible] 옵션에 체크 표시를 합니다.

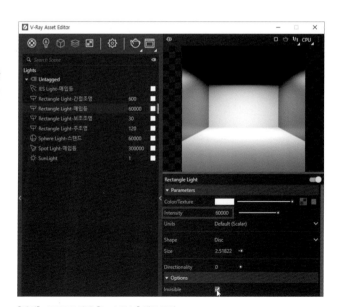
[세기] : 60000 설정-[Invisible] 체크 표시

15 — 렌더링

'2-1. 렉탱글 라이트-매입등' 장면 탭을 클릭한 후 컴포넌트 편집 모드를 해제하고 렌더링(1-3-31)합니다.

렌더링

매입등 표현

매입등의 빛 표현은 렉탱글 라이트, 스팟 라이트, IES 라이트를 모두 사용할 수 있기 때문에 실제 설치되는 조명과 전구의 특성에 맞게 인공조명을 배치하면 됩니다.

16 — 장면 업데이트

'5. IES 라이트' 장면 탭을 클릭한 후 [Tags] 창에서 '10-4. 렉탱글 라이트-매입등' 태그를 비활성화하고 '5.IES 라이트' 장면을 업데이트합니다.

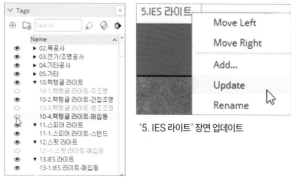

'5. IES 라이트' 장면 업데이트

'5. IES 라이트' 장면 탭 클릭-'10-4'번 태그 비활성화

조명 컴포넌트의 구성

인공조명을 포함한 조명 컴포넌트를 만들어 놓으면 언제든지 작업 중인 모델에 배치해서 별다른 추가 설
정 없이 바로 사용할 수 있습니다. 즉, 스케치업 조명 컴포넌트는 저마다의 특성에 맞는 인공조명을 배치
해서 한 세트(스케치업 조명 컴포넌트 또는 그룹+브이레이 인공조명 컴포넌트)로 활용한다고 이해하
기 바랍니다. 다음 그림은 저자가 사용하는 조명 컴포넌트의 일부분입니다.

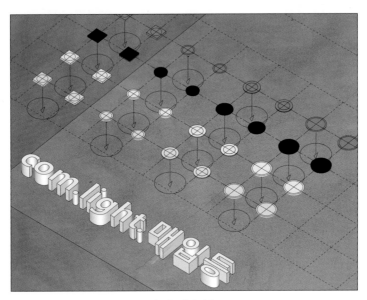

매입등 컴포넌트: IES 라이트, 렉탱글 라이트가 포함된 상태

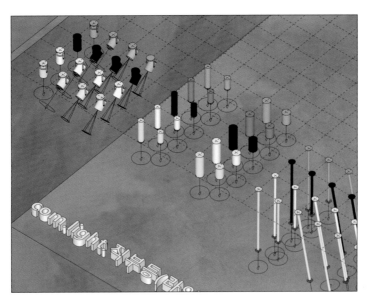

직부등 컴포넌트: IES 라이트, 스팟 라이트가 포함된 상태

각종 인공조명(IES, 스팟, 스피어 라이트)이 배치된 조명 컴포넌트 모음

스케치업 X-Ray 모드: 스탠드 및 펜던트 조명 컴포넌트 내부에 스피어 라이트가
모두 배치돼 있음.

브이레이

6 메시 라이트 학습하기

이번 과정에서는 [V-Ray Lights] 도구 모음에 있는 [Convert to Mesh Light] 도구 ⊚를 클릭하면 만들 수 있는 메시 라이트(Mesh Light)에 대해 학습하겠습니다. 메시 라이트는 선택한 객체를 조명으로 표현합니다.

1 ── 태그 설정

태그 설정

스케치업 화면

이전 과정의 완성 파일로 계속 학습하거나 예제 파일을 실행합니다. [Tags] 창에서 '05-2.3D Text' 태그를 활성화한 후 '11-1. 스피어 라이트-스탠드' 태그와 '13-1.IES 라이트' 태그를 비활성화합니다.

2 ── 장면 추가/렌더링

[Scenes] 창에서 장면을 추가한 후 장면 이름에 '6. 메시 라이트'를 입력합니다. 그런 다음 렌더링(1-3-32)하고 완료 이미지를 확인해 보면 인공조명(스피어 라이트-스탠드, IES 라이트-매입등)이 비활성화 상태인데도 조명의 발광 부위가 자체 발광으로 표현되고 있어서 어색해 보입니다.

장면 추가

렌더링

3 ── 자체 발광 비활성화

'com.light.white.1', 'com.light.white.2' 메트리얼의 [Generic] 옵션 창에 있는 [Self-Illumination] 옵션 탭의 [Color] 옵션을 비활성화합니다.

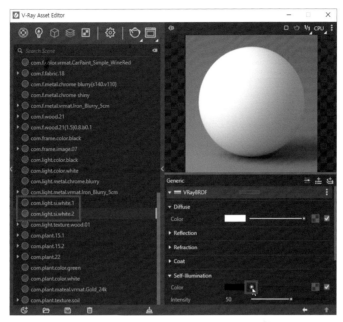

자체 발광 비활성화

4 ── 렌더링

렌더링(1-3-33)합니다.

렌더링

5 —— 메시 라이트 만들기

선택 도구 ▶ 로 'Editable 3D Text' 컴포넌트를 선택한 후 [V-Ray Lights] 도구 모음 에 있는 [Convert to Mesh Light] 도구 ⦾ 를 클릭합니다. 그런 다음 [Lights] 옵션 창에서 'Mesh Light'의 이름에 'Mesh Light-3D Text'를 입력하고 세기를 '300'으로 설정합니다.

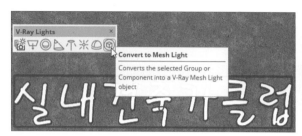

컴포넌트 선택-Convert to Mesh Light 도구 클릭

이름 입력-[세기]: 300 설정

6 —— 메시 라이트 만들기

컴포넌트 선택-[Convert to Mesh Light] 도구 클릭

이름 입력-[세기]: 300 설정

선택 도구 ▶ 로 'com.acc.g.인형~' 컴포넌트를 선택한 후 [V-Ray Lights] 도구 모음 에 있는 [Convert to Mesh Light] 도구 ⦾ 를 클릭합니다. 그런 다음 [Lights] 옵션 창에서 'Mesh Light'의 이름에 'Mesh Light-인형'을 입력하고 세기를 '300'으로 설정합니다.

7 —— 렌더링

렌더링-비교

렌더링(1-3-34)한 후 이전의 이미지와 비교해 봅니다.

8 —— 색온도 설정

[Lights] 옵션 창에서 'Mesh Light-3D Text'를 선택한 후 [Mesh Light] 옵션 창에 있는 [Color/Texture] 색상 박스를 클릭합니다. [V-Ray Color Picker] 창에서 색온도를 설정하는 [K] 옵션의 수치 입력란에 '3000'을 입력한 후 Enter 를 누릅니다. 그런 다음 'Mesh Light-인형' 컴포넌트의 색온도도 '3000'으로 설정합니다.

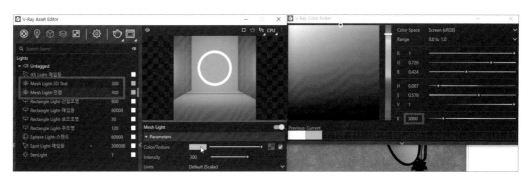

색온도 설정

9 —— 렌더링

렌더링(1-3-35)해서 완성합니다.

렌더링

메시 라이트의 특성/자체 발광과의 차이점

1 │ 메시 라이트의 특성

메시 라이트로 만들 객체는 단일 그룹(또한 단일 컴포넌트)으로 구성돼야 합니다. 하위에 계층 구조를
가진 그룹(또한 컴포넌트)일 경우에는 [Convert to Mesh Light] 도구⚙가 비활성화돼 메시 라이
트로 만들 수 없습니다.

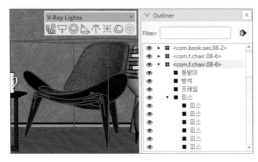

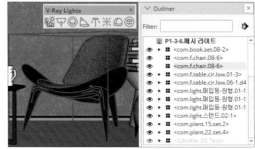

하위에 계층 구조를 가진 컴포넌트: 메시 라이트로 만들 수 없음.　　　　하위에 계층 구조가 없는 컴포넌트: 메시 라이트로 만들 수 있음.

2 │ 자체 발광과 메시 라이트의 차이점

자체 발광과 메시 라이트는 비슷한 성격이지만, 아래의 내용들이 차이가 납니다.

① 렌더 타임: 메시 라이트는 조명이기 때문에 자체 발광보다 렌더 타임이 길게 나옵니다.

메시 라이트: 세기 300, 렌더 타임: 1분 24초　　　　자체 발광: 세기 240, 렌더 타임: 1분 1초

② **매핑**: 자체 발광은 매핑한 메트리얼이 발광하기 때문에 단색으로 표현하려면 매핑을 다시 해야 하지만 메시 라이트는 매핑 상태는 유지하고 빛의 색상만 설정하면 됩니다.

스케치업 화면

빛의 색상 수정-렌더링

③ 객체의 음영/재질값

메시 라이트로 표현한 객체는 음영이 표현되지 않지만, 자체 발광으로 표현한 객체는 음영이 표현되며 반사도 표현됩니다.

메시 라이트: 객체의 음영이 표현되지 않음.

자체 발광: 객체의 음영이 표현됨.

자체 발광: 반사 설정

7 | 라이트 믹스/이미지 보정 학습하기

이번 과정에서는 브이레이의 강력한 기능 중 하나인 라이트 믹스(Light Mix) 기능과 [VFB] 창에서 이미지를 보정하는 방법에 대해 학습하겠습니다.

1 —— Delete

이전 과정의 완성 파일로 계속 학습하거나 예제 파일을 실행합니다. '5. IES 라이트' 장면 탭을 클릭한 후 [V-Ray Asset Editor] 창의 [Lights] 아이콘을 클릭해 [Lights] 옵션 창을 나타나게 합니다. 그런 다음 'Mesh Light-인형' 컴포넌트에 마우스 포인터를 올려놓은 후 마우스 버튼을 우클릭하면 나타나는 확장 메뉴 중 [Delete] 명령을 클릭합니다. [Delete Asset] 창이 나타나면 [Delete] 버튼을 클릭해 'Mesh Light-인형' 컴포넌트를 삭제합니다.

마우스 버튼 우클릭-[Delete] 클릭

[Delete] 버튼 클릭

2 —— 자체 발광 활성화

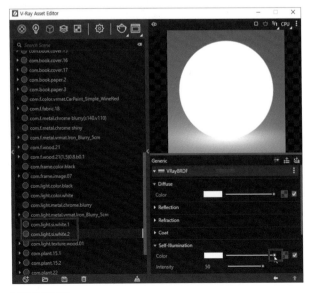

자체 발광 활성화

[V-Ray Asset Editor] 창의 [Materials] 아이콘을 클릭해 [Materials] 옵션 창을 나타나게 한 후 'com.light.si.white.1', 'com.light.si.white.2' 메트리얼의 자체 발광을 활성화합니다.

3 ── 렌더링 크기 설정

[V-Ray Asset Editor] 창의 [Settings] 아이콘⚙을 클릭해 [Settings] 옵션 창을 나타나게 합니다. 그런 다음 [Render Output] 옵션 탭을 확장하고 [Image Width] 옵션의 수치 입력란에 '2500'을 입력한 후 Enter 를 누릅니다. 그 후 [Render Elements] 아이콘🗏을 클릭하고 [Light Mix] 채널을 클릭합니다.

알아두기

Light Mix 채널

[Light Mix] 채널은 인공 조명의 종류별로 렌더링 이미지를 저장하며 렌더링 후에도 조명의 세기, 색온도를 수정할 수 있는 유용한 기능입니다.

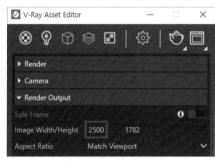

'2500' 입력   [Light Mix] 채널 클릭

4 ── 타입 선택

[Light Mix] 옵션 창의 [Group by] 옵션의 내림 버튼▼을 클릭해 [Layers] 타입을 선택합니다.

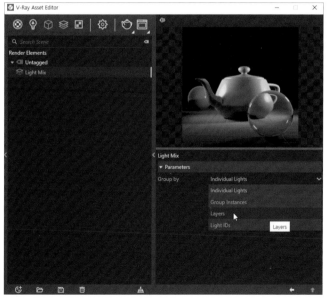

내림 버튼 클릭-[Layers] 클릭

[Layes] 타입으로 선택된 상태

Light Mix-Group by

[Light Mix] 옵션 창의 [Group by] 옵션은 작업 모델에 배치된 인공조명을 어떤 방식으로 묶을 것인지를 설정합니다. [Layers] 타입은 스케치업의 [Tags] 창에서 설정한 태그별로 묶는다는 의미입니다. 현재 장면에서 비활성화된 태그에 포함돼 있는 인공조명은 제외됩니다.

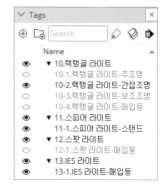

태그 구성

5 ── 렌더링

렌더링(1-3-36)합니다.

렌더링

렌더링 크기/계단 현상

1. 렌더링 크기

지금까지는 1200픽셀 크기로 렌더링했고 처음으로 2500픽셀 크기로 수정했습니다. 2500픽셀은 1200픽셀보다 약 4배 정도 크기 때문에 렌더 타임도 1200픽셀에 비해 4배 정도 증가합니다. 또한 렌더링할 때 보이는 사각형 박스인 버킷도 1200픽셀 크기로 렌더링할 때보다 작아집니다.

2. 계단 현상

고품질(또한 최고 품질) 옵션으로 설정해도 렌더링 이미지의 크기가 작으면 계단 현상이 발생할 수밖에 없습니다. 렌더링 이미지 크기를 크게 설정하면 계단 현상은 완화됩니다.

6 —— 이미지 확인

렌더링이 완료되면 [VFB] 창에서 화면을 더블클릭해서 원본 크기로 나타내고 마우스 스크롤 버튼을 클릭한 상태로 화면을 이동시키면서 품질을 확인합니다. 확실히 1200 픽셀보다 계단 현상이 완화됐다는 것을 알 수 있습니다.

화면 더블클릭-화면 이동하면서 확인

219

7 ── 자동 저장된 이미지 확인

자동 저장된 이미지를 확인해 보면 이전과는 달리 많은 이미지가 한 번에 저장된 것을 알 수 있습니다. [Light Mix] 채널을 추가했기 때문에 기본으로 저장되는 이미지와 작업 파일에 배치한 인공조명의 렌더링 이미지가 태그별로 각각 한 장씩 자동 저장됩니다. 저장된 이미지 중에서 이름이 'vray'인 이미지가 완성 이미지입니다.

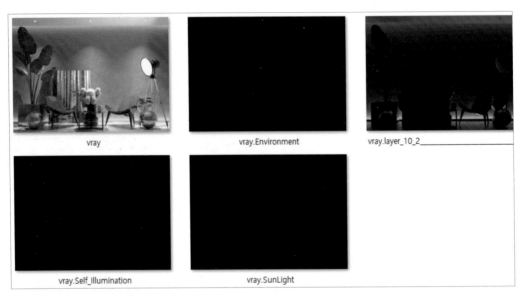

저장된 이미지 확인

8 ── Source:LightMix

단축키 F 를 눌러 [VFB] 창에 꽉 차게 이미지를 표시한 후 [VFB] 창 오른쪽의 [Layers,Stats,Log] 창에 있는 [Source:LightMix] 레이어를 클릭합니다. 태그(layers)별로 인공조명이 표시되는 것을 확인할 수 있습니다.

[Source:LightMix] 레이어 클릭

[VFB] 창의 폭 조절/섬네일 크기 설정하기

1 │ [VFB] 창의 폭 조절하기

[VFB] 창의 [History] 창 오른쪽과 [Layers,Stats,Log] 창 왼쪽의 경계 부분을 클릭한 상태로
좌, 우로 드래그하면 해당 창의 크기를 조절할 수 있으며 경계 부분을 더블클릭해서 [Rendering] 창
만 나타낼 수도 있습니다.

클릭한 상태로 드래그-창 폭이 늘어나거나 줄어듦.   좌, 우의 경계 부분 더블클릭-[Rendering] 창만 나타남.

2 │ [History] 창의 섬네일 크기 설정

[VFB] 창의 [Options-VFB settings] 메뉴를 클릭해 [VFB settings] 창을 나타나게 한 후
[History] 메뉴에 있는 [Min Thumbnail Width] 옵션의 슬라이드 바를 클릭한 상태로 좌,우로 드
래그하거나 수치 입력란에 수치값(최대 256픽셀)을 입력하고 Enter 를 누르면 섬네일 이미지 크기를 설
정할 수 있습니다.

[VFB] 창의 [Options]-[VFB settings] 클릭

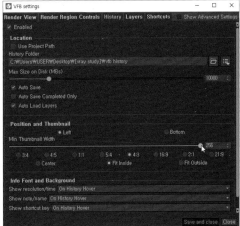

슬라이드 바를 움직이거나 수치값 입력

9 —— 레이어 비활성화

'layer/13-1. IES 라이트-매입등' 레이어의 체크 표시를 클릭해 체크 표시를 해제합니다. 렌더링 이미지에서
IES 라이트의 빛이 제외된 것을 확인할 수 있습니다. 이처럼 특정 태그를 비활성화하면 해당 태그에 포함된 조명
들도 비활성화됩니다.

'layer/13-1. IES 라이트-매입등' 체크 표시를 해제

10 —— 세기 조절

'layer/13-1. IES 라이트-매입등' 레이어에 체크 표시를 한 후 수치 입력란에 '0.5'를 입력하고 Enter 를 누릅니
다. 해당 레이어(태그)에 포함된 IES 라이트의 세기가 절반으로 감소한 것을 알 수 있습니다. 이처럼 수치값을 입
력하면 조명의 세기를 조절할 수 있습니다.

'layer/13-1.IES 라이트-매입등' 레이어에 체크 표시-0.5- Enter

11 — 색온도 설정

'layer/10-2. 렉탱글 라이트-간접 조명' 레이어의 색상 박스를 클릭한 후 [Range] 옵션의 내림 버튼▼을 클릭
해 '0-255' 타입을 선택하고 R: 100, G: 0, B: 255를 입력한 다음 [OK] 버튼을 클릭합니다.

[layer/10-2] 레이어의 색상 박스 클릭   내림 버튼 클릭-[0-255] 타입 선택-RGB 수치값 입력-[OK] 버튼 클릭

12 — 확인

렌더링 이미지를 확인해 보면 간접 조명의 색상이 수정된 것을 알 수 있습니다. 이처럼 [LightMix] 채널을 사용
하면 각종 조명의 색상도 수정할 수 있습니다.

확인

색온도

현실 세계의 조명은 모두 저마다의 색온도가 있습니다. 색온도는 전구의 색상을 수치로 표현한 빛의 온도 단위로, K(켈빈, Kelvin)로 표시합니다. 브이레이에서도 각각의 인공조명과 라이트 믹스 채널에서 색온도를 설정할 수 있습니다. 기본값은 '6500'으로, 수치값이 내려가면 노란색이 증가하며 따뜻한 느낌의 빛이 표현되고 수치값이 올라가면 파란색이 증가하며 차가운 느낌의 빛이 표현됩니다.

6500K: 기본 설정

5000K: 노란색 증가(따뜻한 느낌)

1-746 7500K: 파란색 증가(차가운 느낌)

13 — 옵션 수정하기

'layer/10-2. 렉탱글 라이트-간접 조명' 레이어의 색상 박스에 마우스 포인터를 올려놓은 후 마우스 버튼을 우클릭해 최초 상태로 되돌립니다. 그런 다음 'layer/13-1.IES 라이트-매입등' 레이어의 세기를 '1'로 설정합니다.

마우스 포인터 위치-우클릭   수치값 입력- Enter

라이트 믹스 채널 사용 시 유의할 점

학습한 내용처럼 라이트 믹스 채널은 실무 작업에 아주 유용한 기능을 가지고 있습니다. 라이트 믹스 채널이 없다면 인공조명의 세기와 색상을 일일이 수정하면서 여러 번 반복해서 렌더링해야 하지만 라이트 믹스 채널을 추가하면 인공조명의 활성화 및 비활성화, 세기 설정, 색온도 설정 등등을 할 수 있기 때문에 인공조명이 포함된 장면을 렌더링할 때는 꼭 라이트 믹스 채널을 추가해야 합니다. 이처럼 장점이 많은 라이트 믹스 채널을 사용할 때 유의할 점에 대해 알아보겠습니다.

1 │ 이름 수정

라이트 믹스 채널이 포함된 vrimg 파일은 꼭 이름을 수정해서 다른 vrimg 파일과 구분해야 합니다. 프로젝트명이나 날짜 등을 추가하는 방법을 권장합니다.

📄 vfbHistory_2024_05_14_14_30_20_748.vrimg   📄 라이트 믹스 채널 포함.vrimg

라이트 믹스 채널이 포함된 vrimg 원본 파일 이름   이름 수정

2 │ 태그에 포함하기

인공조명은 스케치업의 [Tags] 창에서 각각의 특성에 맞는 태그에 포함시켜 관리해야 합니다.

```
👁  ▼ 22.돔 라이트
👁    22-1-1.돔-주간-03
◯    22-2-1.돔-야간-15
◯    22-2-2.돔-야간-17
👁  ▼ 23.렉탱글 라이트
👁    23-1.렉탱글-주조명
👁    23-2.렉탱글-간접조명
👁    23-3.렉탱글-보조조명
👁  ▼ 24.IES/Spot 라이트
👁    24-1.IES-조명
👁    24-2.Spot-조명
👁  ▼ 25.스피어 라이트
👁    25-1.스피어-조명
👁    25-2.스피어-기타
```

저자의 인공조명 태그 구분

[QR코드: 라이트 믹스]

14 — 확인

[VFB] 창에서 렌더링 이미지를 더블클릭해 원본 크기로 만든 후 화이트 도트 현상이 발생한 부분을 확인합니다. 1200픽셀 크기의 렌더링 완료 이미지에서는 잘 안 보이던 화이트 도트 현상이 2500픽셀 크기의 렌더링 완료 이미지에서는 잘 보입니다. 하지만 크게 눈에 띄지 않는 화이트 도트 현상은 넘어가도 됩니다.

화이트 도트 현상 확인

15 — 영역 지정

왼쪽 화분에 생긴 화이트 도트 현상부터 완화시키겠습니다. [VFB] 창의 [Region render] 아이콘▣을 클릭한 후 화이트 도트 현상이 있는 부분만 클릭 앤 드래그해 영역을 지정합니다. 그런 다음 [Settings] 옵션 창에서 [Antialiasing Filter] 타입을 [Area]로 선택합니다.

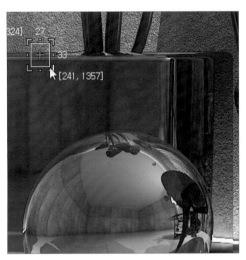

[Region render] 아이콘 클릭-영역 지정

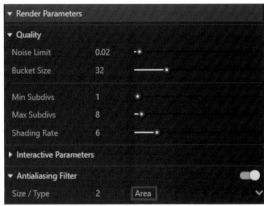

[Antialiasing Filter] : Area

16 ─ 렌더링/영역 지정/렌더링

렌더링한 후 완료 이미지를 보면 화이트 도트 현상이 완화된 것을 확인할 수 있습니다. 여러 번 렌더링해야 하므로 자동 저장된 렌더링 이미지 이름은 수정하지 않습니다. 화분의 오른쪽 부분에 발생한 화이트 도트 부분만 영역을 지정하고 렌더링한 다음 구에 발생한 화이트 도트 부분만 영역을 지정해서 렌더링합니다.

렌더링-확인

화분의 오른쪽 부분 영역 지정-렌더링-구의 화이트 도트 부분 영역 지정-렌더링

현 장 ─ 플 러 스 ✳

픽셀 단위로 영역 지정

픽셀 단위로 영역을 지정할 수 있기 때문에 렌더링 이미지를 확대하면서 렌더링합니다.

화면 확대-영역 지정

렌더링

17 — 렌더링

위 과정을 반복하면서 렌더링 이미지의 오른쪽에 배치된 구와 스탠드 조명 다리 부분에 발생한 화이트 도트 현상도 완화합니다. 가장 마지막에 렌더링한 이미지의 이름에 '1-3-36-1. 화이트 도트 완화'를 입력합니다.

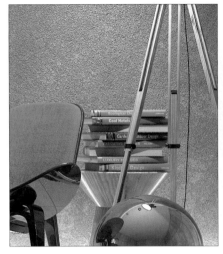
기존 상태

완성

알아두기

화이트 도트 현상 완화하기

[Antialiasing Filter] 타입을 가장 선명한 [Catmull Rom] 타입으로 선택한 후 인공조명의 [Affect Specular], [Affect Reflection] 옵션에 체크 표시를 하고 렌더링을 했을 때 화이트 도트 현상이 발생하는 부분이 있으면 해당 부분만 영역을 지정해서 [Area] 타입으로 렌더링하면 됩니다. 위 내용에서 학습했듯이 여러 군데의 영역을 지정하고 렌더링해도 렌더 타임은 몇 초면 충분하므로 실무 작업에 유용하게 활용할 수 있습니다. 부드러운 느낌을 좋아하는 독자들은 처음부터 [Area] 타입으로 렌더링해도 됩니다. 다시 한번 강조하지만 크게 눈에 띄지 않는 화이트 도트 현상은 넘어가도 됩니다.

18 — Exposure

[Layers,Stats,Log] 창의 [Create Layer] 아이콘 을 클릭한 후 밝기를 보정하기 위해 [Exposure] 레이어를 클릭합니다. 그런 다음 [Exposure] 옵션 창에서 밝기를 보정하는 [Exposure] 옵션의 수치값에 '-0.3'을 입력하고 Enter 를 눌러 조금 어둡게 보정합니다. 그 후 [Contrast] 옵션의 수치값에 '0.1'을 입력하고 Enter 를 누릅니다.

[Create Layer] 아이콘
클릭-[Exposure] 클릭

[Exposure]: -0.3, [Contrast]: 0.1

Highlight Burn

[Exposure] 옵션 창에 있는 [Highlight Burn] 옵션은 렌더링 이미지에서 빛이 너무 밝아서 탄 부분만 보정하는 옵션으로, 수치값을 내리면 탄 부분만 어둡게 보정됩니다. 전체적으로 조금 어두워지지만, 탄 부분을 효과적으로 보정할 수 있는 강력한 기능입니다.

세면대 부분이 너무 밝게 탐.

[Highlight Burn] 옵션의 수치값을 내림.

19 — Hue/Saturation

[Create Layer] 아이콘을 클릭한 후 채도를 조금 올리기 위해 [Hue/Saturation] 레이어를 클릭합니다. 그런 다음 [Hue/Saturation] 옵션 창에서 [Saturation] 옵션의 수치값에 '0.03'을 입력합니다.

보정 옵션의 수치값

수치값을 높게 설정해서 보정하게 되면 실제 색상을 왜곡할 수도 있기 때문에 보정 옵션은 특별한 경우가 아니라면 적은 수치값을 입력하는 경우가 대부분입니다. 즉, 높은 수치값을 입력해 과도한 보정을 하지 않는다는 의미입니다.

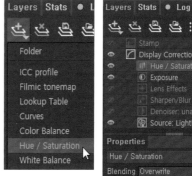

[Create Layer]
아이콘 클릭-[Hue/
Saturation] 클릭

[Saturation] : '0.03' 입력

20 — White Balance

[Create Layer] 아이콘 을 클릭한 후 색온도를 설정하기 위해 [White Balance] 레이어를 클릭합니다. 그런 다음 [White Balance] 옵션 창에서 [Temperature] 옵션의 수치값에 '7000'을 입력합니다.

알아두기

Temperature

[Temperature] 옵션은 색온도를 설정하는 옵션이지만, 실제 색온도와 반대 개념입니다. 즉, 실제 색온도는 6500K보다 수치값이 낮으면 노란색이 증가하지만 [Temperature] 옵션은 반대로 수치값을 올려야 노란색이 증가합니다.

[Create Layer]
아이콘 클릭-[White
Balance] 클릭

[Temperature]: '7000' 입력

21 — Sharpen/Blur

이미지를 선명하게 하거나 흐리게 보정하는 [Shapen/Blur] 레이어를 클릭한 후 [Calculate Sharpen/Blur] 옵션에 체크 표시를 합니다. 그런 다음 선명 효과의 세기를 설정하는 [Sharpen amount] 옵션의 수치값을 '2'로 설정하고 선명 효과의 반경을 설정하는 [Shapen radius] 옵션의 수치값을 '1'로 설정합니다.

[Shapen/Blur] 레이어 클릭-
[Calculate Sharpen/Blur] 옵션 체크-
[Sharpen amount]: '2', [Sharpen
radius]: '1' 입력

이미지가 선명해짐.

현장
―
플
러
스

✳

보정 레이어 비활성화, 초기화, 삭제

보정 레이어의 활성화 아이콘 👁을 클릭하면 비활성화 됩니다. 초깃값으로 되돌리려면 보정 레이어에 마우스 포인터를 올려놓은 후 마우스 버튼을 우클릭하면 나타나는 확장 메뉴 중 [Reset]을 클릭하면 되고 추가한 레이어를 삭제하려면 [Delete] 명령을 클릭하면 됩니다.

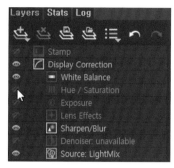

활성화 아이콘 클릭해 비활성화

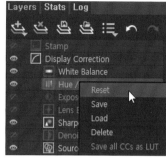

[Reset]: 초기화

[Delete]: 삭제

22 — Lens Effects

빛을 좀 더 강조하기 위해 [Lens Effects] 레이어를 클릭한 후 렌즈 이펙트 효과를 사용하기 위해 [Enable Lens Effects] 옵션에 체크 표시를 합니다. 인공조명의 빛이 발산되는 부분과 빛이 반사되는 부분이 좀 더 강조되는 것을 알 수 있습니다.

[Lens Effects] 클릭-[Enable Lens Effects] 옵션 체크 표시

23 — Intensity

[Intensity] 옵션의 수치값을 '2'로 설정합니다. 렌즈 이펙트 효과가 더 강해진 것을 알 수 있습니다.

[Intensity] : 2

현장ㅡ플러스

Lens Scratches/Chromatic aberration

빛 번짐 효과를 표현하는 [Lens Scratches] 옵션과 색 수차를 보정하는 [Chromatic aberration] 옵션에 대해 알아보겠습니다.

1 | Lens Scratches

[Lens Scratches] 옵션은 빛이 번지는 효과를 표현합니다. [Pattern] 옵션의 ▼을 클릭하면 4가지 타입으로 표현할 수 있습니다.

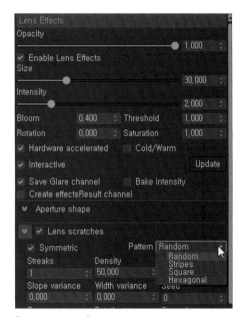

[Lens scratches]

① Random

② Stripes

③ Square

④ Hexagonal

2 | Chromatic aberration

[Chromatic aberration]은 색에 따라 렌즈의 초점이 달라지고 상의 전후 위치가 달라지는 색수차 보정을 할 수 있는 옵션입니다.

[Chromatic aberration] : 0.3

보정 이미지

색수차 보정 전

색수차 보정 후

24 — 이미지 저장

[Save current channel] 아이콘🖫을 클릭합니다. [Choose output image file] 창이 나타나면 저장 경로(바탕 화면/[vray study]/rendering)를 설정한 후 파일 이름에 '1-3-36-2.보정'을 입력합니다. 그런 다음 파일 형식을 bmp 파일로 선택하고 [저장] 버튼을 클릭해 저장한 후 보정 전 이미지와 비교합니다.

[Save current channel] 아이콘 클릭

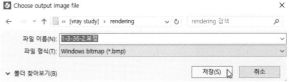

저장 경로 설정-파일 이름 입력-파일 형식 bmp 선택-[저장] 버튼 클릭-이미지 비교

25 — vrimg 파일 저장

[Save current channel] 아이콘🖫을 클릭합니다. [Choose output image file] 창이 나타나면 저장 경로(바탕 화면/[vray study]/rendering)를 설정한 후 파일 이름에 '1-3-37.보정'을 입력합니다. 그런 다음 파일 형식은 vrmig 파일을 선택하고 [저장] 버튼을 클릭해 저장합니다. 이미지 파일 형식은 보정 데이터가 없고 vrimg 파일 형식은 보정 데이터를 다 갖고 있기 때문에 보정한 이미지를 수정하거나 추가 보정할 때 유용합니다.

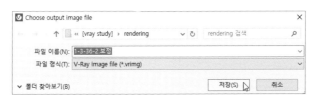

저장 경로 설정-파일 이름 입력-파일 형식 vrimg 선택-[저장] 버튼 클릭

알아두기

이미지 보정

설정한 옵션들은 렌더링할 때마다 적용되기 때문에 리셋 또는 삭제해야 합니다. 본문 내용에서 학습한 보정 방법은 옵션들의 기능을 이해하기 위한 수치값이기 때문에 실제 작업 시에는 해당 렌더링 이미지에 맞는 수치값을 적용해야 합니다.

실무 예제 따라하기

PROGRAM 2 과정은 저자가 실무에 사용한 파일을 이용해 다양한 효과를 표현하는 방법과 각종 장면을 렌더링하는 방법에 대해 학습합니다. PROGRAM 1 과정을 한번 더 학습하고 이 과정을 학습하는 방법을 권장합니다. 반복 학습을 통해 자연스럽게 정립되는 내용들이 더 많기 때문입니다.

1강

SketchUp

각종 효과
표현하기

1강에서는 메트리얼의 각종 재질값을 설정해 다양한 효과를 표현하는
방법을 학습하겠습니다. 이전 과정에서 학습한 브이레이 옵션(브이레이
6.2 버전 실무 옵션)과 메트리얼 재질값을 반복적으로 설정하기 때문에
기억이 나지 않는 부분이 있다면 이전 과정을 참조하면서 학습을 진행
하기 바랍니다.

● 예제 파일: 따라하기/P2-1-1.skp   ● 완성 파일: 따라하기/P2-1-1.완성.skp

1 | 바닥 물고임 표현하기

이번 과정에서는 재질의 맵 타입과 이미지 파일을 이용해 바닥의 물고임을 표현하는 방법을 학습하겠습니다.

1 —— 파일 실행

[예제 파일] 폴더의 [따라하기] 폴더에 있는 'P2-1-1.skp' 파일을 실행한 후 바로 렌더링합니다. 완료 이미지를
확인해 보면 나뭇잎이 스케치업 모델과 다르게 표현되고 있다는 것을 알 수 있습니다.

렌더링-확인

PNG 파일 형식

나뭇잎에 매핑된 메트리얼을 확인해 보면 png 파일 형식이라는 것을 알 수 있습니다. 매핑할 때 가장 많이 사용하는 jpg 파일 형식과 달리 png 파일 형식은 배경을 투명하게 표현하기 때문에 다양한 표현이가능한 파일 형식입니다.

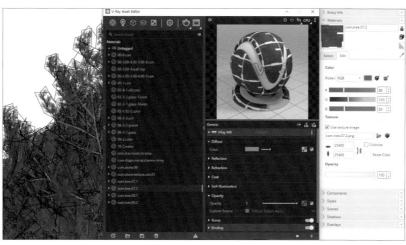

파일 형식 확인

스케치업 브이레이 6.2(2024년 12월 현재) 버전 기준으로 png 파일 형식을 매핑하고 렌더링하면 자동으로 배경을 투명하게 표현하지만, 이전 버전에서 작업된 컴포넌트(또는 그룹)의 경우, png 파일 형식이 투명해지지 않는 경우가 발생할 수 있습니다. 3D Warehouse 등에서 다운로드한 컴포넌트의 설정 버전(ⓒ 브이레이 3.0 버전)에 따라 투명해지지 않고 막혀서 표현되는 경우가 있다는 의미입니다.

[Custom Source] 옵션 체크 표시

png 파일 형식의 메트리얼이 투명해지지 않으면 해당 메트리얼의 [Generic] 옵션 창에 있는 [Opacity] 옵션 탭의 [Custom Source] 옵션에 체크 표시를 한 후 타입을 [Diffuse Texture Alpha]로 선택하면 됩니다.

렌더링

2 ── 옵션 설정

[Materials] 옵션 창에서 'com.tree.07.2' 메트리얼을 선택한 후 [Opacity] 옵션 탭의 [Custom Source] 옵션에 체크 표시합니다. 그런 다음 'com.tree.09.2' 메트리얼의 [Custom Source] 옵션에도 체크 표시를 합니다.

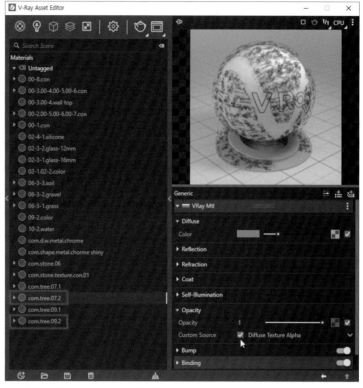

메트리얼 선택-[Custom Source] 옵션 체크 표시

3 ── 렌더링

렌더링한 후 이전의 이미지와 비교해 봅니다.

렌더링-비교

4 ── 옵션/재질값 설정

[예제 파일] 폴더의 [렌더링] 폴더에 있는 '2-1-1.bmp' 파일을 참조해 브이레이 옵션과 각종 메트리얼 재질값을 설정한 후 렌더링(2-1-1)합니다. 브이레이 옵션과 메트리얼 재질값은 이전 과정에서 학습한 내용으로 설정하면 됩니다.

렌더링

알아두기

브이레이 옵션 및 재질값

지난 과정에서 학습한 각종 메트리얼의 재질값은 다음과 같습니다.

1. 브이레이 옵션
브이레이 6.2 버전 실무 옵션

2. 메트리얼 재질값
'00-1.con'-반사값: 0.8, 범프 맵: con(3)b.jpg, 범프: 0.3
'00-3.00-4.00-5.00-6.con'-반사값: 0.8, 범프 맵: con(3)b.jpg, 범프: 0.3
'00-2.00-5.00-6.00-7.con'-반사값: 0.8, 범프 맵: con(2.4)b.jpg, 범프: 0.3
'02-1.02-2.color'-반사값: 0.8, Metalness: 0.3
'02-3-1.glass-16mm'-반사값: 1, 굴절값: 1, Coat: 0.5
'02-3-1.glass-12mm'-반사값: 1, 굴절값: 1, Coat: 0.5
'10-2.water'-반사값: 1, 굴절값: 1, Coat: 0.5, Displacement: Amount 2([Noise A] 타입: Repeat 0.1, 0.1)

5 —— 맵 타입 선택

'00-1.con' 메트리얼의 [Generic] 옵션 창의 [Reflection] 옵션 탭에 있는 [Reflection Glossiness] 옵션의 [Texture Slot 버튼]█을 클릭한 후 [Noise A] 타입을 선택합니다.

[Texture Slot] 버튼 클릭   [Noise A] 클릭

6 —— 옵션 설정

[Noise A] 옵션 창의 [Parameters] 옵션 탭에 있는 [Amplitude] 옵션의 수치값을 '6'으로 설정합니다. 그런 다음 [Texture Placement] 옵션 탭에 있는 [Repeat U/V] 옵션의 수치값을 '0.2', '0.2'로 설정하고 [Select Preview Asset] 아이콘◀을 클릭한 후 [미리 보기] 창에서 재질감을 확인합니다.

[Amplitude]: '6' 입력-[Repeat U/V]: '0.2', '0.2' 입력-[Select Preview Asset] 아이콘 클릭

재질감 미리 보기

7 ── 렌더링

렌더링(2-1-2)한 후 완료 이미지를 보면 바닥의 물기가 부분적으로 표시되고는 있지만 약한 느낌이라는 것을 알 수 있습니다.

렌더링

8 ── 옵션 설정

[반사값]: 1, [범프]: 비활성화

반사값(Reflection Glossiness)을 '1'로 설정한 후 [Bump] 효과는 비활성화하고 렌더링(2-1-3)합니다. 완료 이미지를 보면 바닥에 부분적으로 물고임이 표현되고 있는 것을 알 수 있습니다.

렌더링

9 —— 옵션 설정

물이 고인 부분을 좀 더 선명하게 표현하기 위해 [Reflection IOR] 옵션에 체크 표시를 한 후 '3'을 입력하고 렌더링(2-1-4)합니다.

[Reflection IOR]: 체크 표시-'3' 입력

렌더링

현장─플러스 ✳

상세한 설명 입력

렌더링 이미지의 이름을 입력할 때 특정 옵션값의 수치나 재질값에 대한 상세한 설명을 적어 놓으면 학습에 큰 도움이 됩니다. 이후에 해당 설정을 하고자 할 때 참조할 수 있는 좋은 자료가 되기 때문입니다.

2-1-4.반사값1,
반사맵(Noise
A-6,8,Refeat
0.2), IOR 3

상세한 이름 입력

10 — 맵 타입 삭제하기

이번에는 이미지 파일을 불러와 물고임을 표현해 보겠습니다. [Reflection IOR] 옵션의 수치값을 '1.6'으로 수정합니다. 그런 다음 적용한 반사맵 타입을 삭제하기 위해 [Reflection Glossiness] 옵션의 [Texture Slot] 버튼■에 마우스 포인터를 올려놓고 마우스 버튼을 우클릭하면 나타나는 확장 메뉴 중 [Clear] 명령을 클릭합니다. 그 후 [Reflection Glossiness] 옵션의 [Texture Slot] 버튼■을 클릭하고 [Bitmap] 타입을 클릭합니다.

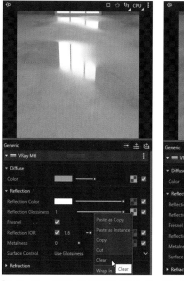

[Reflection IOR]: '1.6' 입력-마우스 버튼 우클릭-[Clear] 클릭   [Texture Slot] 버튼 클릭-[Bitmap] 클릭

11 — 이미지 파일 불러오기

제공 파일의 water(3-05)b.jpg 파일(경로: D/[sketchUp,vray, study,source]/[2]material/[water])을 선택한 후 [열기] 버튼을 클릭합니다. 그런 다음 [Repeat U/V]의 수치값에 '0.2', '0.2'를 입력합니다.

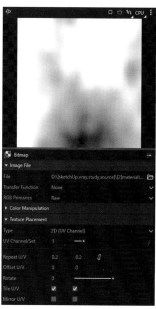

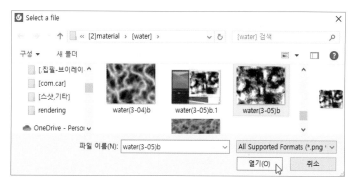

water(3-05)b.jpg 파일 선택-[열기] 버튼 클릭   [Repeat U/V]: '0.2', '0.2' 입력

12 — 렌더링

렌더링(2-1-5)합니다.

렌더링

13 — 반전

[Invert Texture]-아이콘 클릭

물고임 효과의 범위를 반전하기 위해 [Color Manipulation] 옵션 탭을 확장한 후 [Invert Texture] 옵션에 체크 표시를 합니다. 그런 다음 [Select Preview Asset] 아이콘◀을 클릭하고 렌더링(2-1-6)합니다.

렌더링

14 — IOR

물이 고인 부분과 마른 부분을 좀 더 구분하기 위해 [Reflection IOR]의 수치값을 '3'으로 설정하고 렌더링(2-1-7)해서 완성합니다.

[Reflection IOR]: 3

렌더링

현장─플러스 ✳

그림자 부드럽게 표현하기/2D 사람, 2D 배경 컴포넌트 배치하기

1 │ 그림자 부드럽게 표현하기

외부 투시도 장면일 경우, 나무나 식물의 그림자로 인해 전체적인 분위기가 달라집니다. 이전 과정에서 만든 '브이레이 6.2 버전 실무 옵션'은 그림자의 경계면을 조금 흐릿하게 표현하는 수치값(Size Multiplier: 1.5)이 적용된 상태지만, 그림자 표현을 강조하고자 하는 장면에서는 수치값 조절이 필요합니다. 즉, '브이레이 6.2 버전 실무 옵션'의 모든 수치값은 모든 장면에 적합한 절댓값이 아니라 기준이 되는 기본값이라고 기억하기 바랍니다.

[Size Multiplier]: 1.5

[Size Multiplier]: 1

[Size Multiplier]: 0.5

[Size Multiplier] : 1

[Size Multiplier] : 0.25

2 | 2D 사람, 2D 배경 컴포넌트 배치하기

① **2D 사람, 2D 배경 컴포넌트 배치** : 2D 사람 컴포넌트와 2D 배경 컴포넌트를 모델에 배치하면 렌더링 이미지의 사실감이 증가합니다. 2D라고 불리는 이유는 두께가 없는 면에 바로 매핑한 볼륨이 없는 컴포넌트(또는 그룹)이기 때문입니다.

스케치업 : 2D 사람, 2D 배경 컴포넌트 배치

렌더링

② **2D 배경 컴포넌트 위치**: 2D 배경 컴포넌트는 작업 모델 주변에 배치하면 됩니다. 많은 장면을 만들기 때문에 각각의 장면에 어울리는 배경을 배치해야 합니다. 이런 이유로 작업 모델에 많게는 열 개 이상의 배경 컴포넌트가 배치됩니다. 다른 배경 컴포넌트를 배치하는 경우도 있지만, 동일한 컴포넌트를 복사해서 배치하는 경우도 많습니다.

배경 컴포넌트가 배치된 상태

③ **2D 사람 컴포넌트의 특성**: 2D 사람(또는 2D 나무) 컴포넌트는 화면을 회전시켜도 항상 카메라만 바라보는 [Always face camera] 옵션에 체크 표시가 돼 있어야 합니다.

[Always face camera] 옵션 체크 표시

화면 회전-항상 카메라만 바라봄.

④ **태그 설정**

다른 객체와 마찬가지로 2D 배경, 2D 사람 컴포넌트는 각각의 태그에 포함시켜 장면별로 설정(태그 온오프)해야 합니다.

태그 폴더 및 태그 구성

2 | 구름 표현하기

이번 과정에서는 구름을 표현하는 [Clouds] 옵션과 스케치업의 그림자 설정은 무시하고 태양의 수직, 수평 각도를 설정하는 [Custom Orientation] 옵션을 학습하겠습니다. 그리고 장면, 브이레이 옵션, 메트리얼 재질값 등을 수정하면 실시간으로 반영되는 [Interactive] 렌더링에 대해서도 학습하겠습니다.

1 —— Render Interactive

이전 과정의 완성 파일로 계속 학습하거나 예제 파일을 실행합니다. [V-Ray for SketchUp] 도구 모음
에 있는 [Render Interactive] 도구🕙를 클릭합니다.

[Render Interactive] 도구 클릭-[VFB] 창 확인

2 —— Clouds 활성화

[Lights] 아이콘💡을 클릭해 [Lights]
옵션 창을 나타나게 한 후 [SunLight]
를 클릭하고 [SunLight] 옵션 창에서
[Clouds] 옵션을 활성화합니다.

[Lights] 아이콘 클릭-[SunLight] 클릭-[Clouds] 활성화

3 —— 확인

구름이 표현되는 것을 알 수 있습니다.

확인

4 —— Density

가장 많이 사용하는 옵션들의 기능을 [Interactive] 렌더링으로 알아보겠습니다. 먼저 구름의 밀도를 설정하는 [Density] 옵션의 슬라이드 바를 가장 오른쪽으로 이동시켜 봅니다. 구름의 밀도가 높아져 태양을 가린 것을 알 수 있습니다.

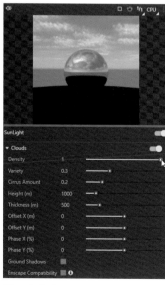

[Density]: 1

확인

현
장
플
러
스

✳

옵션의 최솟값, 최댓값/Reset

수치 입력란에 마우스 포인터를 올려놓으면 수치값을 적용하는 모든 옵션의 최솟값과 최댓값을 알 수
있으며 수치 입력란에 마우스 포인터를 올려놓고 마우스 버튼을 우클릭하면 나타나는 확장 메뉴 중
[Reset] 명령을 클릭하면 기본값으로 되돌릴 수 있습니다.

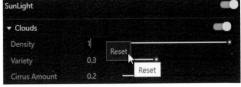

마우스 포인터 위치: 최솟값, 최댓값 확인

마우스 버튼 우클릭-[Reset]

5 — Variety

[Density] 옵션의 수치값을 초깃값으로 되돌리고 다양한 구름 모양을 표현하는 [Variety] 옵션의 특성을 확인
하기 위해 슬라이드 바를 가장 오른쪽으로 이동시켜 봅니다.

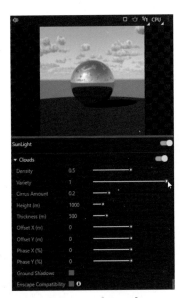

[Density] 옵션 Reset-[Variety]: 1

확인

252

6 —— Cirrus Amount

[Veriety] 옵션의 수치값을 초깃값으로 되돌리고 새털 구름의 양을 설정하는 [Cirrus Amount] 옵션의 슬라이드 바를 가장 오른쪽으로 이동시켜 봅니다.

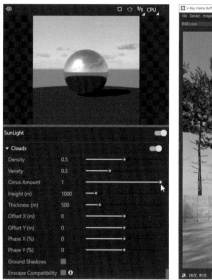

[Veriety] 옵션 Reset-[Cirrus Amount] : 1 확인

7 —— 렌더링 중지

[VFB] 창의 [Abort rendering] 아이콘을 클릭해 렌더링을 중지합니다.

[Abort rendering] 아이콘 클릭

Interactive 렌더링 시작/렌더링 종료

[Render Interactive] 도구🔄를 클릭한 후 장면, 브이레이 옵션, 메트리얼 재질값 등을 수정하면 실시간으로 렌더링에 반영됩니다. 장면의 변화를 빠르게 확인하고자 할 경우에 유용하지만, 최종 렌더링은 되지 않습니다. [Interactive] 렌더링을 지난 과정에서 학습하지 않은 이유는 기본 렌더링이 익숙해진 다음 [Interactive] 렌더링을 학습하는 것이 효율적이기 때문입니다.

1 ㅣ Interactive 렌더링 시작

[Interactive] 렌더링을 시작하려면 아래 3가지 방법 중 하나를 선택하면 됩니다.

① [V-Ray for SketchUp] 도구 모음  에 있는 [Render Interactive] 도구🔄 클릭

② [VFB] 창의 [Start Interactive Rendering] 아이콘🔲 클릭

[Start Interactive Rendering] 아이콘 클릭

③ [V-Ray Asset Editor] 창에서 [Render with V-Ray] 아이콘🔲 아래에 있는 확장 버튼◀을 클릭해서 [Render with V-Ray Interactive] 아이콘🔄을 클릭

[Render with V-Ray Interactive] 아이콘 클릭

2 ㅣ Interactive 렌더링 종료

Interactive 렌더링을 종료하려면 아래 3가지 방법 중 하나를 선택하면 됩니다.

① [V-Ray for SketchUp] 도구 모음 에서 활성화된 [Render Interactive] 도구🔄 클릭해 비활성화

② [VFB] 창의 [Abort rendering] 아이콘🔲을 클릭해 비활성화

③ [V-Ray Asset Editor] 창의 [Stop Render] 아이콘🔲 클릭

8 ── 렌더링

[VFB] 창의 [Render] 아이콘 을 클릭해 렌더링(2-1-8)합니다.

[Render] 아이콘을 클릭해 렌더링

9 ── 그림자 시간 설정

스케치업의 [Shadows] 창에서 시간을 오후 6시로 설정하고 렌더링(2-1-9)합니다. 완료 이미지를 확인해 보면 그림자의 시간에 맞게 구름의 색감도 달라진다는 것을 알 수 있습니다.

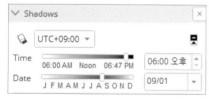
그림자 시간 오후 6시 설정

렌더링

10 — Custom Orientation

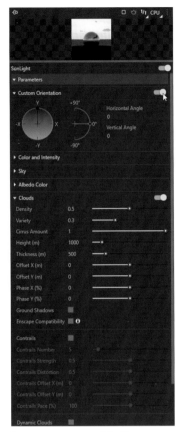

[Custom Orientation] 활성화

[Custom Orientation] 옵션을 활성화한 후 [VFB] 창의 [Start interactive render] 아이콘을 클릭합니다. 야간 장면으로 실시간 렌더링되는 것을 알 수 있습니다. 현재의 [Clouds] 설정은 [Cirrus Amount]의 수치값만 '1'이고 나머지 옵션은 모두 기본값인 상태입니다.

확인

알아두기

Custom Orientation

[Custom Orientation] 옵션은 스케치업의 그림자 설정은 무시하고 태양의 수직, 수평으로 회전하는 각도를 설정하는 옵션입니다.
1. [Horizontal Angle] : 태양의 방위각을 설정하는 옵션으로, 태양의 수평 방향으로 회전하는 각도를 설정합니다.
2. [Vertical Angle] : 태양의 수직 방향으로 회전하는 각도를 설정합니다.

11 — Horizontal Angle

방위 조절점을 클릭한 상태로 시계 방향으로 회전시켜 봅니다. [Horizontal Angle]의 각도가 자동으로 수정되며 태양이 오른쪽으로 이동하는 것을 알 수 있습니다.

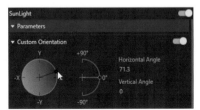

조절점을 아래로 내림.

확인

12 — Vertical Angle

[Horizontal Angle] 옵션의 수치 입력란에 '0'을 입력한 후 Enter 를 누릅니다. 이어서 각도 조절점을 클릭한 상태로 시계 반대 방향으로 회전시켜 봅니다. [Vertical Angle]의 각도가 자동으로 수정되며 태양이 위로 이동하는 것을 알 수 있습니다.

[Horizontal Angle]: '0' 입력- Enter -조절점을 위로 올림.   확인

13 — 옵션 설정

[Vertical Angle] 옵션의 수치값을 '45'로 설정한 후 고품질 옵션을 설정합니다.

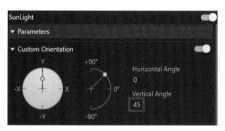

[Vertical Angle]: 45

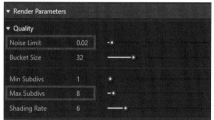

[Noise Limit]: 0.02, [Max Subdivs]: 8

14 — 렌더링

[Interactive] 렌더링을 중지한 후 렌더링(2-1-10)해서 완성합니다.

렌더링

15 — 옵션 비활성화

[Custom Orientation] 옵션과 [Clouds] 옵션을 비활성화합니다.

[QR코드: Sky Model, Clouds, Custom Orientation]

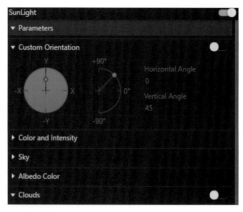

옵션 비활성화

● 예제 파일: 따라하기/P2-1-2 완성.skp ● 완성 파일: 따라하기/P2-1-3.완성.skp

3 | 돔 라이트로 다양한 환경 표현하기

이번 과정에서는 환경 조명으로 사용할 수 있는 돔 라이트에 대해 학습하겠습니다. 돔 라이트는 다양한 파노라마 HDR(또는 EXR) 파일을 환경으로 사용하는 이미지 기반 조명입니다. 작업 모델에 여러 개의 돔 라이트를 배치할 수도 있어 장면별로 다양한 환경 표현이 가능합니다.

1 — 돔 라이트 배치

이전 과정의 완성 파일로 계속 학습하거나 예제 파일을 실행한 후 '1' 장면 탭을 클릭합니다. [V-Ray Lights] 도구 모음에 있는 [Dome Light] 도구를 선택한 후 '00-1-1. 건축-기초' 그룹을 클릭해 돔 라이트를 배치한 후 [Render Interactive] 도구를 클릭합니다.

알아두기

돔 라이트

돔 라이트(Dome Light)는 환경 조명을 말하며 모델의 주변 배경을 현실감 있게 표현할 수 있습니다.

[Dome Light] 도구 클릭-'00-1-1. 건축-기초' 그룹 클릭

인터랙티브 렌더링

2 ── 태그 비활성화

스케치업의 [Tags] 창에서 '00-6. 건축-담장' 태그를 비활성화한 후 [Rendering] 창의 인터랙티브 (Interactive) 렌더링 이미지를 확인합니다.

'00-6. 건축-담장' 태그 비활성화　　확인

3 ── 화면 회전

스케치업 화면을 회전하면서 [Rendering] 창을 확인해 보면 돔 라이트로 표현하는 환경이 지평선 아래로는 표현되지 않는다는 것을 알 수 있습니다.

화면 회전　　　　　　　　　　　　확인

> **알아두기**
>
> **브이레이 기본 돔 라이트**
>
> 브이레이 기본 돔 라이트는 수평선 아래로는 표현되지 않고 품질이 좋지 않기 때문에 실무에서는 사용하지 않습니다.

4 —— HDR 파일 불러오기

'1' 장면 탭을 클릭한 후 [V-Ray Asset Editor] 창에서 [Lights] 아이콘💡을 클릭하고 [Dome Light]를
클릭합니다. 그런 다음 [Dome Light] 옵션 창의 [Parameters] 옵션 탭에 있는 [Color/Texture HDR]
옵션의 [Texture Slot] 버튼🔳을 클릭합니다. 그 후 [Bitmap] 옵션 창의 [Image File] 옵션 탭에 있는
[File] 옵션의 [Open File] 아이콘📂을 클릭합니다.

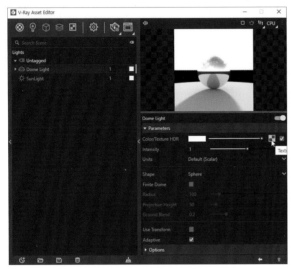

[Light] 아이콘 클릭-[Dome Light] 클릭-[Texture Slot] 버튼 클릭

[Open File] 아이콘 클릭

5 —— HDR 파일 불러오기

[Select an image] 창이 나타나면 '02. HDR' 파일(경로: D/
[sketchUp,vray,study,source]/[1]component/[HDR])을
선택한 후 [열기] 버튼을 클릭합니다. 그런 다음 [Bitmap] 옵션 창에
서 미리 보기 이미지를 확인하고 [Select Preview Asset] 아이콘
⬅을 클릭합니다.

'02. HDR' 파일 선택-[열기] 버튼 클릭

미리 보기 확인-[Select Preview Asset] 아이콘 클릭

6 —— 확인

[VFB] 창에서 인터랙티브 렌더링 이미지를 확인해 보면 돔 라이트의 세기가 약해 어둡게 표현되는 것을 알 수 있습니다.

확인

7 —— 세기 설정

[Intensity] 옵션의 수치값을 '50'으로 설정한 후 인터랙티브 렌더링 이미지를 확인해 보면 환경이 적당한 밝기로 표현되는 것을 알 수 있습니다.

[Intensity]: 50

확인

8 —— 태그 비활성화

'00-6. 건축-담장' 태그를 비활성화
합니다. 브이레이 기본 돔 라이트가
표현하는 환경과 달리 지평선 아래도
환경이 표현되고 있는 것을 알 수 있
습니다.

'00-6. 건축-담장' 태그 비활성화   확인

9 —— 돔 라이트 회전

[Dome Light] 옵션 창의 [Parameters] 탭에 있는
[Color/Texture HDR] 옵션의 [Texture Slot] 버
튼▧을 클릭합니다. [Bitmap] 옵션 창의 [Texture
Placement] 탭을 확장한 후 가로 방향으로 회전하는 옵
션인 [Rotate H] 옵션의 수치 입력란에 '90'을 입력하고
Enter 를 누릅니다.

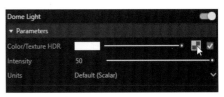

[Texture Slot] 버튼 클릭

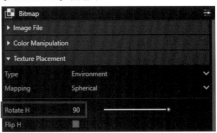

[Rotate H]: 90

10 —— 확인

[VFB] 창에서 [Interactive] 렌더
링 이미지를 확인해 보면 환경이 회
전된 것을 알 수 있습니다.

확인

돔 라이트의 회전 방향

돔 라이트가 표현하는 환경은 시계 반대 방향으로
회전합니다. 예를 들어 [Rotate H] 옵션의 수치
입력란에 '90'을 입력하면 시계 반대 방향으로 90
도 회전합니다.

[Rotate H] 옵션의 수치값에 '0'을 입력한 후 Enter 를 누르고 '1' 장면 탭을 클릭합니다. [VFB] 창의 [Stop Render] 아이콘을 클릭해 인터랙티브 렌더링을 중지하고 [Render] 아이콘을 클릭해 렌더링(2-1-11)합니다.

[Rotate]: 0

렌더링

현 장 ― 플 러 스 ✳

돔 라이트를 세로 방향으로 회전

[Rotate V] 옵션은 세로 방향으로 회전하는 옵션이기 때문에 특별한 경우가 아니라면 사용하지 않습니다.

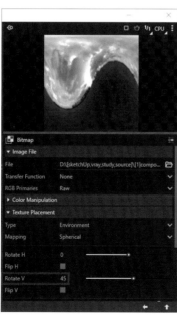

[Rotate V]: 45

세로 방향으로 회전됨.

12 — 이름 수정/태그 폴더 및 태그 추가/태그 지정

'Dome Light'라는 이름을 'Dome Light-02.주간'으로 수정하고 '16. 돔 라이트' 태그 폴더와 '16-1. 돔 라이트-02. 주간' 태그를 추가합니다. 그런 다음 'Dome Light-02. 주간' 컴포넌트를 '16-1. 돔 라이트-02. 주간' 태그에 포함합니다.

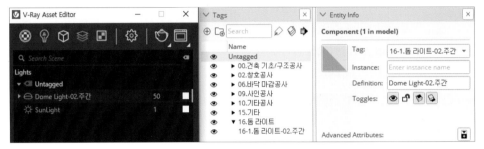

이름 수정-태그 폴더 및 태그 추가-태그 지정

13 — 돔 라이트 복사

이동 도구Move✛를 이용해 돔 라이트를 복사합니다. 그런 다음 복사한 돔 라이트에 마우스 포인터를 올려놓고 마우스 버튼을 우클릭하면 나타나는 확장 메뉴 중 [Make Unique] 명령을 클릭합니다.

알
아
두
기

Make Unique

[Make Unique] 명령은 동일한 컴포넌트를 새로운 컴포넌트로 만드는 명령입니다.

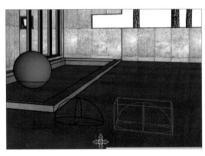

돔 라이트 복사

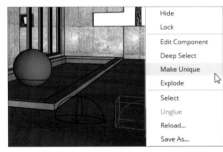

마우스 버튼 우클릭-[Make Unique]

14 — 이름 수정/태그 추가/태그 지정

새로 만든 'Dome Light' 이름을 'Dome Light-15.야간'으로 수정한 후 '16-2. 돔 라이트-15. 야간' 태그를 추가합니다. 그런 다음 'Dome Light-15. 야간' 컴포넌트를 '16-2. 돔 라이트-15.야간' 태그에 포함합니다.

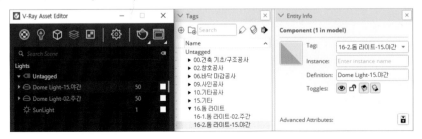

이름 수정-태그 추가-태그 지정

현
장
ㅡ
플
러
스

✳

[Lights] 옵션 창의 확장 메뉴

[Lights] 옵션 창에 추가된 조명에 마우스 포인터를 올려놓고 마우스 버튼을 우클릭하면 나타나는 확장 메뉴에 대해 알아보겠습니다.

확장 메뉴

❶ [Select Object In Scene]: 해당 조명을 스케치업 모델에서 선택합니다.

❷ [Rename]: 이름을 수정합니다.

❸ [Duplicat]: 복제합니다.

❹ [Save As]: 다른 이름으로 저장합니다.

❺ [Delete]: 삭제합니다.

❻ [Tag]: 특정 태그에 포함합니다. 태그가 추가돼 있으면 내림 버튼▼을 클릭해 특정 태그를 선택할 수 있습니다.

15 ── HDR 파일 불러오기

[Lights] 옵션 창에서 'Dome Light-15. 야간' 컴포넌트를 선택한 후 [Dome Light] 옵션 창의 [Parameters] 탭에 있는 [Color/Texture HDR] 옵션의 [Texture Slot] 버튼▉을 클릭합니다.

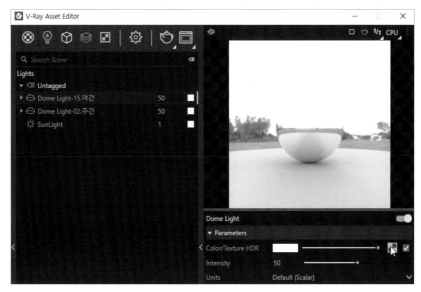

[Dome Light] 선택-[Texture Slot] 버튼 클릭

16 ─ HDR 파일 불러오기

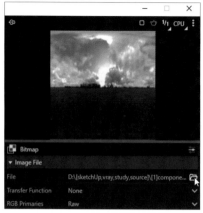

[Open File] 아이콘 클릭

[Bitmap] 옵션 창에서 [Open File] 아이콘 📁을 클릭한 후 [Select an image] 창에서 '15. HDR' 파일(경로: D/[sketchUp,vray,study,source]/[1] component/[HDR])을 선택하고 [열기] 버튼을 클릭합니다.

'15. HDR' 파일 선택-[열기] 버튼 클릭

17 ─ 태그/그림자 설정

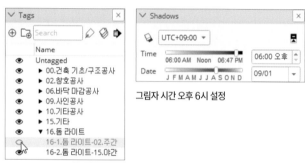

'16-1. 돔 라이트-02. 주간' 태그 비활성화

그림자 시간 오후 6시 설정

야간 장면에 맞는 설정을 하기 위해 '16-1. 돔 라이트-02. 주간' 태그는 비활성화한 후 그림자 시간은 오후 6시로 설정합니다.

알아두기

돔 라이트 이름

이 책에서는 'Dome Light-02. 주간' 돔 라이트를 '02'번 돔 라이트, 'Dome Light-15. 야간' 돔 라이트를 '15'번 돔 라이트라고 설명하겠습니다.

18 ─ 장면 추가/장면 업데이트

[Scenes] 창에서 장면을 추가하고 장면 이름은 '1-1', 장면 설명은 '[외부 투시도] 야간'이라고 입력합니다. 그런 다음 '1' 장면 탭을 클릭하고 '16-2.15. 야간' 태그를 비활성화한 후 '1' 장면을 업데이트합니다.

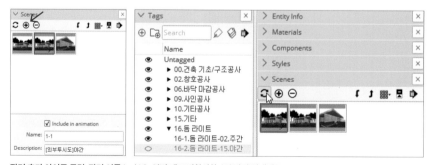

장면 추가 아이콘 클릭-장면 이름/ 설명 입력

'16-2'번 태그 비활성화-'1' 장면 업데이트

2개의 돔 라이트가 활성화된 경우

2개의 돔 라이트를 활성화한 후 렌더링하면 2개의 돔 라이트 환경이 섞여서 표현되기 때문에 꼭 한 장면
에 하나의 돔 라이트를 활성화해서 렌더링해야 합니다.

2개의 돔 라이트가 활성화

렌더링-돔 라이트가 표현하는 환경이 섞여 표현됨.

19 ㅡ 렌더링

'1-1' 장면 탭을 클릭한 후 렌더링(2-1-12)합니다.

렌더링

20 ── 렌더링

'15'번 돔 라이트를 210도 회전한 후 렌더링(2-1-13)해서 완성합니다. 동일한 HDR 파일이지만, 방향에 따라 완전 다른 환경을 표현하는 것을 알 수 있습니다.

돔 라이트 컴포넌트 저장하기

돔 라이트는 자주 사용하기 때문에 외부로 저장해 놓고 필요한 경우에 작업 모델로 불러오는 방법이 효율적입니다.

[Rotate H] : 210

렌더링

21 ── 태그 활성화

'16-1'번 태그 활성화

마우스 버튼 우클릭-[Save As] 클릭

'16-1. 돔 라이트-02. 주간' 태그를 활성화해 'Dome Light-02. 주간' 컴포넌트가 모델에 보이게 설정합니다. 그런 다음 'Dome Light-02. 주간' 컴포넌트에 마우스 포인터를 올려놓고 마우스 버튼을 우클릭하면 나타나는 확장 메뉴 중 [Save As] 명령을 클릭합니다.

22 ── 저장

[다른 이름으로 저장] 창이 나타나면 경로를 설정 (D/[sketchUp,vray,study,source]/[1] component/[HDR])한 후 파일 이름은 그대로 유지한 채 [저장] 버튼을 클릭해 저장합니다.

경로 설정-[저장] 버튼 클릭

23 ─ 회전 각도 수정

[Lights] 옵션 창에서 'Dome Light-15. 야간'을 선택한 후 [Rotate H] 옵션의 수치값을 '0'으로 수정합니다.

알아두기

돔 라이트의 회전 각도를 수정하는 이유

210도에서 0도로 수정한 이유는 작업 모델의 장면에 따라 각도를 수정해야 하는 경우가 많아서 0도를 기준으로 하기 위함입니다. 210도로 설정한 상태에서 외부로 저장하면 해당 돔 라이트 컴포넌트를 다른 작업 파일에 불러올 때마다 210도로 고정되기 때문입니다.

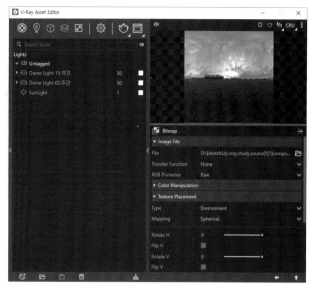

선택-[Rotate H]: 0

24 ─ 저장

'Dome Light-15. 야간' 컴포넌트에 마우스 포인터를 올려놓고 마우스 버튼을 우클릭하면 나타나는 확장 메뉴 중 [Save As] 명령을 클릭합니다. [다른 이름으로 저장] 창이 나타나면 경로를 설정(D/[sketchUp,vray,study,source]/[1]component/[HDR])한 후 파일 이름은 그대로 유지한 채 [저장] 버튼을 클릭해 저장합니다.

마우스 버튼 우클릭-[Save As]

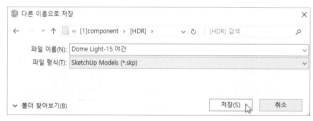

경로 설정-[저장] 버튼 클릭

25 ── 회전 각도 수정

[Lights] 옵션 창에서 'Dome Light-15. 야간'을 선택한 후 [Rotate H] 옵션의 수치값을 다시 '210'으로 수정합니다.

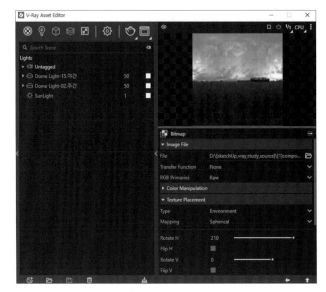

Rotate H: 210

현 장 ─ 플 러 스 ✳

돔 라이트 컴포넌트 모델에 배치하기

돔 라이트가 저장된 폴더를 최소화한 후 돔 라이트 컴포넌트를 클릭한 상태로 드래그해서 작업 모델에 배치하면 됩니다.

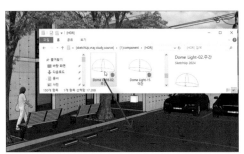

클릭한 상태로 드래그

돔 라이트가 배치됨.

이렇게 배치한 돔 라이트 컴포넌트는 [Lights] 옵션 창에 등록됩니다.

[Lights] 옵션 창에 등록됨.

4 | 퍼를 활용해 다양한 잔디 표현하기

이번 과정에서는 잔디, 카펫, 수건, 인형의 털 등을 표현할 수 있는 퍼(Fur)에 대해 학습하겠습니다. 퍼는 메트리얼 전체를 표현할 수 있고 [Noise] 타입을 사용해 랜덤하게 표현할 수도 있으며 [Distance] 타입을 사용해 객체에서 떨어지는 퍼를 표현할 수도 있습니다.

1 —— 파일 실행

렌더링

[예제 파일] 폴더의 [따라하기] 폴더에 있는 'P1-1-4.skp' 파일을 실행합니다. 그런 다음 [예제 파일] 폴더의 [렌더링] 폴더에 있는 '2-1-14.bmp' 파일을 참조해서 브이레이 옵션(브이레이 6.2 버전 실무 옵션)을 설정하고 '02'번 돔 라이트를 배치해서 렌더링(2-1-14)합니다. 브이레이 옵션을 설정하는 내용과 돔 라이트를 배치하는 내용의 반복 학습 과정입니다.

2 —— 돔 라이트 회전

'02'번 돔 라이트를 210 도 회전한 후 렌더링(2-1-15)합니다.

'02'번 돔 라이트 210도 회전-렌더링

271

3 ─── 이름 수정/태그 폴더 및 태그 추가/태그 지정

'02. 돔 라이트' 태그 폴더와 '02-1. 돔 라이트-02. 주간' 태그를 추가합니다. 그런 다음 'Dome Light-02. 주간' 컴포넌트를 선택 도구 ▶ 로 선택하고 [Entity Info] 창에서 '02-1. 돔 라이트-02. 주간' 태그에 포함합니다. 모든 인공조명은 각각의 태그에 포함시켜 장면별로 활성화, 비활성화하는 내용의 반복 학습 과정입니다.

태그 폴더 및 태그 추가-태그 지정

4 ─── 퍼 만들기

'지형' 그룹을 선택 도구 ▶ 로 선택한 후 [V-Ray Asset Editor] 창의 [Geometry] 아이콘 📦 을 클릭하고 [Fur]를 클릭합니다.

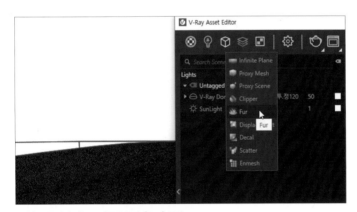

'지형' 그룹 선택-마우스 버튼 우클릭-[Fur] 클릭

5 ─── 이름 수정/그룹 포함하기

이름 수정

마우스 버튼 우클릭-[Apply to Selection] 클릭

[Geometry] 옵션 창에 추가된 [Fur]를 더블클릭해 이름을 'Fur-일반 잔디'로 수정한 후 'Fur-일반 잔디'에 마우스 포인터를 올려놓고 마우스 버튼을 우클릭하면 나타나는 확장 메뉴 중 [Apply to Selection] 명령을 클릭합니다.

[Geometries] 옵션 창의 확장 메뉴

[Geometries] 옵션 창에 추가된 지오메트리에 마우스 포인터를 올려놓고 마우스 버튼을 우클릭하면 나타나는 확장 메뉴에 대해 알아보겠습니다.

확장 메뉴

❶ [Select Object In Scene]: 해당 지오메트리를 스케치업 모델에서 선택합니다.

❷ [Apply to Selection]: 선택한 객체를 해당 지오메트리에 추가합니다.

❸ [Rename]: 이름을 수정합니다.

❹ [Duplicate]: 복제합니다.

❺ [Save As]: 다른 이름으로 저장합니다.

❻ [Delete]: 삭제합니다.

❼ [Tag]: 특정 태그에 포함합니다. 태그가 추가돼 있으면 내림 버튼▼을 클릭해 특정 태그를 선택할 수 있습니다.

6 ── 태그 폴더 및 태그 추가/태그 지정

[Tags] 창에서 '03. 퍼' 태그 폴더와 '03-1. 퍼-일반 잔디', '03-2. 퍼-노이즈 A 잔디' 태그를 추가합니다. [Outliners] 창에서 '지형-퍼-일반 잔디' 그룹 이름 앞의 펼침 아이콘▶을 클릭해 계층 구조를 펼친 후 '<Fur-일반 잔디>' 컴포넌트를 선택하고 [Entity Info] 창에서 '03-1. 퍼-일반 잔디' 태그에 포함합니다.

태그 폴더 및 태그 추가

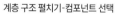

계층 구조 펼치기-컴포넌트 선택

태그 지정

273

7 —— Interactive 렌더링

[Render Interactive] 도구🔄를 클릭해 인터랙티브 렌더링합니다.

인터랙티브 렌더링

현장 — 플러스 ✳

퍼의 특성

퍼는 기본적으로 매핑한 메트리얼이 솟아오릅니다.

8 ── 메트리얼 선택

특정 메트리얼을 퍼로 표현하기 위해 [Fur] 옵션 창에서 [Parameters] 탭을 확장한 후 [Material] 옵션을 활성화합니다. 이어서 [Material] 옵션의 내림 버튼 ▾ 을 클릭해 'grass(2-02)' 메트리얼을 선택합니다. 'grass(2-02)' 메트리얼은 학습의 효율을 위해 저자가 미리 제공 파일에 매핑해 놓은 상태입니다.

[Material] 활성화-[grass] 선택   선택된 상태

9 ── 확인

인터랙티브 렌더링 이미지를 확인해 보면 퍼의 개수가 적어 듬성듬성하게 표현된 것을 알 수 있습니다.

확인

10 ── Count

퍼의 개수를 늘리기 위해 [Count(Area)] 옵션의 수치값을 '10'으로 설정한 후 [VFB] 창에서 [Abort rendering] 아이콘 ▨을 클릭해 인터랙티브 렌더링을 중지하고 [Render] 아이콘 ▨을 클릭해 렌더링(2-1-16)합니다.

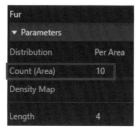

[Count(Area)]: 10

렌더링

11 — Length

퍼의 길이를 설정하는 [Length] 옵션의 수치값을 '6'으로 설정하고 렌더링(2-1-17)한 다음 이전의 렌더링 이미지와 잔디의 길이를 비교해 봅시다.

[Length] : 6

렌더링

12 — 렌더링

'4-1' 장면 탭을 클릭한 후 렌더링(2-1-18)합니다.

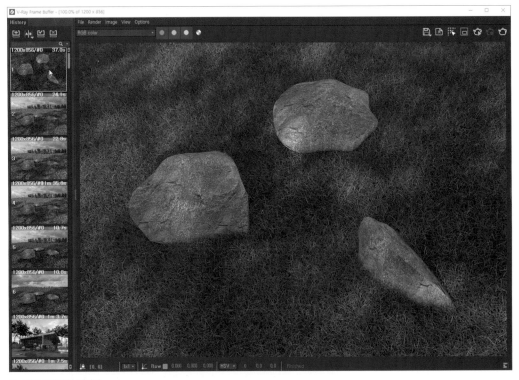

'1-1' 장면 탭 클릭-렌더링

13 ── Distance

특정 객체에서 떨어지는 잔디 표현을 학습해 보겠습니다. [Length] 옵션의 [Texture Slot] 버튼■을 클릭한 후 [Distance] 타입을 선택합니다.

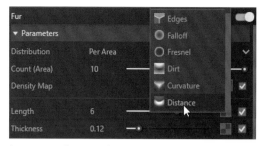

[Texture Slot] 버튼 클릭-[Distance] 클릭

14 ── 객체 포함하기

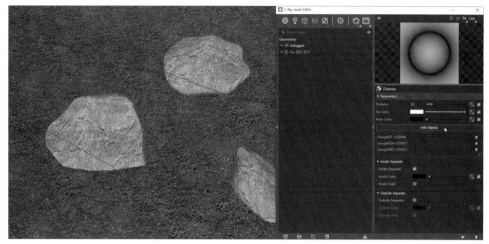

선택 도구로 'com.stone.g.~' 그룹 다중 선택-[Add Objects] 버튼 클릭

선택 도구🖢 로 3개의 'com.stone.g.~' 그룹을 다중 선택한 후 [Distance] 옵션 창의 [Add Objects] 버튼을 클릭해 추가합니다.

15 ── 렌더링

렌더링(2-1-19)한 후 이전의 이미지와 비교해 보면 퍼가 'com.stone.g.~' 그룹에 간섭을 주지 않고 떨어져서 표현되는 것을 알 수 있습니다.

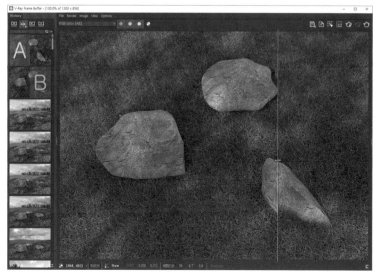

렌더링-비교

16 — 수치값 설정

퍼를 'com.stone.g.~' 그룹에서 좀 더 이격하기 위해 [Distance] 옵션 창의 [Parameters] 탭에 있는 [Distance] 옵션의 수치값을 '20'으로 설정하고 렌더링(2-1-20)한 후 이전 이미지와 비교해 봅니다.

[Distance]: 20

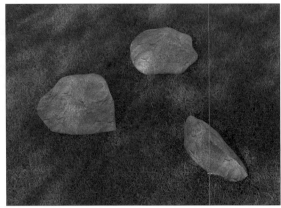

렌더링-비교

현
장
ㅡ
플
러
스

✳

Far Color/Near Color

[Distance] 옵션 탭의 [Parameters] 탭에 있는 [Far Color]와 [Near Color] 옵션에 대해 알아 보겠습니다.

1 │ Far Color

[Far Color]는 [Fur]의 밀도를 설정합니다. 기본 색상은 흰색이고 슬라이드 바를 왼쪽으로 움직여 색 상을 수정하면 퍼의 밀도가 줄어들며 검은색이 되면 퍼가 표현되지 않습니다.

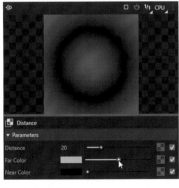

[Far Color]: 회색

퍼의 밀도가 줄어듦.

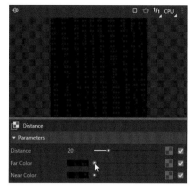

[Far Color]: 검은색

퍼가 표현되지 않음.

2 | Near Color

[Near Color]는 [Distance] 효과의 표현 여부를 설정합니다. 기본 색상은 검은색이고 슬라이드 바를 왼쪽으로 움직여 색상을 수정하면 [Distance]의 효과가 줄어들며 흰색이 되면 [Distance] 효과가 표현되지 않습니다.

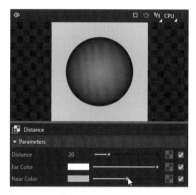

[Near Color]: 회색

[Distance] 효과가 줄어듦.

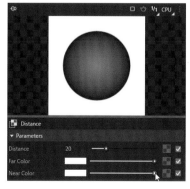

[Near Color]: 흰색

[Distance] 효과가 표현되지 않음.

[Far Color]와 [Near Color]를 반대로 설정하면 퍼가 객체에서 떨어져 표현되는 것이 아니라 객체부터 시작합니다.

[Far Color]와 [Near Color]를 반대로 설정

퍼가 객체부터 시작됨.

17 ― 복사

화면을 축소한 후 선택 도구 ▶ 로 '지형' 그룹을 선택하고 이동 도구 ✛ 를 이용해 -Y축 방향으로 30000 복사합니다.

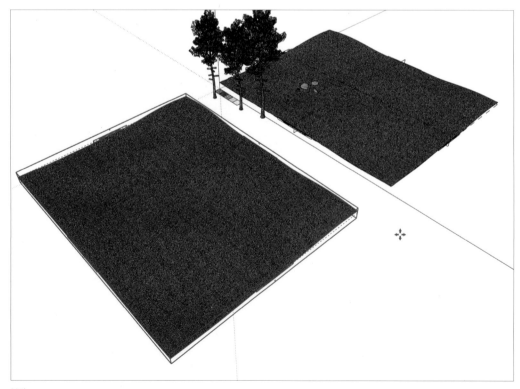

복사

18 — 이름 입력

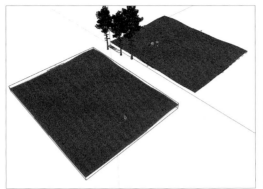

그룹 선택

선택 도구 ▶로 복사한 '지형' 그룹을 선택한 후 이름에 '지형-퍼-일반 잔디'를 입력합니다.

이름 입력

19 — 이름 입력

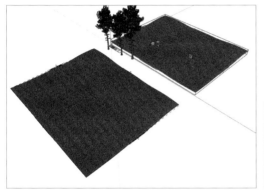

그룹 선택

선택 도구 ▶로 원본 '지형' 그룹을 선택한 후 이름에 '지형-퍼-노이즈 A 잔디'를 입력합니다.

이름 입력

20 — 삭제

'지형-퍼-노이즈 A 잔디' 그룹을 확대한 후 선택 도구 ▶로 더블클릭해 편집 모드로 만듭니다. 그런 다음 선택 도구 ▶로 'Fur-일반 잔디' 컴포넌트를 선택하고 키보드의 Delete 를 눌러 삭제한 후 그룹 편집 모드를 해제합니다.

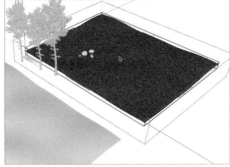

편집 모드 만들기-'Fur-일반 잔디' 컴포넌트 선택

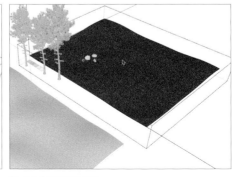

[Delete]-편집 모드 해제

21 — 퍼 추가

'4' 장면 탭을 클릭한 후 '지형-퍼-노이즈 A 잔디' 그룹을 선택합니다. [V-Ray Asset Editor] 창의 [Geometry] 아이콘🎲에 마우스 포인터를 올려놓고 마우스 버튼을 우클릭하면 나타나는 확장 메뉴 중 [Fur]를 클릭합니다. [Geometry] 옵션 창에서 퍼의 이름을 'Fur-노이즈 A 잔디'로 수정한 후 마우스 버튼을 우클릭하면 나타나는 확장 메뉴 중 [Apply to Selection] 명령을 클릭합니다.

 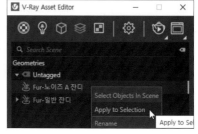

그룹 선택-[Geometry] 아이콘에 마우스 포인터 위치-마우스 버튼 우클릭-[Fur] 클릭   이름 수정-마우스 버튼 우클릭-[Apply to Selection] 클릭

22 — 태그 지정

[Outliners] 창에서 '지형-퍼-노이즈 A 잔디' 그룹 이름 앞의 펼침 아이콘▶을 클릭해 계층 구조를 펼친 후 '<Fur-노이즈 A 잔디>' 컴포넌트를 선택하고 [Entity Info] 창에서 '03-2. 퍼-노이즈 A 잔디' 태그에 포함합니다.

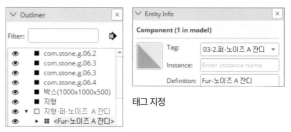

계층 구조 펼치기-컴포넌트 선택   태그 지정

23 — 옵션 설정

[Fur] 옵션 창에서 [Count(Area)] 옵션의 수치값은 '10', [Length] 옵션의 수치값은 '6'으로 설정합니다. 그런 다음 [Material] 옵션을 활성화하고 [Material] 옵션의 내림 버튼▼을 클릭해 'grass(2-02)' 메트리얼을 선택합니다. 그 후 [Length] 옵션의 [Texture Slot] 버튼■을 클릭합니다.

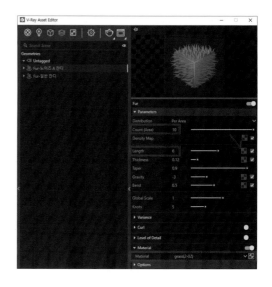

[Count(Area)]: 10, [Length]: '6' 입력-[Material] 옵션 활성화-내림 버튼 클릭-'grass(2-02)' 메트리얼 선택-[Texture Slot] 버튼 클릭

24 — Noise A

[Noise A] 타입을 선택한 후 렌더링(2-1-21)합니다. 완료 이미지를 확인해 보면 일반 퍼와 크게 다르지 않다는 것을 알 수 있습니다.

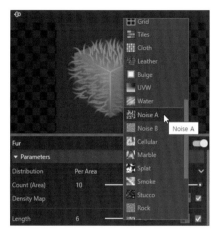

[Noise A] 클릭

렌더링

25 — 수치값 설정

[Noise A] 옵션 창에서 [Parameters] 탭에 있는 [Amplitude] 옵션의 수치값을 '4'로 설정합니다. [미리 보기] 창을 확인해 보면 흐릿한 이미지가 선명해지고 흑과 백의 구분도 선명해진 것을 알 수 있습니다. 렌더링(2-1-22)합니다.

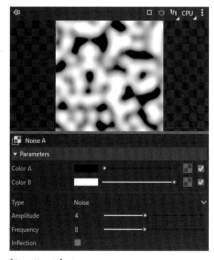

[Amplitude] : 4

렌더링

Amplitude/Frequency

[Noise A] 옵션 창의 [Amplitude] 옵션과 [Freequency] 옵션에 대해 알아보겠습니다.

1. [Amplitude]: 노이즈 범위(기본 설정: 1)를 설정합니다.
2. [Frequency]: 노이즈의 양을 설정(기본 설정: 8)합니다. 값이 클수록 더 작고 미세한 노이즈가 생
   성됩니다.

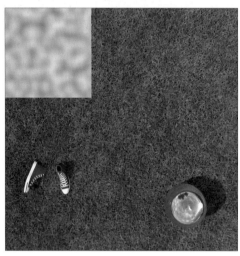

Fur([Count]: 15, [Length]: 4, [Thickness]: 0.06):
[Amplitude: 1, [Frequency]: 8

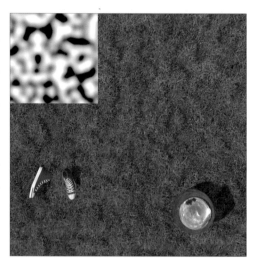

[Amplitude]: 4, [Frequency]: 8

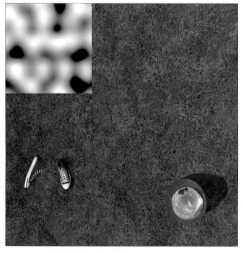

[Amplitude]: 4, [Frequency]: 4

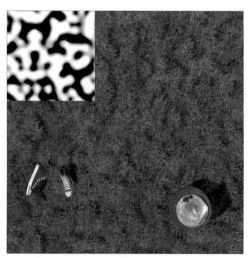

[Amplitude]: 8, [Frequency]: 8

26 — 렌더링

'4-1' 장면 탭을 클릭한 후 렌더링(2-1-23)해서 완성합니다. 이처럼 [Noise A] 타입을 사용하면 랜덤하게 배치된 잔디를 표현할 수 있습니다.

알아두기

[Noise A] 타입으로 표현할 수 있는 재질감

지난 과정에서 학습했듯이 [Noise A] 타입을 이용해 물의 파장 표현, 바닥 물고임 표현 그리고 이번 과정에서 학습한 듬성듬성한 잔디 표현을 할 수 있습니다. [Amplitude] 옵션과 [Frequency] 옵션 그리고 맵의 반복 횟수를 설정하는 [Refeat] 옵션의 수치값을 조절해 장면에 적합한 다양한 표현이 가능합니다.

렌더링

27 — 비교

[VFB] 창에서 [Distance] 타입을 적용한 후 [Distance] 옵션의 수치값을 '20'으로 설정하고 렌더링(2-1-20)한 이미지와 비교해 봅니다.

비교

[VFB] 창에서 일반 퍼로 설정([Count] : 10, [Length] : 6)하고 렌더링(2-1-18)한 이미지와 비교해 봅니다.

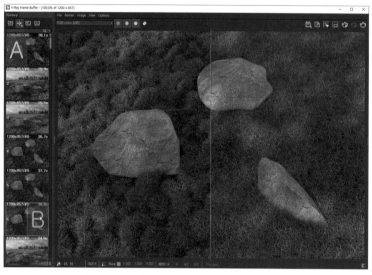

비교

[Fur] 옵션 창의 세부 옵션 알아보기

[Fur] 옵션 창의 세부 옵션에 대해 알아보겠습니다.

1. Parameters

① [Distrubution] : 퍼 효과의 가닥 밀도를 표현하는 타입을 설정(기본 설정 : [Fur Area])합니다. 내림 버튼 ∨ 을 클릭하면 [Fur Face] 타입을 선택할 수도 있습니다. [Fur Face] 타입은 오른쪽 페이지에 있는 그림의 인형처럼 곡면이 많은 객체에 아주 부드러운 가닥의 퍼를 표현해야 할 때 선택합니다.

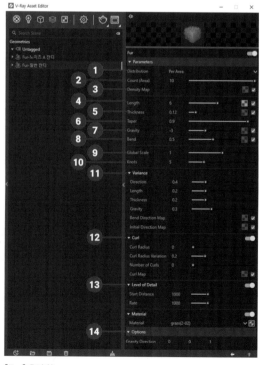

[Fur] 옵션 창

스케치업 : 퍼로 설정한 객체들

렌더링 : 인형만 [Fur Face] 타입으로 설정

② [Count(Area)] : 퍼 효과의 가닥수를 설정(기본 설정: 0.6)합니다.

③ [Density Map] : 밀도를 표현할 맵을 설정합니다.

④ [Length] : 길이를 설정(기본 설정: 4)합니다. [Length] 옵션의 수치값은 인치를 기준으로 합니다. 1인치는 25.4mm 이기 때문에 [Length]의 수치값이 '4'이면 퍼의 길이가 약 100mm 정도가 된다고 이해하기 바랍니다.

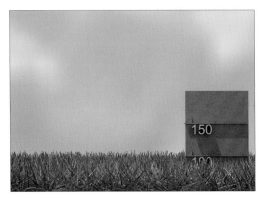
화각: 1도, [Length]: 4

화각: 1도, [Length]: 6

화각: 10도, [Length]: 4

화각: 10도, [Length]: 6

⑤ [Thickness] : 두께를 설정(기본 설정: 0.12)합니다.

⑥ [Taper] : 굵기를 설정(기본 설정: 0.9)합니다. 수치값이 높으면 각 가닥의 위쪽 끝이 얇아지고 아래쪽이 굵어집니다.

⑦ [Gravity] : 아래로 당기는 힘을 설정(기본 설정: -3)합니다.

⑧ [Bend] : 굽힘 정도를 설정(기본 설정: 0.5)합니다. 0으로 설정하면 완전 직선으로 표현됩니다.

⑨ [Global Scale] : 배율을 설정(기본 설정: 1)합니다.

⑩ [Knots] : 직선의 세그먼트 수를 설정(기본 설정: 5)합니다.

⑪ [Variance] : 분산에 사용되는 옵션을 설정합니다.

⑫ [Curl] : 곱슬곱슬한 컬(Curl) 표현의 세부 옵션을 설정(기본 설정: 비활성화)합니다.

　- [Curl Radius] : 지름을 설정(기본 설정: 0)합니다.

　- [Curl Radius Variation] : 지름의 편차를 설정(기본 설정: 0.2)합니다.

　- [Number of Curls] : 퍼 가닥의 컬 수를 설정(기본 설정: 0)합니다.

- [Curl Map] : 컬 맵을 설정합니다.
⑬ [Level of Detail] : 상세 조정에 관한 옵션을 설정(기본 설정 : 비활성화)합니다.
  - [Start Distance] : 카메라와의 거리를 설정(기본 설정 : 1000)합니다.
  - [Rate] : 상세 조정이 적용되는 속도를 설정(기본 설정 : 1000)합니다.
⑭ [Material] : 퍼로 표현할 메트리얼을 선택(기본 설정 : 비활성화)합니다.

2. [Options-Gravity Direction] : 퍼의 중력 방향을 수동으로 설정(기본 설정 : 0, 0,1)합니다.

● 예제 파일: 따라하기/P2-1-4 완성.skp   ● 완성 파일: 따라하기/P2-1-5.완성.skp

5 | 스캐터를 활용해 잔디, 꽃밭 표현하기

이번 과정에서는 다양한 객체를 뿌려서 배치하는 스캐터(Scatter) 기능을 이용해 잔디와 꽃을 지형에 배치
하는 방법을 학습하고 다양한 Asset 파일을 다운로드할 수 있는 카오스 코스모스에 대해 알아보겠습니다.

1 ── 복사

이전 과정의 완성 파일로 계속 학습하거나 예제 파일을 실행합니다. '4' 장면 탭을 클릭한 후 화면을 축소하고 선
택 도구 ▶ 로 '지형-퍼-노이즈 A 잔디' 그룹을 선택합니다. 그런 다음 이동 도구Move ✛ 를 이용해 -Y축 방향으
로 60000 복사합니다.

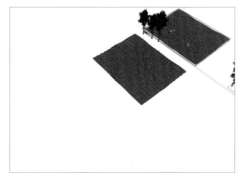

그룹 선택

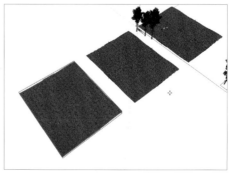

복사

알
아
두
기

그룹을 계속 복사하는 이유

그룹을 계속 복사해서 학습을 진행하는 이유는 동일한 장면에서 일반 Fur, Noise A 타입 Fur 그리고 이번 과정
에서 학습하는 Scatter 잔디와 어떤 차이점이 있는지를 확인하기 위함입니다.

2 —— 그룹 이름 수정

선택 도구 ▶로 원본 '지형-퍼-노이즈 A 잔디' 그룹을 선택한 후 [Entity Info] 창에서 이름을 '지형-스캐터'로 수정합니다.

그룹 선택

그룹 이름 수정

3 —— 삭제

선택 도구 ▶로 '지형-스캐터' 그룹을 더블클릭해 편집 모드로 만든 후 선택 도구 ▶로 'Fur-노이즈 A 잔디' 컴포넌트를 선택하고 키보드의 Delete 를 눌러 삭제한 후 그룹 편집 모드를 해제합니다.

편집 모드 만들기-'Fur-노이즈 A 잔디' 컴포넌트 선택

Delete -편집 모드 해제

4 —— 스캐터 추가

'4' 장면 탭을 클릭한 후 선택 도구 ▶로 '지형-스캐터' 그룹을 선택합니다. [V-Ray Asset Editor] 창의 [Geometry] 아이콘 에 마우스 포인터를 올려놓고 마우스 버튼을 우클릭하면 나타나는 확장 메뉴 중 [Scatter]를 클릭합니다. [Geometry] 옵션 창에서 'Scatter'라는 이름을 'Scatter-잔디'로 수정한 후 마우스 버튼을 우클릭하면 나타나는 확장 메뉴 중 [Apply to Selection] 명령을 클릭합니다.

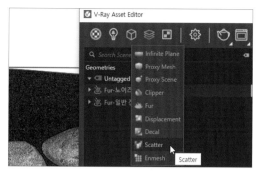

그룹 선택-[Geometry] 아이콘에 마우스 포인터 위치-마우스 버튼 우클릭-[Scatter] 클릭

이름 수정-마우스 버튼 우클릭-[Apply to Selection] 클릭

5 —— 태그 폴더 및 태그 추가/태그 지정

[Tags] 창에서 '04. 스캐터' 태그 폴더와 '04-1. 스캐터', '04-2. 스캐터-잔디', '04-3. 스캐터-꽃' 태그를 추가합니다. [Outliners] 창에서 '지형-스캐터' 그룹 이름 앞의 펼침 아이콘▶을 클릭해 계층 구조를 펼친 후 '<Scatter-잔디>' 컴포넌트를 선택하고 [Entity Info] 창에서 '04-1. 스캐터' 태그에 포함합니다.

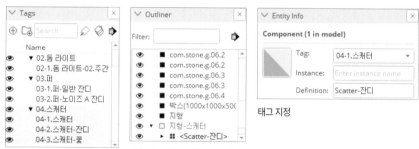

태그 폴더 및 태그 추가

계층 구조 펼치기-컴포넌트 선택

태그 지정

6 —— 카오스 코스모스

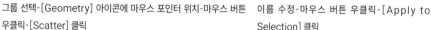

[V-Ray for SketchUp] 도구 모음에 있는 Chaos Cosmos 도구를 클릭합니다. [Chaos cosmos Browser] 창이 나타나면 '3D Models'을 클릭한 후 검색란에 'grass'를 입력하고 Enter 를 누릅니다.

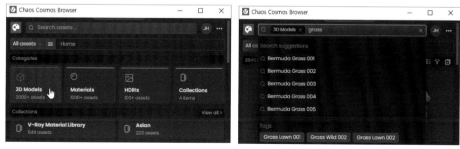

[Chaos Cosmos] 도구 클릭-[3D Model] 클릭

'grass' 입력- Enter

7 —— grass 파일 배치

[Chaos Cosmos Browser] 창에서 'Field Grass 007' 파일의 [Download] 아이콘🔵을 클릭해 다운로드합니다. 그런 다음 [Import] 아이콘➡을 클릭하고 '지형' 그룹을 클릭해 배치합니다.

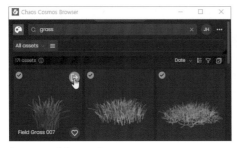

[Download]-[Import]

'지형' 그룹에 배치

8 —— grass 파일 배치

'Field Grass 008', 'Field Grass 006' 파일도 동일한 방법으로 '지형' 그룹에 배치합니다.

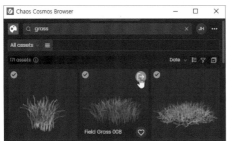

[Import]

[Import]

9 —— Add Guests

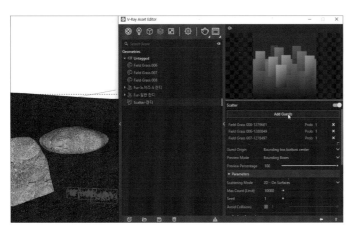

선택 도구로 선택-'Scatter-잔디' 선택-[Add Guests] 버튼 클릭

배치한 3개의 파일을 선택 도구▶로 선택합니다. 그런 다음 [Geometry] 옵션 창에서 'Scatter-잔디'를 선택하고 [Scatter] 옵션 창에 있는 [Add Guests] 버튼을 클릭해 스캐터에 추가합니다.

10 — 태그 지정

[Entity Info] 창에서 '04-2. 스캐터-잔디' 태그에 포함합니다.

태그 지정

11 — Skatter Viewer

[V-Ray Objects] 도구 모음  에 있는 [Skatter Viewer] 도구 를 클릭합니다. 해당 기능이 스케치업의 [Overlays] 트레이로 이동했다는 [SketchUp] 알림 창이 나타나면 [OK] 버튼을 클릭합니다.

[OK] 버튼 클릭

12 — 확인

스케치업의 [Overlays] 창을 확장한 후 추가된 [Scatter Viewport Preview] 옵션에 체크 표시합니다. 스케치업 화면에 스캐터에 추가된 3개의 파일이 랜덤하게 배치된 위치가 표시됩니다.

[Scatter Viewport Preview] 옵션 체크 표시-스케치업 화면 확인

13 ── Interactive 렌더링

[Render Interactive] 도구⊙를 클릭해 인터랙티브 렌더링합니다. 렌더링 화면을 확인해 보면 잔디 파일의 개수가 너무 적다는 것을 알 수 있습니다.

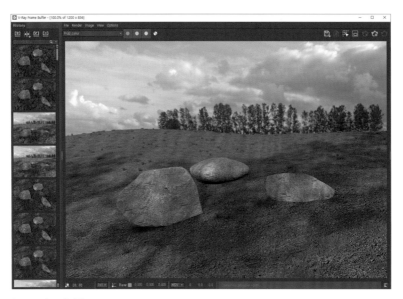

Interactive 렌더링

14 ── Instances Count

[Scatter] 옵션 창의 [Parameters] 탭을 확장한 후 [Surface Scattering] 옵션 탭을 확장합니다. 그런 다음 배치되는 파일(잔디)의 숫자를 늘리기 위해 [Instances Count] 옵션의 수치값에 '10000'을 입력한 후 Enter 를 누릅니다. 인터랙티브 렌더링 화면을 확인해 보면 개수가 많아진 것을 알 수 있습니다.

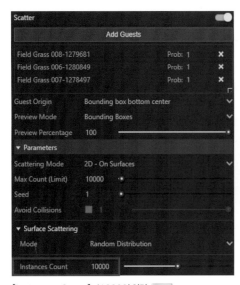

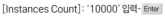

[Instances Count] : '10000' 입력- Enter

확인

15 — Random Scale

크기를 조절하기 위해 [Transforms] 옵션 탭을 확장한 후 [Random Scale-X Axis] 옵션의 To 수치값에 '2'를 입력하고 Enter 를 누른 다음 렌더링 화면을 확인합니다.

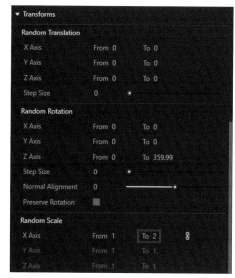 

[To]: '2' 입력- Enter

확인

16 — Instances Count

잔디의 숫자를 좀 더 늘리기 위해 [Instances Count] 옵션의 수치값에 '30000'을 입력한 후 Enter 를 눌러 렌더링 화면을 확인합니다. 수치값이 10000일 때와 잔디 숫자의 차이가 없다는 것을 알 수 있습니다.

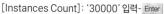

[Instances Count]: '30000' 입력- Enter

확인

17 — Max Count(Limit)

[Max Count(Limit)] 옵션의 수치값에 '30000'을 입력한 후 Enter 를 눌러 인터랙티브 렌더링 화면을 확인합니다. 이제 잔디의 숫자가 늘어났다는 것을 알 수 있습니다.

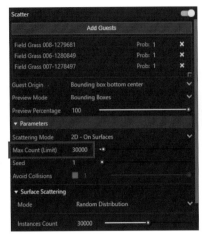 

[Max Count(Limit)]: '30000 입력'- Enter   확인

18 — 수치값 입력

[Instances Count] 옵션의 수치값에 '50000'을 입력한 후 Enter 를 눌러 렌더링 이미지를 확인합니다. 역시 잔디의 숫자가 '30000'일 경우와 다르지 않다는 것을 알 수 있습니다. [Max Count(Limit)] 옵션의 수치값도 '50000'을 입력하고 Enter 를 눌러 인터랙티브 렌더링 화면을 확인해 보면 잔디의 숫자가 다시 늘어났다는 것을 알 수 있습니다.

[Instances Count]: '50000' 입력- Enter -   확인
확인-[Max Count(Limit)]: '50000' 입력- Enter

알아두기

Max Count(Limit)

[Instances Count] 옵션의 수치값을 올려도 개수의 차이가 없을 때는 [Max Count(Limit)] 옵션의 수치값을 올리면 됩니다. 해당 옵션은 한계치를 좀 더 부여하는 옵션입니다.

19 — Scatter Viewport Preview

[Overlays] 창에서 [Scatter Viewport Preview] 옵션의 체크 표시를 해제합니다.

알
아
두
기

[Scatter Viewport Preview] 옵션의 체크 표시를 해제하는 이유

선으로 경계면만 표현하는 스캐터 파일이라고 해도 개수가 너무 많으면 작업 파일이 무거워지므로 [Scatter Viewport Preview] 옵션의 체크 표시를 해제한 것입니다.

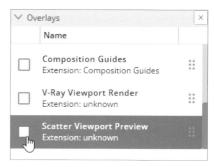

체크 표시 해제

20 — Download/Import

[Chaos Cosmos Browser] 창의 검색란에 'flower'를 입력한 후 Enter 를 누릅니다. 'Flower Meadow 006' 파일의 [Download] 아이콘 을 클릭해 다운로드한 후 [Import] 아이콘 을 클릭해 '지형' 그룹에 배치합니다. 그런 다음 'Flower Meadow 005' 파일의 [Download] 아이콘 을 클릭해 다운로드하고 [Import] 아이콘 을 클릭해 '지형' 그룹에 배치합니다.

'Flower Meadow 006' 파일 다운로드-[Import]

'Flower Meadow 005' 파일 다운로드-[Import]

21 — Add Guests

추가로 배치한 2개의 파일을 선택 도구 로 선택한 후 [Geometry] 옵션 창에서 'Scatter-잔디'를 선택하고 [Scatter] 옵션 창에 있는 [Add Guests] 버튼을 클릭해 스캐터에 추가합니다.

2개의 파일 선택-'Scatter-잔디' 선택-[Add Guests] 버튼 클릭

22 — 태그 지정

[Entity Info] 창에서 '04-3.스캐터-꽃' 태그에 포함합니다.

태그 지정

23 — 확인

인터랙티브 렌더링 화면을 확인합니다.

확인

24 — Prob

flower 파일의 밀도를 조절하기 위해 [Prob] 옵션의 수치값에 '0.5'를 입력한 후 Enter 를 누릅니다.

[Prob]: 0.5

25 ― 렌더링

[VFB] 창에서 [Abort rendering] 아이콘■을 클릭해 인터랙티브 렌더링을 종료한 후 [Render] 아이콘■
을 클릭해 렌더링(2-1-24)합니다. 스캐터로 배치된 파일(잔디, 꽃)이 아주 많아서 렌더 타임은 다른 장면에 비
해 길게 나옵니다.

렌더링

26 ― 렌더링

'4-1' 장면 탭을 클릭한 후 렌더링(2-1-25)해서 완성합니다.

'4-1' 장면 탭 클릭-렌더링

27 — 창 폭 늘리기

[VFB] 창에 있는 [History] 창의 폭을 오른쪽으로 늘려 두 칸씩 보이게 배치하고 [Rendering] 창의 폭을 늘려 원본 크기가 모두 보이도록 설정합니다.

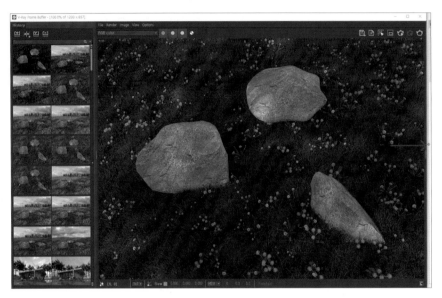

창 폭을 늘림.

28 — 비교

[History] 창의 [A/B horizontal] 아이콘을 눌러 [A/B/C/D] 타입 아이콘을 클릭합니다. 그런 다음 4개의 이미지(Scatter, Fur-Noise A, Fur-Distance, Fur-일반)를 선택해 비교해 봅니다.

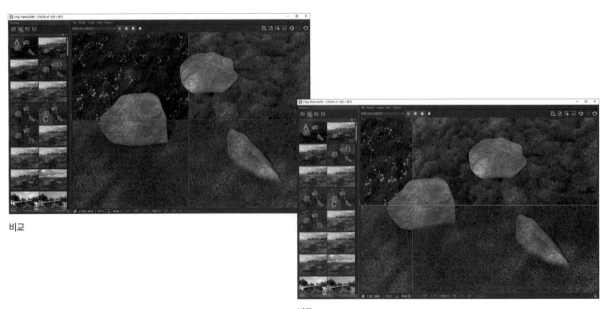

비교

비교

Chaos Cosmos

Chaos Cosmos 도구◉를 클릭하면 나타나는 [Chaos Cosmos Browser] 창에는 방대한 3D 모델, 메트리얼, HDRis 파일 등이 있으며 모든 파일은 무료로 다운로드할 수 있습니다.

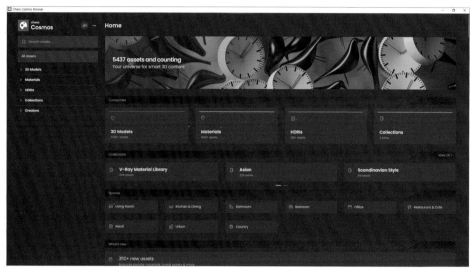

[Chaos Cosmos Browser]

1 │ 파일 확인

[Chaos Cosmos Browser] 창에서 파일을 검색하거나 확인하려면 각각의 카테고리 메뉴를 클릭하거나 검색란에 키워드를 입력하면 됩니다. 특정 파일의 섬네일 이미지를 클릭하면 파일 용량, 크기, 키워드 등을 알 수 있습니다.

클릭

확인

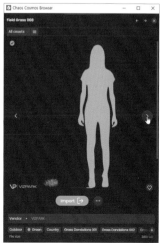
확인

2 | Download/Import

다운로드한 파일은 해당 파일에 체크 표시돼 있습니다.

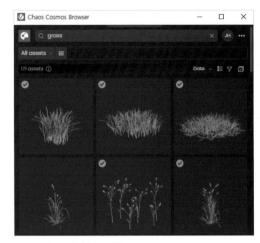

다운로드한 파일은 [Import] 아이콘을 클릭해 작업 모델에 배치하면 되고 다운로드하지 않은 파일은 [Download] 아이콘을 클릭해 다운로드한 후 작업 모델로 Import하면 됩니다.

다운로드한 파일은 체크 표시됨.

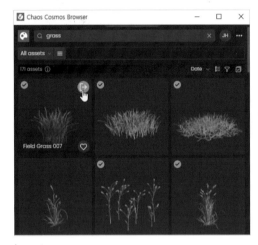

Import

Download

3 | 프록시 파일

[Chaos Cosmos Browser] 창에서 다운로드한 3D Model은 프록시(Proxy) 파일 형식으로 작업 모델에 배치됩니다. 프록시 파일은 용량이 큰 파일의 선이나 면의 개수를 많이 줄여 용량을 최소화한 파일을 말합니다. 작업 모델에 용량이 큰 파일이 많이 배치되면 작업 파일 전체가 무거워져 작업할 때 불편하므로 스케치업 작업 화면에는 용량이 작은 프록시 파일을 배치하고 렌더링하면 실제 같은 품질 좋은 파일로 표현됩니다. 프록시 파일은 작업 모델을 가볍게 만들어 준다는 장점이 있지만, 스케치업 이미지만으로 프레젠테이션할 때는 사용하지 못한다는 단점도 있습니다. 즉, 프록시 파일은 렌더링만을 위한 파일로 이해하기 바랍니다.

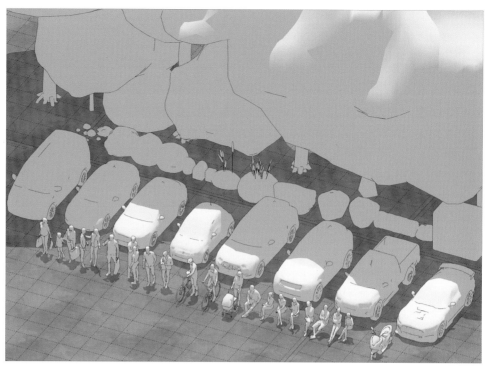

Chaos Cosmos 3D Model을 배치한 스케치업 화면 이미지

브이레이 렌더링 이미지

실무 작업 예: 프록시 파일을 배치한 스케치업 화면 이미지

브이레이 렌더링 이미지

4 | 2D 컴포넌트 활용

저자의 경우에는 스케치업 이미지만으로 프레젠테이션할 때는 2D 컴포넌트가 배치된 화면의 출력 이미
지를 사용하고 렌더링 이미지가 필요할 때는 프록시 파일이 배치된 화면을 렌더링합니다. 태그로 구분해서
특정 장면에서 특정 태그를 활성화하거나 비활성화하기 때문에 불편함 없이 실무에 활용하고 있습니다.

2D 나무 컴포넌트를 배치한 스케치업 화면: 2D 나무가 포함된 태그 활성화, 프록시 파일이 포함된 태그 비활성화

프록시 파일을 배치한 렌더링 이미지: 프록시 파일이 포함된 태그 활성화, 2D 나무 컴포넌트가 포함된 태그 비활성화

5 | 저장 경로

[Chaos Cosmos Browser] 창에서 다운
로드한 파일은 다음과 같은 경로에 자동으로 저
장됩니다.

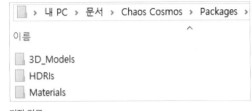

저장 경로

6 | PNG 파일

다운로드한 [Chaos Cosmos 3D Model]은 모두 png 파일 형식의 완성된 이미지 파일을 제공합
니다. 해당 이미지 파일을 이용해 스케치업에서 2D 컴포넌트를 만들어 놓으면 유용하게 사용할 수 있습
니다.

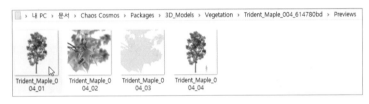

png 파일이 저장된 경로

[Chaos Cosmos 3D Model]의 png 파일로 만든 2d 나무 컴포넌트

미리 보기

스케치업(2D 나무 컴포넌트 배치)

브이레이(프록시 파일 배치)

6 눈 발자국 및 눈 덮힘 표현하기

이번 과정에서는 노멀 범프를 이용한 눈 발자국 표현과 'Blend' 메트리얼을 이용한 객체에 쌓인 눈을 표현하는 방법을 학습하겠습니다.

1 —— 렌더링

'6' 장면 탭 클릭-렌더링

이전 과정의 완성 파일로 계속 학습하거나 예제 파일을 실행합니다. '6' 장면 탭을 클릭한 후 렌더링(2-1-26)합니다.

2 —— 태그 설정

[Tags] 창에서 '02-1.돔 라이트-02.주간' 태그를 비활성화한 후 렌더링(2-1-27)합니다. 완료 이미지를 확인해 보면 돔 라이트가 활성화된 상태의 렌더링 이미지와 전체적인 색감이 차이 난다는 것을 알 수 있습니다.

알아두기

돔 라이트의 특성

돔 라이트가 표현하는 환경 색상은 객체에 영향을 미칩니다. 장면과 표현하고자 하는 각종 재질감에 따라 돔 라이트를 활성화해서 렌더링하는 경우도 있고 비활성화해서 렌더링하는 경우도 있습니다.

태그 비활성화

렌더링

3 —— 태그 설정

[Tags] 창에서 '03. 퍼', '04. 스캐터' 태그 폴더를 비활성화한 후 '6' 장면을 업데이트합니다.

태그 폴더 비활성화

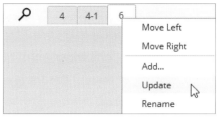

장면 업데이트

4 —— 렌더링/렌더 타임 확인

렌더링(2-1-28)한 후 렌더 타임을 확인해 보면 이전의 렌더링 이미지보다 렌더 타임이 빨라졌다는 것을 알 수 있습니다.

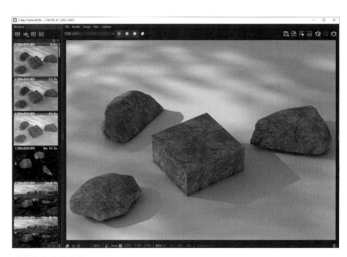

렌더링-렌더 타임 비교

알
아
두
기

장면에 보이지 않는 퍼와 스캐터

퍼와 스캐터가 활성화돼 있으면 장면에 보이지 않더라도 브이레이 렌더링 연산에 포함되기 때문에 렌더 타임에 영향을 미칩니다. 장면에 보이지 않는 퍼와 스캐터는 해당 태그를 비활성화하는 것이 렌더 타임을 최적화하는 방법입니다.

5 —— Bitmap

메트리얼 선택-[Texture Slot] 버튼 클릭

[Bitmap] 선택

[Materials] 옵션 창에서 '지형' 그룹에 매핑돼 있는 'com. snow.footprint(1K)' 메트리얼을 선택한 후 [Generic] 옵션 창에서 [Bump] 옵션 탭에 있는 [Mode/Map] 옵션의 [Texture Slot] 버튼■을 클릭하고 [Bitmap] 타입을 클릭합니다.

6 —— 노멀 맵 불러오기

제공 파일의 'com.snow.footprint.n(1K)' 파일(경로: D/
[sketchUp,vray,study,source]/[1]components/
[com.snow]/material)을 선택한 후 [열기] 버튼을 클릭하고
[Bitmap] 옵션 창의 [Select Preview Asset] 아이콘◀을 클릭
합니다.

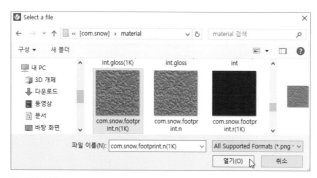

메트리얼 선택

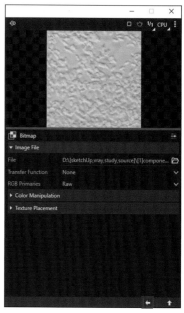

[Select Preview Asset] 아이콘 클릭

7 —— 확인

[VFB] 창에서 [Start interactive Render] 아이콘◑을 클릭해 인터랙티브 렌더링 이미지를 확인해 보면 눈
발자국 느낌이 살짝 나는 것을 알 수 있습니다.

확인

8 —— 범프 세기 조절

[Amount]: '2' 입력- Enter

확인

[Bump] 옵션 탭에 있는 [Amount] 옵션의 수치값에 '2'를 입력한 후 Enter 를 누릅니다. 인터랙티브 렌더링 이미지를 확인해 보면 수치값이 1일 때보다는 볼륨감이 좀 더 느껴지지만, 눈 발자국 표현으로는 부족해 보인다는 것을 알 수 있습니다.

9 —— Normal Map

내림 버튼 클릭-[Normal Map] 클릭

확인

[Mode/Map] 옵션의 내림 버튼▼을 클릭한 후 [Normal Map] 타입을 클릭합니다. 인터랙티브 렌더링 이미지를 확인해 보면 [Bump Map]보다 볼륨감이 크고 좀 더 사실감 있게 표현된다는 것을 알 수 있습니다.

> **알아두기**
>
> ### [Mode/Map] 타입
>
> 파란색 이미지 파일인 노멀 맵을 적용했을 때는 [Bump] 옵션 탭의 [Mode/Map] 옵션 타입을 [Normal Map]으로 설정해야 합니다.

10 — 렌더링

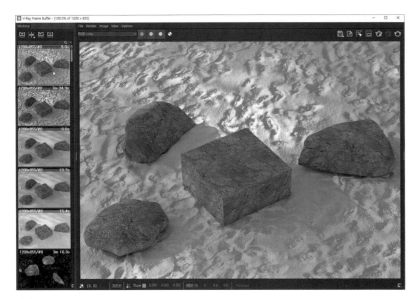

렌더링

[VFB] 창에서 [Abort rendering] 아이콘🖼을 클릭해 인터랙티브 렌더링을 중단한 후 [Render] 아이콘📷을 클릭해 렌더링(2-1-29)합니다.

11 — Blend

객체에 눈이 쌓인 표현을 하기 위해 [Create Asset] 아이콘🖼을 클릭한 후 [Materials]-[Blend]를 클릭합니다.

[Create Asset] 아이콘 클릭-[Materials]-[Blend] 클릭

12 — Add Layer

[Blend] 옵션 창의 [Add Layer] 버튼을 클릭합니다. [Coat 1] 레이어 탭이 추가된 것을 알 수 있습니다.

[Add Layer] 탭 클릭

확인

13 — Base Material

블랜드 메트리얼의 기본 메트리얼을 선택하기 위해 [Base Material] 옵션의 내림 버튼 ▼을 클릭한 후 'com.stone.g.~' 그룹에 매핑한 'com.stone.06' 메트리얼을 클릭합니다.

내림 버튼 클릭-'com.stone.06' 메트리얼 클릭

확인

14 — Coat

베이스 메트리얼 위에 쌓인 눈 표현을 할 메트리얼을 선택하기 위해 [Coat 1] 레이어 탭에 있는 [Material] 옵션의 내림 버튼 ▼을 클릭한 후 'com.snow.2(1K)' 메트리얼을 클릭합니다.

내림 버튼 클릭-'com.snow.2(1K)' 메트리얼 클릭

확인

15 — Tri-Planar

[Blend] 옵션의 [Texture Slot] 버튼 ■을 클릭한 후 [Tri-Planar] 타입을 클릭합니다.

[Texture Slot] 버튼 클릭

[Tri-Planar] 클릭

16 — X/Y/Z Projection

[Tri-Planar] 옵션 창의 [Parameters] 탭을 확장
한 후 [Mode] 옵션의 내림 버튼 ✔을 클릭해 [X/Y/Z
Projection] 타입을 클릭합니다. 그런 다음 [Texture Z] 옵션
을 활성화하고 [Select Preview Asset] 아이콘 ⬅을 클릭합
니다.

내림 버튼 클릭-[X/Y/Z Projection] 타입 클
릭-[Texture Z] 옵션 활성화-[Select Preview
Asset] 아이콘 클릭

17 — 이름 수정

[Materials] 옵션 창에서 'Blend'
메트리얼의 이름에 'com.stone.06.
snow(blend)'를 입력하고 [미리 보
기] 창에서 재질감을 확인합니다.

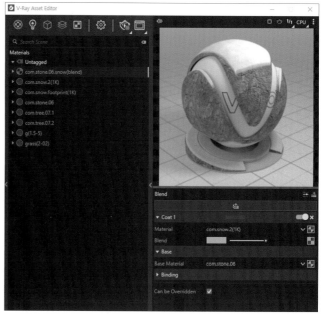

이름 수정-재질감 확인

18 — Binding

[Blend] 옵션 창의 [Binding] 옵션 탭을 확장한 후 [Texture Mode] 옵션을 비활성화합니다. 그런 다음 스케치업의 [Materials] 창에서 'com.stone.06.snow(blend)' 메트리얼을 선택하고 [Edit] 탭을 클릭합니다.

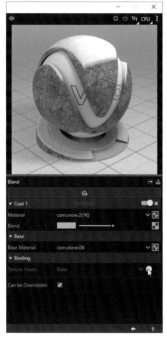

[Binding] 비활성화

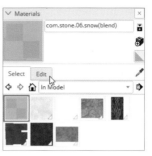

메트리얼 선택-[Edit] 탭 클릭

알아두기

[Binding]-[Texture Mode]

[Binding] 레이어 탭의 [Texture Mode] 옵션은 스케치업과 브이레이의 메트리얼 이미지를 어떻게 표현할 것인지를 설정합니다. 활성화했을 경우에는 랜덤한 색상과 격자 모양의 [V-Ray Texture Helper] 이미지로 스케치업에서 표현되기 때문에 해당 옵션을 비활성화해야 합니다.
[Binding] 레이어 탭은 스케치업 브이레이 7.0 버전부터는 이름이 [Viewport Display]로 수정되었습니다. 이름만 수정되었고 나머지 기능은 이 책의 내용과 동일합니다.

19 — 이미지 파일 불러오기

[Use texture image] 옵션 체크 해제-[Browse for Material Image File] 아이콘 클릭

현재의 'V-Ray Texture Helper' 이미지를 다른 이미지 파일로 대체하기 위해 [Use Texture image] 옵션의 체크 표시를 해제한 후 [Browse for Material Image File] 아이콘을 클릭합니다. 그런 다음 [Choose image] 창이 나타나면 'com.stone.06' 이미지 파일(경로: D/[sketchUp,vray,study,source]/[1]components/[com.stone]/material)을 선택한 후 [열기] 버튼을 클릭합니다.

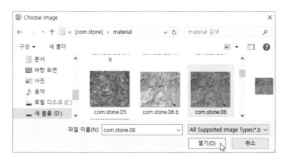

'com.stone.06' 파일 선택-[열기] 버튼 클릭

20 — 매핑 크기 설정

매핑 가로 크기를 '600'으로 수정한 후 Enter 를 누릅니다. 가로 크기에 '600'을 입력하는 이유는 베이스 메트리얼로 설정한 'com.stone.06' 메트리얼의 가로 크기가 '600'이기 때문입니다.

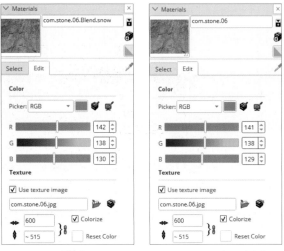

가로 크기: 600- Enter   'com.stone.06' 메트리얼의 가로 크기 확인

21 — 매핑

'com.stone.g.06-2', 'com.stone.g.06-3', 'com.stone.g.06-4' 그룹의 편집 모드에서 'com.stone.06.snow(blend)' 메트리얼로 각각 매핑합니다.

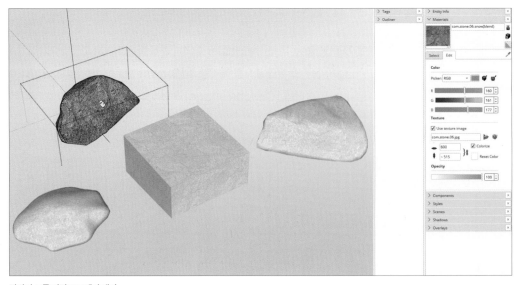

각각의 그룹 편집 모드에서 매핑

22 — 확인

[VFB] 창에서 [Start Interactive Rendering] 아이콘을 클릭해 인터랙티브 렌더링합니다. 인터랙티브 렌더링 화면을 확인해 보면 Z축 방향에만 눈이 덮인 것을 알 수 있습니다.

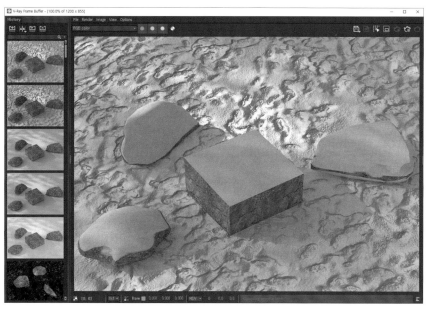

확인

23 — Texture-Y 활성화

[Blend] 옵션의 [Texture Slot] 버튼을 클릭한 후 [Tri-Planar] 옵션 창에서 [Texture Y] 옵션도 활성화합니다.

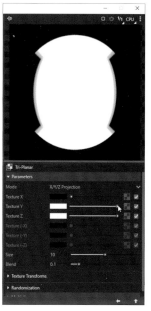

[Texture Slot] 버튼 클릭   [Texture Y] 활성화

24 — 확인

인터랙티브 렌더링 화면을 확인합니다.

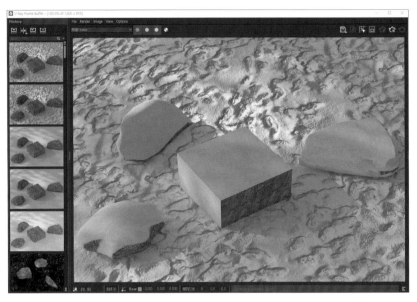

확인

25 — Blend

[Blend] 옵션의 수치값에 '0.3'을 입력한 후 Enter 를 누릅니다. 인터랙티브 렌더링 이미지를 확인해 보면 경계 면이 좀 더 부드러워졌다는 것을 알 수 있습니다.

확인

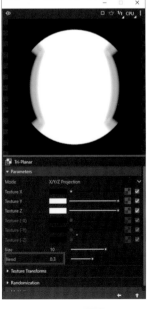

[Blend]: '0.3' 입력- Enter

26 — 렌더링

[VFB] 창에서 [Stop Render] 아이콘 을 클릭해 인터랙티브 렌더링을 중단한 후 [Render] 아이콘 을 클릭해 렌더링(2-1-30)합니다.

렌더링

27 — 그림자 시간 설정

스케치업의 [Shadow] 창에서 그림자 시간을 확인한 후 그림자 시간을 오전 9시로 설정하고 렌더링(2-1-31) 해서 완성합니다. 완료 이미지를 확인해 보면 그림자 시간에 따라 느낌이 많이 달라진다는 것을 한 번 더 느끼게 됩니다. 이처럼 그림자 시간 설정은 실무 작업을 할 때 중요하게 생각해야 할 부분 중 하나입니다.

그림자 시간 수정

렌더링

[QR코드: 겨울 장면/눈 덮임]

7 | 돌의 부드러운 볼륨감 표현하기

이번 과정에서는 디스플레이스먼트 효과를 이용해 인조석의 자연스러운 볼륨감을 표현하는 방법에 대해 학습하겠습니다.

1 ── 파일 실행

파일 실행-브이레이 옵션 및 메트리얼 재질감 설정-렌더링

[예제 파일] 폴더의 [따라하기] 폴더에 있는 'P2-1-7. skp' 파일을 실행합니다. 그런 다음 [예제 파일] 폴더의 [렌더링] 폴더에 있는 '2-1-32.bmp' 파일을 참조해 브이레이 옵션 및 메트리얼 재질감을 설정한 다음 렌더링(2-1-32)합니다.

2 ── 확인

브이레이 옵션은 '브이레이 6.2 버전 실무 옵션'을 적용했으며 'con(2.4), con(3)' 메트리얼의 재질값은 이전 과정에서 학습한 수치값(반사: 0.8, 범프: 0.3)을 적용했습니다. 그리고 화면 왼쪽의 '구' 그룹에 매핑된 'con(1)bump' 메트리얼과 화면 오른쪽 '구' 그룹에 매핑된 'con(1)displacement' 메트리얼은 반사값(Reflection Glossiness)만 '0.8'로 설정한 상태입니다.

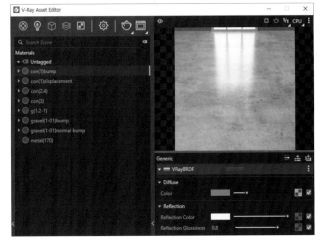

반사값: 0.8

3 —— 범프 맵 불러오기

'con(1)bump' 메트리얼의 [Bump] 옵션 탭에 있는 [Mode/Map] 옵션의 [Texture Slot] 버튼█을 클릭해 [Bitmap] 타입을 선택한 후 con(1)b.jpg 파일(경로: D/[sketchUp,vray,study,source]/[2] material/[con])을 불러온 다음 [Transfer Function]의 옵션 타입을 [sRGB]로 선택합니다.

[Texture Slot] 버튼 클릭   con(1)b.jpg 파일 불러옴.-[sRGB] 타입 선택

4 —— 렌더링

[VFB] 창의 [Region Render] 아이콘█을 클릭한 후 영역을 지정하고 렌더링(2-1-33)합니다.

[Region Render] 아이콘 클릭-영역 지정-렌더링

5 —— Displacement

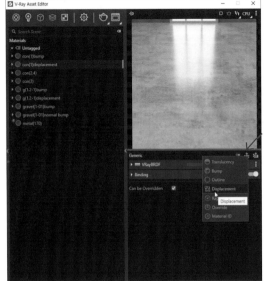

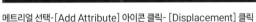

메트리얼 선택-[Add Attribute] 아이콘 클릭- [Displacement] 클릭　　[Displacement] 탭 확장-옵션 활성화

'con(1)displacement' 메트리얼을 선택한 후 [Displacement] 레이어를 추가하기 위해 [Generic] 옵션 창의 [Add Attribute] 아이콘 ⊞을 클릭하고 [Displacement]를 클릭합니다. 그런 다음 추가된 [Displacement] 레이어 탭을 클릭해 확장하고 옵션을 활성화합니다.

6 —— 맵 복사/붙여넣기

'con(1)bump' 메트리얼을 선택한 후 [Bump] 옵션 탭에 있는 [Mode/Map] 옵션의 [Texture Slot] 버튼█에 마우스 포인터를 올려놓고 마우스 버튼을 우클릭하면 나타나는 확장 메뉴 중 [Copy]를 클릭해 맵을 복사합니다. 그런 다음 'con(1)displacement' 메트리얼을 선택하고 [Displacement] 레이어 탭에 있는 [Mode/Map] 옵션의 [Texture Slot] 버튼█에 마우스 포인터를 올려놓은 다음 마우스 버튼을 우클릭하면 나타나는 확장 메뉴 중 [Paste as Copy] 명령을 클릭해 복사한 맵을 붙여넣기합니다.

알아두기

디스플레이스먼트의 재질감 미리 보기

스케치업 브이레이 6.2 버전 기준(2024년 12월 현재)으로 디스플레이스먼트는 [미리 보기] 창에서 재질감을 확인할 수 없습니다.

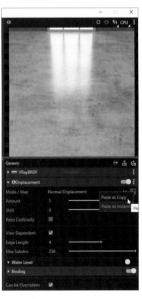

'con(1)bump' 메트리얼 선택-[Bump] 옵션 탭에 있는 [Mode/Map] 옵션의 맵 복사

'con(1)displacement' 메트리얼 선택-맵 붙여넣기

7 ─── 렌더링

[VFB] 창의 [Region Render] 아이콘███을 클릭한 후 영역을 지정하고 렌더링(2-1-34)합니다. 완료 이미지를 확인해 보면 구의 볼륨이 커지고 날카롭게 표현되는 것과 렌더 타임도 범프 효과를 설정한 렌더링 이미지에 비해 몇 배 더 추가된 것을 알 수 있습니다.

영역 지정-렌더링

8 ─── 세기 설정

[Amount] 옵션의 수치값에 '2'를 입력한 후 Enter 를 누르고 렌더링(2-1-35)합니다. 구의 볼륨이 더 커지면서 거친 질감이 느껴지는 것을 알 수 있습니다.

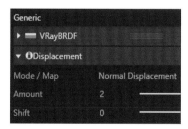

[Amount]: '2' 입력- Enter

렌더링

9 —— Filter Blur

거친 느낌을 부드럽게 표현하기 위해 'con(1)displacement' 메트리얼의 [Mode/Map] 옵션에 있는
[Texture Slot] 버튼▪을 클릭합니다. 숨은 옵션을 나타내기 위해 [switch To Advanced Settings] 아
이콘➡을 클릭합니다. 그런 다음 디스플레이스먼트 맵을 흐릿하게 만들기 위해 [Filter Blur] 옵션의 수치값에
'10'을 입력하고 Enter 를 누릅니다.

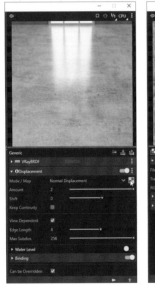

[Texture Slot] 버튼 클릭

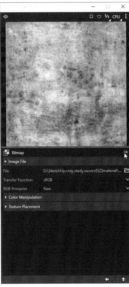

[switch To Advanced
Settings] 아이콘 클릭

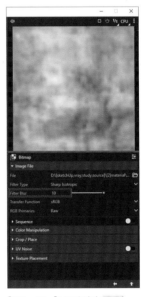

[Filter Blur] : '10' 입력- Enter

10 —— 렌더링

렌더링(2-1-36)한 후 완료 이미지를 확인해 보면 이전보다 부드러운 볼륨감으로 표현되는 것을 알 수 있습니다.

렌더링

11 — Filter Blur

[Filter Blur] 옵션의 수치값에 '20'을 입력한 후 Enter 를 누르고 렌더링(2-1-37)합니다. 이전보다 부드럽게 표현되는 것을 알 수 있습니다. 활성화된 [Region Render] 아이콘을 클릭해 비활성화합니다.

Filter Blur: 20

렌더링

알
아
두
기

범프와 디스플레이스먼트의 차이점

범프는 매핑 좌표를 미세하게 이동시켜 재질의 돌출과 매입 효과를 표현하지만, 디스플레이스먼트는 재질이 실제로 솟아오르면서 객체의 볼륨감을 표현합니다. 범프는 일종의 눈속임 효과라고 기억하고 디스플레이스먼트는 실제로 솟아오르는 효과라고 기억하기 바랍니다.

12 — 렌더링

'2' 장면 탭을 클릭한 후 렌더링(2-1-38)합니다.

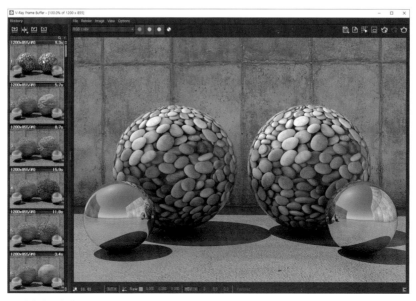

'2' 장면 탭 클릭-렌더링

13 ─ 반사값 확인

'gravel(1-01)bump', 'gravel(1-01)normal bump' 메트리얼을 클릭해 반사값을 확인합니다. 예제 파일에는 반사값만 미리 설정된 상태입니다.

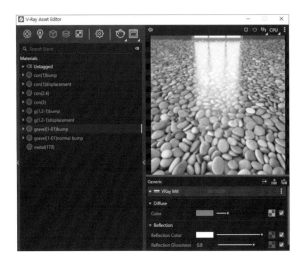

반사값 확인

14 ─ 일반 범프 맵

'gravel(1-01)bump' 메트리얼을 선택한 후 범프 맵으로 'gravel(1-01)b.jpg' 파일(경로: D/[sketchUp,vray,study,source]/[2]material/[gravel])을 불러오고 [Transfer Function] 옵션 타입을 [sRGB]로 선택한 다음 재질감을 확인합니다.

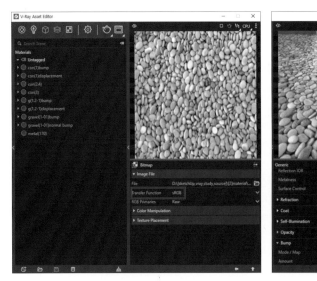

'gravel(1-01)bump' 메트리얼 선택-범프 맵 불러오기-[sRGB] 타입   재질감 미리 보기
선택-[Select Preview Asset] 아이콘 클릭

15 — 노멀 범프 맵

'gravel(1-01)normal bump' 메트리얼을 선택한 후 범프 맵으로 'gravel(1-01)n.jpg' 파일(경로: D/
[sketchUp,vray,study,source]/[2]material/[gravel])을 불러오고 [Select Preview Asset] 아이
콘←을 클릭합니다. 이때 주의할 점은 [Transfer Function] 옵션 타입을 [sRGB]로 수정하지 않고 기본 타
입인 [None] 타입을 유지했다는 부분입니다. [Generic] 옵션 창의 [Mode/Map] 옵션의 내림 버튼▼을
클릭해 [Normal Map] 타입을 선택합니다.

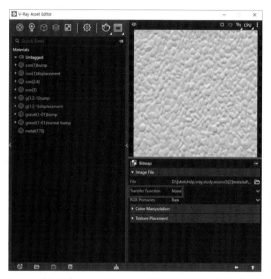

'gravel(1-01)normal bump' 메트리얼 선택-노멀 맵 불러오
기-[Select Preview Asset] 아이콘← 클릭

[Mode/Map] 옵션의 내림 버튼 클
릭-[Normal Map] 선택

현장—플러스 ✳

노멀 맵의 옵션 타입

노멀 맵은 [Bitmap] 옵션 창
의 [Image File] 옵션 탭에 있
는 [Transfer Function] 타입을
[None]으로 설정하고 [Generic]
옵션 창의 [V-Ray Mtl] 레이어 탭의
[Bump] 옵션 탭에 있는 [Mode/
Map] 옵션 타입은 [Normal
Map]으로 설정해야 합니다.
[Bump Map] 타입을 선택하면 부
드러운 볼륨감이 표현되지 않습니다.

[Bump Map] 타입 미리 보기

[Normal Map] 타입 미리 보기

16 — 렌더링

렌더링(2-1-39)한 다음 이전 이미지와 비교해 보면 범프 맵을 적용한 메트리얼은 전체적으로 조금 어두워지고 거친 느낌으로 표현됐지만, 노멀 맵을 적용한 메트리얼은 음영이 표현되면서 부드러운 볼륨감을 표현하고 있다는 것을 알 수 있습니다.

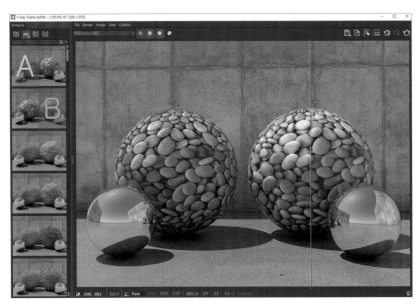

렌더링-비교

17 — 세기 설정

'gravel(1-01)bump' 메트리얼과 'gravel(1-01)normal bump' 메트리얼의 [Amount] 옵션의 수치값에 각각 '3'을 입력하고 Enter 를 누릅니다.

[Amount] : '3' 입력- Enter

18 — 렌더링

렌더링(2-1-40)한 후 완료 이미지를 확인해 보면 노멀 범프를 사용한 메트리얼의 볼륨감이 더 크게 느껴지는 것을 알 수 있습니다.

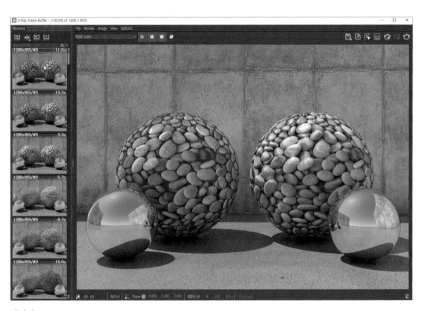

렌더링

현 장 ― 플 러 스 ✳

노멀 범프의 특성

일반 범프(흑백 이미지 파일)는 거친 질감을 표현하지만, 노멀 범프(파란색 이미지 파일)는 부드러운 볼륨감을 표현합니다.

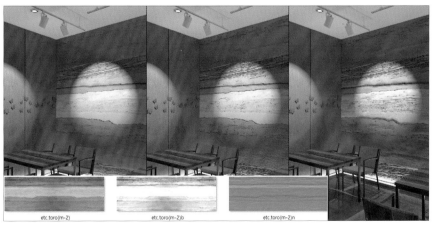

왼쪽: 반사값: 0.8, 가운데: 반사값: 0.8, 일반(흑백) 범프/오른쪽: 반사값: 0.8, 노멀 범프

19 ─ 렌더링

'3' 장면 탭을 클릭한 후 렌더링(2-1-41)합니다. 'g(1.2-1)' 메트리얼에는 반사값만 '0.7'로 설정된 상태입니다.

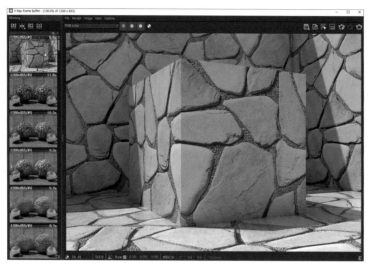

'2' 장면 탭 클릭-렌더링

20 ─ 범프 맵

'g(1.2-1)' 메트리얼의 범프 맵으로 'g(1.2-1)b.jpg' 파일(경로: D/[sketchUp,vray,study,source]/ [2]material/[ground,road])을 불러온 후 [Transfer Function] 타입을 [sRGB]로 선택하고 [Select Preview Asset] 아이콘 ⬅을 클릭합니다. 그 후 [Amount] 옵션의 수치값에 '2'를 입력하고 Enter 를 누릅니다.

'g(1.2-1)' 메트리얼 선택-범프 맵 불러오기-타입 설정- [Select Preview Asset] 아이콘 클릭

[Amount] : '2' 입력- Enter

21 ─ 렌더링

렌더링(2-1-42)한 후 완료 이미지를 확인해 보면 볼륨감은 크게 느껴지지 않고 거친 질감만 표현되는 것을 알 수 있습니다.

렌더링

22 ─ 노멀 맵

'g(1.2-1)' 메트리얼의 [Generic] 옵션 창에서 [Mode/Map] 옵션 타입을 [Normal Map]으로 선택한 후 [Texture Slot] 버튼█을 클릭합니다. 그런 다음 [Bitmap] 옵션 창에서 [Open File] 아이콘🖿을 클릭해 'g(1.2-1)n.jpg' 파일((경로: D/[sketchUp,vray,study,source]/[2]material/[ground,road])을 불러옵니다. 그 후 [Transfer Function] 옵션 타입을 [None]으로 선택하고 [Select Preview Asset] 아이콘⬅을 클릭한 다음 [미리 보기] 창을 확인합니다.

[Mode/Map] 옵션의 내림 버튼 클릭-[Normal Map] 선택-[Texture Slot] 버튼█ 클릭

[Open File] 아이콘 클릭-'g(1.2-1)n.jpg' 파일 선택-[Transfer Function] 옵션 내림 버튼 클릭-[None] 선택-[Select Preview Asset] 아이콘 클릭

재질감 확인

렌더링(2-1-43)한 후 완료 이미지를 확인해 보면 범프 맵을 적용한 것보다 볼륨감은 좀 더 느껴지지만, 인조석의 자연스러운 볼륨감 표현으로는 약하다는 것을 알 수 있습니다.

렌더링

현 장 ― 플 러 스 ✳

노멀 범프의 세기

사용하는 이미지 파일에 따라 조금씩의 차이는 있지만, 일반적으로 노멀 범프 세기를 올린다고 해서 볼륨감이 더 느껴지는 것이 아니라 거친 질감이 추가됩니다.

노멀 범프 세기: 5

노멀 범프 세기: 10

24 — 디스플레이스먼트

[Bump] 옵션을 비활성화한 후 [Add Attribute] 아이콘을 클릭해 [Displacement]를 클릭합니다. 그런 다음 [Displacement] 옵션을 활성화하고 [Amount] 옵션의 수치값에 '2'를 입력하고 Enter 를 누릅니다. 그 후 [Texture Slot] 버튼을 클릭해 'g(1.2-1)d.2.jpg' 파일(경로: D/[sketchUp,vray,study,source]/[2]material/[ground,road])을 선택합니다.

[Bump] 비활성화-[Add Attribute] 아이콘 클릭-[Displacement] 추가

옵션 활성화-[Amount] : '2' 입력- Enter - [Texture Slot] 버튼 클릭

'g(1.2-1)d.2.jpg' 파일 선택

25 — 렌더링

렌더링(2-1-44)한 후 완료 이미지를 확인해 보면 '박스' 그룹을 제외한 '벽체'와 '바닥' 그룹이 솟아오른 것을 알 수 있습니다.

알아두기

디스플레이스먼트 맵 매핑 방법

그룹(또는 컴포넌트) 편집 모드 상태에서 매핑을 하면 디스플레이스먼트 효과가 표현되지 않습니다. 디스플레이스먼트 효과를 표현하려면 그룹(또는 컴포넌트)에 바로 매핑해야 합니다. 예제 파일의 '박스' 그룹은 그룹 편집 모드에서 매핑된 상태입니다.

렌더링

26 — 매핑

스케치업의 [Materials] 창에서 'g(1.2-1)' 메트리얼을 선택한 후 '박스' 그룹을 클릭해 매핑합니다.

메트리얼 선택-'박스' 그룹 클릭

27 — 렌더링

렌더링(2-1-45)한 후 완료 이미지를 확인해 보면 '박스' 부분의 모서리 부분이 닫히지 않고 벌어진 것을 알 수 있습니다.

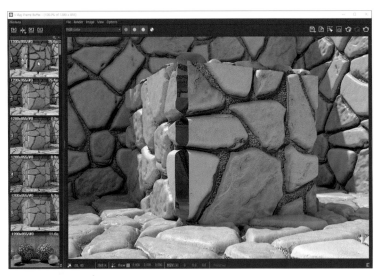

렌더링

알
아
두
기

[Keep Continuity] 옵션

[Keep Continuity] 옵션은 연결된 표면을 생성하는 옵션으로, 객체의 모서리 부분이 닫히지 않고 벌어지는 현상이 발생할 때 체크 표시를 하면 됩니다.

28 — 옵션 설정

[Generic] 옵션 창의 [Keep Continuity] 옵션에 체크 표시를 한 후 렌더링(2-1-46)합니다.

[Keep Continuity] 체크 표시

렌더링

29 — Filter Blur

인조석을 좀 더 부드럽게 표현하는 방법을 학습하겠습니다. [Bitmap] 옵션 창에서 [Switch To Advanced Settings] 아이콘➡️을 클릭해 숨긴 옵션들을 나타내고 [Filter Blur] 옵션의 수치값에 '20'을 입력한 후 Enter 를 누릅니다. 이미지가 흐릿해진 것을 알 수 있습니다.

[Switch To Advanced Settings] 아이콘 클릭

[Filter Blur]: 20

알아두기

Filter Blur

[Filter Blur] 옵션은 이미지 파일을 흐릿하게 만드는 옵션입니다. 디스플레이스먼트 효과를 표현할 때 적용한 맵이 선명하면 거친 볼륨감이 표현되고 흐릿하면 부드러운 볼륨감이 표현됩니다.

30 — 렌더링

렌더링(2-1-47)한 후 이전의 이미지와 비교해 보면 볼륨감이 부드럽게 표현됐지만, 특정 인조석의 가장자리 부분에 각진 현상이 발생하는 것을 알 수 있습니다.

렌더링-비교

31 — Summed-area

[Filter Type] 옵션의 내림 버튼 ✔️을 클릭해 가장 부드럽게 표현하는 [Summed-area] 타입을 클릭하고 렌더링(2-1-48)해서 완성합니다.

[Filter Type]: [Summed-area]

렌더링

범프＋디스플레이스먼트

범프 맵과 디스플레이스먼트 맵을 같이 사용하는 경우도 있습니다. ‘g(1.2-1)’
메트리얼의 [Bump] 옵션을 활성화한 후 렌더링하면 거친 질감이 추가됩니다.

[QR코드: 물 표현
(Bump＋Displacement)]

Bump 활성화

렌더링: 거친 질감이 추가됨.

8 | 다양한 유리 표현하기

이번 과정에서는 여러 장의 유리가 겹쳐 있을 때 반사와 굴절을 올바로 표현하는 방법과 스펙트럼, 그라데
이션, 물방울이 맺힌 유리를 표현하는 방법을 학습하겠습니다.

1 ── 파일 실행

[예제 파일] 폴더의 [따라하기] 폴
더에 있는 'P2-1-8.skp' 파일을
실행합니다. 그런 다음 [예제 파일]
폴더의 [렌더링] 폴더에 있는 '2-
1-50.bmp' 파일을 참조해 브이
레이 옵션 및 메트리얼 재질감을 설
정하고 렌더링(2-1-50)합니다.

파일 실행-브이레이 옵션 및 메트리얼 재질감 설정-렌더링

2 ── 메트리얼 재질값 확인

브이레이 옵션은 '브이레이 6.2 버전 실무 옵션'을 적용했
으며 con(3) 메트리얼의 재질값은 이전 과정에서 학습한
수치값(반사: 0.8, 범프: 0.3)을 적용했습니다. 'glass.
clear' 메트리얼을 반사와 굴절을 활성화한 후 [Coat
Amount] 수치값을 '0.5'로 설정했습니다.

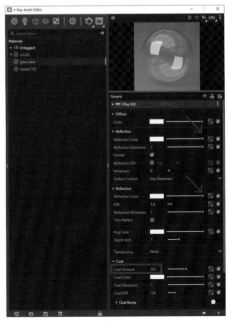

유리 설정값

3 —— [SunLight] 옵션 확인

반사값을 가진 재질에 SunLight가 보이지 않게 [Invisible] 옵션에 체크 표시가 된 상태입니다.

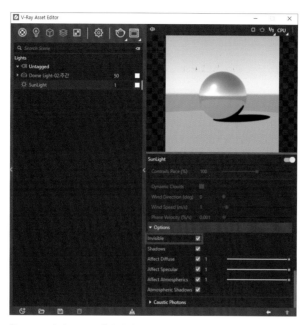

[SunLight] : [Invisible] 옵션 체크 표시

4 —— 돔 라이트 설정 확인

돔 라이트는 'Dome Light-02.주간' 컴포넌트를 사용했으며 세기는 '50', 회전 각도는 '90도'로 설정했습니다.

돔 라이트 설정

HDR 파일의 Transfer Function 타입

HDR 파일은 [Transfer Function] 옵션 타입을 [None]으로 설정해야 합니다. [sRGB]를 선택하면 채도가 강하게 표현되기 때문입니다.

[Transfer Function] : None

[Transfer Function] : sRGB

5 ── 렌더링

'2' 장면 탭을 클릭하고 렌더링(2-1-51)합니다. 완료 이미지를 확인해 보면 유리 3장이 겹쳐진 부분의 반사와 굴절이 이상하게 표현되고 있다는 것을 알 수 있습니다.

여러 장의 유리가 겹쳐 있을 경우

여러 장의 유리가 겹쳐 있을 때는 반사
(Reflection)와 굴절(Refraction)
횟수를 설정하는 옵션인 [Max Trace
Depth] 옵션의 수치값을 조절하면 됩
니다.

'2' 장면 탭 클릭-렌더링

6 —— Max Trace Depth

[Settings] 옵션 창의 [Render Parameters] 탭에 있는 [Optimization] 옵션 탭의 [Max Trace Depth] 옵션에 체크 표시를 한 후 '10'을 입력하고 Enter 를 누릅니다.

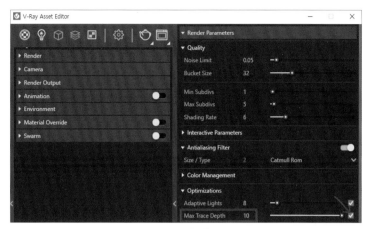

[Max Trace Depth] 옵션 체크 표시-'10' 입력- Enter

7 —— 렌더링

렌더링(2-1-52)한 후 완료 이미지를 확인해 보면 반사와 굴절이 올바르게 표현되는 것을 알 수 있습니다.

렌더링

8 ── 렌더링

스펙트럼(Spectrum) 유리 표현 방법을 학습할 '3' 장면 탭을 클릭한 후 렌더링(2-1-53)합니다.

'3' 장면 탭 클릭-렌더링

9 ── 복제

[Materials] 옵션 창에서 'glass.clear' 메트리얼에 마우스 포인터를 올려놓은 후 마우스 버튼을 우클릭하면 나타나는 확장 메뉴 중 선택한 재질을 복제하는 명령인 [Duplicate] 명령을 클릭합니다. 'glass.clear#1' 메트리얼이 추가되고 'glass.clear' 메트리얼과 재질값도 동일한 것을 알 수 있습니다.

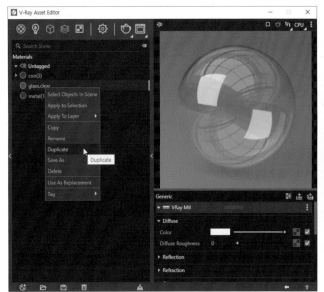

마우스 버튼 우클릭-[Duplicate] 클릭

복사됨.

[Materials] 옵션 창의 확장 메뉴

[Materials] 옵션 창에서 메트리얼에 마우스 포인터를 올
려놓은 후 마우스 버튼을 우클릭하면 나타나는 확장 메뉴에
대해 알아보겠습니다.

확장 메뉴

❶ [Select Object In Scene]: 해당 메트리얼을 스케치
업 모델에서 선택합니다. 그룹(또는 컴포넌트)을 클릭해
매핑했으면 해당 그룹이 선택되며 그룹(또는 컴포넌트)
편집 모드에서 면을 클릭해 매핑했으면 면이 선택됩니다.

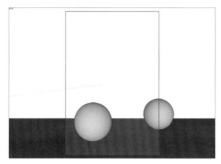

'glass.clear' 메트리얼: 그룹에 매핑한 상태

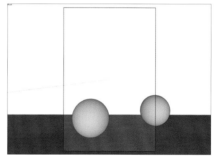

'con(3)' 메트리얼: 편집 모드에서 매핑한 상태

❷ [Apply to Selection]: 선택한 객체를 해당 메트리얼로 매핑합니다.

❸ [Apply To Layer]: 스케치업 태그에 포함합니다.

❹ [Copy]: 복사합니다.

❺ [Rename]: 이름을 수정합니다.

❻ [Duplicate]: 복제합니다.

❼ [Save As]: 다른 이름으로 저장합니다.

❽ [Delete]: 삭제합니다.

❾ [Use As Replacement]: 대체할 메트리얼로 사용합니다.

❿ [Tag]: 특정 태그에 포함합니다. 태그가 추가돼 있으면 내림 버튼 🔽을 클릭해 특정 태그를 선택할
수 있습니다.

10 — 이름 수정/Opacity 설정

'glass.clear#1' 메트리얼의 이름을 'glass.effect.spectrum'으로 수정하고 스케치업의 [Materials] 창에서 'glass.effect.spectrum'을 선택한 후 [Edit] 탭을 클릭합니다. 그런 다음 [Opacity] 옵션의 수치값에 '5'를 입력하고 Enter 를 누릅니다.

알아두기

[Duplicate]로 복제한 메트리얼의 [Opacity]

[Duplicate] 명령은 선택한 재질을 똑같은 설정으로 복제하는 명령이지만, 스케치업의 [Materials] 창에서 [Opacity]는 원본 메트리얼의 수치값을 참조해서 새로 설정해야 합니다.

이름 수정

메트리얼 선택-[Edit] 탭 클릭

[Opacity] : '5' 입력- Enter

11 — 복제/Opacity 설정

'glass.effect.spectrum' 메트리얼에 마우스 포인터를 올려놓은 후 마우스 버튼을 우클릭하면 나타나는 확장 메뉴 중 [Duplicate] 명령을 클릭해 메트리얼을 복제합니다. 그런 다음 이름을 'glass.effect.gradient'로 수정하고 스케치업의 [Materials] 창에서 [Opacity] 옵션의 수치값에 '5'를 입력한 후 Enter 를 누릅니다.

마우스 버튼 우클릭-[Duplicate] 클릭

이름 수정

[Opacit]y] : '5' 입력- Enter

12 — 매핑

스케치업의 [Materials] 창에서 'glass.effect.spectrum' 메트리얼을 선택한 후 '유리' 그룹을 클릭해 매핑합니다.

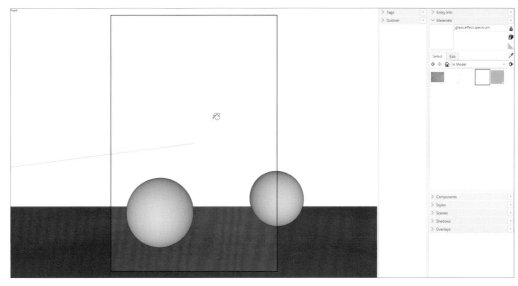

메트리얼 선택-'유리' 그룹을 클릭해 매핑

13 — Binding

'glass.effect.spectrum' 메트리얼의 [Generic] 옵션 창에서 [Binding] 옵션(브이레이 7.0 버전부터는 Viewport Display)을 비활성화합니다.

알아두기

[Binding] 옵션을 비활성화한 이유

맵 타입을 수정했을 때 스케치업에서 매핑한 색상으로 표현되는 것이 아니라 'V-Ray Texture Helper' 이미지 로 표현되기 때문에 [Binding] 옵션을 비활성화한 것입니다.

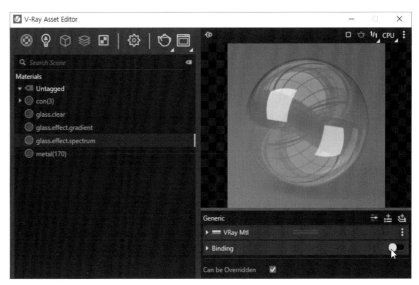

[Binding] 옵션 비활성화

14 — Gradient

'glass.effect.spectrum' 메트리얼의 [Generic] 옵션 창에서 [Refraction] 옵션 탭에 있는 [Fog Color] 옵션의 [Texture Slot] 버튼■■을 클릭한 후 [Gradient] 타입을 클릭합니다.

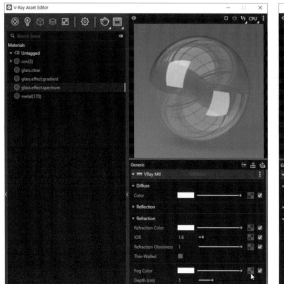

메트리얼 선택-[Texture Slot] 버튼 클릭   [Gradient] 클릭

15 — 렌더링

렌더링(2-1-54)합니다.

[Gradiant] 옵션 창

렌더링

16 — Spectrum

[Gradient] 옵션 창의 [Parameters] 탭을 확장한 후 [Preset] 옵션의 내림 버튼![]을 클릭해 [Spectrum] 타입을 선택하고 렌더링(2-1-55)합니다.

렌더링

내림 버튼 클릭-[Spectrum] 클릭

17 — V 타입

세로 방향으로 스펙트럼 표현을 하기 위해 [Type] 옵션의 내림 버튼![]을 클릭해 [V] 타입을 선택한 후 렌더링 (2-1-56)합니다.

렌더링

내림 버튼 클릭-[V] 클릭

18 — Repeat

[Texture Placement] 탭을 확장한 후 매핑 크기를 세로 방향으로 늘리기 위해 [Repeat U/V] 옵션의 수치 값 중 V 항목에만 '0.01'을 입력하고 Enter 를 누른 다음 렌더링(2-1-57)해서 스펙트럼 유리를 완성합니다.

[Repeat U/V]: '0.01' 입력- Enter

렌더링

현장 — 플러스 ✳

Interactive
렌더링하지 않는 이유

Interactive 렌더링하지 않고 한 장 씩 렌더링해서 저장하는 이유는 옵션 설정에 의한 렌더링 이미지의 변화를 [VFB] 창이나 윈도우상에서 비교하기 위함입니다.

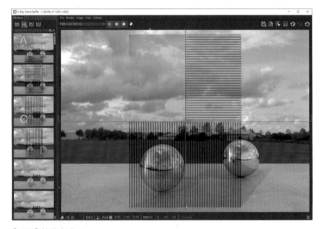

[VFB] 창에서 비교

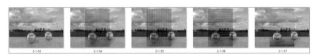

윈도우상에서 비교

19 — 매핑

그라데이션 유리 표현을 방법을 학습할 '4' 장면 탭을 클릭한 후 스케치업의 [Materials] 창에서 'glass.
effect.gradient' 메트리얼을 선택하고 '유리' 그룹을 클릭해 매핑합니다.

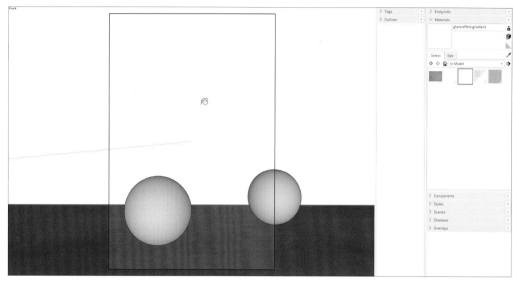

'4' 장면 탭 클릭-메트리얼 선택-'유리' 그룹을 클릭해 매핑

20 — Refraction Glossiness

[Mateials] 옵션 창에서 'glass.effect.gradient' 메트리얼을 선택한 후 [Refraction Glossiness(굴절
값)] 옵션의 수치값을 '0.8'로 설정합니다.

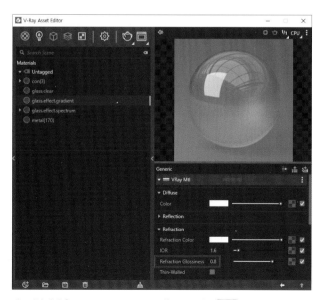

메트리얼 선택-[Refraction Glossiness]: '0.8' 입력- Enter

21 — 렌더링

렌더링(2-1-58)합니다.

렌더링

22 — 품질 설정

노이즈가 보이기 때문에 [Settings] 옵션 창의 [Render Parameters] 탭에서 고품질 옵션으로 설정합니다.

[Noise Limit]: 0.02, [Max Subdivs]: 8

23 — 렌더링

렌더링(2-1-59)한 후 이전의 이미지와 품질을 비교해 봅니다.

렌더링-비교

24 — Binding

'glass.effect.gradient' 메트리얼의 [Generic] 옵션 창에서 [Binding] 옵션(브이레이 7.0 버전부터는 Viewport Display)을 비활성화합니다.

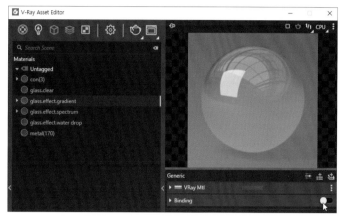

[Binding] 옵션 비활성화

25 — Custom

[Materials] 옵션 창에서 [Refraction Glossiness] 옵션의 [Texture Slot] 버튼■을 클릭한 후 [Gradient] 타입을 클릭합니다. [Gradient] 옵션 창의 [Parameters] 옵션 탭을 확장한 후 [Preset] 옵션의 내림 버튼▼을 클릭해 기본 설정이 흰색과 검은색인 [Custom] 타입을 클릭하고 세로 방향으로 그라데이션 표현을 하기 위해 [Type] 옵션의 내림 버튼▼을 클릭해 [V] 타입을 클릭합니다.

[Texture Slot] 버튼 클릭-[Gradient] 클릭

[Preset]: [Custom], [Type]: [V]

26 — 렌더링

렌더링(2-1-60)합니다.

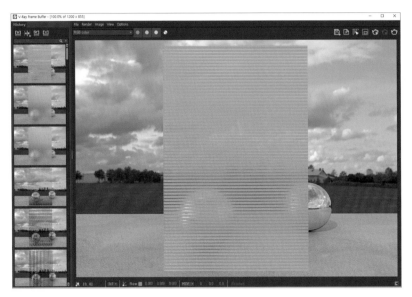

렌더링

27 — Internationalization

[Interpolation] 옵션 아래에 있는 그래프에서 흰색 조절점을 클릭한 후 [Position] 옵션의 수치값에 '0.3'을 입력하고 Enter 를 누릅니다.

흰색 조절점 클릭   [Position]: '0.3' 입력- Enter

28 — 렌더링

렌더링(2-1-61)합니다.

렌더링

29 — Repeat

[Texture Placement] 탭을 확장한 후 [Repeat U/V] 옵션의 [V] 수치값에 '0.01'을 입력하고 Enter 를 누릅니다. 그런 다음 렌더링(2-1-62)해서 그라데이션 유리를 완성합니다.

[Repeat U/V]: 1, 0.01

렌더링

Position

[Position] 옵션의 수치값이 '0.1'일 경우, 약 254mm 높이의 그라데이션 효과가 표현됩니다.

유리 높이 1800, [Position]: 0.4

[Position]: 0.5

[Position]: 0.6

30 ― 복제

[Materials] 옵션 창에서 'glass.clear' 메트리얼에 마우스 포인터를 올려놓은 후 마우스 버튼을 우클릭하면 나타나는 확장 메뉴 중 [Duplicate] 명령을 클릭해 메트리얼을 복제합니다. 그런 다음 이름에 'glass.effect.water drop'을 입력하고 스케치업의 [Materials] 창에서 'glass.effect.water drop' 메트리얼의 [Opacity] 옵션 수치값을 '5'로 입력한 후 Enter 를 누릅니다.

마우스 버튼 우클릭-[Duplicate] 클릭

이름 수정

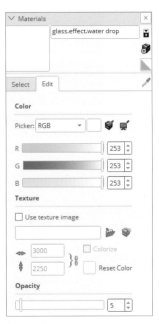
[Opacity]: 5

31 ─ 매핑

물방울이 맺힌 유리 표현 방법을 학습할 '5' 장면 탭을 클릭한 후 스케치업의 [Materials] 창에서 'glass. effect.water drop' 메트리얼을 선택하고 '유리' 그룹을 클릭해 매핑합니다.

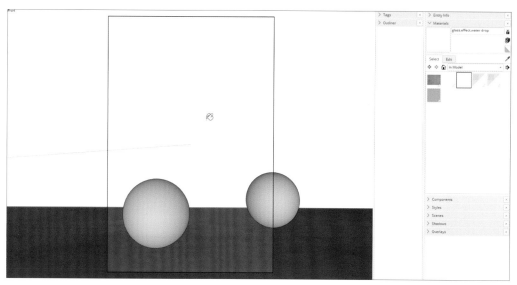

'5' 장면 탭 클릭-메트리얼 선택-'유리' 그룹을 클릭해 매핑

32 ─ 렌더링

효과 전, 후를 비교하기 위해 렌더링(2-1-63)합니다.

렌더링

33 — Binding

[Binding] 옵션(브이레이 7.0 버전부터는 Viewport Display)을 비활성화합니다.

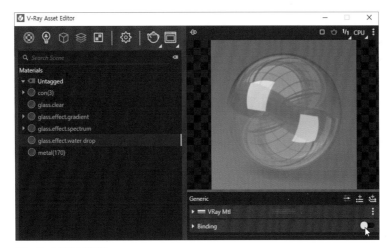

[Binding] 옵션 비활성화

34 — 노멀 맵 불러오기

'glass.effect.water drop' 메트리얼을 선택한 후 [Bump] 옵션 탭에 있는 [Mode/Map] 옵션의
[Texture Slot] 버튼(■)을 클릭합니다. [Bitmap] 타입을 선택한 후 'glass.effect.water drop.n.jpg'
파일(경로: D/[sketchUp,vray,study,source]/[2]material/[glass])을 불러오고 [Mode/Map] 옵
션 타입을 [Normal Map]으로 선택합니다.

노멀 맵 불러오기

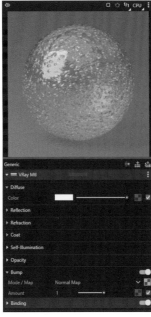

[Mode/Map]: Normal Map

35 — 렌더링

렌더링(2-1-64)한 후 완료 이미지를 보면 범프가 너무 촘촘하게 표현되는 것을 알 수 있습니다.

렌더링

36 — Refeat

[Bitmap] 옵션 창에서 [Refeat U/V] 옵션의 수치값을 '0.02', '0.02'로 설정한 후 렌더링(2-1-65)합니다.

[Repeat U/V] : 0.2, 0.2

렌더링

37 — 범프 세기 설정

[Amount] 옵션의 수치값에 '0.2'를 입력한 후 렌더링(2-1-66)합니다. 완료 이미지를 확인해 보면 '유리' 그룹 중간 좌, 우로 데칼코마니 현상이 보이는 것을 알 수 있습니다.

[Amount]: 0.2

렌더링-확인

현
장
―
플
러
스
※

패턴 반복

모든 이미지 파일은 매핑 크기에 따라 화면에 보이는 메트리얼의 패턴이 반복될 수밖에 없으며 'glass.effect. water drop' 메트리얼처럼 데칼코마니 현상이 나타나는 경우도 있습니다.

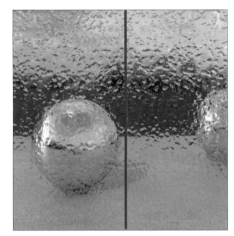

데칼코마니 현상

38 — Mapping Source

패턴이 반복되지 않는 방법을 학습하겠습니다. [Bitmap] 옵션 탭에 있는 [Mode/Map] 옵션의 [Texture Slot] 버튼█을 클릭합니다. 이어서 [Bitmap] 옵션 창에 있는 [Texture Placement] 탭을 확장한 후 [Type] 옵션의 내림 버튼█을 클릭하고 [Mapping Source] 타입을 클릭합니다. 그런 다음 [UVW Placement Slot] 아이콘█을 클릭하고 [UVW Placement] 명령을 클릭합니다.

[Type] 옵션의 내림 버튼 클릭-[Mapping Source] 클릭

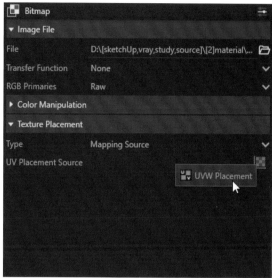

[UVW Placement Slot] 아이콘 클릭-[UVW Placement] 클릭

39 — Stochastic tiling

[UVW Placement] 옵션 창에 있는 [Randomization] 탭을 확장한 후 [Stochastic tiling] 옵션에 체크 표시를 합니다. 그런 다음 [Refeat U/V] 옵션의 수치값에 '0.02', '0.02'를 입력하고 Enter 를 누릅니다.

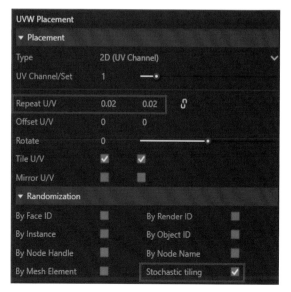

[Stochastic tiling] 체크 표시-[Repeat] : 0.02, 0.02

알아두기

Mapping Source 타입의 Refeat 수치값

2D(UV Channel) 타입일 때는 [Refeat U/V]의 수치값을 동일하게 설정해야 합니다.

40 — 렌더링

렌더링(2-1-67)해서 완성한 후 이미지를 확인해 보면 패턴 반복이나 데칼코마니 현상이 없이 랜덤하게 노멀 범프가 표현된 것을 알 수 있습니다.

렌더링

Stochastic tiling

타일링 현상을 완화하는 [Stochastic tiling] 옵션에 체크 표시를 하면 활성화되는 [Tile Blend] 옵션과 [Stochastic tiling] 옵션을 사용하면 안 되는 이미지에 대해 알아보겠습니다.

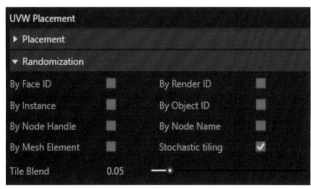

[Tile Blend]: 0.05

1 | Tile Blend

[Tile Blend] 옵션의 기본 수치값은 '0.05'로 설정돼 있습니다.

기본 렌더링

[Stochastic tiling] 옵션 체크 표시-[Tile Blend]: 0.05

[Tile Blend] 옵션의 수치값은 '0'에서 '0.5'까지 설정할 수 있으며 수치값을 올릴수록 메트리얼이 반복되는 타일 간의 경계가 더 섞이게 됩니다.

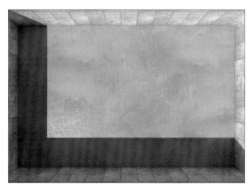

[Tile Blend]: 0.1

[Tile Blend]: 0.5

2 | [Stochastic tiling] 옵션을 사용하면 안 되는 이미지

바닥에 매핑한 콘크리트처럼 규격화되지 않는 이미지는 [Stochastic tiling] 옵션으로 패턴 반복을 완화할 수 있지만, 규격화된 이미지(타일, 우드, 기타)는 [Stochastic tiling] 옵션을 사용하면 안 됩니다.

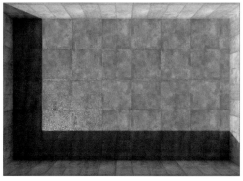

기본 렌더링

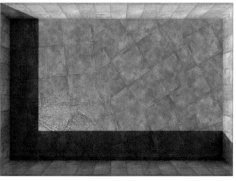

[Stochastic tiling] 옵션 체크 표시-[Tile Blend]: 0.05

9 빛이 투과되는 천 표현하기

이번 과정에서는 빛이 투과되는 재질인 [Two-Sided]에 대해 알아보겠습니다. 기본적으로 조명 (SunLight, 인공조명)의 빛은 면을 투과하지 못하지만, [Two Sided] 재질은 빛이 투과됩니다.

1 — 파일 실행

[예제 파일] 폴더의 [따라하기] 폴더에 있는 'P2-1-9.skp' 파일을 실행한 후 렌더링(2-1-68)합니다. 예제 파일은 '브이레이 6.2 버전 실무 옵션'이 적용돼 있으며 'Dome Light-02.주간' 컴포넌트가 배치된 상태입니다.

렌더링

알아두기

돔 라이트 및 범프 효과가 표현되지 않는 경우

이 책의 도입부(PROGRAM1/1강/2. 폴더 만들고 스케치업 작업 영역 설정하기)에서 설명한 대로 따라하지 않고 렌더링하면 그림처럼 표현되지 않습니다. 특정 파일이 독자의 컴퓨터에 없기 때문입니다. 따라하지 않은 독자들은 다시 한번 이 책의 도입부 내용을 따라한 후에 학습을 진행하기 바랍니다.

2 ── 품질 설정

고품질 옵션으로 설정한 후 렌더링(2-1-69)하고 [VFB] 창 및 윈도우상에서 이전 이미지와 품질을 비교해 봅니다. 이미지의 전체적인 품질과 노이즈의 차이를 계속 비교하면서 해당 옵션의 특성을 정립하는 반복 학습 과정입니다.

고품질 옵션 설정

렌더링-비교

3 ── Two Sided

[Materials] 옵션 창에서 [Create Asset] 아이콘 을 클릭한 후 [Materials]-[Two Sided]를 클릭해서 [Two Sided] 메트리얼을 추가합니다.

[Create Asset] 아이콘 클릭-[Materials]-   [Two Sided] 메트리얼이 추가된 상태
[Two Sided] 클릭

4 ── Front, Back Material

[Two Sided] 옵션 창에서 [Parameters] 탭을 확장한 후 [Front Material] 옵션의 내림 버튼 을 클릭해 '차양막' 그룹에 매핑돼 있는 'com.outdoor.color.white' 메트리얼을 클릭합니다. 그런 다음 [Back Material] 옵션의 내림 버튼 을 클릭해 'com.outdoor.color.white' 메트리얼을 클릭합니다.

[Front Material] 선택

[Back Material] 선택

5 ── 매핑

'차양막' 그룹을 편집 모드로 만든 후 스케치업의 [Materials] 창에 추가된 'Two Sided' 메트리얼을 선택하고 앞면을 클릭해 매핑한 다음 뒷면도 클릭해 매핑합니다.

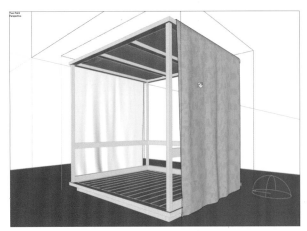

그룹 편집 모드 만들기-앞면 매핑

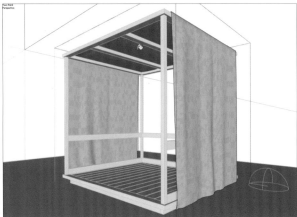

뒷면 매핑

6 ── 렌더링

렌더링(2-1-70)한 후 완료 이미지를 확인해 보면 빛이 투과된다는 것을 알 수 있습니다.

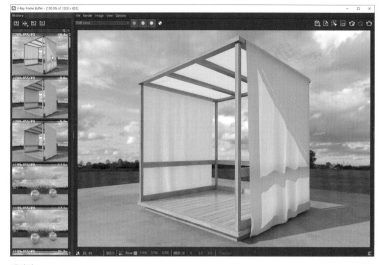

렌더링

7 ── 이름 수정

'Two Sided' 메트리얼의 이름을 'com.outdoor. color.white.two sided'로 수정합니다.

이름 수정

8 ── Two Sided

[Materials] 옵션 창에서 [Create Asset] 아이콘을 클릭한 후 [Materials]-[Two Sided]를 클릭해서 'Two Sided' 메트리얼을 추가합니다. 그런 다음 [Two Sided] 옵션 창에서 [Parameters] 탭을 확장하고 [Front Material] 옵션의 내림 버튼을 클릭해 'com. outdoor.texture.04(2)' 메트리얼을 클릭합니다. 그 후 [Back Material] 옵션의 내림 버튼을 클릭해 'com. outdoor.texture.04(2)' 메트리얼을 클릭합니다.

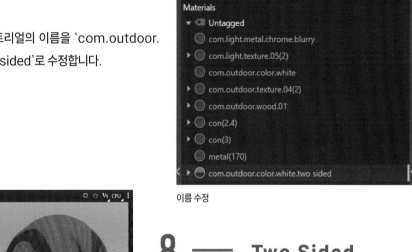

[Create Asset] 아이콘 클릭-
[Materials]-[Two Sided] 클릭

앞면과 뒷면 메트리얼 선택

Two-Sided 메트리얼 활용 예

Two-Sided 메트리얼은 빛이 투과되는 재질 표현(⑩ 커튼)을 해야 할 경우에 사용합니다.

스케치업

브이레이

스케치업

브이레이

'차양막' 그룹의 편집 모드 상태에서 추가한 'Two Sided' 메트리얼로 앞면과 뒷면을 매핑하고 그룹 편집 모드를 해제합니다.

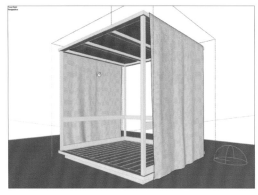

메트리얼 선택-앞면 클릭-뒷면 클릭

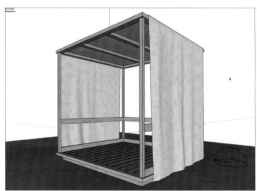

편집 모드 해제

현 장 ― 플 러 스 ✳

'V-Ray Texture Helper' 메트리얼

[Materials] 옵션 창에서 추가한 메트리얼은 기본적으로 'V-Ray Texture Helper' 메트리얼로 매핑됩니다. 'V-Ray Texture Helper' 메트리얼은 가로, 세로 매핑 크기를 확인할 수 있는 격자 무늬의 이미지 파일로 랜덤한 색상으로 표현됩니다. 'V-Ray Texture Helper' 메트리얼의 특성은 스케치업 화면에서는 'V-Ray Texture Helper' 메트리얼로 표현하고 렌더링하면 특정 질감으로 표현된다는 점입니다. 즉, 스케치업 화면과 브이레이 렌더링 화면이 다릅니다.

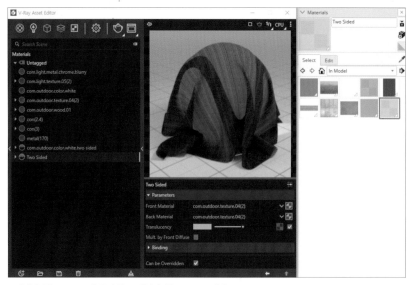

브이레이의 [Materials] 옵션 창: 스케치업의 [Materials] 창

10 ─ 복사

'Two Sided' 메트리얼의 앞면과 뒷면 메트리얼인 'com.outdoor.texture.04(2)' 메트리얼을 선택한 후
[Generic] 옵션 창의 [Diffese] 옵션 탭에 있는 [Color] 옵션의 [Texture Slot] 버튼■에 마우스 포인터를
올려놓고 마우스 버튼을 우클릭하면 나타나는 확장 메뉴 중 [Copy]를 클릭합니다.

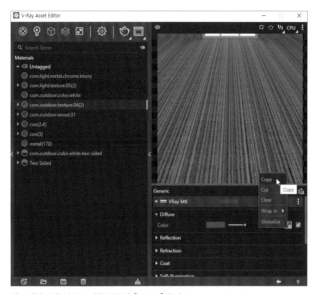

메트리얼 선택-마우스 버튼 우클릭-[Copy] 클릭

11 ─ 붙여넣기

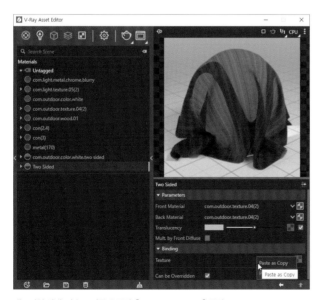

메트리얼 선택-마우스 버튼 우클릭-[Paste as Copy] 클릭

'Two Sided' 메트리얼을 선택한 후 [Two Sided] 옵션 창의
[Binding] 탭(브이레이 7.0버전부터는 [Viewport
Display])을 확장합니다. 그런 다음 [Texture] 옵션(브이레
이 7.0버전부터는 [Viewport Texture])의 [Texture
Slot] 버튼■에 마우스 포인터를 올려놓은 후 마우스 버튼을
우클릭하면 나타나는 확장 메뉴 중 [Paste as Copy] 명령을
클릭합니다.

12 — 확인

'V-Ray Texture Helper' 메트리얼이 선택한 이미지 파일로 매핑이 수정된 것을 확인할 수 있습니다.

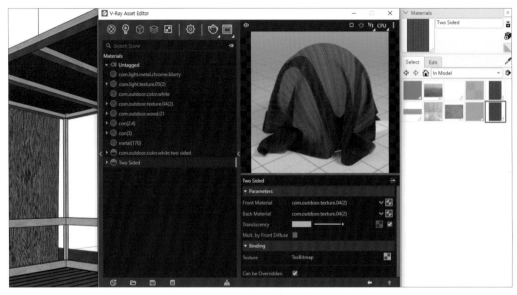

확인

13 — 매핑 크기 수정

스케치업의 [Materials] 창에서 'com.outdoor.texture.04(2)' 메트리얼의 매핑 크기를 확인한 후 'Two Sided' 메트리얼의 매핑 크기를 동일하게 설정합니다. 그런 다음 'Two Sided' 메트리얼의 이름을 'com. outdoor.texture.04(2)two sided'로 수정합니다.

알
아
두
기

'V-Ray Texture Helper' 메트리얼의 매핑 크기

'V-Ray Texture Helper' 메트리얼로 매핑하면 매핑 크기는 '254'로 설정되기 때문에 이미지 파일로 대체할 때는 꼭 매핑의 크기를 수정해야 합니다.

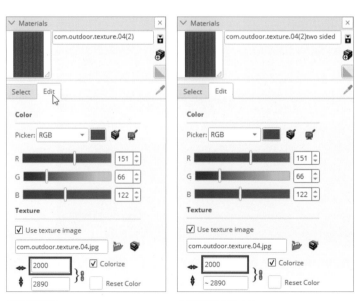

매핑 크기 확인   수치값 입력-이름 수정

14 — Tri-Planar Projection(World)

'차양막' 그룹이 평면이 아니기 때문에 매핑이 끊기면서 불규칙하게 돼 있는 것을 확인할 수 있습니다. 매핑을 올바로 표현하기 위해 '차양막' 그룹에 마우스 포인터를 올려놓은 후 마우스 버튼을 우클릭하면 나타나는 확장 메뉴 중 [V-Ray UV Tools]-[Tri-Planar Projection(World)]를 클릭합니다.

알아두기

V-Ray UV Tools-Tri-Planar Projection(World)

[V-Ray UV Tools-Tri-Planar Projection(World)] 명령은 선택한 객체(면, 그룹, 컴포넌트)의 매핑을 입방 투영 방식으로 수정합니다. 스케치업의 이미지 투영(Texture-Project) 매핑과 비슷한 기능의 도구입니다.

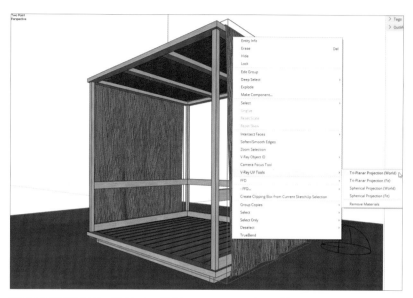

마우스 버튼 우클릭-[V-Ray UV Tools-Tri]-[Planar Projection(World)] 클릭

15 — 확인

매핑이 올바르게 표현되는 것을 확인할 수 있습니다.

확인

16 ─ 렌더링

렌더링(2-1-71)합니다.

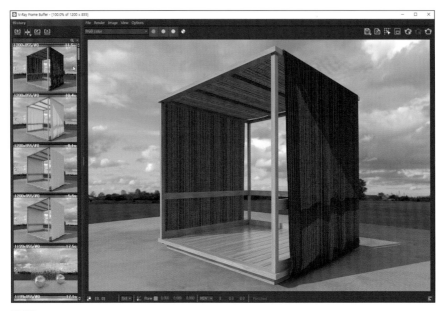

렌더링

17 ─ 시간 확인

'2' 장면 탭을 클릭한 후 [Shadows] 창에서 시간을 확인합니다. 야간 장면으로 설정됐다는 것을 알 수 있습니다.

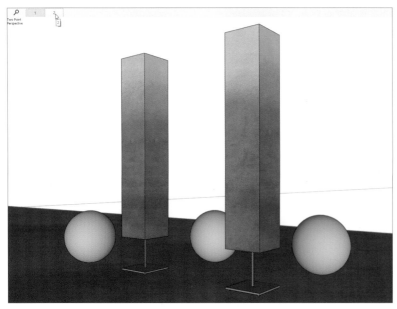

'2' 장면 탭 클릭

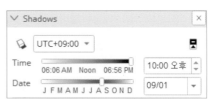

시간 확인

18 ── 렌더링

렌더링(2-1-72)한 후 완료 이미지를 확인해 보면 'com.light.스탠드.03-2' 컴포넌트 아래로 빛이 표현되고 있는 것을 알 수 있습니다.

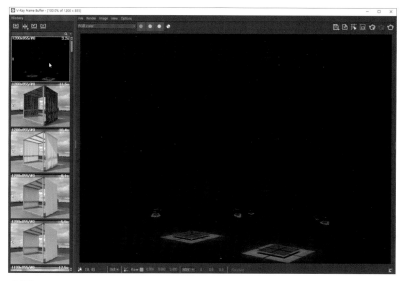

렌더링

19 ── 확인

[X-ray] 도구 █를 클릭해 화면을 X-ray 스타일로 표현한 후 'com.light.스탠드.03-2' 컴포넌트 내부를 확인해 보면 스피어 라이트가 배치된 것을 알 수 있습니다. [Lights] 옵션 창을 확인해 보면 스피어 라이트의 세기가 '30000'으로 설정된 것도 알 수 있습니다.

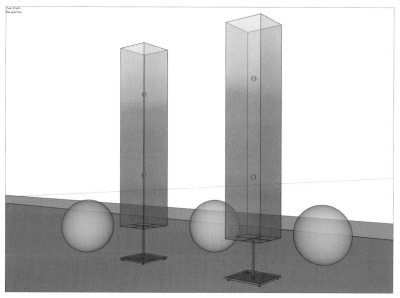

[Lights] 옵션 창에서 확인

[X-ray] 도구 클릭-확인

20 — Two Sided

[Materials] 옵션 창에서 [Create Asset] 아이콘 ⚙을 클릭한 후 [Materials-Two Sided]를 클릭해서 'Two Sided' 메트리얼을 추가합니다. 그런 다음 [Two Sided] 옵션 창에서 [Parameters] 탭을 확장하고 [Front Material] 옵션의 내림 버튼✅을 클릭해 'com.light.texture.05(2)' 메트리얼을 클릭합니다. 그 후 [Back Material] 옵션의 내림 버튼✅을 클릭해 'com.light.texture.05(2)' 메트리얼을 클릭합니다.

[Create Asset] 아이콘 클릭-
[Materials]-[Two Sided] 클릭

앞면과 뒷면 메트리얼 선택

21 — 매핑

'com.light.스탠드.03-2' 컴포넌트의 '패브릭' 그룹을 편집 모드로 만든 후 추가한 'Two Sided' 메트리얼로 앞면과 뒷면을 매핑합니다. 그런 다음 편집 모드를 해제하고 '1-2' 장면 탭을 클릭합니다.

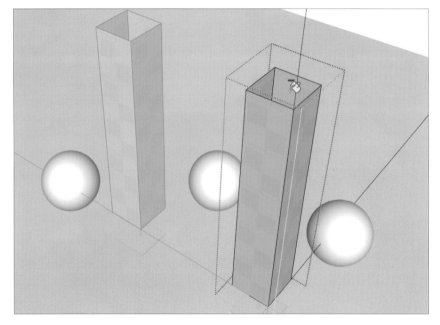

편집 모드 만들기-매핑

22 — 복사

'Two Sided' 메트리얼의 앞면과 뒷면 메트리얼인 'com.light.texture.05(2)' 메트리얼을 선택한 후 [Generic] 옵션 창의 [Diffese] 옵션 탭에 있는 [Color] 옵션의 [Texture Slot] 버튼▇에 마우스 포인터를 올려놓은 후 마우스 버튼을 우클릭하면 나타나는 확장 메뉴 중 [Copy]를 클릭합니다.

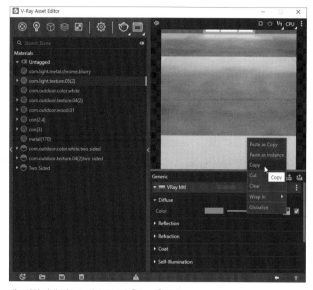

메트리얼 선택-마우스 버튼 우클릭-[Copy] 클릭

23 — 붙여넣기

'Two Sided' 메트리얼을 선택한 후 [Two Sided] 옵션 창의 [Binding] 탭을 확장합니다. 그런 다음 [Texture] 옵션의 [Texture Slot] 버튼▇에 마우스 포인터를 올려놓고 마우스 버튼을 우클릭하면 나타나는 확장 메뉴 중 [Paste as Copy] 명령을 클릭해 붙여넣기합니다.

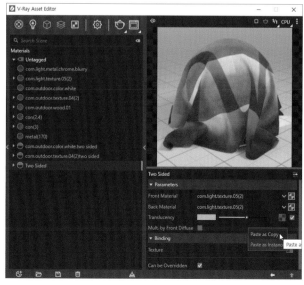

메트리얼 선택-마우스 버튼 우클릭-[Paste as Copy] 클릭

24 — 확인

'V-Ray Texture Helper' 메트리얼에서 선택한 이미지 파일로 매핑이 수정된 것을 확인할 수 있습니다.

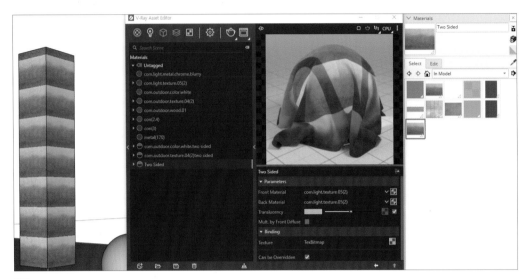

확인

25 — 매핑 크기 수정

스케치업의 [Materials] 창에서 'com.light.texture.05(2)' 메트리얼의 매핑 크기를 확인한 후 'Two Sided' 메트리얼의 매핑 크기를 동일하게 설정합니다. 그런 다음 메트리얼의 이름을 'com.light. texture.05(2)two sided'로 수정합니다.

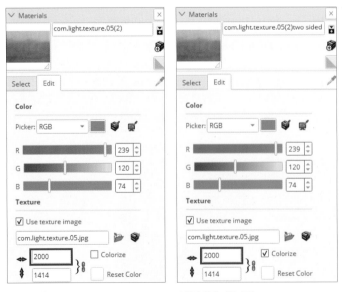

매핑 크기 확인   수치값 입력-이름 수정

26 — 렌더링

렌더링(2-1-73)한 후 완료 이미지를 확인해 보면 스피어 라이트의 빛이 자연스럽게 투과되는 것을 알 수 있습니다.

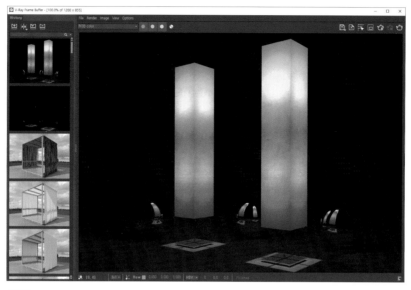

렌더링

27 — Multi by Front Diffuse

[Two Sided] 옵션 창에서 [Multi by Front Diffuse] 옵션에 체크 표시를 한 후 렌더링(2-1-74)해서 완성합니다.

[Multi by Front Diffuse] 체크 표시

렌더링

[Two Sided] 옵션 창의 구성 요소 알아보기

1. Parameters

❶ [Front Material]: 앞면 메트리얼을 선
택합니다.

❷ [Back Material]: 뒷면 메트리얼을 선
택합니다.

❸ [Translucency]: 앞면과 뒷면 중 잘 보
일 면을 설정합니다. 기본값은 회색(R:
188, G: 188, B: 188)으로 이는 앞면
과 뒷면 양쪽이 동일하게 보인다는 것을 의
미합니다. 검은색(R: 0, G: 0, B: 0)에 가

까울수록 앞면 메트리얼이 잘 보이고 흰색(R: 255, G: 255, B: 255)에 가까울수록 뒷면 메트리
얼이 잘 보입니다.

회색(중간)

검은색(앞면이 잘 보임)

흰색(뒷면이 잘 보임)

❹ [Mult. by Front Diffuse]: 체크 표시(기본 설정: 체크 표시 해제)하면 전면 메트리얼의 반투명
도가 확산돼 더 진해집니다.

2. Binding-Texture: 스케치업과 브이레이 메트리얼이 동일하게 표현되는 바인딩 맵을 설정(기본
설정: 비활성화)합니다.

3. Can be Overriden: [Material Override] 렌더링의 포함 여부를 설정(기본 설정: 체크 표시)
합니다.

10 | 데칼 표현하기

이번 과정에서는 하나의 재질 위에 다른 재질을 투사하는 기능인 데칼(Decal)에 대해 학습하겠습니다.

1 —— 렌더링

'2' 장면 탭 클릭-렌더링

이전 과정의 완성 파일로 계속 학습하거나 예제 파일을 실행합니다. '2' 장면 탭을 클릭한 후 렌더링(2-1-75) 합니다.

2 —— Import

메뉴의 [File]-[Import] 명령을 클릭합니다. [Import] 창이 나타나면 파일 형식을 png 파일로 선택한 후 [Use image As] 항목의 [Image] 옵션에 체크 표시합니다. 그런 다음 'logo.cafe.10th(white).png' 파일(경로: D/[sketchUp,vray,study,source]/[2]material/[logo])을 선택하고 [Import] 버튼을 클릭합니다.

[File]-[Import] 클릭   파일 형식 png 선택-[image] 옵션 체크 표시-'logo.cafe.10th(white). png' 파일 선택-[Import] 버튼 클릭

379

3 —— 크기 설정

'벽체' 그룹을 클릭(시작점)한 후 드래그하고 '2540', '2540'을 입력한 다음 Enter 를 누릅니다.

시작점 클릭-드래그-'2540', '2540' 입력- Enter

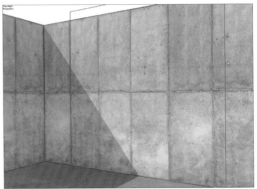

배치된 상태

4 —— 렌더링

렌더링(2-1-76)한 후 완료 이미지를 확인해 보면
png 이미지 파일이 벽면과 겹쳐서 표현된다는 것을 알
수 있습니다.

렌더링-확인

5 —— 이동

이동 도구 ✥를 이용해 앞으로 2mm 이동시킨 후 렌더링(2-1-77)합니다.

앞으로 2 이동

렌더링

[Import] 매핑의 특성

다양한 표현이 가능한 [Import] 매핑의 특성에 대해 알아보겠습니다.

1 | [Import] 매핑

일반적인 매핑은 분할되지 않은 면에 가로, 세로 방향으로 계속 반복되지만, [Import] 매핑은 원하는
위치에 특정 이미지만 표현할 수 있기 때문에 스티커, 일러스트, 스텐실, 커팅 시트 등의 다양한 표현을
할 수 있습니다.

스케치업

브이레이

2 | 객체에서 띄워야 함

[Import] 매핑은 기본적으로 면에 붙어 있기 때문에 면에서 몇 mm 띄워야 합니다.

3 | 객체 정보

[Import] 매핑으로 배치한 객체는 일반적인 그룹으로 생성되지 않으며 스케치업의 [Materials] 창과
브이레이 [Materials] 옵션 창에서 메트리얼이 등록되지 않기 때문에 추가 설정을 할 수 없습니다.

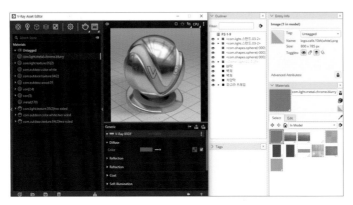

메트리얼이 등록되지 않음.

6 —— 그룹 만들기

Import한 객체에 마우스 포인터를 올려놓은 후 마우스 버튼을 우클릭하면 나타나는 확장 메뉴 중 [Expolde]를
클릭해 객체를 분해합니다. 그런 다음 분해한 객체에 마우스 포인터를 올려놓고 마우스 버튼을 우클릭하면 나타나
는 확장 메뉴 중 [Make Group]를 클릭해 그룹으로 만듭니다.

[Explode]

[Make Group]

알아두기

메트리얼 등록

[Import] 매핑한 객체를 분해(Explode)하면 png 파일이 메트리얼로 등록됩니다.

7 ── 태그 폴더 및 태그 추가/태그 지정

그룹의 이름에 '02-1.로고-png'를 입력한 후 [Tags] 창에서 '02.로고' 태그 폴더를 만들고 '02-1.로고-png', '02-1. 로고-데칼' 태그를 만듭니다. 그런 다음 '02-1. 로고-png' 그룹을 '02-1. 로고-png' 태그에 포함합니다.

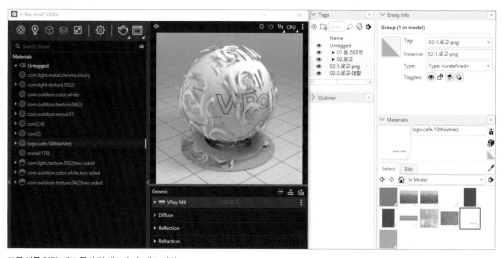

그룹 이름 입력-태그 폴더 및 태그 추가-태그 지정

현 장 ─ 플 러 스 ✳

미리 보기가 안 될 경우

[미리 보기] 창에서 재질감 미리 보기가 안 될 경우에는 'logo.cafe.10th(white)' 메트리얼을 선택한 후 [Edit in V-Ray] 버튼을 클릭하면 됩니다. 매핑한 메트리얼이 아니기 때문에 브이레이 메트리얼로 변환하는 과정입니다.

메트리얼 선택-[Edit in V-Ray] 버튼 클릭

미리 보기됨.

8 —— Decal

[Tags] 창에서 '02-1. 로고-png' 태그의 체크 표시를 해제한 후 [V-Ray Asset Editor] 창에서
[Geometry] 아이콘을 클릭한 다음 [Decal]을 클릭합니다.

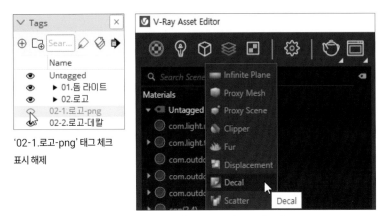

'02-1.로고-png' 태그 체크
표시 해제

[Geometry] 아이콘 클릭-[Decal] 클릭

9 —— 메트리얼 선택

[Geometry] 옵션 창에서 [Decal]을 더블클릭한 후 이름을 'Decal-카페 로고'로 입력합니다. 그런 다음
[Decal] 옵션 창에 있는 [Materials] 옵션의 내림 버튼을 클릭해 'logo.cafe.10th(white)' 메트리얼
을 클릭합니다.

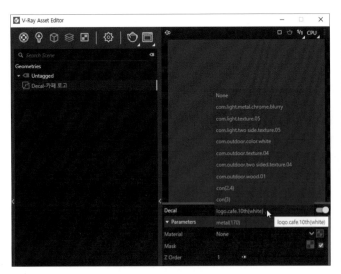

[Decal]의 이름 수정-Materials 옵션의 내림 버튼 클릭-'logo.cafe.10th(white)'
메트리얼 클릭

메트리얼이 선택된 상태

10 — Decal 배치

스케치업의 [Components] 창에서 'Decal-카페 로고' 컴포넌트를 클릭하고 '벽체' 그룹을 클릭해 배치합니다.

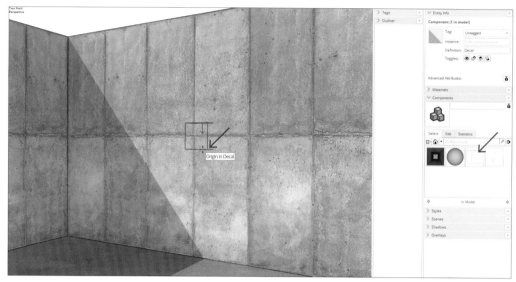

클릭-클릭

11 — 회전

이동 도구 ✛로 빨간색 조절점을 클릭한 후 시계 반대 방향으로 조금 회전한 다음 '-90'을 입력하고 Enter 를 누릅니다.

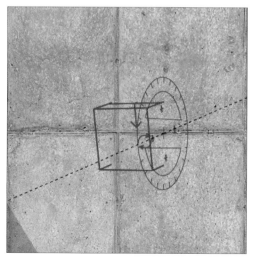

빨간색 조절점 클릭-시계 반대 방향으로 회전 '-90' 입력- Enter

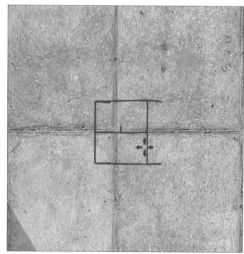

회전됨.

12 — 렌더링

렌더링(2-1-78)합니다.

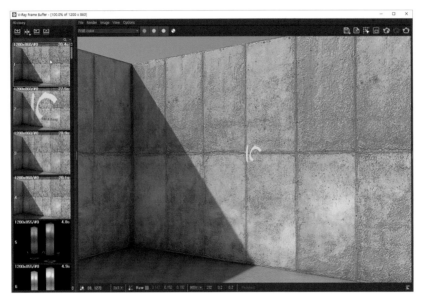

렌더링

알
아
두
기

Decal 컴포넌트의 방향
화살표로 지시하는 방향이 [Decal]이 표시될 방향입니다.

13 — 크기 조절

[Decal] 옵션 창에서 [Width], [Length] 옵션의 수치값에 '100', '100'을 입력한 후 Enter 를 누릅니다.

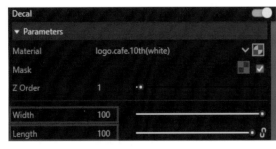

[Width]: 100, [Length]: 100

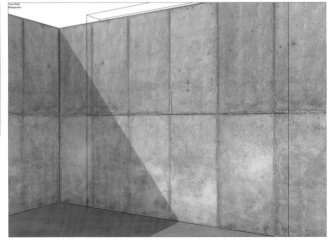

확인

14 — 렌더링

렌더링

렌더링(2-1-79)합니다.

알아두기

크기의 단위

[Decal]의 크기 단위는
'인치'입니다.

15 — 옵션 설정

데칼이 투사되는 표면의 범프 질감을 표현하기 위해 [Decal Bump Only] 옵션의 체크 표시를 해제한 후 렌더링(2-1-80)해서 완성합니다. 완료 이미지를 확인해 보면 벽면의 질감이 [Decal]에도 표현되는 것을 알 수 있습니다.

[Decal Bump Only] 체크 표시 해제

렌더링

16 — 태그 지정

'Decal-카페 로고' 컴포넌트를 '02-2.로고-데칼' 태그에 포함합니다.

태그 지정

● 예제 파일: P2-1-11.skp   ● 완성 파일: P2-1-11.완성.skp

11 | 객체 가장자리에 선 표현하기

이번 과정에서는 객체 가장자리에 선을 표현하는 [Outlines] 옵션에 대해 알아본 후 [Material Override] 렌더링 시에 특정 재질만 제외하는 [Can be Overriden] 옵션과 특정 메트리얼만으로 렌더링하는 [Override Material] 옵션에 대해서도 알아보겠습니다.

1 — 파일 실행

[예제 파일] 폴더의 [따라하기] 폴더에 있는 'P2-1-11.skp' 파일을 실행한 후 렌더링(2-1-81)합니다. 예제 파일은 고품질 옵션이 적용되어 있고 각종 메트리얼의 재질값이 설정되어 있으며 인공 조명도 배치된 상태입니다.

파일 실행-렌더링

2 ── Material Override

[Settings] 옵션 창의 [Material Override] 옵션을 활성화한 후 렌더링(2-1-82)합니다.

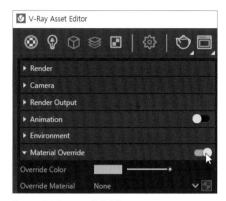

[Material Override] 활성화

렌더링

알
아
두
기

[Material Override] 옵션 활용

[Material Override] 옵션을 활성화해서 렌더링하면 장면의 밝기, 인공조명의 세기, 전체적인 객체의 볼륨감 그리고 그림자의 느낌 등을 빠르게 확인할 수 있습니다.

3 ── 오버라이드 색상 설정

[Material Override] 옵션 탭의 [Override Color] 색상 박스를 클릭한 후 [V-Ray Color Picker] 창의 [Range] 옵션의 내림 버튼 을 클릭해 [0 to 255] 타입을 선택합니다. 그런 다음 R: 220, G: 220, B: 220을 입력하고 창을 닫습니다.

색상 박스 클릭

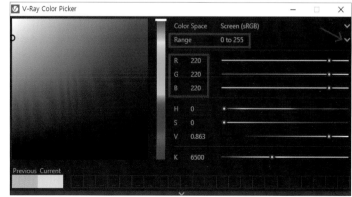

[Range]: 0 to 255 선택 - R: 220, G: 220, B: 220 입력

4 —— 렌더링

렌더링(2-1-83)한 후 이전의 이미지와 비교해 봅니다.

렌더링-비교

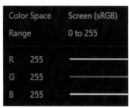

390

5 —— Can be Overridden

[Materials] 옵션 창에서 '액자' 그룹에 매핑한 'com.frame.image.07' 메트리얼을 선택한 후 [Material Override] 렌더링에 포함하는 옵션인 [Can Be Overridden] 옵션의 체크 표시를 해제합니다. 그런 다음 '거울' 그룹에 매핑한 'com.frame.mirror' 메트리얼과 '구' 컴포넌트에 매핑한 'com.sphere.glass' 메트리얼 그리고 '스탠드 조명' 컴포넌트에 매핑한 'com.light.texture.05(2)two sided' 메트리얼도 [Can be Overridden] 옵션의 체크 표시를 해제합니다.

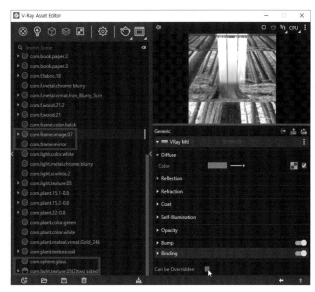

메트리얼 선택-[Can be Overridden] 옵션 체크 표시 해제

알아두기

Can be Overridden

[Can be Overridden] 옵션의 체크 표시를 해제하면 해당 메트리얼만 [Materials Override] 렌더링에서 제외되기 때문에 재미있는 표현을 할 수 있습니다.

6 —— 렌더링

렌더링(2-1-84)합니다.

렌더링

7 ── Outlines

[Settings] 옵션 창에서 [Outliners] 옵션을 활성화합니다.

[Outlines] 옵션 활성화

알
아
두
기

Outlines

[Outlines]는 객체 가장자리 선을 표현하는 옵션입니다.

8 ── 렌더링

렌더링(2-1-85)한 후 완료 이미지를 확인해 보면 선이 표현되었지만, 거울과 구에 반사되는 객체의 선은 표현되지 않는 것을 알 수 있습니다.

렌더링

9 — Visible in Secondary

[Outlines] 탭의 [Visible in Secondary] 옵션에 체크 표시를 한 후 렌더링(2-1-86)합니다.

옵션 체크 표시

렌더링

Visible in Secondary

[Visible in Secondary] 옵션에 체크 표시를 한 후 렌더링하면 유리나 거울에 반사되는 객체의 선도 표현합니다.

[Visible in Secondary] 체크 표시 해제

[Visible in Secondary] 체크 표시

10 — Override Material 선택

[Override Material] 옵션의 내림 버튼 을 클릭해 '00-1.con' 메트리얼을 선택한 후 렌더링(2-1-87)합니다. [Can be Overriden] 옵션에 체크 표시를 해제한 메트리얼을 제외한 메트리얼은 [Override Material] 옵션에서 선택한 '00-1.con' 메트리얼로 표현된 것을 알 수 있습니다.

내림 버튼 클릭-'00-1.con' 메트리얼 선택

렌더링

11 — Outlines 색상 수정

[Outlines] 탭의 [Line Color] 옵션의 색상을 흰색으로 설정한 후 렌더링(2-1-88)해서 완성합니다. 완료 이미지를 확인해 보면 흰색 선으로 표현된 것을 알 수 있습니다.

[Line Color] : 흰색

렌더링

현
장
ㅣ
플
러
스

✳

특정 메트리얼을 Override Material로 선택하기

특정 메트리얼을 [Override Material]로 선택하면 [Material Override] 렌더링 시에 해당 메트리얼로 전체 재질을 표현하기 때문에 독특한 이미지를 만들 수 있습니다.

12 | Dof 효과 및 연산 데이터 파일 사용하기

이번 과정에서는 초점이 맞는 부분은 선명하고 주변부가 흐릿해지는 DOF 효과와 렌더 타임을 줄여 주는 연산 데이터 파일을 활용하는 방법을 학습하고 GPU 렌더링 방식에 대해서도 학습하겠습니다.

1 —— 옵션 설정

이전 과정의 완성 파일로 계속 학습하거나 예제 파일을 실행합니다. [Material Override] 옵션과 [Outlines] 옵션을 비활성화합니다.

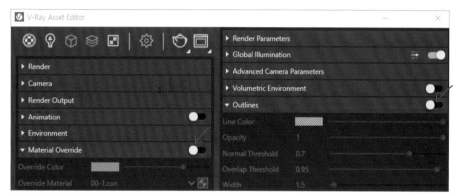

[Material Override] 옵션, [Outlines] 옵션 비활성화

2 —— 렌더링

'2' 장면 탭을 클릭한 후 렌더링(2-1-89)합니다.

'2' 장면 탭 클릭-렌더링

3 —— Depth of Field

[Render Interactive] 도구 를 클릭해 인터랙티브 렌더링한 후 [Settings] 옵션 창의 [Camera] 탭을 확장하고 [Depth of Field] 옵션을 활성화합니다. 그런 다음 [Focus Source] 옵션의 [Pick Point] 아이콘 을 클릭하고 화병을 클릭합니다.

알아두기

Depth of Field

[Depth of Field] 옵션은 초점이 맞는 부분은 선명하고 주변 부분은 흐릿하게 표현하는 피사계 심도 효과를 설정합니다. [Pick Point] 아이콘 을 클릭해 초점을 지정할 수 있습니다.

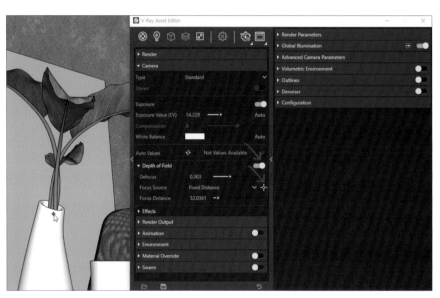

[Render Interactive] 도구 클릭-[Camera] 탭 확장-[Depth of Field] 옵션 활성화-[Pick Point] 아이콘 클릭-화병 클릭

4 —— Defocus

초점이 맞는 주변부의 흐림 정도를 설정하는 [Defocus] 옵션의 수치값을 '0.45'로 입력한 후 Enter 를 누릅니다. 인터랙티브 렌더링 화면을 확인해 보면 초점을 잡힌 화병의 주변부가 흐릿해지는 것을 알 수 있습니다.

[Defocus] : 0.45

화면 확인

5 — Pick Point

[Focus Source] 옵션의 [Pick Point] 아이콘 을 클릭한 후 '스탠드 조명'이 반사되는 거울을 클릭합니다.

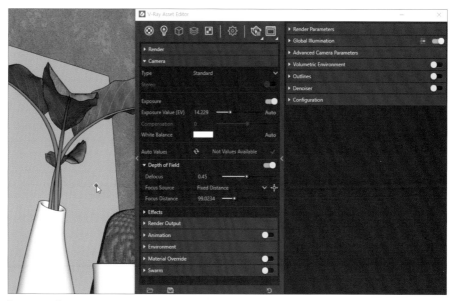

[Pick Point] 아이콘 클릭-거울 클릭

6 — 확인

인터랙티브 렌더링 화면을 확인합니다.

확인

7 —— 렌더링

[Pick Point] 아이콘을 클릭한 후 다시 화병을 클릭하고 [VFB] 창의 [Stop Render] 아이콘을 클릭해
인터랙티브 렌더링을 중지한 다음 [Render with V-Ray] 아이콘을 클릭해 렌더링(2-1-90)합니다.

알아두기

렌더링 3단계

버킷 타입 렌더링은 GI를 계산하면서
화면이 점차 밝아지는 GI 연산 과정, 사
각형 버킷이 돌아다니면서 샘플링하는
샘플링 과정, 마지막으로 렌더링이 완
성되는 렌더링 과정으로 총 3단계에 걸
쳐 진행됩니다.

렌더링

8 —— 렉탱글 라이트 만들기

화병 부분이 어둡기 때문에 보조 조명 용도의 렉탱글 라이트를 추가해서 빛을 보강하겠습니다. '1' 장면 탭을 클릭
하고 벽면에 렉탱글 라이트를 만듭니다. 다음 과정에서 렉탱글 라이트의 크기를 설정하기 때문에 현재의 크기는
신경 쓰지 않아도 됩니다. '10. 렉탱글 라이트' 태그 폴더와 '10-5. 렉탱글 라이트-보조 조명-테이블' 태그를 만
든 후 렉탱글 라이트를 포함합니다.

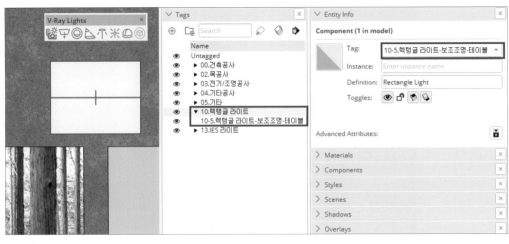

렉탱글 라이트 만들기-태그 폴더 및 태그 만들기-태그 지정

9 —— 옵션 설정

[Lights] 옵션 창에서 렉탱글 라이트의 이름에 'Rectangle Light-보조 조명-테이블'을 입력한 후 세기는 '150'으로 설정하고 U, V 옵션의 수치값을 '30', '30'으로 설정합니다.

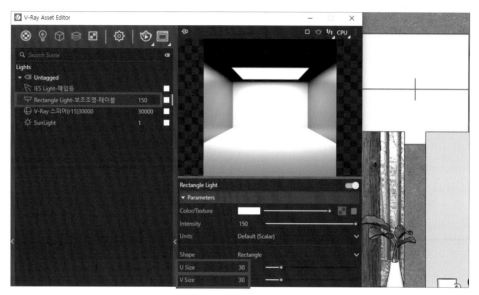

이름 입력-세기 설정-크기 설정

10 — 이동

다음 그림을 참조해 이동 도구✛로 렉탱글 라이트를 이동 및 회전하고 대칭 이동 도구⚠로 앞면이 보이게 대칭 이동합니다.

이동 도구로 이동 및 회전

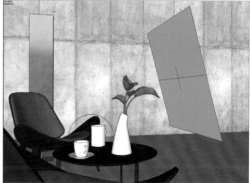

대칭 이동 도구를 이용해 대칭 이동

11 — 옵션 설정/렌더링

다음 그림을 참조해 렉탱글 라이트의 옵션을 설정하고 렌더링(2-1-91)합니다.

렉탱글 라이트 옵션 설정   렌더링

12 — 렌더링 크기 조절

[Settings] 옵션 창의 [Render Output] 탭을 확장한 후 [Image Width] 수치 입력란에 '2400'을 입력하고 Enter 를 누릅니다.

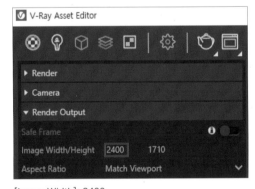

[Image Width]: 2400

13 — 렌더링

렌더링(2-1-92)한 후 완료 이미지를 보면 렌더 타임이 1200픽셀일 때 보다 4배 정도 증가한 것을 알 수 있습니다.

렌더링

픽셀 크기에 따른 렌더 타임의 증가

저자의 컴퓨터로 고품질 옵션을 설정해서 1200픽셀로 렌더링했을 때는 1분 28초, 2400픽셀로 렌더링했을 때
는 5분 57초가 나왔습니다. 2400픽셀은 1200픽셀에 비해 크기가 4배 더 크기 때문에 렌더 타임 역시 4배 정
도 증가됩니다.

---

14 — 옵션 설정

연산 파일을 저장하기 위해 테스트 옵션을 설정하겠습니다. [Render Output] 탭에서 [Image Width] 수
치 입력란에 '600'을 입력한 후 Enter 를 누릅니다. [Render Parameters] 탭의 [Noise Limit] 수치값에
'0.1'을 입력한 후 [Max Subdivs] 수치값에 '3'을 입력하고 Enter 를 누릅니다.

테스트 렌더링

[Noise Limit]: 0.1, [Max
Subdivs]: 3은 빠른 테스트를 위한 테
스트 옵션 수치값입니다.

[Image Width]: 600, [Noise Limit]: 0.1, [Max Subdivs]: 3

15 ── 렌더링

렌더링(2-1-93)한 후 렌더 타임을 확인합니다.

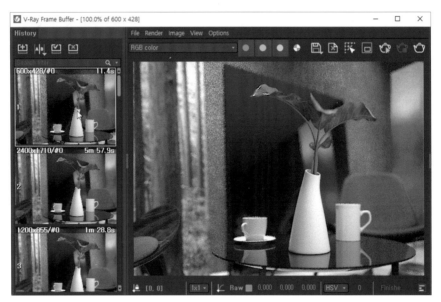

렌더링-렌더 타임 확인

16 ── 옵션 펼치기

[Settings] 창의 [Global Illumination] 탭에 있는
[switch To Advanced Settings] 아이콘➡을 클릭해
숨은 옵션을 펼칩니다. 그런 다음 [Irradiance Map] 옵
션 탭에 있는 [Disk Caching] 옵션 탭을 펼치고 [Light
Cache] 옵션 탭에 있는 [Disk Caching] 옵션 탭도 펼칩
니다.

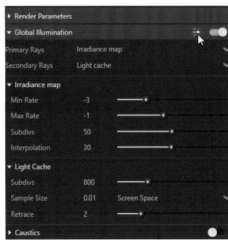

[switch To Advanced Settings] 아이콘 클릭

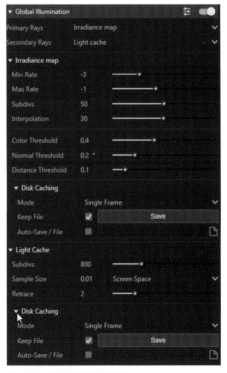

[Disk Caching] 옵션 탭 펼치기

404

17 — Irradianced map 연산 데이터 파일 저장

[Irradianced map] 옵션 탭의 [Disk Caching] 탭에 있는 [Keep File] 옵션의 [Save] 버튼을 클릭합니다. [Select an irradiance Map File] 창이 나타나면 저장 경로는 바탕 화면에 만든 [Vray study] 폴더 안의 [data file] 폴더로 지정하고 파일 이름을 'P2-1-12'로 입력한 다음 [저장] 버튼을 클릭해 [Irradianced map]의 연산 데이터 파일을 저장합니다.

[Keep File] 옵션의 [Save] 버튼 클릭

저장 경로 지정-이름 입력-[저장] 버튼 클릭

18 — Light Cache 연산 데이터 파일 저장

[Light Cache] 옵션 탭의 [Disk Caching] 탭에 있는 [Keep File] 옵션의 [Save] 버튼을 클릭합니다. [Select a Light Caching Map File] 창이 나타나면 파일 이름을 'P2-1-12'로 입력한 후 [저장] 버튼을 클릭해 [Light Caching]의 연산 데이터 파일을 저장합니다. [Irradianced map]과 [Light Cache]의 연산 데이터 파일은 파일 형식이 달라 이름이 같아도 됩니다.

[Keep File] 옵션의 [Save] 버튼 클릭

이름 입력-[저장] 버튼 클릭

알아두기

연산 데이터 파일

브이레이는 렌더링할 때마다 연산 데이터 파일을 만듭니다. 만들어진 연산 데이터 파일을 저장한 다음 해당 연산 데이터 파일을 불러와서 적용하면 렌더 타임이 많이 감소합니다.

19 — From File

[Irradiance map] 옵션 탭의 [Disk Caching] 탭에 있는 [Mode] 옵션의 내림 버튼 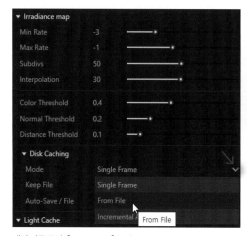을 클릭해 [From File] 모드를 클릭합니다. 그런 다음 [Source File] 옵션의 [Open File] 아이콘 📁을 클릭합니다.

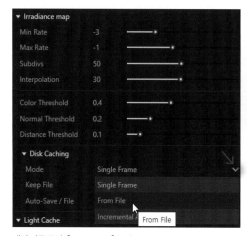

내림 버튼 클릭-[From File] 클릭

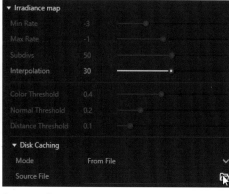

[Open File] 아이콘 클릭

알아두기

Single Frame 모드/From File 모드

[Single Frame] 모드는 렌더링할 때마다 세 단계(연산 과정, 샘플링 과정, 렌더링 과정)로 렌더링이 진행되는 모드이고 [From File] 모드는 저장한 연산 데이터 파일을 불러와서 한 번에 렌더링이 진행되는 모드입니다.

---

20 — 파일 선택

[Select a file] 창이 나타나면 저장한 'P2-1-12.vrmap' 파일을 선택한 후 [열기] 버튼을 클릭합니다.

파일 선택-[열기] 버튼 클릭

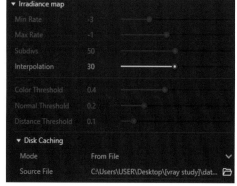

연산 데이터 파일이 적용된 상태

21 — Light Cache 연산 데이터 파일 불러오기

[Light Cache] 옵션 탭의 [Disk Caching] 탭에 있는 [Mode] 옵션의 내림 버튼▼을 클릭해 [From File] 모드를 클릭합니다. 그런 다음 [Source File] 옵션의 [Open File] 아이콘📂을 클릭합니다. [Select a file] 창이 나타나면 저장한 'P2-1-12.vrlmap' 파일을 선택한 후 [열기] 버튼을 클릭합니다.

[Mode] 옵션의 내림 버튼 클릭-[From File] 클릭-[Open File] 아이콘 클릭

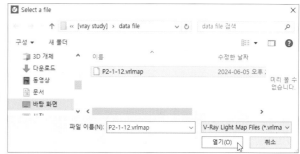

파일 선택-[열기] 버튼 클릭

22 — 확인

연산 데이터 파일이 적용된 것을 확인합니다.

확인

23 — 옵션 설정

[Render Output] 탭에서 [Image Width]의 수치값에 '2400'을 입력한 후 Enter 를 누릅니다. 그런 다음 [Render Parameters] 탭에서 고품질 옵션으로 설정합니다.

[Image Width]: 2400, [Noise Limit]: 0.02, [Max Subdivs]: 8

24 — 렌더링

[Render] 도구🕐를 클릭해 렌더링(2-1-94)합니다. [VFB] 창을 확인해 보면 연산 과정과 샘플링 과정 없이
바로 렌더링 과정으로 진행되는 것을 알 수 있습니다.

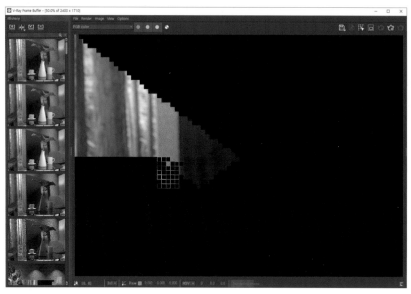

렌더링-확인

25 — 렌더 타임 확인

렌더링이 완료된 이미지의 렌더 타임을 확인해 봅니다. [Simgle Frame] 모드로 렌더링한 이미지보다 렌더 타
임이 많이 감소한 것을 알 수 있습니다.

렌더 타임 확인

연산 데이터 파일을 활용하는 이유/자동 저장

연산 데이터 파일을 활용하는 가장 큰 이유는 렌더 타임을 줄이기 위해서입니다. 동일한 품질인데도 렌더 타임의 차이가 있다면 렌더 타임이 짧은 방법을 사용해야 합니다.

저자의 컴퓨터 기준으로 렌더 타임이 [Single Frame] 모드는 5분 57초, [From File] 모드는 4분 15초가 나왔습니다. 연산 데이터 파일 저장용으로 렌더링한 이미지의 렌더 타임은 11초가 나왔기 때문에 총 4분 26초가 소요됐습니다. 즉, 최종적으로 1분 31초가 단축되었다는 의미입니다.

1분 31초면 차이가 크지 않다고 생각하는 독자도 있겠지만, 최종 렌더링 이미지의 렌더 타임이 몇 분이 아닌 몇 십분 또는 몇 시간이라고 한다면 결코 작은 차이가 아닙니다.

[Single Frame] 모드: 5분 57초   [From File] 모드: 11초＋4분 15초＝4분 26초

본문에는 자세히 설명하기 위해 내용이 조금 길었지만, 여러 번 해 보면 금방 설정할 수 있는 부분입니다. 여러 옵션을 설정하는 시간을 줄이기 위해 연산 데이터 파일을 자동으로 저장하는 방법도 있습니다. 연산 데이터 파일을 자동으로 저장하는 방법은 [Irradiance map]과 [Light Cache] 모드를 [Single Frame]으로 선택한 후 [Auto-Save/File] 옵션에 체크 표시를 하고 [Save File] 아이콘🗋을 클릭해서 경로를 지정한 다음 파일 이름을 입력해 놓으면 렌더링할 때마다 자동으로 저장됩니다.

[Auto-Save/File] 체크 표시-저장 경로/파일 이름 입력

26 — CUDA

[Render] 탭의 [Engine] 옵션에 있는 [CUDA]를 클릭한 후 렌더링(2-1-95)합니다.

[CUDA] 클릭

렌더링

27 — 렌더 타임 확인

렌더 타임을 확인해 보면 기본으로 설정된 CPU 방식에 비해 많이 줄었다는 것을 알 수 있습니다.

렌더 타임 확인

28 — RTX

[Engine] 옵션의 RTX 방식을 클릭하고 렌더링(2-1-96)합니다. 렌더링이 완료되면 CPU 방식, CUDA 방식으로 렌더링한 이미지와 비교해 봅니다.

RTX 클릭

렌더링-이미지 비교

렌더 타임을 확인해 보면 CUDA 방식보다 줄었다는 것을 알 수 있습니다.

렌더 타임 확인

현 장 ― 플 러 스

GPU 렌더링

[Engine] 옵션에 있는 CUDA, RTX 방식은 GPU(그래픽 처리 장치)로 렌더링하는 방식입니다. 기본적으로 CPU(중앙 처리 장치) 방식으로 렌더링을 가장 많이 하지만, 렌더 타임을 줄이기 위해 GPU 방식으로 렌더링하는 경우도 있습니다. 스케치업 브이레이 6.2(저자의 컴퓨터 사양: i9 13세대, RTX 4080) 버전을 기준으로 CUDA 방식과 RTX 방식은 CPU 방식에 비해 렌더 타임은 아주 빠르지만, CPU 방식으로 렌더링한 이미지와 여러 가지 차이점(색감, 음영, 선명도, 기타)이 있기 때문에 저자의 경우에는 주로 CPU 방식으로 렌더링합니다.

컴퓨터 사양(CPU, GPU. MEMORY)에 따라 다르므로 CUDA 방식과 RTX 방식으로 렌더링한 후 CPU 방식으로 렌더링한 이미지와 비교해 보기 바랍니다. 차이점을 크게 느끼지 못하는 독자는 빠른 렌더 타임을 위해 GPU 방식 위주로 렌더링해도 됩니다. RTX 방식은 그래픽 카드 제품군이 RTX가 돼야 사용할 수 있습니다.

RTX 방식으로 렌더링한 이미지

CPU 방식으로 렌더링한 이미지

13 | 백열전구의 필라멘트 표현하기

이번 과정에서는 자체 발광을 이용해 전구의 필라멘트를 표현하는 방법과 [Lens Effect] 효과를 적용하는 방법에 대해 알아보겠습니다.

1 — 파일 실행

[예제 파일] 폴더의 [따라하기] 폴더에 있는 'P2-1-13.skp' 파일을 실행하고 렌더링(2-1-97)합니다.

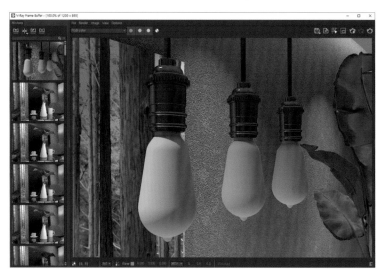

렌더링

2 — 재질값 설정

[예제 파일] 폴더의 [렌더링] 폴더에 있는 '2-1-98.bmp' 이미지 파일을 참조해서 'com.light.glass' 메트리얼의 재질값을 설정하고 렌더링(2-1-98)합니다.

재질값 설정-렌더링

3 —— 재질값 확인

'com.light.glass' 메트리얼의 재질값은 반사와 굴절이 활성화된 상태이고 [Coat Amount] 옵션의 수치값이 '0.5'로 설정된 상태입니다.

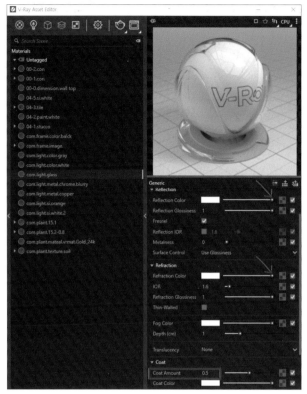

확인

4 —— 자체 발광 활성화

전구의 필라멘트에 매핑돼 있는 'com.light.si.orange' 메트리얼을 선택한 후 [Self-Illumination] 옵션 탭의 [Color] 옵션을 활성화합니다.

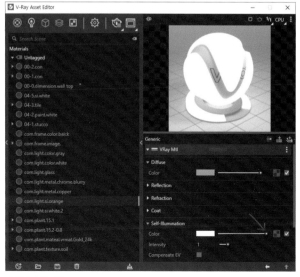

자체 발광 활성화

5 —— 렌더링

렌더링(2-1-99)한 후 완료된 이미지를 확인해 보면 자체 발광의 세기가 약해 효과가 없다는 것을 알 수 있습니다.

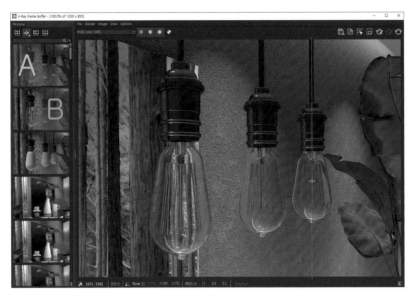

렌더링-비교

6 —— 세기 설정

[Intensity] 옵션의 수치값을 '50'으로 입력하고 렌더링(2-1-100)합니다. 완료 이미지를 확인해 보면 필라멘트 부분이 흰색으로 발광하는 것을 알 수 있습니다.

[Intensity]: 50

렌더링

7 —— 색상 복사

[Diffuse] 옵션 탭에 있는 [Color] 옵션의 색상 박스를 클릭한 상태로 [Self-Illumination] 옵션 탭에 있는 [Color] 옵션의 색상 박스로 드래그해서 복사합니다.

클릭한 상태로 드래그

복사한 상태

8 —— 렌더링

렌더링(2-1-101)한 후 완료 이미지를 보면 필라멘트 부분이 노란색으로 표현되고 있지만, 자체 발광의 느낌이 부족하다는 것을 알 수 있습니다.

렌더링

9 — 세기 설정

[Intensity] 옵션의 수치값을 '1000'으로 입력한 후 렌더링(2-1-102)해서 완성합니다.

Intensity: 1000

렌더링

알아두기

자체 발광 세기

일반적인 조명(매입등, 직부등, 할로겐, 펜던트 등)의 발광 부위, 2D 배경 컴포넌트, 2D 사람 컴포넌트 등은 자체 발광 세기가 '50'이면 적당하지만 필라멘트와 같은 경우는 자체 발광 세기를 높게 설정해야 유리에 반사되는 느낌도 좋고 렌즈 이펙트 효과도 잘 표현됩니다.

10 — Sharpen/Blur

필라멘트 부분의 계단 현상을 완화하기 위해 [Layers, Stats, Log] 창의 [Sharpen/Blur] 레이어를 클릭한 후 [Sharpen/Blur] 레이어의 [Calculate Sharpen/Blur] 옵션에 체크 표시를 합니다.

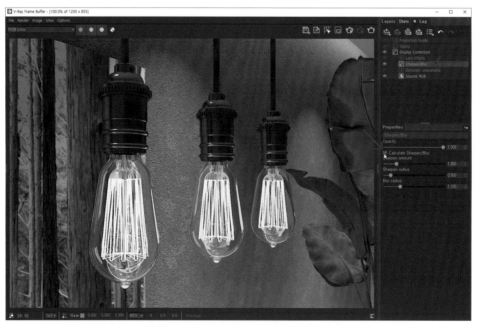

[Sharpen/Blur] 레이어 클릭-[Calculate Sharpen/Blur] 옵션 체크 표시

11 — Sharpen radius

이미지를 전체적으로 선명하게 만들기 위해 [Sharpen radius] 옵션의 수치값에 '2'를 입력한 후 Enter 를 누릅니다.

[Sharpen radius] : 2

12 — 이미지 파일 저장

보정한 이미지를 저장하기 위해 [Save current channel] 아이콘을 클릭합니다. [Choose output image file] 창이 나타나면 파일 저장 경로를 지정(바탕 화면/[vray study]/rendering)한 후 파일 형식을 bmp로 선택하고 파일 이름을 '2-1-102-1.샤픈 블러'라고 입력합니다.

[Save current channel] 아이콘 클릭

저장 경로 지정-파일 형식 설정-파일 이름 입력

13 — 렌즈 이펙트

[Layers, Stats, Log] 창의 [Lens Effects] 레이어를 클릭한 후 [Lens Effects] 레이어의 [Enable Lens Effects] 옵션에 체크 표시를 합니다.

[Lens Effects] 레이어 클릭-[Enable Lens Effects] 옵션 체크 표시

417

14 ── 이미지 파일 저장

보정한 이미지를 저장하기 위해 [Save current channel] 아이콘📄을 클릭합니다. [Choose output image file] 창이 나타나면 파일 저장 경로를 지정(바탕 화면/[vray study]/rendering)한 후 파일 형식을 [bmp]로 선택하고 파일 이름을 '2-1-102-2. 렌즈 이펙트'라고 입력합니다.

[Save current channel] 아이콘 클릭

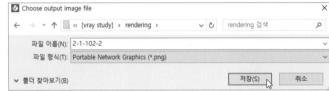

저장 경로 지정-파일 형식 설정-파일 이름 입력

15 ── Dof

[Depth of Field] 옵션을 활성화한 후 초점은 가운데 전구에 맞추고 [Defocus] 옵션의 수치값을 '0.4'로 입력한 다음 Enter 를 누릅니다. 그런 다음 최고 품질 옵션([Noise Limit]: 0.01, [Max Subdivs]: 10)으로 설정합니다.

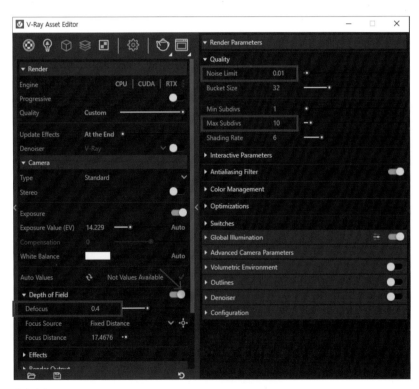

옵션 설정

16 — 렌더링

렌더링(2-1-103)한 후 렌더 타임을 확인합니다. 최고 품질로 설정하고 DOF 효과를 적용했기 때문에 렌더 타임이 다른 이미지에 비해 길게 나왔다는 것을 알 수 있습니다. 렌더 타임을 줄이기 위해 연산 데이터 파일을 저장한 후 저장한 연산 데이터 파일을 불러와서 렌더링할 수도 있지만, DOF 효과 전, 후의 렌더 타임을 비교하기 위해 싱글 프레임 모드로 렌더링했습니다.

렌더링-렌더 타임 확인

17 — 자동 저장된 이미지 확인

자동 저장된 이미지는 총 3장입니다. 'vray.bmp' 이미지는 렌즈 이펙트가 적용되지 않은 이미지, 'vray. effectResult.bmp' 이미지는 렌즈 이펙트가 적용된 이미지, 'vray.Glare.bmp' 이미지는 렌즈 이펙트 부분만을 나타내는 이미지입니다.

2-1-103.vray   2-1-103.vray.effectsResult   2-1-103.vray.Glare

확인

18 — 이름 수정

다음 그림처럼 이미지 파일의 이름을 수정합니다.

  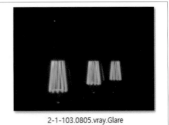

2-1-103.0805.vray   2-1-103.0805.vray.effectsResult   2-1-103.0805.vray.Glare

이름 수정

현 장 ─ 플 러 스 ✳

Lens scratches, Lens dust

1. Lens scratches: [Lens scratches] 옵션에 체크 표시를 한 후 [Pattern] 옵션의 내림 버튼
   ☑을 클릭하면 4가지 타입을 선택할 수 있습니다.

[Pattern] 옵션의 내림 버튼 클릭

원본

[Random]

[Stripes]

[Square]

[Hexagonal]

2. Lens dust: [Lens dust] 옵션에 체크 표시를 한 후 [Pattern] 옵션의 내림 버튼(▼)을 클릭하면 3가지 타입을 선택할 수 있습니다

Random

Square

Hexagonal

14 | 커스틱 표현하기

이번 과정에서는 빛이 투명한 객체를 통과할 때 주변으로 산란되는 커스틱(Caustics) 현상에 대해 학습하겠습니다.

1 —— 파일 실행

[예제 파일] 폴더의 [따라하기] 폴더에 있는 'P2-1-14.skp' 파일을 실행한 후 브이레이 옵션과 재질값을 확인합니다. 예제 파일은 기본 품질([Noise Limit]: 0.05, [Max Subdivs]: 5)로 설정돼 있으며 'water' 메트리얼은 반사 활성화, 굴절 활성화, [Coat Amount] 수치값이 '0.5'로 설정돼 있습니다. 그리고 'Dome Light-02. 주간' 컴포넌트가 배치돼 있으며 90도 회전된 상태입니다.

품질 확인

'water' 메트리얼 확인

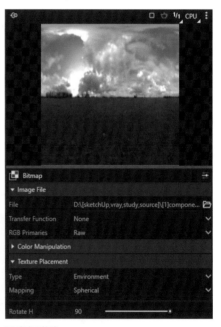

돔 라이트 확인

2 ── 렌더링

렌더링(2-1-104)합니다.

렌더링

3 ── Reflection IOR

'water' 메트리얼에 배경을 더 많이 반사하기 위해 [Reflection IOR] 옵션에 체크 표시를 한 후 '10'을 입력하고 Enter 를 누른 다음 렌더링(2-1-105)합니다.

저자의 스케치업 화면

렌더링

알 아 두 기

재질값을 다르게 설정하는 경우

디자이너가 강조하고자 하는 표현은 일반적인 수치값과 다르게 설정하는 경우도 있습니다.

4 ── Displacement

'water' 메트리얼의
[Generic] 옵션 창에
서 [Add Attribute]
아이콘▓을 클릭한 후
[Displacement]를
클릭합니다. 그런 다음
[Displacement] 옵션을
활성화하고 [Binding] 옵
션(브이레이 7.0 버전부터
는 Viewport Display)은
비활성화합니다.

알
아
두
기

[Binding] 비활성화

색상 메트리얼의 경우 [Binding] 옵션
이 활성화돼 있으면 재질값을 설정했을
때 랜덤한 색상과 격자 모양의 'V-Ray
Texture Helper' 이미지▓로 메트리얼
이 표현되기 때문에 비활성화한 것입니다.

[Add Attribute] 아이콘 클릭-
[Displacement] 클릭

[Displacement] 활성화-[Binding] 비활성화

5 ── 옵션 설정

[Mode/Map] 옵션의
[Texture Slot] 버튼▓을
클릭한 후 [Noise B] 타입
을 클릭하고 [Noise B] 옵
션 창에서 [Repeat U/V]
옵션의 수치값에 '0.01',
'0.01'을 입력합니다.

[Texture Slot] 버튼 클릭-[Noise B] 클릭

[Repeat U/V] : 0.01, 0.01

6 —— 렌더링

렌더링(2-1-106)합니다.

렌더링

7 —— 렌더링

'1-1' 장면 탭을 클릭한 후 렌더링(2-1-107)합니다.

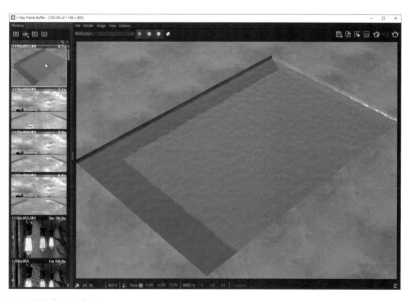

'1-1' 장면 탭 클릭-렌더링

8 —— 옵션 설정

'water' 메트리얼의 IOR의 수치값이 높아 배경이 많이 반사돼 연하게 표현되기 때문에 [Reflection IOR]의 수치값을 기본값인 '1.6'으로 입력한 후 Enter 를 누르고 렌더링(2-1-108)합니다.

[Reflection IOR]: 1.6

알
아
두
기

장면에 따른 옵션 설정

장면에 따라 재질감이 다르게 표현되기 때문에 옵션의 수치값을 다르게 설정해야 하는 경우도 있습니다.

렌더링

9 —— 옵션 설정

커스틱을 표현하기 위해 'water' 메트리얼의 [Refraction] 옵션 탭을 펼친 후 [Switch To Advanced Settings] 아이콘➡을 클릭해서 숨은 옵션들을 펼치고 그림자를 표현하는 [Affect Shadow] 옵션의 체크 표시를 클릭해 체크 표시를 해제합니다.

[Switch To Advanced Settings] 아이콘 클릭

[Affect Shadows] 옵션 체크 표시 해제

10 — 렌더링

렌더링(2-1-109)합니다.

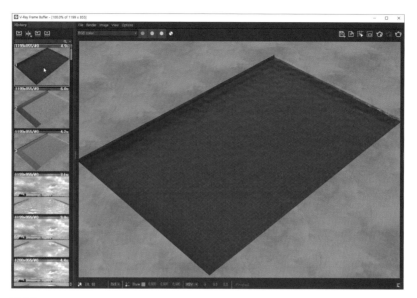

렌더링

11 — Caustics

[Settings] 옵션 창에서 [Global Illumination] 탭을 펼친 후 [Caustics] 옵션을 활성화합니다.

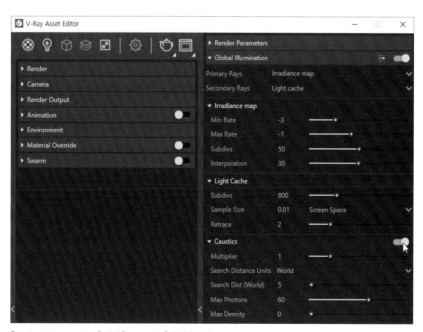

[Global Illumination] 탭의 [Caustics] 옵션 활성화

12 ― 렌더링

렌더링(2-1-110)한 후 완료 이미지를 보면 왼쪽 구석에 커스틱 표현이 되는 것을 알 수 있습니다.

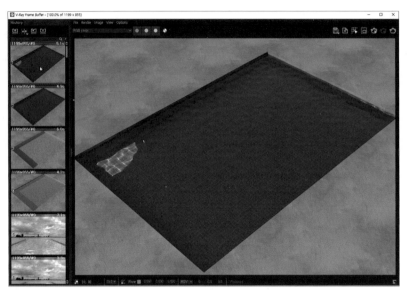

렌더링-확인

커스틱

커스틱은 빛이 투명한 객체를 통과할 때 주변으로 산란되는 현상을 말합니다.

스케치업

브이레이

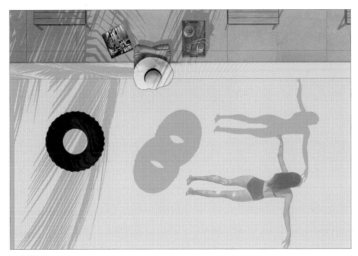
스케치업

브이레이

13 — Emit Radius

[Lights] 옵션 창에서 [SunLight]를 클릭한 후 [SunLight] 옵션 창의 [Options] 탭을 확장합니다. 그런 다음 [Caustic Photons]-[Emit Radius] 옵션의 수치값에 '100'을 입력하고 Enter 를 누릅니다.

알
아
두
기

Emit Radius

SunLight가 발산하는 광자의 반경을 설정합니다.

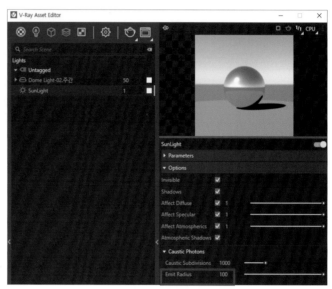

[SunLight] 클릭-[Emit Radius]: 100

14 — 렌더링

렌더링(2-1-111)한 후 완료 이미지를 확인해 보면 커스틱 효과가 좀 더 넓어진 것을 알 수 있습니다.

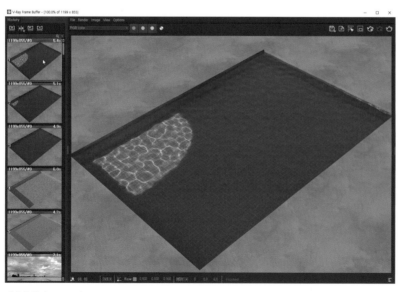

렌더링-확인

15 — 수치값 조절

[Emit Radius] 옵션의 수치값에 '500'을 입력한 후 Enter 를 누르고 렌더링(2-1-112)합니다.

[Emit Radius]: 500

렌더링

16 — Caustic Subdivisions

[Caustic Subdivisions] 옵션의 수치값에 '5000'을 입력한 후 Enter 를 누르고 렌더링(2-1-113)합니다.

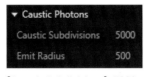

[Caustic Subdivisions]: 5000

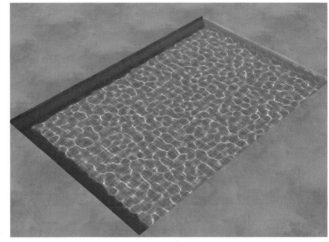

렌더링

알아두기 | **Caustic Subdivisions**

커스틱 효과의 품질을 설정합니다. 값이 낮을수록 노이즈가 증가하며, 높을수록 품질이 좋아집니다.

17 — Multiplier

[Settings] 옵션 창의
[Global Illumination]
탭에 있는 [Caustics] 옵
션 탭의 [Multiplier] 옵
션의 수치값을 '1.5'로 입
력한 후 Enter 를 누릅니다.

Caustics Multiplier

커스틱 효과의 세기를 설정합니다. 커스
틱에 영향을 미치는 모든 광원에 적용됩
니다.

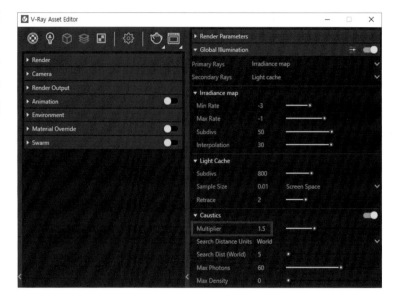

[Multiplier]: 1.5

18 — 렌더링

렌더링(2-1-114)한 후 이전 이미지와 비교해 봅니다.

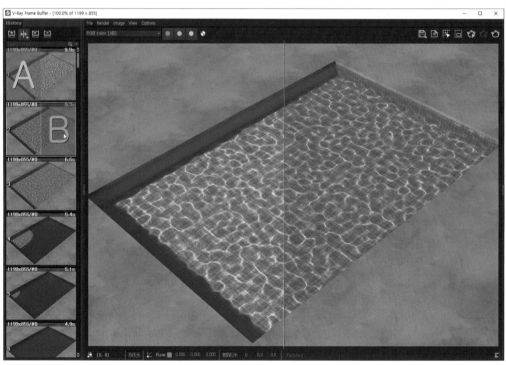

렌더링-비교

19 — Max Photons

커스틱 효과를 부드럽게 표현하기 위해 [Max Photons] 옵션의 수치값에 '200'을 입력한 후 Enter 를 누르고 렌더링(2-1-115)해서 완성합니다.

[Max Photons] : 200

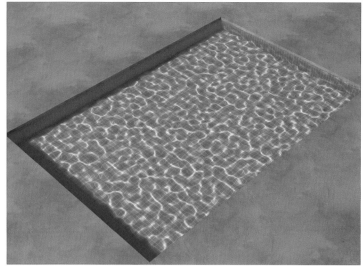

렌더링

알
아
두
기

Max Photons

광자 밀도의 최댓값을 설정합니다. 수치값이 높으면 커스틱 효과가 부드럽게 표현됩니다.

2강

SketchUp

각종 장면 렌더링하기

2강에서는 여러 가지 장면에 맞는 옵션을 설정하고 인공조명을 배치해서 렌더링하는 방법을 학습하겠습니다. 외부 투시도와 실내 투시도 주간 장면의 경우, 인공조명을 배치하고 렌더링해도 되지만, 단계별 학습을 위해 인공조명이 없는 상태에서 렌더링하는 방법으로 진행됩니다. 또한 학습의 효율을 위해 제공되는 따라하기 파일의 메트리얼 재질값은 이전 과정에서 학습한 수치값으로 설정돼 있고 태그 설정도 각각의 장면에 맞게 설정된 상태입니다.

● 예제 파일: 따라하기/P2-2-1.skp   ● 완성 파일: 따라하기/P2-2-1.완성.skp

1

외부 투시도 주간 장면 렌더링하기

이번 과정에서는 외부 투시도 주간 장면을 렌더링하는 방법을 학습합니다. 참조 이미지를 보고 독자 스스로 옵션을 설정하는 내용도 있으므로 복습도 되는 과정입니다. 스스로 옵션을 설정하는 과정은 꼭 참조 이미지와 비교하면서 진행해야 합니다. 참조 이미지와 다른 부분이 있다면 놓친 부분이 있다는 의미이기 때문에 참조 이미지와 똑같이 렌더링될 때까지 반복해서 진행하기 바랍니다.

1 ── 파일 실행

'예제 파일' 폴더의 [따라하기] 폴더에 있는 'P2-2-1.skp' 파일을 실행합니다. 이어서 '예제 파일' 폴더의 [렌더링] 폴더에 있는 '2-2-1.bmp' 파일을 참조해 '브이레이 6.2 버전 실무 옵션'을 설정한 후 렌더링의 가로 크기를 1200픽셀로 설정하고 렌더링(2-2-1)합니다.

파일 실행-브이레이 옵션 설정-렌더링

2 —— 잔디 표현

'예제 파일' 폴더의 [렌더링] 폴더에 있는 '2-2-2.bmp' 파일을 참조해 '06-3-1.바닥 마감공사-외부-잔디' 그룹을 Fur로 만들고 옵션을 설정한 다음 렌더링(2-2-2)합니다.

Fur 추가-옵션 설정-렌더링

3 —— 설정 확인

Fur의 세부 옵션은 그림과 같이 설정돼 있으며 퍼 메트리얼은 '06-3-1.grass'로 선택돼 있습니다.

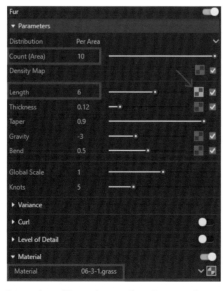

[Count(Area)]: 10, [Length]: 6, [Material]: 06-3-1.grass

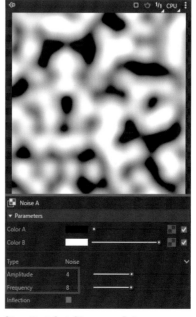

[Amplitude]: 4, [Frequency]: 8

4 —— 태그 지정

[Geometry] 옵션 창에서 퍼의 이름을 'Fur-잔디'로 수정한 후 스케치업 [Outliner] 창에서 '06-3-1. 바닥 마감 공사-외부-잔디' 그룹의 계층 구조를 펼치고 'Fur-잔디' 컴포넌트를 선택한 다음 [Entity Info] 창에서 '21-1.퍼' 태그에 포함합니다.

이름 수정

컴포넌트 선택-태그 지정

알아두기

배경 컴포넌트

렌더링이 완료된 이미지를 보면 배경이 브이레이 기본 Sky 타입으로 표현돼 있습니다. 가장 사실적인 하늘 색감을 표현하지만, 모델 주변에 나무만 있고 다른 배경이 없기 때문에 사실감이 조금 떨어진다는 것을 느낄 수 있습니다. 이런 부분을 보완하기 위해 모델 주변에 배경 컴포넌트(또는 그룹)를 배치해서 좀 더 사실감이 느껴지는 장면을 연출하게 됩니다. 또한 배경 컴포넌트를 배치한 후 돔 라이트를 배치하면 가장 사실감 있는 장면이 연출됩니다. 저자가 가장 즐겨 사용하는 조합(배경 컴포넌트+돔 라이트)이기도 합니다.

5 —— 태그 활성화

'16. 배경' 태그 폴더의 '16-1-1 배경' 태그를 활성화한 후 '1-1' 장면을 업데이트합니다. 모델 주변에 배경이 추가된 것을 확인할 수 있습니다.

'16-1-1 배경' 태그 활성화

장면 업데이트-확인

6 ── 확인

화면을 회전, 축소해 배경 컴포넌트의 위치를 확인합니다. '16-1-1. 배경' 태그에 포함된 배경 컴포넌트 (com.2d.bg.15)는 '1-1' 장면의 배경으로 어울리는 위치에 배치돼 있다는 것을 알 수 있습니다.

화면 회전, 축소-확인

7 ── 렌더링

'1-1' 장면 탭을 클릭한 후 렌더링(2-2-3)합니다. 완료 이미지를 확인해 보면 모델 뒤에는 배경이 표현돼 이전보다 사실감 있게 표현됐지만 출입구 전면 유리와 뒤쪽의 유리에는 여전히 브이레이 기본 Sky로 표현된 하늘만 반사되는 것을 알 수 있습니다.

알아두기

배경 컴포넌트의 개수

특정 장면에 적합한 반사를 표현하기 위해 모델 주변에 여러 개의 배경 컴포넌트가 배치됩니다. 배치된 배경 컴포넌트를 복사하면 되기 때문에 꼭 다른 배경 컴포넌트를 배치할 필요는 없습니다.

렌더링-유리의 반사 확인

8 ── 태그 활성화

'16-1-2. 배경', '16-1-3. 배경' 태그를 활성화한 후 '1-1' 장면을 업데이트합니다. '16-1-2. 배경', '16-1-3. 배경' 태그에 포함된 배경 컴포넌트는 '1-1' 장면에서는 확인되지 않습니다.

'16-1-2. 배경', '16-1-3. 배경' 태그 활성화

장면 업데이트-확인

9 ── 확인

화면을 회전, 축소해 배경 컴포넌트의 위치를 확인합니다.

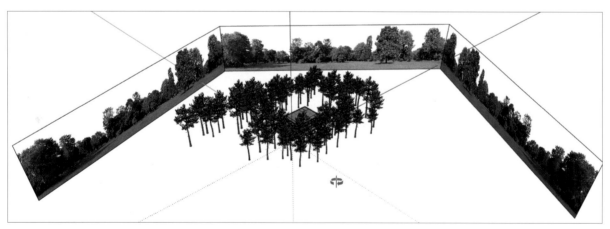

화면 회전, 축소-확인

10 — 렌더링

'1-1' 장면 탭을 클릭한 후 렌더링(2-2-4)합니다. 완료 이미지를 확인해 보면 모든 유리에 자연스럽게 배경 컴포 넌트가 반사되는 것을 알 수 있습니다.

렌더링

렌더 타임 항상 표시하기

렌더 타임을 [History] 창에 저장되는 이미지에 항상 표시하려면 [VFB] 창에서 단축키 $를 눌러 [VFB settings] 창을 나타내고 [History] 메 뉴에 있는 [Show resolution/time] 옵션의 내 림 버튼▼을 클릭한 후 [Always] 타입을 선택하 고 [Save and close] 버튼을 클릭하면 됩니다.

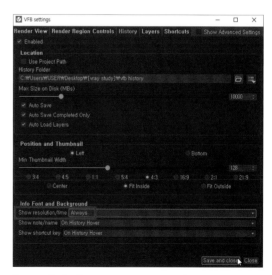

[History] 메뉴-[Show resolution/time] 옵션의 내림 버튼 클 릭-[Always] 타입 선택- [Save and close] 버튼 클릭

11 — 렌더링

'1-2' 장면 탭을 클릭한 후 렌더링(2-2-5)합니다. 역시 모델 주변의 배경이 브이레이 Sky만 표현되기 때문에 사실감이 부족하다는 것을 알 수 있습니다.

'1-2' 장면 탭 클릭-렌더링-확인

12 — 태그 설정

'16-1-1. 배경', '16-1-2. 배경', '16-1-3. 배경' 태그를 활성화한 후 '1-2' 장면을 업데이트합니다.

태그 활성화

'1-2' 장면 업데이트

440

13 — 렌더링

렌더링(2-2-6)한 후 완료 이미지를 확인해 보면 전면에 보이는 출입구 전면 유리에는 브이레이 기본 Sky만 반사되고 있다는 것을 알 수 있습니다.

렌더링-확인

14 — 태그 설정

'16-1-4. 배경' 태그를 활성화한 후 '1-2' 장면을 업데이트합니다.

태그 활성화

'1-2' 장면 업데이트

15 — 확인

화면을 회전, 축소해 배경 컴포넌트의 위치를 확인합니다. '16-1-4. 배경' 태그에 포함된 배경 컴포넌트 (com.2d.bg.15)는 출입구 쪽 유리에 반사되는 위치에 배치돼 있습니다.

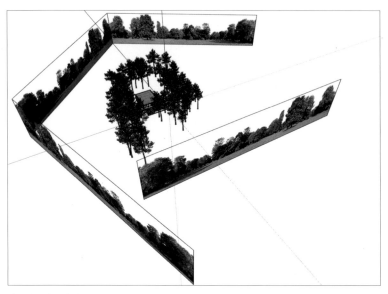

화면 회전, 축소-확인

현 장 ― 플 러 스 ✳

배경 컴포넌트를 원형으로 배치하지 않는 이유

장면에 맞는 여러 개의 배경 컴포넌트를 여러 방향에 배치하는 것보다 1개의 원형으로 된 배경 컴포넌트를 배치하면 작업이 좀 더 효율적이라고 생각할 수도 있습니다. 하지만 특정 방향에서 반사값을 가진 재질에 왜곡되는 반사가 표현되고 장면에 따라 원하는 배경 이미지 위치를 설정하는 것이 매우 번거로우므로 권장하는 방식은 아닙니다.

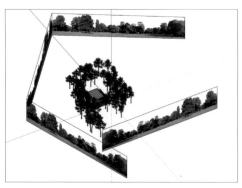

사각형 컴포넌트 배치

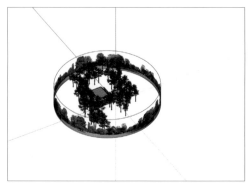

원형 컴포넌트 배치

442

16 — 렌더링

'1-2' 장면 탭을 클릭한 후 렌더링(2-2-7)합니다. 완료 이미지를 확인해 보면 배경 컴포넌트가 반사돼 사실감은 높아졌지만, 출입구 전면 유리에 반사되는 배경 컴포넌트의 밝기가 어둡다는 것을 알 수 있습니다.

렌더링-확인

현 장 ─ 플 러 스 ✳

배경 컴포넌트 자체 발광 설정

1 │ 배경 컴포넌트의 위치

'2-2-7.bmp' 렌더링 이미지를 확인해 보면 유리에 배경 컴포넌트는 반사되고 있는데 어둡다는 것을 느낄 수 있습니다. 다른 배경 태그에 포함된 배경 컴포넌트는 태양 빛(SunLight)을 받고 있으므로 밝게 표현되지만 '16-1-4. 배경' 태그에 포함된 배경 컴포넌트는 태양(SunLight)을 등지고 있는 위치에 있기 때문에 어둡게 표현되는 것입니다. 화면을 회전, 축소하고 그림자를 활성화해 보면 이해할 수 있습니다.

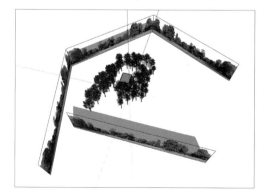

화면 회전, 축소-그림자 활성화

2 | 자체 발광

태양 빛을 받지 못하는 위치에 배치
되는 배경 컴포넌트가 있기 때문에
저자가 사용하는 모든 주간용, 야간
용 배경 컴포넌트는 자체 발광(Self-
Illumination)이 설정돼 있습니다.

[Self-Illumination] 레이어 기본 상태   맵 복사-세기 설정

스케치업

브이레이(자체 발광 활성화): 오후 1시

브이레이(자체 발광 활성화): 오후 10시

17 — 자체 발광 설정

[Materials] 옵션 창에서 배경 컴포넌트에 매핑돼 있는 'com.2d.bg.15' 메트리얼을 선택한 후 [Self-Illumination] 옵션 탭을 확장합니다. 그런 다음 [Diffuse] 옵션 탭에 있는 [Color] 옵션의 [Texture Slot] 버튼██을 클릭한 상태로 드래그해서 [Self-Illumination] 옵션 탭의 [Color] 옵션의 [Texture Slot] 버튼██에 올려놓습니다. 자동으로 나타나는 확장 메뉴 중 [Paste as Copy] 명령을 클릭해 맵을 복사한 후 [Intensity] 옵션의 수치값에 '50'을 입력하고 Enter 를 누릅니다.

클릭, 드래그

[Paste as Copy] 클릭

[Intensity] : '50' 입력- Enter

색상 매핑과 이미지 매핑의 자체 발광 차이점

색상으로 매핑한 메트리얼에 자체 발광을 표현하려면 [Color] 옵션을 활성화(흰색)해야 하지만, 이미지 매핑한 메트리얼은 맵만 복사해도 자체 발광이 표현됩니다.

색상 매핑: [Color] 옵션을 활성화(흰색)해야 함

이미지 매핑: 맵만 복사해도 활성화됨.

445

18 ── 렌더링

렌더링(2-2-8)한 후 완료 이미지를 확인해 보면 전면 유리에 반사되는 배경 컴포넌트의 밝기는 적당해졌지만, 현재 장면에서 보이는 화살표로 지시한 배경 컴포넌트는 눈에 띄게 밝아진 것을 알 수 있습니다.

렌더링-확인

19 ── 렉탱글 라이트 만들기

'com.2d.bg.15' 메트리얼의 [Self-Illumination] 옵션 탭에 있는 [Color] 옵션의 체크 표시를 해제합니다. 그런 다음 그림을 참조해 화면을 설정한 후 렉탱글 라이트를 만듭니다.

[Color] 옵션 체크 표시 해제

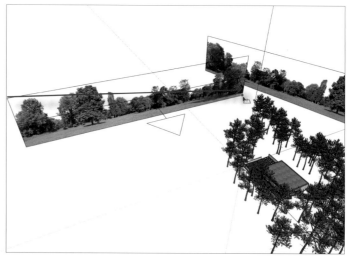

화면 설정-렉탱글 라이트 만들기

알아두기

배경 컴포넌트에 배치하는 렉탱글 라이트

모델 주변에 배치된 배경 컴포넌트는 같은 컴포넌트이기 때문에 하나의 컴포넌트를 수정하면 나머지 동일한 컴포넌트도 함께 수정됩니다. 이런 이유로 인해 특정 위치에 배치된 하나의 배경 컴포넌트에만 빛을 추가하기 위해 렉탱글 라이트를 배치하는 것입니다. [Make Unique] 명령을 이용해 다른 컴포넌트로 만들 수도 있지만, 동일한 이미지 파일로 매핑했기 때문에 새로운 컴포넌트로 만드는 것은 무의미합니다.

24 — 돔 라이트 배치

'1-1' 장면 탭을 클릭한 후 '02'번 돔 라이트를 배치합니다. 그런 다음 이름을 'Dome Light-02. 주간'으로 수정하고 150도 회전합니다.

돔 라이트 배치-이름 수정-150도 회전

25 — 태그 지정/장면 설명 입력

'Dome Light-02. 주간' 컴포넌트를 '25-1. 돔 라이트-02. 주간' 태그에 포함합니다. 그런 다음 [Scenes] 창에서 장면 설명란에 '[외부 투시도]오후 세시,0901,02번 돔라이트 150도 회전'이라고 입력합니다.

태그 지정

장면 설명 입력

현장 ― 플러스

장면 설명

[Scenes] 창의 장면 설명란에 입력한 내용은 장면 탭에 마우스 포인터를 놓려놓았을 때 말풍선으로 나타나기 때문에 각 장면별로 장면 설명을 세부적으로 입력해 놓는 것이 효율적인 작업 방법입니다.

장면 탭에 마우스 포인터 위치-말풍선으로 입력한 장면 설명이 나타남.

26 — 옵션 설정

[Settings] 옵션 창의 [Render Parameters] 탭에서 고품질 옵션으로 설정합니다.

고품질 옵션 설정

27 — 렌더링

렌더링(2-2-10)합니다.

렌더링

28 — Size Multiplier

나무 그림자를 좀 더 선명하게 표현하기 위해 [Lights] 옵션 창에서 [SunLight]를 선택한 후 [SunLight] 옵션 창에 있는 [Size Multiplier] 옵션의 수치값을 '1'로 수정합니다.

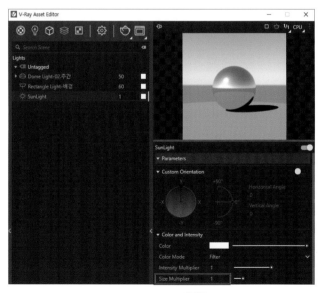

[SunLight] 선택-[Size Multiplier]: '1' 입력- Enter

29 — 렌더링

렌더링(2-2-11)한 후 이전의 이미지와 그림자의 선명도를 비교합니다.

렌더링

30 — 연산 데이터 파일 활용

연산 데이터 파일을 저장(경로: C/바탕 화면/[vray study]/data file)한 후 저장한 연산 데이터 파일을 불러옵니다. 그런 다음 [Render Output] 탭에서 렌더링의 가로 크기를 4096픽셀로 설정합니다.

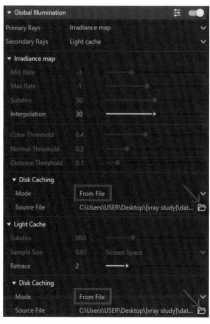

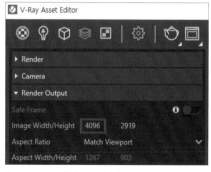

[Image Width]: '4096' 입력

연산 데이터 파일 저장-저장한 연산 데이터 파일 불러오기

31 — 확인

렌더링(2-2-12)합니다. GI 연산 과정과 샘플링 과정을 생략하고 렌더링 과정으로 바로 진행되는 것을 확인할 수 있습니다.

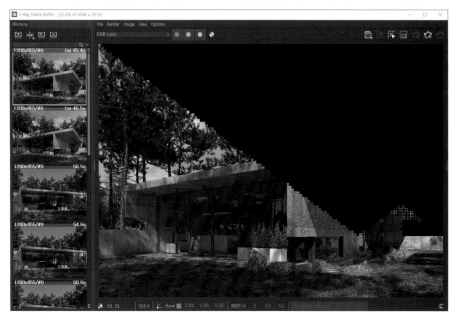

렌더링-확인

32 — 렌더 타임 확인

렌더링이 종료되면 렌더 타임을 확인한 후 렌더링 완료 이미지를 더블클릭해 원본 보기로 확인해 봅니다.

렌더 타임 확인-더블클릭해 원본 보기로 이미지 확인

픽셀 크기에 따른 질감의 차이

1200픽셀과 4096픽셀로 렌더링한 이미지는 동일한 설정이라고 해도 질감이 차이납니다. 벽면의 노출 콘크리트 질감의 차이를 비교해 보면 이해할 수 있습니다. 큰 픽셀의 이미지의 질감이 좀 더 디테일하게 표현됩니다.

1200픽셀

4096픽셀

33 — 싱글 프레임

[Single Frame] 모드와 [From File] 모드의 렌더 타임 차이를 비교하기 위해 모드를 [Single Frame]으로 설정합니다. 렌더링하기 전에 기억해야 할 부분은 렌더링의 크기가 크고 [Single Frame] 모드이기 때문에 렌더 타임이 오래 걸린다는 점입니다. 렌더링(2-2-13)한 후 렌더 타임을 확인하고 '2-2-12'번 이미지의 렌더 타임과 품질을 비교해 봅니다. 연산 파일을 이용한 [From File] 모드보다 [Single Frame] 모드로 렌더링한 이미지가 렌더 타임이 2배 정도 더 길게 나왔습니다. 그리고 약간 더 밝게 렌더링 됐는데 스케치업 브이레이 6.2 버전(2024년 12월 현재)에서 나타나는 현상으로 크게 문제가 되는 부분은 아닙니다.

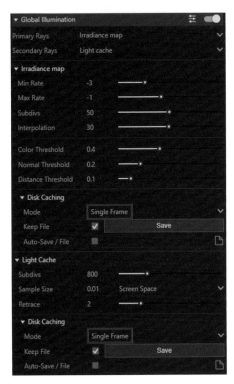

[Single Frame] 선택

렌더 타임 확인

34 — 렌더링 크기 설정

[Render Output] 탭에서 렌더링의 가로 크기를 1200픽셀로 설정합니다.

[Image Width]: '1200' 입력

35 ── 노출 보정

[Layers, Stats, Log] 창에서 [Exposure] 레이어를 추가한 후 [Exposure] 옵션의 수치값에 '0.3'을 입력하고 [Contrast] 옵션의 수치값에 '0.1'을 입력합니다. 그런 다음 [White Balance] 레이어를 추가하고 [Temperature] 옵션의 수치값에 '6000'을 입력합니다.

알아두기

색온도

현실에서의 색온도와 [White Balance] 레이어의 색온도는 반대 개념입니다. 즉, 현실에서는 수치값이 6500보다 낮으면 노란색이 증가(따뜻한 느낌)하지만, [White Balance] 레이어의 색온도는 파란색(차가운 느낌)이 증가합니다.

[Exposure] 레이어 추가-
[Exposure]: 0.3, [Contrast]: 0.1

[White Balance] 레이어 추가-
[Temperature]: 6000

36 ── 저장

[Save current channel] 아이콘을 클릭한 후 파일 경로(바탕 화면/[vray study]/rendering)를 지정합니다. 그런 다음 파일 이름을 '2-2-13-1.VFB 보정'을 입력하고 [저장] 버튼을 클릭해 저장한 다음 원본 이미지와 비교해 봅니다.

[Save current channel] 아이콘 클릭

이름 입력-[저장] 버튼 클릭

37 ─ 포토샵 실행

저자가 가장 즐겨 사용하는 포토샵 보정 방법을 학습해 보겠습니다. 포토샵을 실행하고 '2-2-13.bmp' 파일을 불러옵니다. Ctrl + J 를 눌러 레이어를 복제한 후 메뉴의 [필터]-[Camera Raw] 필터 명령을 클릭합니다. 포토샵 2020 한글판 버전이지만, 상위 버전이나 영문판 버전도 크게 다르지 않습니다.

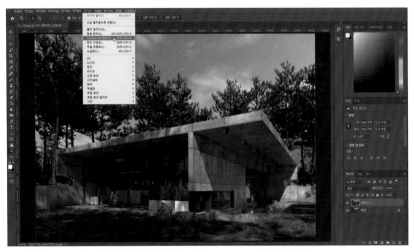

포토샵 실행-파일 불러오기-레이어 복제-[필터] 메뉴의 [Camera raw 필터] 명령 클릭

38 ─ 보정

[Camera Raw] 창이 나타나면 온도에 '-5', 노출에 '+0.3', 대비에 '+20', 밝은 영역에 '-40', 어두운 영역에 '+20', 텍스처에 '+10', 명료도에 '+10', 채도에 '+10'을 입력한 후 [확인] 버튼을 클릭합니다. 각 옵션 수치값은 렌더링 이미지에 따라 달라집니다.

옵션 수치값 입력-[확인] 버튼 클릭

39 — 저장

Ctrl + E 를 눌러 레이어를 병합한 후 Ctrl + Shift + S 를 눌러 [다른 이름으로 저장] 창을 나타나게 하고 파일 이름에 '2-2-13-2. 포토샵 보정'을 입력한 다음 [저장] 버튼을 클릭해 저장합니다. 그런 다음 '2-2-13-1.VFB 보정' 이미지와 비교해 봅니다.

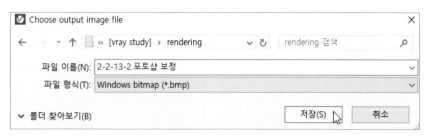

이름 입력-[저장] 버튼 클릭

40 — 보정 레이어 비활성화

[Exposure], [White Balance] 레이어를 비활성화합니다.

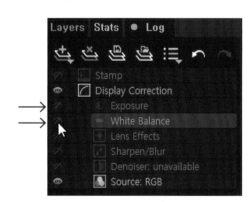

보정 레이어 비활성화

세로 방향 렌더링

세로 방향으로 렌더링하려면 [Render Output] 탭의 [Aspect Ratio] 옵션의 내림 버튼▼을 클릭한 후 [4:5-Potrait] 타입을 선택합니다. 그런 다음 이미지 가로 크기를 입력하고 [Safe Frame] 옵션을 활성화해서 렌더링되는 영역을 확인한 후 장면을 재설정하거나 현재의 장면을 렌더링하면 됩니다.

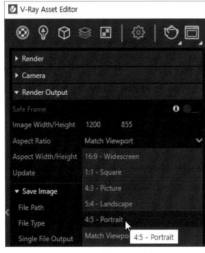

가로 크기 입력- Enter -[Safe Frame] 활성화

[Aspect Ratio] 옵션의 내림 버튼 클릭-[4:5-Portrait] 클릭

스케치업 화면 확인

렌더링

2 | 실내 투시도 주간 장면 렌더링하기

이번 과정에서는 태양 빛(SunLight)이 많이 들어오지 못하고 인공조명이 없는 상태의 실내 장면을 렌더링하는 방법을 학습하겠습니다.

1 —— 렌더링

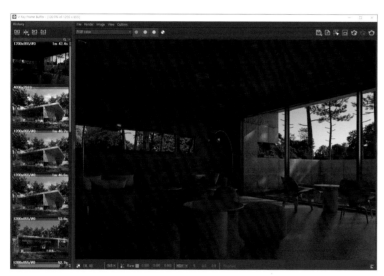

렌더링

'2-1' 장면 탭을 클릭한 후 렌더링(2-2-14)합니다. 현재 고품질 옵션이 설정된 상태이며 '2-1' 장면은 돔 라이트 태그를 비활성화한 상태입니다.

2 —— Can be Overridden

[Materials] 옵션 창에서 '유리-12mm 강화' 그룹에 매핑돼 있는 '02-3-2.glass-12mm' 메트리얼을 선택한 후 [Generic] 옵션 창에 있는 [Can be Overriden] 옵션의 체크 표시를 해제합니다. 해당 옵션이 어떤 기능이었는지 생각해 봅니다. 그런 다음 '유리-16mm 복층' 그룹에 매핑돼 있는 '02-3-1.glass-16mm' 메트리얼과 배경 컴포넌트에 매핑돼 있는 'com.2d.bg.15' 메트리얼도 [Can be Overridden] 옵션의 체크 표시를 해제합니다.

메트리얼 선택-[Can be Overridden] 옵션 체크 표시 해제

3 ── Can be Overridden

'com.tree.07.1', 'com.tree.07.2', 'com.tree.09.1', 'com.tree.09.2' 메트리얼도 [Can be Overridden] 옵션의 체크 표시를 해제합니다.

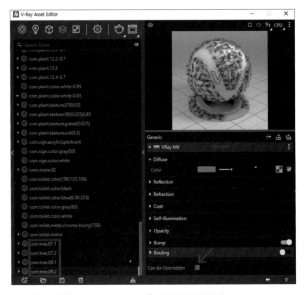

메트리얼 선택-[Can be Overridden] 옵션 체크 표시 해제

4 ── [Override Color]

[Settings] 옵션 창의 [Material Override] 옵션을 활성화합니다. 해당 옵션이 어떤 기능이었는지 생각해 봅니다. 그런 다음 [Material Override] 옵션 탭을 확장하고 [Override Color] 색상 박스를 클릭해 R: 240, B: 240, B: 240으로 설정합니다.

옵션 활성화-색상 박스 클릭

R: 240, B: 240, B: 240

5 ── 렌더링

렌더링(2-2-15)합니다. 완료 이미지를 확인해 보면 객체의 경계 부분의 음영이 진하게 표현되고 있다는 것을 알 수 있습니다.

렌더링-확인

6 ─── 렌더링

'예제 파일' 폴더의 [렌더링] 폴더에 있는 '2-2-16.bmp' 파일을 참조해 [Settings] 옵션 창에 있는 객체의 음영을 표현하는 옵션의 수치값을 독자 스스로 수정한 후 렌더링(2-2-16)합니다.

렌더링

현
장
ㅣ
플
러
스
✳

실내 투시도 장면에서의 [Ambient Occlusion] 수치값

외부 투시도 장면은 멀리서 바라보기 때문에 [Ambient Occlusion] 옵션의 기본으로 설정된 수치값([Radius]: 8, [Occlusion Amount]: 0.8)을 적용해도 객체의 음영이 진하게 느껴지지 않지만, 실내 투시도 장면일 경우에는 가까이서 바라보기 때문에 객체 경계면의 음영이 진해서 눈에 띕니다. 특히 밝은색 마감재로 매핑했을 경우에는 좀 더 눈에 띄게 됩니다. 이런 이유로 인해 실내 투시도 장면일 경우에는 [Ambient Occlusion] 옵션의 수치값을 기본 수치값의 반([Radius]: 4, [Occlusion Amount]: 0.4)이나 반의 반([Radius]: 2, [Occlusion Amount]: 0.2) 정도로 설정하는 것을 권장합니다. 외부 투시도 장면일 경우에도 마감재의 색상으로 인해 객체의 음영이 진해서 눈에 띈다면 옵션의 수치값을 조절해야 합니다. 반이나 반의 반이라고 설명하는 이유는 쉽게 기억하기 위한 것입니다. '2-2-16'번 렌더링 이미지는 [Settings] 옵션 창의 [Global Illumination] 탭에 있는 [Ambient Occlusion] 옵션 탭의 [Radius] 옵션의 수치값은 '4', [Occlusion Amount] 옵션의 수치값은 '0.4'로 설정한 상태입니다.

[Radius: 4, [Occlusion Amount]: 0.4

7 — 렌더링

'2-1' 장면의 장면 설명란에 '[실내 투시도]AO 4,0.4'를 입력합니다. 그런 다음 '예제 파일' 폴더의 [렌더링] 폴더에 있는 '2-2-17.bmp' 파일을 참조해 독자 스스로 브이레이 옵션과 스케치업 태그 설정을 하고 렌더링(2-2-17)합니다.

장면 설명 입력

브이레이 옵션 및 태그 설정-렌더링

현장 — 플러스 ✳

[Outlines] 옵션의 특성

[Outlines] 옵션을 활성화한 후 렌더링하면 퍼(Fur), 스캐터(Scatter), 렉탱글 라이트, 스피어 라이트도 선으로 표현합니다.

퍼가 활성화된 상태

퍼가 활성화돼 있으면 선이 너무 많이 표현되기 때문에 [Outlines] 옵션을 사용할 경우에는 비활성화 하는 것이 좋습니다. 반사, 굴절되는 재질에 선을 표현하려면 [Visible in Secondary] 옵션에 체크 표시를 해야 합니다.

퍼 비활성화-[Visible in Secondary] 옵션 체크 표시

'2-2-17'번 렌더링 이미지의 [Outlines] 옵션 설정과 태그 설정은 다음과 같습니다.

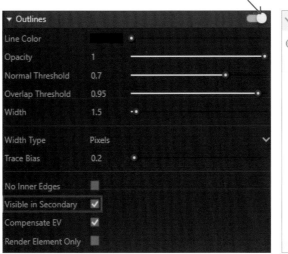

[Outlines] 옵션 활성화-[Visible in Secondary] 옵션 체크 표시   '21-1.퍼' 태그 비활성화

8 —— 렌더링

'예제 파일' 폴더의 [렌더링] 폴더에 있는 '2-2-18.bmp' 파일을 참조해 독자 스스로 브이레이 옵션을 설정한 다음 렌더링(2-2-18)합니다.

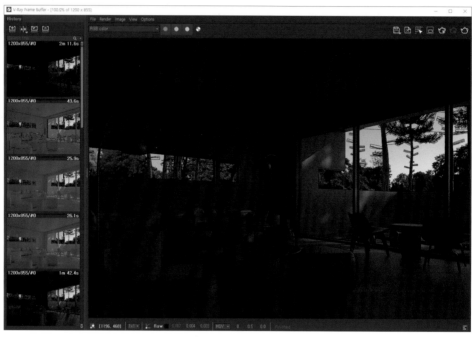

렌더링

특정 재질만 사용해서 렌더링하기

[Materials Override] 탭의 [Override Material] 옵션에서 특정 메트리얼을 선택하면 모든 메트리얼이 선택한 메트리얼로만 렌더링됩니다. 해당 메트리얼의 재질값을 그대로 표현하기 때문에 독특한 표현을 할 수 있습니다. '2-2-18'번 렌더링 이미지는 [Override Material]을 '04-1.04-2.stucco' 메트리얼로 설정한 상태입니다.

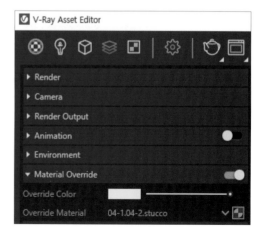

[Override Material] : 04-1.04-2.stucco

9 ── 자동 노출

[Camera] 탭의 [Exposure Value(EV)] 옵션에 있는
[Auto] 옵션을 클릭해 자동 노출 기능을 활성화합니다.

[Auto] 옵션 클릭

10 ── 렌더링

렌더링(2-2-19)한 후 완료 이미지를 확인해 보면 이전 렌더링 이미지에 비해 실내가 많이 밝아진 것을 알 수 있습니다. [Exposure Value(EV)] 옵션에 있는 [Auto] 옵션을 활성화하면 실제 카메라처럼 어두운 곳도 밝게 표현할 수 있습니다. 실내가 밝아지기 때문에 외부는 너무 밝아서 타는 현상이 발생하지만, 극히 사실적인 부분입니다.

렌더링

11 — 옵션 설정

[Exposure Value(EV)] 옵션에 있는 활성화된 [Auto] 옵션을 클릭해 비활성화한 후 [Material Override] 옵션과 [Outlines] 옵션을 비활성화합니다.

옵션 비활성화

12 — 렌더링

'2-2' 장면 탭을 클릭한 후 렌더링(2-2-20)합니다. 완료 이미지를 확인해 보면 태양 빛이 많이 들어오지 않고 인공조명이 없기 때문에 어둡게 표현된 것을 알 수 있습니다.

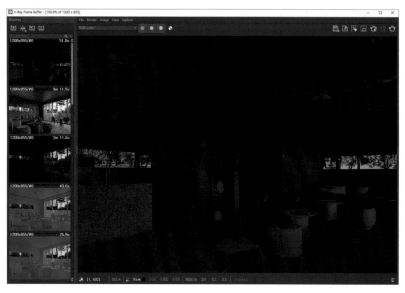

렌더링

13 ─ 자동 노출

어두운 실내 장면을 밝게 렌더링하기 위해 [Exposure Value(EV)] 옵션에 있는 [Auto] 옵션을 클릭해 자동 노출 기능을 활성화한 후 렌더링(2-2-21)해서 완성합니다.

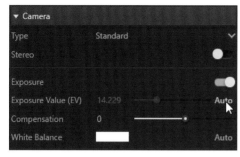

[Exposure Value(EV) Auto] : 활성화

렌더링

14 ─ 옵션 설정

[Exposure Value(EV)] 옵션에 있는 활성화된 [Auto] 옵션을 클릭해 비활성화합니다.

[Auto] 비활성화

현장─플러스 ✳

노출값 수동 설정

자동 노출 기능을 사용하지 않고 노출값 (Exposure Value)을 수동으로 설정해도 됩니다.

[Exposure Value(EV)] : 11

렌더링

3 | 외부 투시도 야간 장면 렌더링하기

이번 과정에서는 돔 라이트와 인공조명을 배치해서 외부 투시도 야간 장면을 렌더링하는 방법을 학습하겠습니다.

1 — 그림자 설정

'1-1' 장면 탭을 클릭한 후 '25-1. 돔 라이트-02. 주간' 태그를 비활성화하고 그림자 시간은 '오후 6시'로 설정합니다.

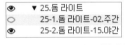

돔 라이트-02. 주간' 태그 비활성화

그림자 시간: 오후 6시

2 — 렌더링

렌더링(2-2-22)합니다.

렌더링

3 —— 그림자 설정

그림자 시간을 '오후 7시'로 설정하고 렌더링(2-2-23)합니다. 1시간 차이로 많이 어두워졌다는 것을 알 수 있습니다.

그림자 시간: 오후 7시

렌더링

4 —— 돔 라이트 배치

'15번' 돔 라이트를 배치한 후 이름에 'Dome Light-15. 야간'을 입력하고 '25-2. 돔 라이트-15.야간' 태그에 포함합니다.

돔 라이트 배치-이름 입력

태그 지정

5 — 렌더링

렌더링(2-2-24)합니다.

렌더링

6 — 회전

'15'번 돔 라이트를 180도 회전한 후 렌더링(2-2-25)합니다.

[Rotate H] : 180

렌더링

7 ── 장면 추가

[Scenes] 창에서 장면을 추가한 후 장면 이름에 '1-1.N', 장면 설명에 '[외부 투시도]오후일곱시,0901,15번 돔라이트 180도 회전'을 입력합니다.

장면 추가-장면 이름/설명 입력

8 ── 메트리얼 옵션 설정

[Materials] 옵션 창에서 외부에 배치된 'com.light.직부등.원통(105파이)' 컴포넌트에 매핑된 'com.light.si.3(white)' 메트리얼을 선택한 후 [Binding] 옵션(브이레이 7.0 버전부터는 Viewport Display)을 비활성화합니다. 그런 다음 [Self-Illumination] 옵션 탭을 확장하고 [Color] 옵션을 활성화한 후 [Intensity] 옵션의 수치값을 '50'으로 입력하고 Enter 를 누릅니다. [Binding] 옵션을 비활성화하는 이유는 [Self-Illumination] 옵션을 활성화하고 [Intensity] 옵션의 수치값을 조절하면 'V-Ray Texture Helper' 메트리얼로 매핑이 수정되기 때문입니다.

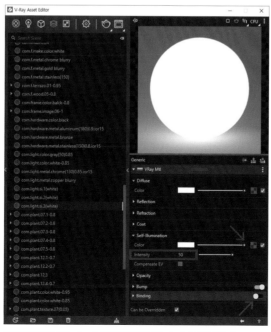

메트리얼 선택-[Binding] 옵션 비활성화-[Color] 옵션 활성화-[Intensity] : '50' 입력- Enter

9 —— 렌더링

렌더링(2-2-26)합니다.

렌더링

10 —— IES 데이터 파일 불러오기

그림을 참조해 외부에 배치된 'com.light.직부등.원통(105파이)' 컴포넌트를 확대한 후 편집 모드로 만듭니다. 그런 다음 IES Light 도구🔦를 클릭하면 나타나는 [IES File] 창에서 '1.ies' 파일(D/[sketchUp,vray,study,source]/[1]component/[IES])을 선택하고 [열기] 버튼을 클릭합니다.

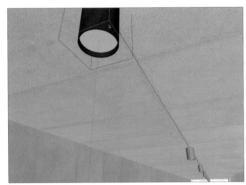

화면 확대-컴포넌트 편집 모드 만들기

'1.ies' 파일 선택-[열기] 버튼 클릭

11 —— IES 라이트 배치하기

'com.light.직부등.원통(105파이)' 컴포넌트의 안쪽 원 중심점을 클릭해 IES 라이트를 배치합니다. 동일한 컴포넌트도 한 번에 IES 라이트가 배치되는 것을 확인할 수 있습니다.

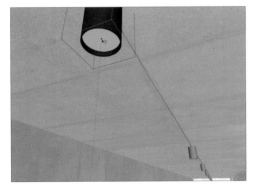

중심점 클릭

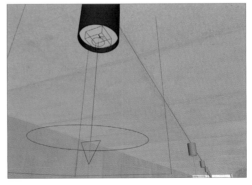

IES 라이트가 배치된 모습

12 — 태그 지정

선택 도구 ▶ 로 IES 라이트를 선택한 후 '24-1.ies-직부등' 태그에 포함하고 편집 모드를 해제합니다.

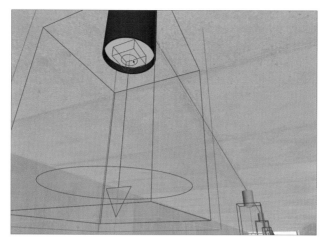

태그 지정-컴포넌트 편집 모드 해제

IES 라이트 선택

13 — 세기 설정

[Lights] 옵션 창에서 IES 라이트의 이름을 'IES Light-직부등'으로 입력한 후 [세기](Intensity)에 '300000'을 설정합니다.

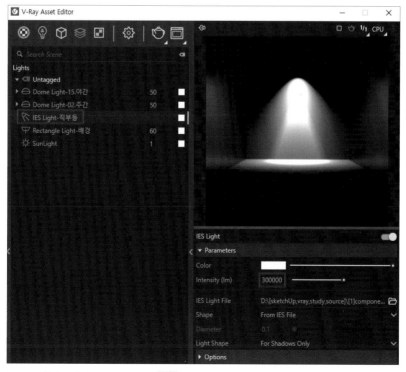

이름 수정-[Intensity] : '300000' 입력- Enter

14 — 렌더링

'1-1.N' 장면 탭을 클릭한 후 렌더링(2-2-27)합니다.

'1-1.N' 장면 탭 클릭-렌더링

15 — 연산 데이터 파일

렌더링의 가로 크기를 4096픽셀로 설정한 후 연산 데이터 파일을 저장(경로:C/바탕 화면/[vray study]/
data file)하고 저장한 연산 데이터 파일을 불러옵니다.

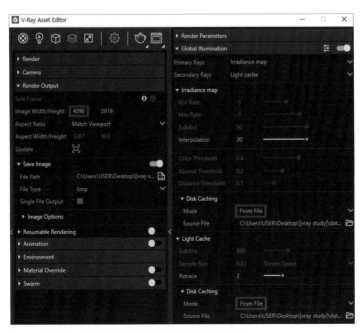

[Image Width]: '4096' 입력-연산 데이터 파일 저장하고 불러오기

16 — 렌더링

렌더링(2-2-28)해서 완성한 다음 렌더 타임을 확인합니다.

렌더링-렌더 타임 확인

17 — 옵션 설정

렌더링의 가로 크기를 1200픽셀로 설정한 후 [Single Frame] 모드로 설정합니다.

[Image Width] : '1200' 입력-[Single Frame] 선택

18 — 포토샵 실행

포토샵을 실행하고 '2-2-28.bmp' 파일을 불러온 후 Ctrl + J 를 눌러 레이어를 복제하고 메뉴의 필터-[Camera Raw] 필터 명령을 클릭합니다.

포토샵 실행-파일 불러오기-레이어 복제-필터 메뉴의 [Camera raw 필터] 명령 클릭

19 — 보정

[Camera Raw] 창이 나타나면 노출에 +0.1, 대비에 +5, 밝은 영역에 -30, 어두운 영역에 +30, 텍스처에 +10, 명료도에 +10, 채도에 +10을 입력한 다음 [확인] 버튼을 클릭합니다.

옵션 수치값 입력-[확인] 버튼 클릭

20 — 저장

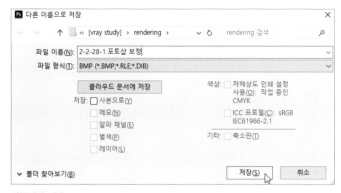

이름 입력-저장

Ctrl + E 를 눌러 레이어를 병합한 후 Ctrl + Shift + S 를 눌러 [다른 이름으로 저장] 창을 나타내고 파일 이름에 '2-2-28-1.포토샵 보정'을 입력한 다음 [저장] 버튼을 클릭해 저장합니다. 그런 다음 '2-2-28' 이미지와 비교해 봅니다.

● 예제 파일: 따라하기/P2-2-3 완성.skp   ● 완성 파일: 따라하기/P2-2-4.완성.skp

4 | 실내 투시도 야간 장면 렌더링하기

이번 과정에서는 렉탱글 라이트, IES 라이트, 스피어 라이트를 모델에 배치해 조명이 켜진 야간 장면을 렌더링하는 방법을 학습하겠습니다.

1 — 장면 추가

'2-2' 장면 탭을 클릭한 후 [Shadows] 창에서 그림자 시간을 오후 9시로 설정하고 [Scenes] 창에서 장면을 추가합니다. 장면 이름에 '2-2. N'을 입력한 후 장면 설명에 '[실내 투시도]오후아홉시,1105'를 입력하고 렌더링(2-2-29)합니다. 렌더링 완료 이미지에서 실내 유리를 통해 배경 컴포넌트가 어둡게 보이는 이유는 출입구 맞은편에 배치한 배경 컴포넌트에 렉탱글 라이트를 배치해서 유리에 반사돼 보이기 때문입니다.

그림자 시간 오후 9시 설정-장면 추가-   렌더링
장면 이름/설명 입력

2 —— 확인

화면을 그림처럼 배치해서 확인합니다.

확인

3 —— 태그 설정

[Tags] 창에서 '22-1.렉탱글 라이트-배경' 태그를 비활성화하고 '2-2. N' 장면을 업데이트합니다.

태그 비활성화

장면 업데이트

4 —— 렌더링

렌더링(2-2-30)
합니다.

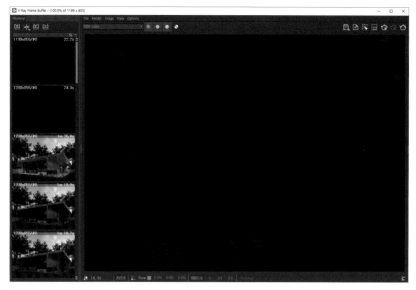

렌더링

5 —— Self-Illumination

[Materials] 옵션 창에서 'com.light.g.라인등' 그룹에 매핑된 'com.light.si.1(white)' 메트리얼을 선택한 후 [Binding] 옵션(브이레이 7.0 버전부터는 Viewport Display)을 비활성화합니다. 그런 다음 [Self-Illumination] 옵션 탭의 [Color] 옵션을 활성화하고 [Intensity] 옵션의 수치값에 '50'을 입력한 다음 Enter 를 누릅니다.

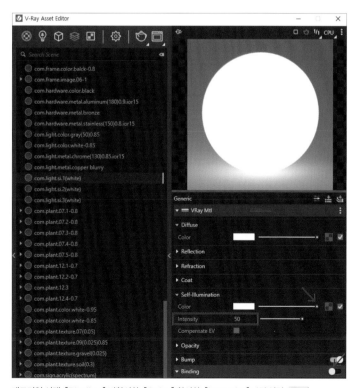

메트리얼 선택-[Binding] 비활성화-[Color] 활성화-[Intensity] : '5' 입력- Enter

6 —— 렌더링

렌더링(2-2-31)합니다.

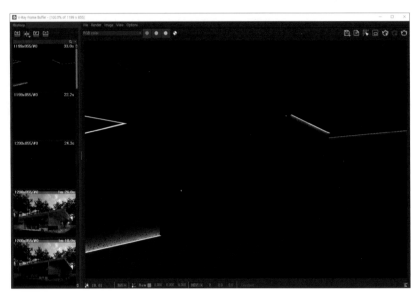

렌더링

7 —— 자르기

렉탱글 라이트를 배치하기 위한 작업을 효율적으로 하기 위해 스케치업 실행 아이콘 을 클릭해 빈 스케치업 파일을 실행합니다. 학습 중인 스케치업 파일의 [Outliner] 창의 [Filter] 입력란에 '라인등'을 입력한 후 Enter 를 눌러 필터링합니다. 그런 다음 필터링된 가장 위에 표시된 'com.light.라인등.펜던트' 컴포넌트를 선택하고 Shift 를 누른 상태에서 가장 아래의 'com.light.라인등' 그룹을 클릭해 전체를 선택합니다. Ctrl + X 를 누릅니다.

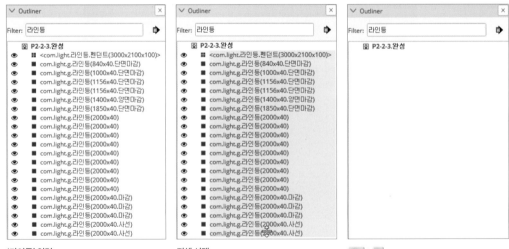

'라인등' 입력　　　　　전체 선택　　　　　Ctrl + X

8 —— Paste In Place

빈 스케치업 파일에서 메뉴의 [Edit-Paste In Place] 명령을 클릭해 동일한 위치에 붙여넣기한 후 화면을 윗면 (Top)으로 배치하고 [Zoom Extents] 도구 ⚒를 클릭해 화면에 꽉 차게 배치합니다. 그런 다음 [Scenes] 창에서 장면을 추가하고 장면 이름에 '윗면'을 입력합니다.

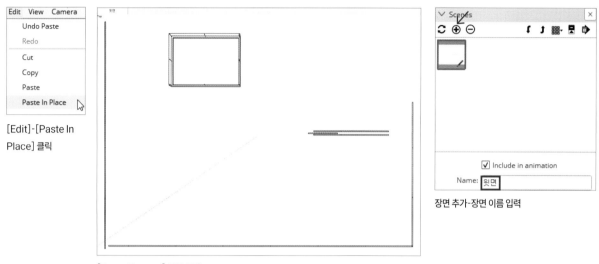

[Edit]-[Paste In Place] 클릭

[Zoom Extents] 도구 클릭

장면 추가-장면 이름 입력

알아두기

라인등을 컴포넌트로 만들지 않은 이유

모델에 배치된 라인등의 크기가 다양하기 때문에 컴포넌트의 속성이 필요 없어 펜던트형만 컴포넌트로 만들고 나머지 라인등은 그룹으로 만들었습니다.

9 —— Bottom

아래에서 바라보는 장면으로 설정하기 위해 메뉴의 [Camera]-[Standard Views]-[Bottom]을 클릭합니다.

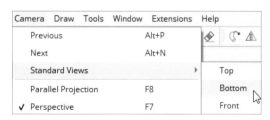

[Camera]-[Perspective]-[Bottom] 클릭

10 ── Parallel Projection

렉탱글 라이트를 편리하게 배치하기 위해 투시도(Perspective)가 아닌 평행 투시도(Parallel Projection) 장면으로 설정하겠습니다. 메뉴의 [Camera]-[Parallel Projection]을 클릭한 후 [Zoom Extents] 도구 🞂를 클릭해 화면에 꽉 차게 배치한 다음 장면을 추가하고 장면 이름에 '밑면'을 입력합니다.

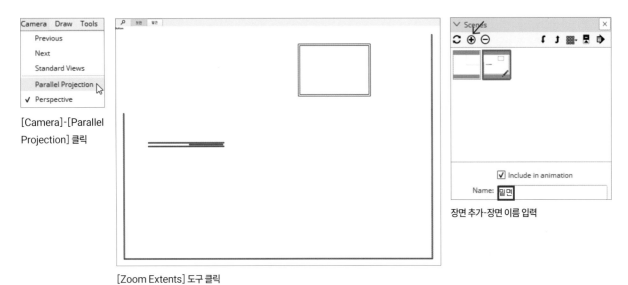

[Camera]-[Parallel
Projection] 클릭

[Zoom Extents] 도구 클릭

장면 추가-장면 이름 입력

11 ── 렉탱글 라이트 만들기

그림을 참조해 화면을 확대한 후 '라인등' 그룹의 안쪽 사각형의 크기와 동일한 렉탱글 라이트를 만듭니다. 그런 다음 [Enable Solid Widgets] 도구🞂를 클릭해 렉탱글 라이트를 면으로 생성합니다.

화면 확대-렉탱글 라이트 만들기-[Enable Solid Widgets] 도구 클릭   확대한 모습

12 ── 복사/크기 조절

그림을 참조해 렉탱글 라이트를 복사한 후 크기가 다른 부분은 배율 도구🞂를 이용해 크기를 조절합니다.

렉탱글 라이트 복사/크기 조절

13 ― 복사/크기 조절

화면을 이동하면서 다른 부분도 렉탱글 라이트를 복사해서 배치한 다음 회전하고 크기를 조절합니다.

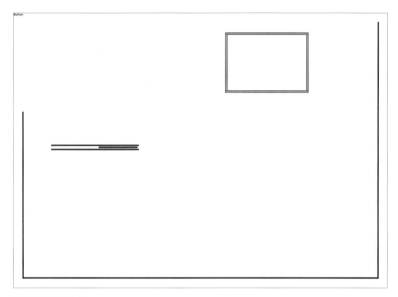

복사, 회전, 크기 조절

14 ― 확인/자르기

화면을 회전시켜 객체와 떨어져 있는 렉탱글 라이트는 없는지를 확인합니다. 객체와 떨어진 렉탱글 라이트가 있으면 객체에 붙여 배치합니다. 그런 다음 모든 객체를 선택하고 자르기(Ctrl + X)합니다.

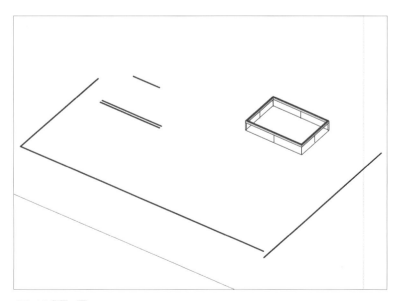

객체 선택- Ctrl + X

15 — Paste In Place

학습 중인 스케치업 파일에서 메뉴의 [File]-[Paste In Place] 명령을 클릭해 붙여넣기합니다.

[Paste In Place]

16 — 옵션 설정

[Lights] 옵션 창에서 [Rectangle Ligfht]의 이름에 'Rectangle Light-라인등'을 입력한 후 세기에 '900'을 입력하고 [Invisible] 옵션에 체크 표시를 합니다.

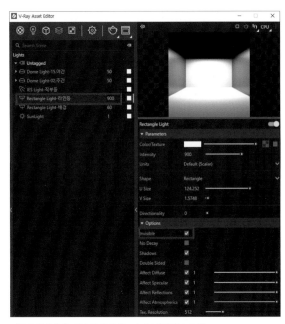

이름 수정-[세기]: '900' 입력-[Invisible]에 체크 표시

17 — 태그 설정

[Outliner] 창의 [Filter] 입력란에 'Rec'를 입력한 후 필터링된 컴포넌트 중 'Rectangle Light-라인등' 컴포넌트만 다중 선택한 다음 '22-2.렉탱글 라이트-라인등' 태그에 포함합니다.

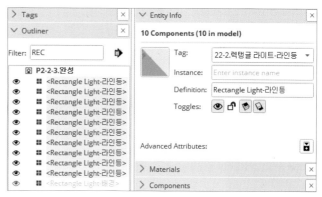

필터링-컴포넌트 선택-태그 지정

18 — 이동

이동 도구 ✛를 선택한 후 'Rectangle Light-라인등' 컴포넌트를 아래(-Z축 방향)로 2mm 이동합니다.

이동 도구 선택-아래로 2mm 이동

알아두기

렉탱글 라이트를 아래로 이동시키는 이유

렉탱글 라이트는 면에 붙어서 만들어지는 관계로 동일한 평면에 다른 면과 겹쳐서 빛이 올바로 표현되지 않는 경우가 있어 아래로 내린 것입니다. 스팟 라이트, IES 라이트도 마찬가지로 빛이 표현되지 않을 경우에는 아래로 몇 mm 이동시키면 빛이 표현됩니다.

19 — 렌더링

렌더링(2-2-32)합
니다.

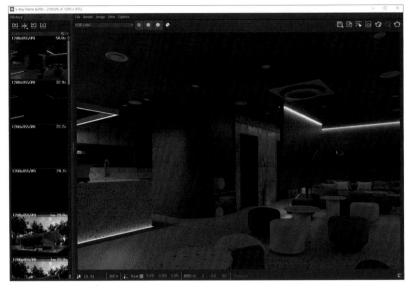

렌더링

20 — Ctrl + X

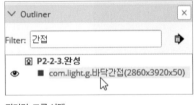

필터링-그룹 선택

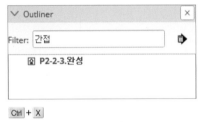

Ctrl + X

카운터 전면 하부 간접 박스 'com.light.
g.바닥간접' 그룹에도 렉탱글 라이트를 추
가하기 위해 [Outliner] 창의 [Filter]
입력란에 '간접'을 입력한 후 Enter 를 누
릅니다. 필터링된 그룹을 선택한 후 Ctrl
+ X 를 누릅니다.

21 — 렉탱글 라이트 만들기

빈 파일에 붙여넣기(Paste In Place)한 후 윗면 장면 탭을 클릭하고 [Zoom Extents] 도구 🔍 를 클릭해 화
면에 꽉 차게 배치합니다. 그런 다음 렉탱글 라이트를 만들고 만든 렉탱글 라이트를 복사한 후 회전하고 크기를 조
절합니다.

[Paste In Place]-'윗면' 장면 탭 클릭-화면에 꽉 차게 배치   렉탱글 라이트 만들기-복사-크기 조절

22 — [Paste In Place]

모든 객체를 선택한 후 Ctrl + X 를 클릭하고 학습 중인 모델에 붙여넣기(Paste In Place)합니다.

전체 선택- Ctrl + X

Paste In Place

23 — 옵션 설정

[Lights] 옵션 창에서 [Rectangle Ligfht]의 이름에 'Rectangle Light-바닥간접'을 입력한 후 세기에 '300'을 입력하고 [Invisible] 옵션에 체크 표시를 합니다.

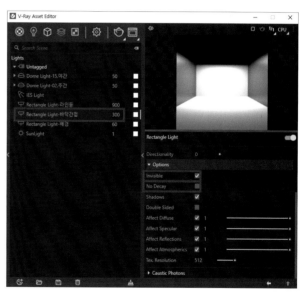

이름 수정-[세기] : '300' 입력-[Invisible] 체크 표시

24 — 태그 지정

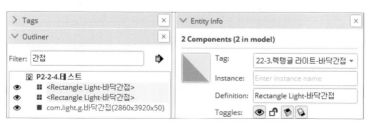

컴포넌트 선택-태그 지정

[Outliner] 창에서 'Rectangle Light-바닥간접' 컴포넌트를 다중 선택한 후 '22-3.렉탱글 라이트-바닥간접' 태그에 포함합니다.

25 — 이동

이동 도구 를 선택한 후 'Rectangle Light-바닥간접' 컴포넌트를 위(Z축 방향)로 2mm 이동하고 렌더링 (2-2-33)합니다.

이동 도구 선택-위로 2mm 이동

렌더링

> **[Outliner] 창에서 필터링 중지하기**
>
> [Filter] 입력란에 입력한 검색어를 선택한 후 키보드의 Delete 을 눌러 삭제하면 필터링이 중지되고 작업 모델에 있는 모든 그룹과 컴포넌트의 계층 구조가 나타납니다.

26 — 자체 발광

[Materials] 옵션 창에서 'com.light. 매입등.4인치(125파이)' 컴포넌트에 매 핑된 'com.light.si.2(white)' 메트리 얼을 선택한 후 [Binding] 옵션(브이레 이 7.0 버전부터는 Viewport Display) 을 비활성화합니다. 그런 다음 [Self-Illumination] 옵션 탭의 [Color] 옵션 을 활성화하고 [Intensity] 옵션의 수치값 에 '50'을 입력한 후 Enter 를 누릅니다.

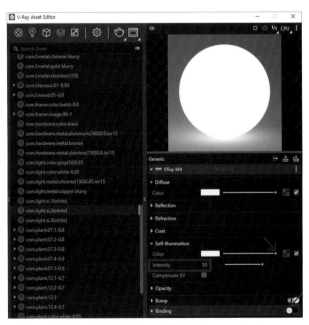

메트리얼 선택-[Binding] 비활성화-[Color] 활성화-[Intensity]: 50

27 — IES 라이트 배치

그림을 참조해 'com.light.매입등.4인치(125파이)' 컴포넌트를 확대한 후 편집 모드로 만들고 IES 라이트
(1.ies 데이터 파일 적용)를 배치합니다. 'IES Light' 컴포넌트를 선택한 후 [Entity Info] 창에서 '24-2.IES
라이트-매입등' 태그에 포함하고 편집 모드를 해제합니다.

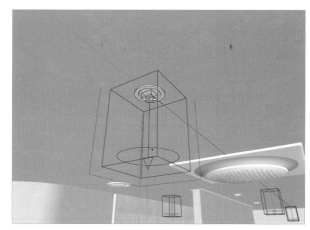

태그 지정

ies 라이트 배치-ies 라이트 선택

28 — 옵션 설정

[Lights] 옵션 창에서 [IES Light]의 이름을 'IES Light-매입등'으로 수정한 후 [세기](Intensity)를
'150000'으로 설정합니다.

이름 수정-[Intensity] : '150000' 입력- Enter

29 — IES 라이트 배치

그림을 참조해 'com.light.매입등.사각(100)' 컴포넌트를 확대한 후 편집 모드로 만들고 [IES 라이트](1.ies 데이터 파일 적용)를 배치합니다. 'IES Light' 컴포넌트를 선택한 후 [Entity Info] 창에서 '24-3.IES 라이트-할로겐' 태그에 포함한 다음 편집 모드를 해제합니다.

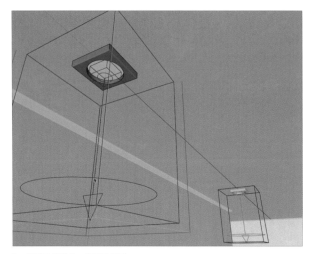

태그 지정

ies 라이트 배치-ies 라이트 선택

30 — 옵션 설정

[IES Light]의 이름을 'IES Light-할로겐'으로 수정한 후 [세기](Intensity)를 '300000'으로 설정합니다.

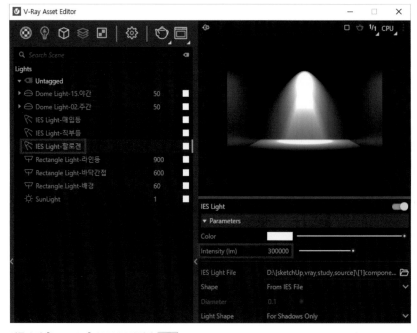

이름 수정-[Intensity] : '300000' 입력- Enter

31 ─ 렌더링

'2-2. N' 장면 탭을 클릭한 후 렌더링(2-2-34)합니다.

렌더링

알
아
두
기

매입등, 직부등에 배치할 수 있는 인공조명

매입등이나 직부등에 배치할 수 있는 인공조명은 IES 라이트, 스팟 라이트, 렉탱글 라이트가 있습니다. 실제 프로젝트 현장에 설치하는 조명의 특성에 따라 3가지 인공조명 중 1가지를 배치하면 됩니다. 즉 'com.light.매입등.사각(100)' 컴포넌트에 스팟 라이트를 배치해도 되고 렉탱글 라이트를 배치해도 된다는 의미입니다. 렉탱글 라이트를 배치했을 경우에는 [Shape] 타입을 [Disc]로 설정해 렉탱글 라이트를 원형으로 만들면 됩니다.

32 ─ 스피어 라이트 배치

그림을 참조해 'com.light.stand.06-2' 컴포넌트를 확대한 후 편집 모드로 만들고 미리 만들어진 선의 끝점을 클릭해 반지름이 25인 스피어 라이트를 배치합니다. 그런 다음 스피어 라이트를 선택하고 [Entity Info] 창에서 '23-1.스피어 라이트-스탠드' 태그에 포함한 다음 편집 모드를 해제합니다.

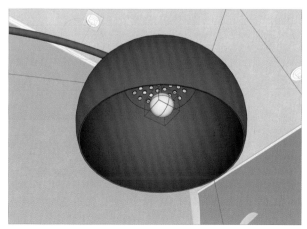

태그 지정-편집 모드 해제

화면 확대-편집 모드 만들기-스피어 라이트 배치

33 — 옵션 설정

[Lights] 옵션 창에서 [Sphere Light]의 이름을 'Sphere Light-스탠드'로 수정한 후 [세기](Intensity)
에 '90000'을 입력한 다음 [Invisible] 옵션에 체크 표시를 합니다.

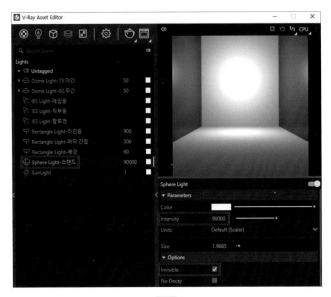

이름 수정-[Intensity]: '90000' 입력- Enter -[Invisible] 체크 표시

34 — Light Mix 채널 추가

[V-Ray Asset Editor] 창에서 [Render Elements] 비활성화 아이콘 을 클릭한 후 [Light Mix]를
클릭합니다. 그런 다음 [Render Element] 옵션 창에서 [Light Mix]를 선택하고 [Light Mix] 옵션 창의
[Group by] 옵션의 내림 버튼 을 클릭해 [Layers]를 선택합니다.

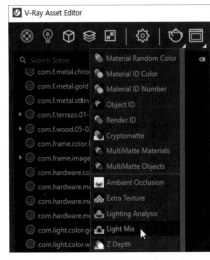

[Render Elements] 아이콘 클릭-[Light Mix] 클릭

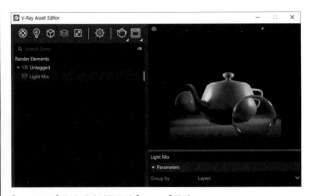

[Light Mix] 클릭-내림 버튼 클릭-[Layers] 클릭

'2-2. N' 장면 탭을 클릭한 후 렌더링(2-2-35)하고 [Source LightMix] 레이어를 클릭해 확인해 봅니다.

렌더링-[Source LightMix] 레이어 확인

현장
─
플
러
스

※

야간용 배경 컴포넌트

모델 외부에 야간용 배경 컴포넌트를 배치해서 창 밖으로 보이는 야경을 표현할 수도 있습니다.

모델 외부에 배치한 야간용 배경 컴포넌트

렌더링

36 — 연산 데이터 파일 활용 렌더링

렌더링의 가로 크기는 4096픽셀로 설정한 후 연산 데이터 파일을 저장(경로:C/바탕 화면/[vray study]/
data file)하고 저장한 연산 데이터 파일을 불러옵니다.

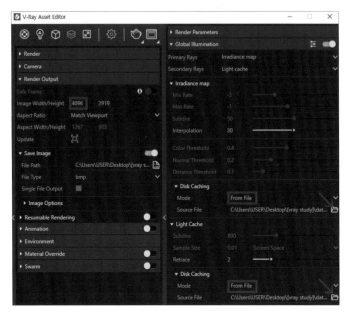

[Image Width] : '4096' 입력 - 연산 데이터 파일 저장하고 불러오기

37 — 렌더링

렌더링(2-2-36)해서 완성한 후 렌더 타임을 확인합니다. 보정 및 라이트 믹스 관련 내용은 이전 과정에서 학습
했기 때문에 이번 과정에서는 생략합니다. 하지만 해당 파일을 이용해 지난 과정에서 학습한 내용을 참조해서 조
명의 세기, 색온도, 색감 보정 등을 독자 스스로 해 보고 마음에 드는 이미지를 저장한 후 원본 이미지와 비교해 보
기 바랍니다.

렌더링-렌더 타임 확인

38 — 옵션 설정

렌더링의 가로 크기를 1200픽셀로 설
정한 후 [Single Frame] 모드로 설정
합니다.

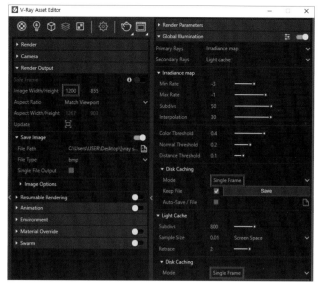

[Image Width] : '1200' 입력 - [Single Frame] 선택

---

vrimg 파일의 용량

vrimg 파일의 자동 저장 경로인 vfb history 폴더(바탕 화면/[vray study]/vfb history)를 확인
해 보면 가장 마지막에 라이트 믹스 채널을 추가하고 렌더링한 vrimg 파일은 다른 vrimg 파일에 비해
용량이 아주 크다는 것을 알 수 있습니다. 픽셀 크기가 크고 라이트 믹스 채널이 포함돼 있기 때문에 용량
이 큰 것입니다. 실무 작업에서는 완성한 vrimg 파일의 이름을 수정해서 별도로 저장해야 합니다. 원본
파일이기 때문에 추후 조명의 세기, 색온도, 기타 등을 보정할 때 유용하게 활용할 수 있습니다.

vfbHistory_2024_09_20_03_22_17_147.vrimg	2024-09-...	VRIMG 파일	11,470KB
vfbHistory_2024_09_20_03_23_23_102.vrimg	2024-09-...	VRIMG 파일	11,439KB
vfbHistory_2024_09_20_03_31_29_313.vrimg	2024-09-...	VRIMG 파일	11,423KB
vfbHistory_2024_09_20_03_41_50_637.vrimg	2024-09-...	VRIMG 파일	11,435KB
vfbHistory_2024_09_20_03_49_17_998.vrimg	2024-09-...	VRIMG 파일	11,393KB
vfbHistory_2024_09_20_14_08_47_710.vrimg	2024-09-...	VRIMG 파일	74,672KB
vfbHistory_2024_09_20_14_20_10_897.vrimg	2024-09-...	VRIMG 파일	897,384KB

vrimg 파일 확인

---

39 — 장면 업데이트

'25-2'번 태그 비활성화

'1-1' 장면 업데이트

'1-1' 장면 탭을 클릭한 후 '25-2. 돔 라이트-15.야간' 태그
를 비활성화하고 '1-1' 장면을 업데이트합니다.

40 — 렌더링

렌더링(2-2-37)한 후 인공조명이 배치되기 전에 렌더링한 '2-2-11'번 렌더링 이미지와 비교해 봅니다.

렌더링-비교

41 — 렌더링

'1-1. N' 장면 탭을 클릭한 후 렌더링(2-2-38)하고 인공조명이 배치되기 전에 렌더링한 '2-2-25'번 렌더링 이미지와 비교해 봅니다.

알아두기

태그 설정

장면을 추가한 이후에도 계속 태그가 추가되고 해당 태그에 객체가 포함되기 때문에 작업 중간에 각각의 장면에 맞는 태그 설정(태그 활성화 또는 비활성화)을 한 후 장면을 업데이트해야 합니다.

렌더링-비교

● 예제 파일: 따라하기/P2-2-4 완성.skp   ● 완성 파일: 따라하기/P2-2-5.완성.skp

5 | 파노라마 렌더링하기

이번 과정에서는 브이레이 카메라 타입을 VR Spherical Panorama로 설정해 파노라마 렌더링하는
방법을 학습하겠습니다.

1 — 장면 설정

'1-1' 장면 탭을 클릭한 후 그림을 참조해 화면을 회전한 다음 투시도(Perspective) 장면으로 설정합니다. 그
런 다음 [Tags] 창에서 '16-1-1.배경', '16-1-2.배경', '16-1-3.배경', '16-1-4.배경' 태그를 비활성화합
니다.

'1-1' 장면 탭 클릭-장면 설정

태그 비활성화

2 — 장면 추가/옵션 설정

장면 추가-장면 이름 입력-설명 추가

[VR Spherical Panorama] 타입 선
택-[Image Width]: '2000' 입력

[Scenes] 창에서 장면을 추가한 후 장면 이름
에 '1-1.P'를 입력하고 장면 설명란의 타이틀을
'[외부 투시도]'에서 '[외부 투시도-파노라마]'로
수정합니다. 그런 다음 파노라마를 렌더링하기 위
해 [Settings] 옵션 창의 [Camera] 탭에 있
는 [Type] 옵션의 내림 버튼███을 클릭해 [VR
Spherical Panorama] 타입을 선택합니다.
[Render Output] 탭에서 렌더링의 가로 크기
를 2000픽셀로 설정합니다.

3 —— 자동 저장 설정

연산 데이터 파일을 자동 저장하기 위해 [Global Illumination] 탭의 [Irradiance Map] 옵션 탭에 있는 [Disk Caching] 옵션 탭의 [Auto-Save/File] 옵션에 체크 표시를 하고 [Save File] 아이콘을 클릭합니다. [Select a file] 창이 나타나면 경로를 설정(C/바탕 화면/[vray study]/ data file)하고 파일 이름에 'P2-2-5'를 입력한 다음 [저장] 버튼을 클릭합니다.

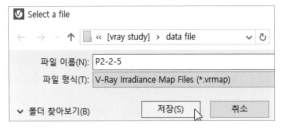

[Auto-Save/File] 옵션에 체크 표시-[Save File] 아이콘 클릭   경로 설정-파일 이름 입력-[저장] 버튼 클릭

4 —— 자동 저장 설정

[Light Cache] 옵션 탭에 있는 [Disk Caching] 옵션 탭의 [Auto-Save/File] 옵션에 체크 표시를 한 후 [Save File] 아이콘을 클릭합니다. [Select a file] 창이 나타나면 경로를 설정(C/바탕 화면/[vray study]/data file)한 후 파일 이름에 'P2-2-5'를 입력하고 [저장] 버튼을 클릭합니다.

자동 저장 설정

5 ── 렌더링

렌더링(2-2-39)합니다.

렌더링

6 ── 연산 데이터 파일 불러오기

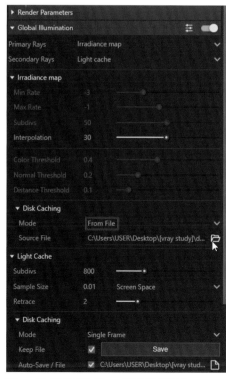

[Irradiance Map] 옵션 탭의 [Disk Caching] 옵션 탭에 있는 [Mode] 옵션의 내림 버튼 을 클릭해서 [From File] 모드를 선택합니다. [Source File] 옵션의 [Open File] 아이콘 을 클릭해서 자동 저장한 'P2-2-5. vrmap' 파일을 선택한 후 [열기] 버튼을 클릭합니다.

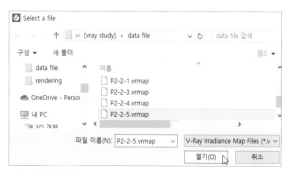

[From File] 모드 선택-[Open File] 아이콘 클릭   파일 선택-[열기] 버튼 클릭

7 —— 연산 데이터 파일 불러오기

[Light Cache] 연산 데이터 파일도 6번 내용과 동일한 방법으로 자동 저장한 'P2-2-5.vrlmap' 파일을 불러
옵니다.

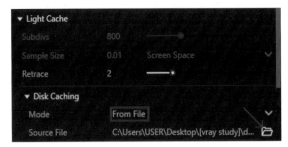

연산 데이터 파일 불러오기

8 —— 렌더링 크기 설정

렌더링의 가로 크기를 8000픽셀로 설정합니다. 렌더 타임이 길게 나오기 때문에 저사양의 컴퓨터를 사용하고 있
는 독자들은 6000픽셀이나 4000픽셀로 렌더링해도 됩니다.

[Image Width/Width]: '8000' 입력

9 —— 렌더링

렌더링(2-2-40)합니다.

렌더링

10 — [Panorama View]

[VFB] 창 메뉴의 [View]-[Panorama View]를 클릭한 후 마우스 스크롤 버튼을 클릭한 상태로 화면을 회전하고 마우스 스크롤바를 이용해 화면을 확대, 축소하면서 이미지를 확인합니다. 카메라 타입을 [VR Spherical Panorama]로 설정한 후 렌더링하고 [Panorama View] 명령을 클릭하면 렌더링 이미지를 360도 파노라마로 확인할 수 있습니다.

[View]-[Panorama View] 클릭-이미지 확인

11 — 비활성화

활성화된 [Panorama View] 명령을 클릭해 비활성화한 후 렌더링의 가로 크기를 2000픽셀로 설정하고 [Irradiance map]과 [Light Cache] 모드를 [Single Frame]으로 설정합니다.

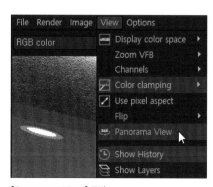

[Panorama View] 클릭

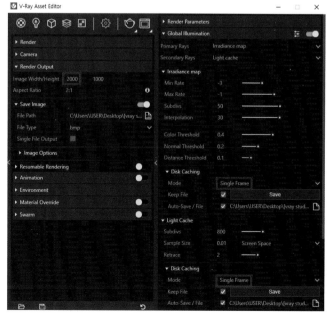

[Image Width] : '2000' 입력-[Single Frame] 선택

12 — 장면 설정

'2-2. N' 장면 탭을 클릭한 후 그림을 참조해 화면을 회전, 확대한 후 투시도(Perspective) 장면으로 설정합니다. 그런 다음 [Tags] 창에서 '16-1-1. 배경', '16-1-2. 배경', '16-1-3. 배경', '16-1-4. 배경' 태그를 비활성화하고 '25-2. 돔 라이트-15.야간' 태그를 활성화합니다.

'2-2. N' 장면 탭 클릭-장면 설정

13 — 장면 추가

[Scenes] 창에서 장면을 추가한 후 장면 이름에 '2-2. N.P'를 입력하고 장면 설명란의 타이틀을 '[실내 투시도]'에서 '[실내 투시도-파노라마]'로 수정합니다.

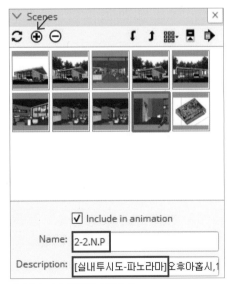

장면 추가-장면 이름 입력-설명 추가

502

14 ― 렌더링

렌더링(2-2-41)합니다.

렌더링

15 ― 옵션 설정

렌더링의 가로 크기를 8000픽셀로 설정한 후 [Irradiance map]과 [Light Cache] 모드를 [From File]
로 설정합니다. 자동 저장을 설정했기 때문에 연산 데이터 파일을 불러올 필요는 없고 모드만 선택하면 됩니다.

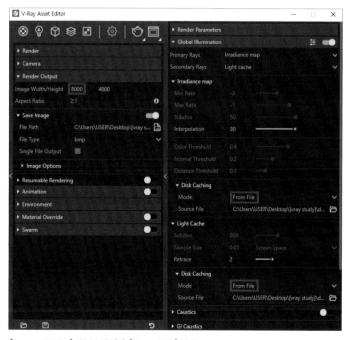

[Image Width]: '8000' 입력-[From File] 선택

16 — 렌더링

렌더링(2-2-42)합니다.

렌더링

17 — [Panorama View]

[VFB] 창 메뉴의 [View]-[Panorama View]를 클릭한 후 마우스 스크롤 버튼을 클릭한 상태로 화면을 회전하고 마우스 스크롤바를 이용해 화면을 확대, 축소하면서 이미지를 확인합니다.

[View]-[Panorama View] 클릭-이미지 확인

18 — 비활성화

활성화된 [Panorama View] 명령을 클릭해 비활성화합니다. 그런 다음 [Camera Type]을 [Standard]로 수정하고 렌더링의 가로 크기를 2500픽셀로 설정합니다. [Irradiance map] 모드와 [Light Cache] 모드를 [Single Frame]으로 설정합니다.

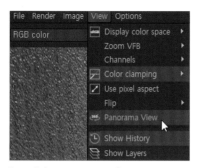

[View]-[Panorama View] 클릭

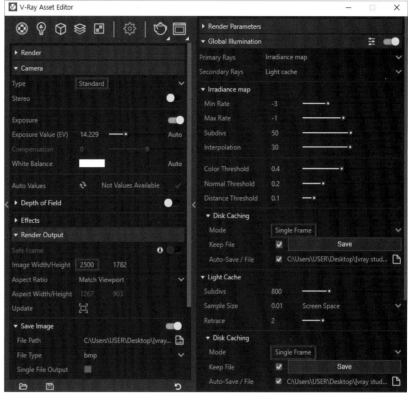

[Camera Type]: Standard-[Image Width]: '2500' 입력-[Single Frame] 선택

19 — [Light Mix] 채널 삭제

이후 과정에서는 [Light Mix] 채널이 필요 없기 때문에 [Geometry] 옵션 창에서 [Light Mix] 채널을 삭제합니다.

마우스 버튼 우클릭-[Delete]

파노라마 렌더링

파노라마 렌더링할 때 주의할 점에 대해 알아보겠습니다.

1. 장면 설정: 카메라 타입을 [VR Spherical Panorama] 타입으로
   설정하고 렌더링할 때는 스케치업에서의 장면 설정이 [Two-Point
   Perspective]가 되면 안 되고 [Perspective] 설정이 돼야 합니다.
   [Two-Point Perspective]로 장면 설정을 한 후 파노라마 렌더링을
   하면 [VR Spherical Panorama] 타입이 아니라 [Standard] 타
   입으로 렌더링됩니다.

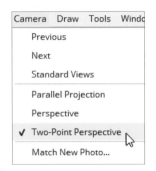

Camera-[Two]-[Point
Perspective]

외부 투시도 스케치업 화면: [Two-Point Perspective] 설정

렌더링: [Standard] 타입으로 렌더링됨.

실내 투시도 스케치업 화면: [Two-Point Perspective] 설정

렌더링: [Standard] 타입으로 렌더링됨.

2. 2D 컴포넌트: 2D 배경, 2D 사람, 2D 나무 등의 2D 컴포넌트가 포함된 태그를 비활성화한 후 렌더링해야 합니다. 볼륨이 없는 2D 이미지는 파노라마 렌더링 시에 어색하게 표현되기 때문입니다.

2D 사람, 2D 배경 컴포넌트 배치: 어색하게 표현됨.

3. 출력 크기/품질 설정: 파노라마 렌더링은 렌더링 크기를 크게 설정하고 고품질 또는 최고 품질로 설정해서 렌더링해야 합니다. 파노라마 렌더링 이미지는 [VFB] 창에서 확인하는 경우보다 VR 기기에서 확인하는 경우가 더 많습니다. VR 기기에서 실제와 같은 스케일감으로 확인하기 때문에 렌더링 크기를 크게, 렌더링 품질도 높게 설정해야 노이즈가 없고 계단 현상도 완화된 이미지를 확인할 수 있습니다.

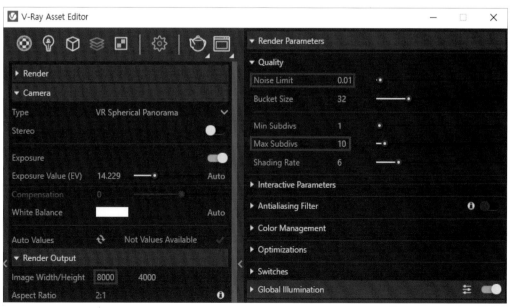

렌더링의 가로 크기 8000픽셀, 품질은 최고 품질로 설정

6 | 아이소 렌더링

이번 과정에서는 GI를 이용한 아이소 렌더링과 섹션 렌더링 방법을 학습하겠습니다.

1 —— 렌더링

'3-1' 장면 탭을 클릭한 후 렌더링 (2-2-43)합니다. 완료 이미지를 확인해 보면 밝은 메트리얼로 매핑한 부분은 SunLight의 빛 때문에 타는 현상이 발생하는 것을 알 수 있습니다.

렌더링-확인

2 —— 옵션 설정

GI 렌더링하기 위해 [Settings] 옵션 창의 [Environment] 탭을 확장한 후 [Background] 옵션의 체크 표시를 해제합니다. 그런 다음 [GI] 옵션에 체크 표시를 하고 색상 박스를 클릭해 흰색(R: 255, G: 255, B: 255)으로 설정하고 세기를 입력하는 수치 입력란에 '70'을 입력한 후 Enter 를 누릅니다. 그림자 시간을 오후 9시로 설정하고 장면 설명을 '[아이소]오후 아홉시,0901,GI렌더링'으로 입력한 다음 '3-1' 장면을 업데이트합니다.

알 아 두 기

GI 색상

GI 색상은 객체에 반영되기 때문에 흰색으로 설정한 것입니다.

[Background] 옵션 체크 표시 해제-[GI] 옵션 체크 표시-흰색 설정-'70' 입력- Enter

그림자 시간 오후 9시 설정-장면 설명 입력-'3-1' 장면 업데이트

GI 렌더링

아이소 장면인 경우 의도적으로 그림자를 표현하는 경우가 아닌 이상 밝은 부분이 타는 현상이 발생하기 때문에 GI 렌더링합니다. GI 렌더링은 SunLight 없이 GI로만 장면의 빛을 연출하는 방법으로 저자의 경우에는 아이소 장면, 흐린 날, 모형 표현 등의 특별한 표현을 할 때 사용합니다.

의도적으로 그림자를 표현한 경우: 스케치업

브이레이

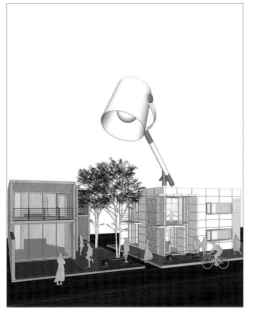

GI 렌더링: 스케치업

브이레이

3 —— 렌더링

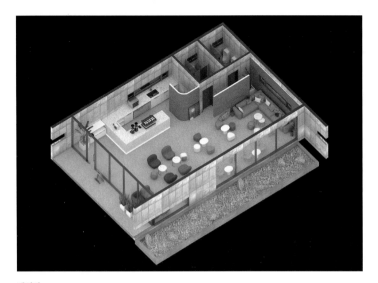

렌더링

렌더링(2-2-44)합니다. 완료 이미지를 확인해 보면 반사값을 가진 재질에 배경(Background) 색상인 검은색이 반사되는 것을 알 수 있습니다.

4 —— **Background**

배경 색상을 흰색으로 설정해 보겠습니다. Background 색상 박스를 클릭해 흰색(R:255, G:255, B:255)으로 설정한 후 세기를 입력하는 수치 입력란에 '50'을 입력하고 Enter 를 누릅니다.

색상 수정-세기 입력

5 —— 렌더링

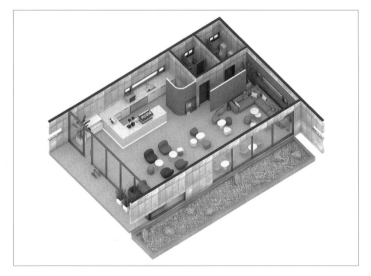

렌더링

렌더링(2-2-45)합니다. 완료 이미지를 확인해 보면 반사값을 가진 재질에 배경(Background) 색상인 흰색이 반사되는 것을 알 수 있습니다.

6 ── 면 만들기

그림을 참조해 화면을 축소한 후 사각형 도구 ◪로 사각형을 그리고 그룹으로 만듭니다. 그룹 이름에 '15-4. 기타-아이소 평면'을 입력한 후 '15-4. 기타-아이소 평면' 태그에 포함합니다.

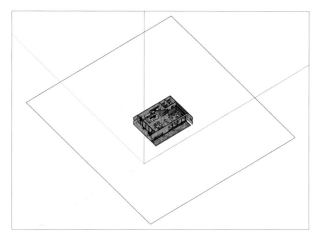

그룹 이름 입력-태그 지정

화면 축소-사각형 모델링-그룹 만들기

7 ── 이동

그림을 참조해 화면을 확대한 후 줄자 도구 🔍로 '00-3.건축-벽체-외벽-뒷면' 그룹의 선을 더블클릭해 보조선을 만듭니다. 그런 다음 선택 도구 ▶ 로 '15-4. 기타-아이소 평면' 그룹을 클릭하고 이동 도구 ✛를 선택합니다. 보조선과 '15-4. 기타-아이소 평면' 그룹이 만나는 교차점(Intersection)을 클릭한 후 위로 드래그하면서 '00-3. 건축-벽체-외벽-뒷면' 그룹의 끝점을 클릭해 위로 이동한 다음 보조선을 삭제합니다. 모델과 떨어져 있는 '15-4. 기타-아이소 평면' 그룹을 모델에 붙이는 과정입니다.

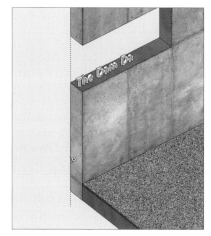

화면 확대-줄자 도구로 선을 더블클릭해 보조선 만들기

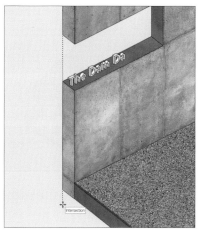

선택 도구로 '15-4' 번 그룹 선택-이동 도구로 교차점 (Intersection) 클릭

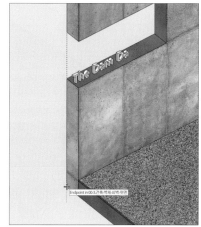

위로 드래그-그룹 끝점 클릭

8 —— 객체 선택

'3-1' 장면 탭을 클릭합니다. '15-4. 기타-아이소 평면' 그룹이 '00-7.건축-수조' 그룹과 교차된 것을 알 수 있습니다. 선택 도구 ▸ 로 '15-4. 기타-아이소 평면' 그룹과 '00-7.건축-수조' 그룹을 다중 선택합니다.

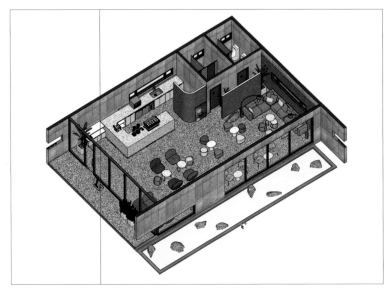

'3-1' 장면 탭 클릭-그룹 다중 선택

9 —— 반전/숨기기

Ctrl + Shift + I 를 눌러 선택 반전한 후 메뉴의 [File]-[Hide] 명령을 클릭합니다.

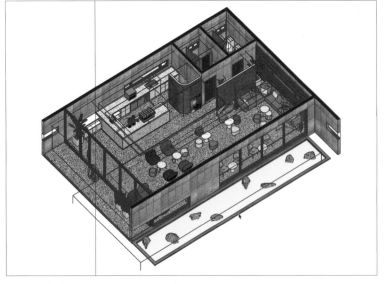

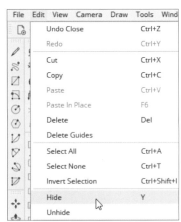

[File]-[Hide] 클릭

Ctrl + Shift + I 클릭

10 — [Intersect Faces]-[With Model]

교차된 부분을 선으로 분할하기 위해 '15-4'번 그룹을 편집 모드로 만든 후 마우스 버튼을 우클릭하면 나타나는 확장 메뉴 중 [Intersect Faces]-[With Model]을 클릭합니다. 그런 다음 '15-4'번 그룹의 편집 모드를 해제하고 '00-7. 건축-수조' 그룹을 선택한 후 마우스 버튼을 우클릭하면 나타나는 확장 메뉴 중 [Hide]를 클릭해 그룹을 숨깁니다.

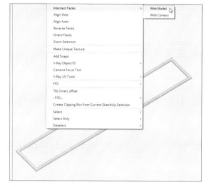

마우스 버튼 우클릭-[Intersect Faces]-[With Model]

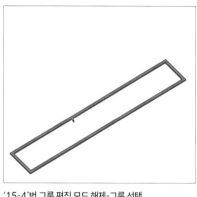

'15-4'번 그룹 편집 모드 해제-그룹 선택

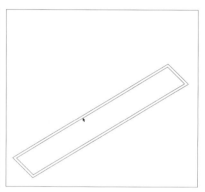

[Hide]

11 — 면 삭제

'15-4'번 그룹을 편집 모드로 만든 후 분할된 면의 안쪽 선을 지우개 도구◈로 삭제합니다. 그런 다음 선택 도구 ▶로 분할된 면을 선택하고 Delete 를 눌러 면을 삭제한 후 그룹 편집 모드를 해제합니다.

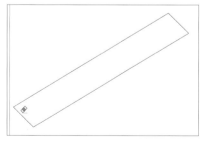

지우개 도구로 선 삭제

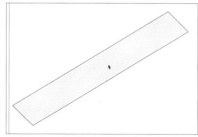

선택 도구로 면 클릭

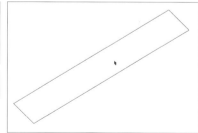

삭제-그룹 편집 모드 해제

12 — 매핑

'3-1' 장면 탭을 클릭한 후 스케치업의 [Materials] 창에서 [Colors] 폴더의 Color M09 메트리얼(검은색)
로 '15-4'번 그룹을 매핑합니다.

[Colors] 폴더 선택-[Color M09] 메트리얼
선택

매핑

13 — 반사값 설정

[Materials] 옵션 창에서 '15-4.black'으로 이름을 수정한 후 [Edit in V-Ray] 버튼을 클릭한 후 미리 보기
타입을 [Sphere]로 선택하고 반사를 활성화한 후 반사값을 '0.9'로 설정합니다.

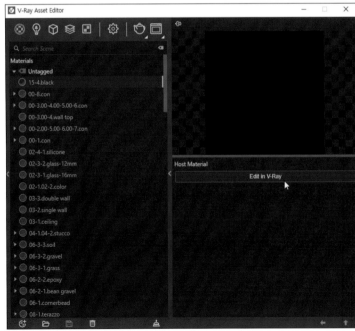

이름 수정-[Edit in V-Ray] 버튼 클릭

미리 보기 타입 선택-반사 활성화-반사값 '0.9' 설정

14 ─ 렌더링

렌더링(2-2-46)합니다.

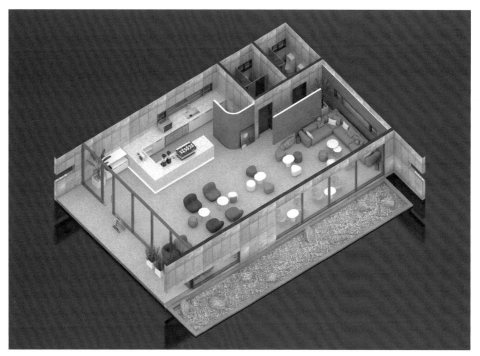

렌더링

Infinite Plane을 만들지 않는 이유

무한 평면(Infinite Plane)을 만들면 특정 부분을 분할시키지 못하기 때문에 사각형을 만들고 면을 분할시킨 다음 분할된 면을 삭제한 것입니다.

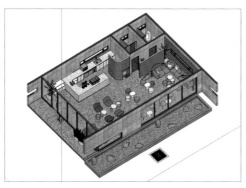

무한 평면 만듦.

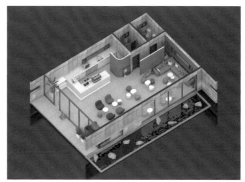

렌더링

15 — Reset

[Layers, Stats, Log] 창에서 [Exposure] 레이어를 활성화
한 후 마우스 버튼을 우클릭하면 나타나는 확장 메뉴 중 [Reset]
을 클릭합니다.

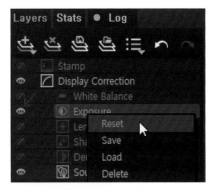

[Exposure] 활성화-마우스 버튼 우클릭-[Reset] 클릭

16 — 노출 보정

[Exposure] 옵션의 수치값에 '-0.2', [Contrast] 옵션의 수치값에 '0.2'를 입력한 후 [Save current
channel] 아이콘圖을 클릭하고 이름에 '2-2-46-1.VFB 보정'을 입력한 다음 저장(경로:C/바탕 화면/
[vray study]/rendering)하고 '2-2-46'과 비교해 봅니다.

[Exposure]: -0.2, [Contrast]: 0.2-[Save current channel] 아이콘 클릭-경로 설정-이름 입
력-[저장] 버튼 클릭-이미지 비교

17 — Outlines

[Outliners] 옵션을 활성화합니다. [Visible in
Secondary] 옵션에 체크 표시를 합니다. 해당 옵션이 어떤
기능이었는지 기억해 봅니다.

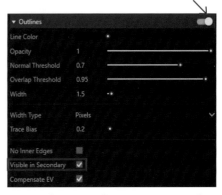

[Outlines] 옵션 활성화-[Visible in Secondary]
옵션 체크 표시

18 — 렌더링

렌더링(2-2-47)합니다.

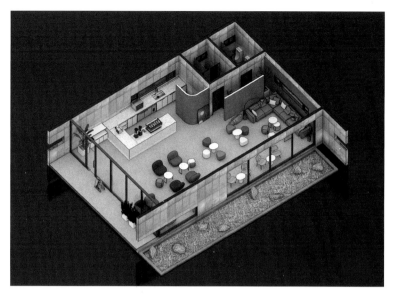

렌더링

19 — [Section Plane]

섹션 렌더링하기 위해 [Section Plane] 도구⊕를 선택한 후 '02-2-1.창틀-좌측면(입구)' 그룹의 윗면을 클릭합니다. [Name Section Plane] 창이 나타나면 [Name] 입력란에 '섹션'을 입력한 후 [Symbol] 입력란에 '아이소'를 입력하고 [OK] 버튼을 클릭합니다.

[Section Plane] 도구 클릭-그룹 윗면 클릭

이름, 심볼 입력-[OK] 버튼 클릭

20 — 태그 지정

[Outliner] 창에서 '섹션: 아이소'를 선택한 후 [Entity Info] 창에서 '15-5. 기타-섹션' 태그에 포함합니다.

[Outliner] 창에서 '섹션: 아이소' 선택

태그 지정

21 — 아래로 이동

이동 도구 ✛ 를 선택한 후 아래로
(-Z축) 1300 이동합니다.

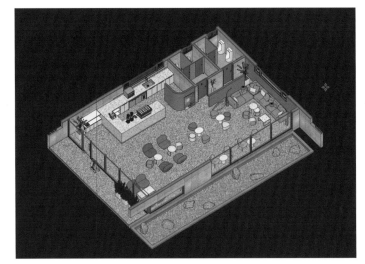

이동 도구 선택-아래로 1300 이동

22 — [Hide]

아래로 내린 단면 평면 때문에 객체가 절단돼 어색하게 표현되는 스탠드 조명 컴포넌트(com.light.stand.06-2)와 화분 컴포넌트(com.plant.12.set.3)를 숨깁니다.

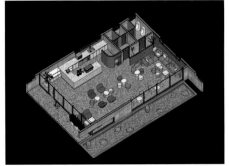

'com.light.stand.06-2' 컴포넌트 Hide

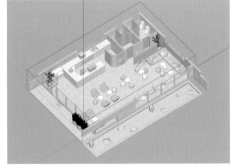

'com.plant.12.set.3' 컴포넌트 Hide

23 — 장면 추가 및 옵션 설정

장면을 추가하고 장면 이름에 '3-1.S'를 입력한 후 [Outlines] 옵션을 비활성화합니다.

[Outlines] 옵션 비활성화

장면 추가-장면 이름 입력

24 — 렌더링

렌더링(2-2-48)합니다.

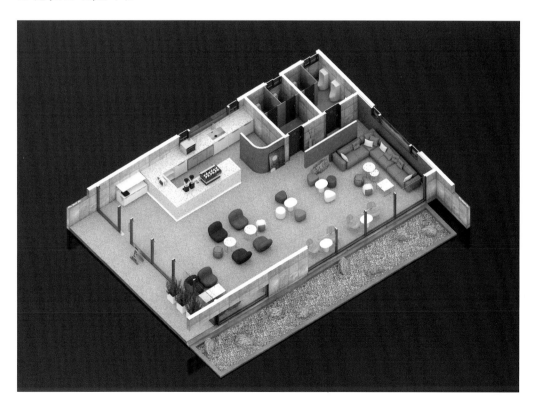

[Outlines] 옵션을 비활성화한 이유

[Outlines] 옵션을 활성화하고 렌더링하면 [Section Plane]으로 숨겨진 객체도 선으로 표현되기 때문에 [Outlines] 옵션을 비활성화하고 렌더링한 것입니다.

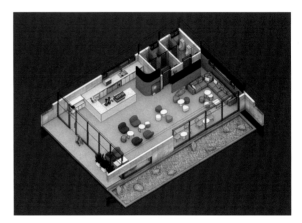

숨겨진 객체도 선으로 표현됨.

25 ─ 단면 메트리얼 설정

[Geometries] 옵션 창에서 [SectionPlane]을 클릭한 후 [Clipper] 옵션 창에서 [Use Object Mateial] 옵션을 비활성화합니다. 그런 다음 [Materials] 옵션의 내림 버튼▼을 클릭해 'com.elec.color.red(140.10.10)' 메트리얼을 선택합니다.

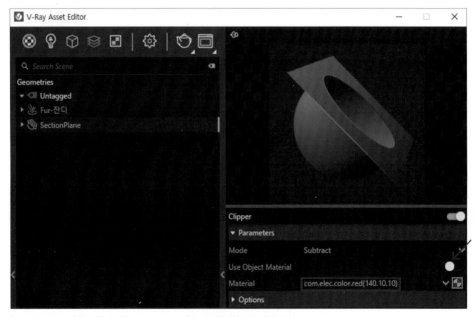

[SectionPlane] 클릭-[Use Object Material] 옵션 비활성화-메트리얼 선택

26 — 렌더링

렌더링(2-2-49)해서 완성합니다.

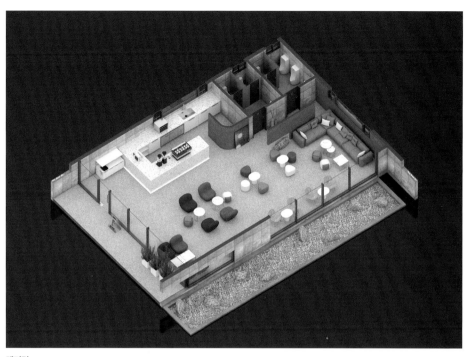

렌더링

현장 — 플러스 ✳

Camera Rays Only

[Clipper] 옵션 창의 [Options] 탭에 있는 [Camera Rays Only] 옵션에 체크 표시하면 반사, 굴절, GI 광원이 변경되지 않은 것처럼 표현되기 때문에 반사/굴절값을 가진 재질에 [Section Plane] 도구로 절단된 면이 반사됩니다. 즉, 해당 옵션에 체크 표시를 하면 [Section Plane] 도구로 섹션을 만들었을 때 절단된 면이 렌더링에 표현된다는 의미입니다.

[Camera Rays Only] 체크 표시 해제(기본 설정): 절단된 면이 보이지 않음.

[Camera Rays Only] 체크 표시: 절단된 면이 보임.

브이레이 도구 모음 및 각종 창의 구성 요소 알아 보기

이번 과정에서는 브이레이 도구 모음 및 각종 창의 구성 요소에 대해 알아보겠습니다. 지면의 한계상 실무에 잘 사용하지 않는 도구나 옵션의 설명은 간략하게 하거나 생략합니다. PROGRAM 1, PROGRAM 2 과정을 학습하면서 이 과정의 내용을 참조하기 바랍니다.

1강 SketchUp

브이레이 도구 모음 알아보기

브이레이 도구 모음에는 [V-Ray for SketchUp] 도구 모음, [V-Ray Lights] 도구 모음, [V-Ray Utillities] 도구 모음, [V-Ray Objects] 도구 모음이 있습니다.

---

1 — [V-Ray for SketchUp] 도구 모음 알아보기

[V-Ray for SketchUp] 도구 모음에는 [V-Ray Asset Editor] 창을 나타내는 [Asset Editor] 도구, [Chaos Cosmos Browser] 창을 나타내는 [Chaos Cosmos] 도구, 렌더링을 시작하는 [Render] 도구, 인터랙티브 렌더링을 시작하는 [Render Interactive] 도구, 클라우드 렌더링을 시작하는 [Render with Chaos Cloud] 도구, 카오스 클라우드 배치 렌더링을 시작하는 [Chaos Cloud Batch Render] 도구, 브이레이 비전을 시작하는 [Start V-Ray Vision] 도구, 뷰포트 렌더링을 시작하는 [Viewport Render] 도구, [V-Ray Frame Buffer] 창을 나타내는 [Frame Buffer] 도구, 배치 렌더링을 시작하는 [Batch Render] 도구, 인터랙티브 렌더링 시에 카메라 방향을 고정하는 [Lock Camera Orientation] 도구가 포함돼 있습니다.

01 [Asset Editor] 도구: 브이레이의 전반적인 기능을 설정하는 [V-Ray Asset Editor] 창을 나타냅니다.

02 Chaos Cosmos 도구: 다양한 브이레이 Asset 파일을 다운로드할 수 있는 [Chaos Cosmos Browser] 창을 나타냅니다.

03 [Render] 도구: 렌더링을 시작합니다.

스케치업 화면-[Render] 도구 클릭

[VFB] 창이 나타나며 렌더링이 시작됨.

04 [Render Interactive] 도구⬡: 장면과 브이레이 설정의 변화를 실시간으로 확인할 수 있는 인터랙티브 렌더링을 시작합니다. 장면과 브이레이 옵션 및 메트리얼 재질값의 변화를 빠르게 확인하고자 할 때 사용하는 도구로, 최종 렌더링은 되지 않습니다.

[Render Interactive] 도구 클릭-화면 회전

[VFB] 창에서 실시간으로 확인됨.

05 [Render with Chaos Cloud] 도구⬡: 사용자의 컴퓨터로 렌더링하는 것이 아니라 카오스 클라우드 웹에서 렌더링하는 클라우드 렌더링을 시작합니다. 해당 기능은 클라우드 크레딧을 구매해야 사용할 수 있습니다.

[Render with Chaos Cloud] 도구의 사용 방법

[Render with Chaos Cloud] 도구⬡의 사용 방법은 다음과 같습니다.

1. [Render with Chaos Cloud] 도구⬡를 클릭하면 [Chaos Cloud] 창이 나타나며 잔여 크레딧 및 렌더링 정보가 나타납니다. [Submit] 버튼을 클릭하면 파일 업로드가 진행되며 업로드와 완료되면 [View Job] 버튼을 클릭합니다.

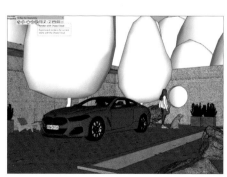

[Render with Chaos Cloud] 도구 클릭

[Chaos Cloud] 창이 나타남-
[Submit] 버튼 클릭

[View Job] 버튼 클릭

2. 카오스 클라우드 웹 페이지가 나타나며 클라우드 렌더링 진행 과정을 확인할 수 있습니다.

카오스 클라우드 웹 페이지가 나타나며 렌더링이 시작됨.

렌더링 완료

3. 렌더링이 완료되면 완료 이미지를 클릭한 후 원본 보기로 확인합니다. 이미지를 저장하려면 마우스 버튼을 우클릭하면 나타나는 확장 메뉴 중 [이미지를 다른 이름으로 저장] 명령을 클릭하면 됩니다.

완료 이미지 클릭-원본 보기로 확인-마우스 버튼 우클릭-저장

이렇게 카오스 클라우드에서 렌더링한 이미지는 클라우드 웹 페이지에 자동으로 저장되며 [Project] 메뉴를 클릭하면 확인할 수 있습니다.

저자의 Project 웹 페이지

QR코드: 카오스 클라우드 렌더링

06 [Chaos Cloud Batch Render] 도구: 카오스 클라우드에서 배치 렌더링을 시작합니다.

07 [Start V-Ray Vision] 도구⟳: 실시간 렌더링하는 브이레이 비전(V-Ray Vision)을 시작합니다.

[Start V-Ray Vision] 도구 클릭   [V-Ray Vision] 창에서 실시간 렌더링됨.

V-Ray Vision은 실시간 렌더링 도구이지만, 지금까지는(스케치업 브이레이 6.2 버전 기준) 이미지 품질에서 브이레이와 큰 차이를 나타내고 있으므로 실무에 사용하기에는 다소 부족합니다. 앞으로가 기대되는 기능 중 하나 입니다.

스케치업 브이레이-고품질 옵션 적용, 2000픽셀, 렌더 타임: 5분 55초

QR코드: V-Ray Vision

브이레이 비전-렌더 타임: 실시간

08 [Viewport Render] 도구 : 스케치업 화면에서 렌더링 진행 과정을 확인할 수 있는 뷰포트 렌더링을 시작합니다. [Viewport Render] 도구 를 클릭하면 스케치업의 [Overlays] 탭으로 이동됐다는 [SketchUp] 알림 창이 나타납니다. [OK] 버튼을 클릭한 후 스케치업의 [Overlays] 창의 [V-Ray Viewport Render] 옵션에 체크 표시합니다. 그런 다음 [Render Interactive] 도구 를 클릭하면 스케치업 화면에서 렌더링이 진행되는 뷰포트 렌더링 시작되며 장면을 회전시키거나 브이레이 옵션 및 재질값을 수정하면 스케치업 화면에서 실시간으로 확인됩니다. [Overlays] 창의 [V-Ray Viewport Render] 옵션에 체크 표시를 해제하면 뷰포트 렌더링이 중지되며 [VFB] 창에서 인터랙티브 렌더링이 진행됩니다.

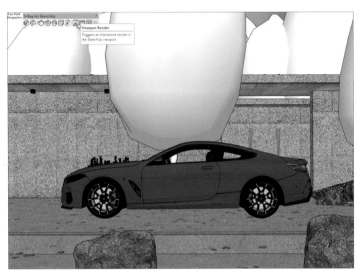

[Viewport Render] 도구 클릭

[OK] 버튼 클릭

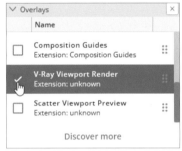

[Overlays] 창의 [V-Ray Viewport Render] 옵션 클릭

[Render Interactive] 도구 클릭: 스케치업 화면에서 렌더링됨.

장면 회전: 실시간으로 반영됨.

09 **[Frame Buffer] 도구**🔲: 렌더링 진행 과정과 완성된 렌더링 이미지를 확인하고 이미지를 보정하는 기능의[V-Ray Frame Buffer] 창을 나타냅니다. [V-Ray Frame Buffer] 창을 줄여 [VFB] 창이라고도 합니다.

10 **[Batch Render] 도구**🔲: 순차적으로 장면을 렌더링하는 배치 렌더링을 시작합니다. 스케치업의 [Scenes] 창에서 애니메이션에 포함시키는 [Include in animation] 옵션에 체크 표시가 해제(기본 설정: 체크 표시)된 장면은 배치 렌더링에서 제외됩니다.

[Include in animation] 체크 표시 해제: 배치 렌더에서 제외됨.

11 **[Lock Camera Orientation] 도구**🔒: 인터랙티브(Interactive) 렌더링 시에 활성화되는 도구로, 해당 도구를 클릭해 활성화하면 카메라 위치를 고정합니다. 인터랙티브 렌더링이 진행되는 동안 스케치업에서 카메라의 방향을 수정해도 렌더링 장면은 고정되고 스케치업에서 수정한 장면이 반영되지 않습니다.

[Render Interactive] 도구 클릭

[Lock Camera Orientation] 도구 클릭-화면 회전-렌더링 장면은 고정돼 있음.

vrmat 사용하기

[Chaos Cosmos] 도구⊙를 클릭하면 나타나는 [Chaos Cosmos Browser] 창에서 다양한 vrmat을 다운로드해 사용할 수 있습니다. vrmat은 브이레이 전용 메트리얼 파일 형식을 말하며 사용자가 재질값을 설정하지 않아도 가장 정확한 재질값이 설정된 파일입니다. 사용 방법은 다음과 같습니다.

1 | 검색 및 다운로드

[Chaos Cosmos Browser] 창에서 검색어를 입력한 후 Enter 를 누르고 원하는 파일의 [Download] 아이콘⊙을 클릭한 다음 작업 모델로 불러오기 위해 [Import] 아이콘⊡을 클릭합니다.

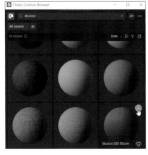

[Download] 아이콘 클릭

[Import] 아이콘 클릭

2 | 확인

[Materials] 옵션 창에 등록된 파일을 선택해 보면 재질값이 설정돼 있고 스케치업의 [Materials] 창을 확인해 보면 매핑 크기도 설정돼 있다는 것을 알 수 있습니다.

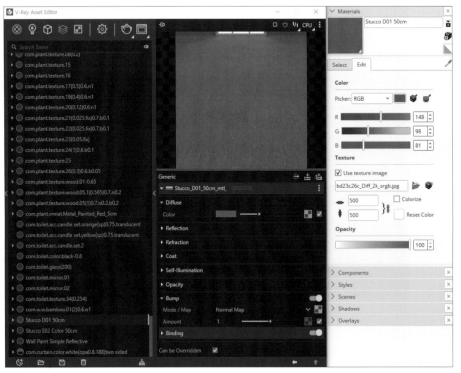

메트리얼 선택-확인

3 | 매핑/렌더링

작업 모델에 매핑한 후 렌더링하면 됩니다.

매핑

렌더링

다른 파일 Download/Import-매핑-렌더링

4 │ 'V-Ray Texture Helper' 이미지로 매핑되는 vrmat 파일

vrmat 중에는 스케치업에서 매핑했을 때 'V-Ray Texture Helper' 이미지로 표현되는 파일이 있습니다. 해당 파일은 이미지로 만든 파일이 아니라 브이레이 맵 타입을 이용해 만든 파일이기 때문에 스케치업에서는 'V-Ray Texture Helper' 이미지로 표현되지만, 렌더링하면 미리 보기 재질감이 그대로 표현됩니다.

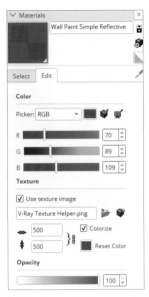

'V-Ray Texture Helper' 이미지로 표현됨.

매핑

렌더링

2 ── [V-Ray Lights] 도구 모음 알아보기

[V-Ray Lights] 도구 모음 에는 [V-Ray Light Gen] 창을 나타내는 [Light Gen] 도구
, 렉탱글 라이트를 만드는 [Rectangle Light] 도구, 스피어 라이트를 만드는 [Sphere Light] 도구,
스팟 라이트를 만드는 [Spot Light] 도구, IES 라이트를 만드는 [IES Light] 도구, 옴니 라이트를 만드
는 [Omni Light] 도구, 돔 라이트를 만드는 [Dome Light] 도구, 메시 라이트를 만드는 [Convert to
Mesh Light] 도구가 포함돼 있습니다.

01 **[Light Gen] 도구** : 다양한 환경 조명 옵션을 제공하는 [V-Ray Light Gen] 창을 나타냅니다.

02 **[Rectangle Light] 도구** : 렉탱글 라이트를 만듭니다.

03 **[Sphere Light] 도구** : 스피어 라이트를 만듭니다.

04 **[Spot Light] 도구** : 스팟 라이트를 만듭니다.

05 **[IES Light] 도구** : IES 라이트를 만듭니다.

06 **[Omni Light] 도구** : 옴니 라이트를 만듭니다.

07 **[Dome Light] 도구** : 돔 라이트를 만듭니다.

08 **[Convert to Mesh Light] 도구** : 메시 라이트를 만듭니다.

현
장
ㅣ
플
러
스
＊

[Light Gen] 도구 사용하기

[Light Gen] 도구를 클릭하면 [V-Ray Light Gen] 창이 나
타나며 작업 모델의 외부(Exterior)와 내부(Interior)에 다양
한 환경 조명 옵션을 제공합니다. [V-Ray Light Gen] 창에서
[EXTERIOR]를 클릭하면 기본적으로 조명 소스가 [Sun & Sky]
타입으로 설정돼 있고 [Altitude variations](고도 변화) 옵션
의 값이 '3', [Azimuth variations](방위각 변화) 값도 '3'으
로 설정돼 있습니다. 이 옵션들은 곱하기의 개념으로 [Generate
Variants] 버튼을 클릭하면 각각의 시간대가 다른 총 9개의 장면
이 만들어집니다. [Altitude variations] 옵션과 [Azimuth
variations] 옵션의 값은 수정할 수 있으며 수정한 값의 곱하기 개
수만큼 다양한 장면이 만들어집니다.

[Light Gen] 도구 클릭-[Exterior] 클릭-
[Generate Variants] 클릭

[V-Ray Light Gen] 창에서 기본적으로 9개의 장면이 만들어지며 특정 장면의 섬네일을 클릭하고 렌더링하거나 인터랙티브 렌더링하면 선택한 장면으로 렌더링됩니다.

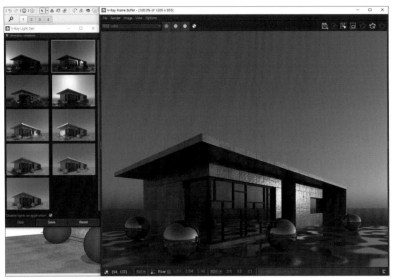

9개의 장면이 만들어짐.-특정 장면 클릭-렌더링 또는 인터렉티브 렌더링: 해당 장면이 렌더링됨.

[V-Ray Light Gen] 창에서 [Reset] 버튼을 클릭한 후 HDR 타입을 선택하면 [Unique styles] 옵션의 값이 '35', [Variations] 옵션의 값이 '3'으로 설정돼 있는 것을 알 수 있습니다. '35'에 '3'을 곱해 총 105개의 장면을 만듭니다.

[V-Ray Light Gen] 창에서 [Reset] 버튼 클릭-HDR 클릭-[Generate Variants] 버튼 클릭

특정 섬네일을 클릭한 후 렌더링하거나 인터렉티브 렌더링하면 선택한 장면으로 렌더링됩니다. 장면을 수정해도 해당 환경이 그대로 적용됩니다.

105개의 장면이 만들어짐.-특정 장면 클릭-렌더링 또는 인터랙티브 렌더링

장면 수정: 환경 조명이 그대로 적용됨.

[Light Source]를 [HDR] 타입으로 선택했을 때 기본으로 만들 수 있는 105개의 장면

실내 장면(INTERIOR)도 동일한 방법으로 다양한 장면을 만들 수 있습니다.

[INTERIOR] 클릭-[Generate Variants] 버튼 클릭

[QR코드-Light Gen]

마음에 드는 장면 섬네일 클릭-렌더링

3 ── [V-Ray Utillities] 도구 모음 알아보기

[V-Ray Utillities] 도구 모음 에는 브이레이 오브젝트를 면으로 채우는 [Enable Solid Widgets] 도구, 브이레이 오브젝트를 숨기는 [Hide V-Ray Wedgets] 도구, 선택한 객체의 메트리얼을 삭제하는 [Remove Materials] 도구, 선택한 객체의 매핑 방식을 수정하는 [Tri-Planar Projection(World)] 도구, [Tri-Planar Projection(Fit)] 도구, [Spherical Projection(World)] 도구, [Spherical Projection(Fit)] 도구, 조명의 세기를 조절하거나 메트리얼을 확인하는 [Scene Interaction Tool] 도구가 포함돼 있습니다.

[V-Ray Utillities] 도구 모음 중 [Enable Solid Widgets] 도구와 [Hide V-Ray Wedgets] 도구를 제외한 도구들은 객체에 마우스 버튼을 우클릭하면 나타나는 확장 메뉴 중 [V-Ray UV Tools] 메뉴에도 포함돼 있습니다.

V-Ray UV Tools	▶	Tri-Planar Projection (World)
FFD	▶	Tri-Planar Projection (Fit)
- FFD...	▶	Spherical Projection (World)
Create Clipping Box from Current SketchUp Selection		Spherical Projection (Fit)
Group Copies	▶	Remove Materials

확장 메뉴

01 **[Enable Solid Widgets] 도구** : 브이레이 오브젝트를 면으로 채우는 도구이지만 렉탱글 라이트(Rectangle Light), 스피어 라이트(Sphere Light), 무한 평면(Infinite Plane)을 제외한 오브젝트는 면으로 채워지지 않습니다.

02 **[Hide V-Ray Wedgets] 도구** : 브이레이 오브젝트를 숨깁니다.

03 **[Remove Materials] 도구** : 선택한 객체의 메트리얼을 삭제합니다. 그룹(또는 컴포넌트) 편집 모드에서 매핑한 여러 개의 메트리얼도 그룹(또는 컴포넌트)이 모두 삭제되며 선택한 그룹(또는 컴포넌트)과 동일한 그룹(또는 컴포넌트)의 메트리얼도 모두 삭제됩니다.

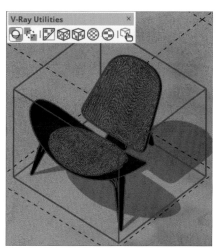

의자 컴포넌트 선택

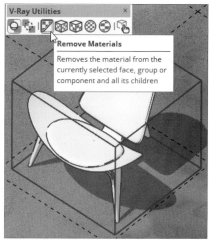

[Remove Materials] 도구 클릭-메트리얼이 모두 삭제됨.

04 [Tri-Planar Projection(World)] 도구 : 선택한 객체(면, 그룹, 컴포넌트)의 매핑을 입방 투영 방식으로 수정합니다.

05 [Tri-Planar Projection(Fit)] 도구 : 선택한 객체(면, 그룹, 컴포넌트)의 매핑을 입방 투영 방식으로 수정하지만 매핑 크기가 커집니다.

06 [Spherical Projection(World)] 도구 : 선택한 객체의 매핑을 구면 투영 방식으로 수정합니다.

07 [Spherical Projection(Fit)] 도구 : 선택한 객체의 매핑을 구면 투영 방식으로 수정하지만, 매핑 크기가 커집니다.

편집 모드 매핑 [Tri-Planar Projection(World)] [Tri-Planar Projection(Fit)]

[Spherical Projection(World)] [Spherical Projection(Fit)]

08 [Scene Interaction Tool] 도구 : 조명의 세기를 조절하거나 객체에 매핑된 메트리얼을 확인합니다.

Scene Interaction Tool 도구 사용하기

[Scene Interaction Tool] 도구🖐를 선택한 후 마우스를 인공조명에 올려놓으면 해당 인공조명의
세기가 나타납니다. 클릭한 다음 위로 드래그하면 조명의 세기가 올라가고 아래로 드래그하면 세기가 내
려갑니다.

도구 클릭-스피어 라이트 클릭   아래로 드래그-세기가 내려감.

도구를 클릭한 후 객체에 올려놓으면 해당 객체에 매핑된 메트리얼이 마커로 표시됩니다. 클릭하면
[Materials] 옵션 창에서 해당 메트리얼이 선택됩니다.

 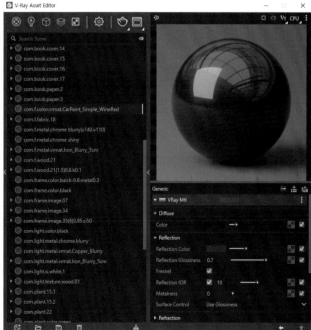

도구 클릭-객체에 위치시킴.-메트리   [Materials] 창에서 선택됨.
얼이 표시됨.-클릭

4 ── [V-Ray Objects] 도구 모음 알아보기

[V-Ray Objects] 도구 모음에는 무한 평면을 만드는 [Infinite Plane] 도구⊕,
프록시 파일을 내보내기 하는 [Export Proxy] 도구⬚, 프록시 파일이나 브이레이 신(Scene) 파일을 불러
오는 [Import Proxy or V-Ray Scene] 도구⬚, 선택한 그룹 또는 컴포넌트를 퍼로 만드는 [Add Fur to
Selection] 도구⬚, 선택한 그룹 또는 컴포넌트를 클리퍼 오브젝트로 만드는 [Convert to Clipper] 도구⬚,
선택한 그룹 또는 컴포넌트를 디스플레이스먼트 오브젝트로 만드는 [Add Displacement to Selection] 도
구⬚, 선택한 그룹 또는 컴포넌트를 데칼 오브젝트로 만드는 [Decal] 도구⬚, 선택한 그룹 또는 컴포넌트를 엔
메시 오브젝트로 만드는 [Add Enmesh to Selection] 도구⬚, 선택한 그룹 또는 컴포넌트를 스캐터 오브젝
트로 만드는 [Scatter over Selection] 도구⬚, 스캐터 오브젝트를 스케치업 화면에서 확인하는 [Scatter
Viewer] 도구⬚가 포함돼 있습니다.

01 **[Infinite Plane] 도구⊕** : 무한 평면을 만듭니다.

현 장 — 플 러 스 ✳

[Infinite Plane] 도구 사용하기

[Infinite Plane]⊕은 한계가 없는 무한한 평면을 만드는 도구입니다. 무한 평면을 만든 후 매핑하면
재질값이 적용됩니다.

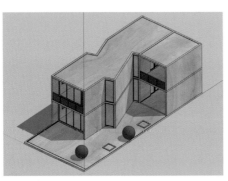

무한 평면 만들기 전

브이레이

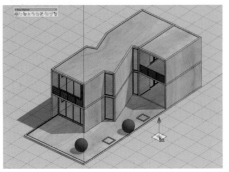

무한 평면 도구 클릭-바닥 클릭

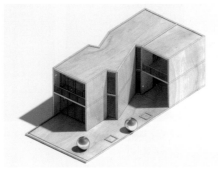

브이레이: 무한 평면이 디폴트 메트리얼로 표현됨.

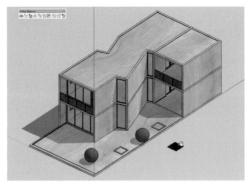

매핑-반사값 설정

브이레이: 반사가 표현됨.

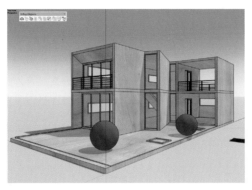

투시도 장면 설정

브이레이

02 [Export Proxy] 도구📦: 프록시 파일을 내보내기합니다.

03 [Import Proxy or V-Ray Scene] 도구📦: 프록시 파일이나 브이레이 신(Scene) 파일을 불러옵니다.

04 [Add Fur to Selection] 도구🌿: 선택한 그룹 또는 컴포넌트를 퍼로 만듭니다.

05 Convert to Clipper 도구✂: 선택한 그룹 또는 컴포넌트를 클리퍼 오브젝트로 만듭니다. 클리퍼 오브젝트와 교차된 객체는 삭제됩니다.

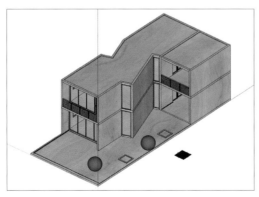

클리퍼 배치 전 스케치업

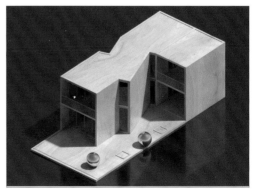

브이레이

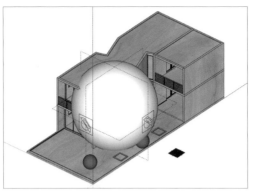

객체 배치-[Convert to Clipper] 도구 클릭

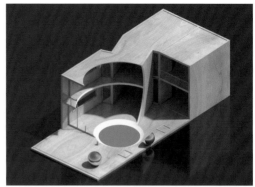

브이레이: 클리퍼 오브젝트와 교차된 부분이 삭제됨.

현 장 — 플 러 스 ✳

[Intersect] 모드

[Geometries] 옵션 창에서 [Mesh Clipper]를 선택하면 나타나는 [Clipper] 옵션 창에서 [Mode]를 [Subtract](빼기)가 아닌 [Intersect](교차)로 선택한 후 렌더링하면 클리퍼 오브젝트와 교차된 부분만 표현됩니다.

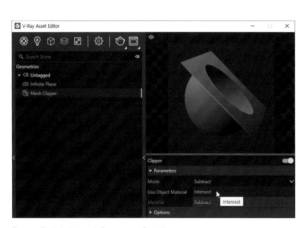

[Mode] 내림 버튼 클릭-[Intersect] 클릭

교차된 부분만 표현됨.

06 [Add Displacement to Selection] 도구⊞: 선택한 그룹 또는 컴포넌트를 디스플레이스먼트 오브젝트로 만듭니다.

07 [Decal] 도구⬚: 선택한 그룹 또는 컴포넌트를 데칼 오브젝트로 만듭니다.

08 [Add Enmesh to Selection] 도구⊞: 선택한 그룹 또는 컴포넌트를 기하학적인 반복 패턴을 표현하는 엔메시 오브젝트로 만듭니다.

09 [Scatter over Selection] 도구⬚: 선택한 그룹 또는 컴포넌트를 스캐터 오브젝트로 만듭니다.

10 [Scatter Viewer] 도구 🐘 : 스캐터 오브젝트를 스케치업 화면에서 확인합니다.

[Scatter Viewer] 도구 클릭

[OK] 버튼 클릭

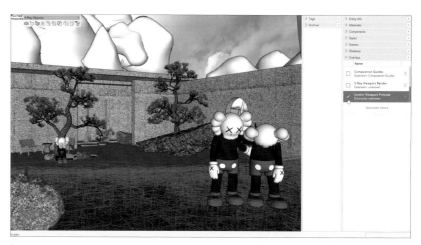

[Overlays] 창에서 Scatter Viewport Preview 옵션 체크 표시: 스케치업 모델에 스캐터 오브젝트가 나타남.

브이레이

2강

SketchUp

[V-Ray Frame Buffer] 창 알아보기

[VFB] 창은 렌더링 진행 과정과 완성된 렌더링 이미지를 확인하고 보정하는 기능을 가진 창으로, 왼쪽은 렌더링 이미지를 자동 저장하는 [History] 창, 가운데는 렌더링 진행 과정과 완성 이미지를 확인하는 [Rendering] 창, 오른쪽은 렌더링 이미지를 보정하고 렌더링 정보를 표시하는 [Layers, Stats, Log] 창으로 구성돼 있습니다.

1 [History] 창 알아보기

[History] 창은 렌더링 이미지를 저장하는 창입니다. [History] 창에 있는 아이콘의 기능을 알아보겠습니다.

[VFB] 창

01 [Save to history] 아이콘🔳: 렌더링 이미지를 [History] 창에 저장합니다.

02 [A/B horizontal] 아이콘🔳: 여러 장의 렌더링 이미지를 비교합니다.
아이콘을 클릭하면 활성화되고 렌더링하거나 활성화된 아이콘을 클릭하면
비활성화됩니다. [A/B horizontal] 아이콘🔳을 클릭하면 이미지 비교
타입이 나타납니다.

이미지 비교 타입

1. [A/B horizontal] 타입🔳: 2장의 이미지를 가로로 비교합니다.

2. [A/B vertical] 타입🔳: 2장의 이미지를 세로로 비교합니다.

2장의 이미지를 가로로 비교

2장의 이미지를 세로로 비교

3. A/B/C/D 타입🔳: 4장의 이미지를 가로/세로로 비교합니다.

4장의 이미지를 가로, 세로로 비교

03 [Load to VFB] 아이콘🔳: [History] 창에서 선택한 이미지를 [VFB] 창에 나타냅니다.

04 [Delete] 아이콘🔳: [History] 창에서 선택한 이미지를 삭제합
니다.

05 [Search filter]: 메모를 기준으로 이미지를 필터링합니다.

[Search filter]

[Search filter] 활용하기

메모할 이미지에 마우스 버튼을 우클릭하면 나타나는 확장 메뉴 중 [Edit Note] 명령을 클릭합니다.
이어서 메모를 하고 메모 영역 외부를 클릭해 완성합니다. 그런 다음 [Search filter] 항목에 문자를
입력하면 해당 문자에 포함되는 이미지가 필터링됩니다.

마우스 버튼 우클릭-[Edit note] 클릭

입력-외부 클릭

검색란에 문자 입력-필터링됨.

2 | [Rendering] 창 알아보기

[Rendering] 창은 렌더링 진행 과정과 완성 이미지를 확인하는 창입니다. [Rendering] 창의 메뉴와
아이콘에 대해 알아보겠습니다.

1 ── 메뉴

[Rendering] 창의 메뉴에 대해 알아보겠습니다.

```
File   Render   Image   View   Options
```

메뉴

① [File] 메뉴

[File] 메뉴

❶ [Save current channel]🖫: 현재의 채널 이미지 파일만 저장합니다.

1장의 이미지 파일 저장

❷ [Save all image channels to separate files]🖫: 모든 채널의 이미지 파일을 저장합니다.

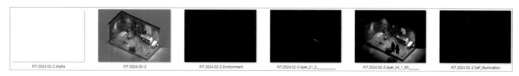

여러 장의 이미지 파일 저장

❸ [Save all image channels to single file]🖫: 모든 채널의 이미지 파일을 exr 파일 형식 또는 vrimg 파일 형식으로 저장합니다.

❹ [Load image]🗁: 이미지 파일을 불러옵니다. [Load image]🗁를 클릭하면 [Load image] 창이 나타나며 [All supported formats~] 옵션의 내림 버튼을 클릭하면 불러올 수 있는 이미지 파일 형식을 확인할 수 있습니다. 대부분의 이미지 파일 형식을 불러올 수 있습니다.

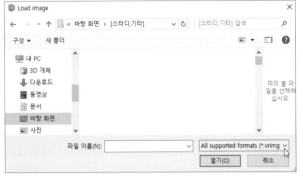

불러올 수 있는 파일 형식 확인

내림 버튼 클릭

HDR 파일 및 VR Spherical Panorama 렌더링 이미지 불러오기

돔 라이트에 적용해서 환경 조명으로 사용하는 HDR 파일이나 [VR Spherical Panorama] 카메라 타입으로 렌더링한 이미지 파일을 불러온 후 [View] 메뉴의 [Panorama View] 명령을 클릭하면 이미지를 360도로 확인할 수 있습니다.

HDR 파일 불러옴.-[View]-[Panorame View] 클릭

확인

[VR Spherical Panorama] 카메라 타입으로 렌더링한 이미지 파일 불러옴.-[View]-[Panorame View] 클릭

확인

❺ [Batch image processing]: 일괄적으로 이미지를 처리하는 [Batch image processing] 창을 나타냅니다.

❻ [Upload image to Chaos Collaboration]: 다른 사용자들과 협업할 수 있는 [Chaos Collaboration]에 이미지 파일을 업로드합니다.

웹상에서 다른 사용자들과 피드백

[Upload image to Chaos Collaboration] 명령 클릭-[Open in browser] 버튼 클릭

② [Render] 메뉴

❶ [Start interactive rendering]: 인터랙티브 렌더링을 시작합니다.

❷ [Abort rendering]: 렌더링이 시작되면 활성화되는 아이콘으로 렌더링을 중지합니다.

❸; [Render]: 렌더링을 시작합니다.

[Render] 메뉴

③ [Image] 메뉴

[image] 메뉴

❶ [Follow mouse]: Follow mouse 기능을 설정합니다.
  • [Follow mouse]: 마우스 포인트가 위치하는 곳부터 렌더링합니다.
  • [Follow mouse(locked)]: Follow mouse 기능을 잠급니다.
❷ [Copy current channel to clipboard]: 현재의 채널을 클립보드에 복사합니다.
❸ [Clear image]: [Rendering] 창의 이미지를 지웁니다.

④ [View] 메뉴

❶ [Display color space]: 디스플레이 색 공간을 설정(기본 설정: sRGB)합니다. 일반적으로 사용하는 타입은 sRGB 타입입니다.

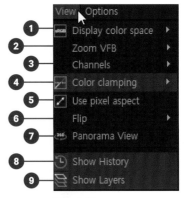

[View] 메뉴

[Display color space] 확장 메뉴

❷ [Zoom VFB]: [Rendering] 창의 이미지를 축소, 원본 크기, 확대, 꽉 차게 배치하기 등을 설정합니다.

[Zoom VFB] 확장 메뉴

❸ Channels: 디스플레이되는 채널을 설정(기본 설정: 레드, 그린, 블루 채널 활성화)합니다.

[Channels] 확장 메뉴

- **[View red channel]**▣, **[View green channel]**▣, **[View blue channel]**▣ : 레드, 그린, 블루 채널을 표시합니다.

- **[Switch to alpha channel]**▣: 알파 채널을 표시합니다. **[View red channel]**▣, **[View green channel]**▣, **[View blue channel]**▣과 **[Switch to alpha channel]**▣의 활성화, 비활성화 여부는 [Rendering] 창의 채널 아이콘과 연동됩니다.

채널 아이콘과 연동됨.

- **[Monochromatic mode]**▣: 흑백으로 표시합니다.

❹ [Color clamping]: 색상 클램핑 타입을 설정합니다. 색상 클램핑이란, 8비트 색 공간을 넘어가는 아주 밝은 색 영역을 말합니다.

[Color clamping] 확장 메뉴

- **[Force color clamping]**▣: 렌더링 이미지에 클램핑된 부분을 표시합니다.
- **[View clamped colors]**▣: 클램핑된 부분만 표시합니다.

아주 밝은 색 영역 확인하기

렌더링한 후 [Force color clamping] 명령과 [View clamped colors] 명령으로 아주 밝은 색
영역을 확인할 수 있습니다.

렌더링

[Force color clamping] 클릭

[View clamped colors] 클릭

❺ [Use pixel aspect] : 픽셀 종횡비 시각화를 활성화합니다.

❻ [Flip] : 렌더링 이미지를 미러링합니다. 해당 명령을 클릭
하고 있으면 수평 또는 수직으로 이미지가 미러링됩니다.

[Flip] 확장 메뉴

- [Flip horizontally]▨ : 수평으로 미러링합니다.
- [Flip vertically]▨ : 수직으로 미러링합니다.

❼ [Panorama View] : 이미지를 360도로 나타냅니다. 해당 기능을 사용하기 위해서는 [VR Spherical
Panorama] 카메라 타입으로 렌더링해야 합니다.

❽ [Show History] : [History] 창을 나타냅니다.

❾ [Show Layers] : [Layer, Stats, Log] 창을 나타냅니다.

⑤ [Options] 메뉴

- [VFB settings]⚙ : [VFB settings] 창을 나타냅니다.

2 ── 아이콘

각종 아이콘의 기능에 대해 알아보겠습니다.

각종 아이콘

❶ **채널 내림 버튼▼** : 채널을 추가했을 경우 채널 내림 버튼▼을 클릭하면 각각의 채널이 표시됩니다. 특정 채널을 클릭하면 해당 채널 이미지가 나타납니다. 채널을 추가하지 않았다면 RGB color, Alpha 채널만 표시됩니다.

RGB color 채널

내림 버튼 클릭-라이트 믹스 채널의 조명 채널 클릭-조명 채널 이미지가 표시됨.

❷ [View red channel]◉, [View green channel]◉, [View blue channel]◉, [Switch to alpha channel]◈ 아이콘: 레드, 그린, 블루 채널과 알파 채널을 표시합니다.

❸ [Save current channel] 아이콘▣: 현재의 채널 이미지를 저장합니다.

❹ [Clear image] 아이콘▣: 이미지를 지웁니다.

❺ [Follow mouse] 아이콘▦: 마우스 포인터가 위치하는 곳부터 렌더링을 진행합니다.

❻ [Region render] 아이콘▢: 렌더링할 영역을 지정합니다.

❼ [Start interactive render] 아이콘▣: 인터랙티브 렌더링을 시작합니다.

❽ [Abort rendering] 아이콘▣: 렌더링을 시작하면 활성화되는 아이콘으로 렌더링을 중지합니다.

❾ [Render] 아이콘▣: 렌더링을 시작합니다.

3 ── [Layers, State, Log] 창 알아보기

[Layers, Stats, Log] 창은 렌더링 이미지를 보정하고 렌더링 정보를 표시하는 창입니다.

01 [Layers] 창

[Layers] 탭을 클릭하면 나타나는 [Layers] 창에 대해 알아보겠습니다.

❶ [Create Layer] 아이콘▣: 보정 레이어를 추가합니다.

• [Folder]: 폴더를 추가합니다. 폴더를 추가하면 여러 개의 레이어를 그룹화할 수 있습니다.

• [ICC profile]: 색상 보정을 위해 ICC profile 파일을 사용합니다.

• [Lookup Table]: 색상 변환을 위해 LUT 파일을 사용합니다.

• [Curves]: 곡선 보정 레이어를 추가합니다.

• [Color Balance]: 색상 균형 보정 레이어를 추가합니다.

• [Hue/Saturation]: 색조/채도 보정 레이어를 추가합니다.

[Layers] 창

• [White Balance]: 화이트 밸런스 보정 레이어를 추가합니다.

• [Exposure]: 노출 보정 레이어를 추가합니다.

- **[Constant]** : 보정에 영향을 미치는 단색을 추가합니다. 색상 박스를 클릭해 원하는 색상을 설정할 수 있습니다.

[Constant] 클릭-색상 박스 클릭

색상 선택

- **[Render Element]** : 합성에 사용할 수 있는 렌더 앨리먼트를 선택합니다. 소스 레이어가 합성으로 설정된 경우에만 사용할 수 있습니다.
- **[Background]** : 배경 합성 레이어를 추가합니다.
- **[MultiMatte mask]** : 마스크는 MultiMatte 렌더 요소를 기반으로 합니다.
- **[Cryptomatte mask]** : 마스크는 Cryptomatte 렌더 요소를 기반으로 합니다.
- **[Integer mask]** : 마스크는 렌더 ID, 객체 ID, 재질 ID 렌더 요소와 같은 정수 렌더 요소와 함께 사용합니다.
- **[Proportion Guide]** : 이미지에 여러 가지 종류의 가이드를 오버레이합니다.

Proportion Guide

❷ [Delete Layer] 아이콘 : 레이어를 선택해야 활성화되는 아이콘으로 선택한 레이어를 삭제합니다.

❸ [Save layer tree preset] 아이콘 : 레이어 트리 설정을 저장합니다.

❹ [Load layer tree preset] 아이콘 : 레이어 트리 설정을 불러옵니다.

❺ [Layer presets] 아이콘 : 사용자가 정의한 사전 설정에 빠르게 액세스합니다. [VFB settings] 창에서 경로가 설정돼 있어야 합니다.

❻ [Undo], [Redo create layer] 아이콘 : 레이어 생성을 취소하거나 다시 생성합니다.

02 [Stats] 창: 엔진, 장치, 성능 및 메모리에 대한 통계 보고서를 제공합니다.

03 [Log] 창: 로그 보고서를 제공합니다.

[VFB] 창

3강

SketchUp

[V-Ray Asset Editor] 창 알아보기

[Asset Editor] 도구 ✅를 클릭하면 나타나는 [V-Ray Asset Editor] 창의 구성 요소에 대해 알아보겠습니다.

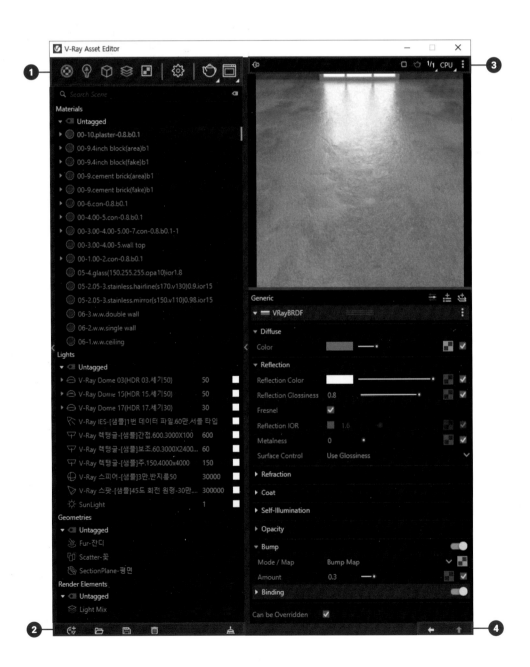

1 | 각종 아이콘

[V-Ray Asset Editor] 창에 있는 각종 아이콘의 기능에 대해 알아보겠습니다.

1 ── 왼쪽 상단 아이콘

❶ **[Materials] 아이콘⊗**: 매핑한 메트리얼의 재질값을 설정할 수 있는 [Materials] 옵션 창을 나타냅니다.

❷ **[Lights] 아이콘♀**: 인공조명의 속성을 설정할 수 있는 [Lights] 옵션 창을 나타냅니다.

❸ **[Geometry] 아이콘⬡**: 퍼(Fur), 스캐터(Scatter), 섹션(Section) 등의 브이레이 지오메트리를 추가하고 각각의 속성을 설정할 수 있는 [Geometries] 옵션 창을 나타냅니다.

❹ **[Render Elements] 아이콘⊜**: 각종 채널을 추가한 후 각 채널 속성을 설정할 수 있는 [Render Elements] 옵션 창을 나타냅니다.

❺ **[Textures] 아이콘▣**: 텍스처를 추가한 후 각각의 텍스처 속성을 설정할 수 있는 [Textures] 옵션 창을 나타냅니다.

❻ **[Settings] 아이콘⚙**: 브이레이의 전반적인 옵션을 설정할 수 있는 [Settigns] 옵션 창을 나타냅니다.

❼ **[Render with V-Ray] 아이콘🫖**: 렌더링을 시작합니다. 아이콘 아래의 확장 버튼◢을 클릭하면 여러 가지 아이콘들이 나타나고 최근에 클릭한 아이콘이 활성화된 상태로 표시됩니다.

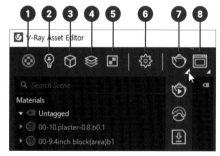

확장 버튼 클릭

- [Render with V-Ray Interactive] 아이콘🫖: 장면과 브이레이 설정의 변화를 실시간으로 확인할 수 있는 인터랙티브 렌더링을 시작합니다.

- [Render with Chaos Cloud] 아이콘◉: 카오스 클라우드 웹에서 렌더링을 진행하는 클라우드 렌더링을 시작합니다.

- [Export V-Ray Scene File] 아이콘⬇: 다른 렌더링 프로그램에서 실행할 수 있는 [V-Ray Scene File]로 저장합니다.

❽ [Open V-Ray Frame Buffer] 아이콘▣: 렌더링 과정
을 실시간으로 확인하고 이미지를 보정할 수 있는 [V-Ray
Frame Buffer] 창을 나타냅니다. 아이콘 아래의 확장 버
튼◢을 클릭하면 여러 가지 아이콘들이 나타나고 최근에 클
릭한 아이콘이 활성화된 상태로 표시됩니다.

확장 버튼 클릭

- **[Open V-Ray Light Gen] 아이콘▣**: 다양한 환경 조명
  을 설정할 수 있는 [V-Ray Light Gen] 창을 나타냅니다.
- **[Open Chaos Cosmos Browser] 아이콘▣**: 각종 브이레이 [Asset] 파일을 다운로드할 수 있는
  [Chaos Cosmos Browser] 창을 나타냅니다.
- **[Open V-Ray Log] 아이콘▣**: 렌더링 정보를 확인할 수 있는 [V-Ray Log Windows] 창을 나타냅니다.
- **[Open V-Ray File Path Editor] 아이콘▣**: 각종 파일의 경로를 확인하고 재지정할 수 있는 [V-Ray
  File Path Editor] 창을 나타냅니다.
- **[Open Chaos Collaboration] 아이콘▣**: 다른 사용자와 협업할 수 있는 Chaos Collaboration을
  시작합니다.

2 —

왼쪽 하단 아이콘

❶ **[Create Asset] 아이콘▣**: Asset 파일을 추가합니다.
❷ **[Import Asset File] 아이콘▣**: Asset 파일을 불러옵니다.
❸ **[Save Asset To File] 아이콘▣**: 선택한 Asset 파일을 저장합니다.
❹ **[Delete Asset] 아이콘▣**: 선택한 Asset 파일을 삭제합니다.
❺ **[Purge Unused Assets] 아이콘▣**: 불필요한 Asset 파일을 삭제합니다.

3 —

오른쪽 상단 아이콘

❶ **[Pin] 아이콘▣**: 전체 브이레이 에셋 파일의 미리 보기를 [미리 보기] 창에서 지원합니다. [Pin] 아이콘▣
을 클릭하면 [Uppin] 아이콘▣으로 수정되며 선택한 에셋 파일의 미리 보기가 고정됩니다.
❷ **[Stop Live Preview] 아이콘▣**: [미리 보기] 창에서의 실시간 미리 보기를 중지합니다. [Stop Live
Preview] 아이콘▣을 클릭하면 [Start Live Preview] 아이콘▶으로 수정되며 [Start Live Preview]
아이콘▶을 클릭하면 다시 [미리 보기] 창에서 실시간 미리 보기가 시작됩니다.
❸ **[Preview current asset once] 아이콘▣**: [Stop Live Preview] 아이콘▣을 클릭하면 [Preview
current asset once] 비활성화 아이콘▣이 활성화 아이콘▣으로 수정되며 해당 에셋 파일의 설정을 수

정한 후 활성화 아이콘📷을 클릭하면 수정한 내용이 미리 보기됩니다.

❹ **미리 보기 품질 설정 아이콘🎞️**: 에셋 파일의 미리 보기 품질을 설정합니다. 확장 버튼◢을 클릭하면 품질을 설정할 수 있습니다.

   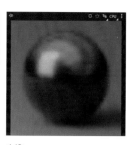

기본 설정   1/2   1/4   1/8

❺ **미리 보기 렌더링 방식 설정 아이콘CPU**: 미리 보기 렌더링 방식(기본 설정: CPU)을 설정합니다. 확장 버튼◢을 클릭해 GPU 방식으로 설정할 수도 있습니다.

❻ **[Selects preview] 아이콘⋮**: [Materials] 옵션 창에서만 나타나는 아이콘으로, 재질감 미리 보기 방식을 설정합니다.

4 —

오른쪽 하단 아이콘

❶ **[Select Preview Asset] 아이콘◀**: 이전에 선택한 에셋 파일을 미리 보기합니다.

❷ **[Up the Assets Hierarchy] 아이콘↥**: 맵 타입을 선택했을 때 활성화되는 아이콘으로 해당 항목을 계층 구조에서 한 단계 위로 이동합니다.

2 | Contents

선택한 옵션 창의 Asset 파일을 나타냅니다.

01 **검색란🔍**: 검색어를 입력하면 선택한 옵션 창에서 해당 검색어에 포함되는 Asset 파일 리스트를 나타냅니다.

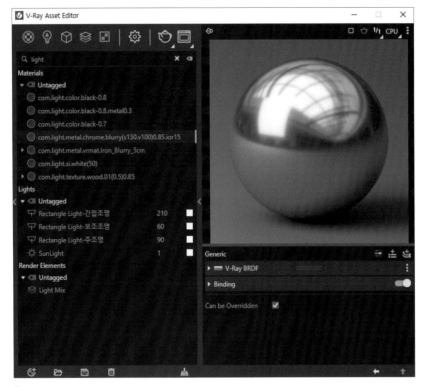

Contents

02   [Remove] 아이콘🗙 : 검색란에 입력한 검색어를 삭제합니다.

03   [Enable or Disable Tag View]▣, ▣ : 태그를 표시하거나 표시하지 않습니다.

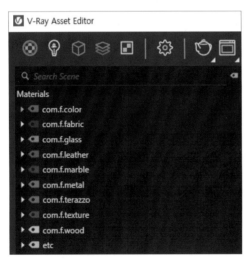

[Enable Tag View]

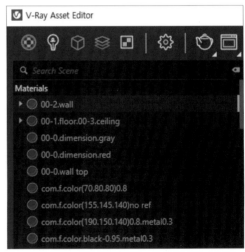

[Disable Tag View]

현
장
ㅡ
플
러
스

✳

[V-Ray Asset Editor] 창에서 태그 추가, 삭제

태그를 추가 또는 삭제하는 방법과 브이레이 에셋 파일을 특정 태그에 포함하는 방법을 알아보겠습니다.

1. 태그 추가: 태그를 추가하려면 브
   이레이 에셋 파일에 마우스 버튼
   을 우클릭하면 나타나는 확장 메
   뉴 중 [Tag]-[New] 명령을 클
   릭해 추가한 후 이름을 수정하면
   됩니다.

 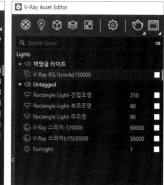

마우스 버튼 우클릭-[Tag]-[New] 클릭　　태그가 추가됨.-태그 이름 수정

2. 태그에 포함하기: 브이레이 에셋
   파일을 태그에 포함하려면 클릭한
   상태로 드래그하거나 마우스 버튼
   을 우클릭하면 나타나는 확장 메
   뉴 중 [Tag] 명령을 클릭한 후 이
   동할 태그를 클릭하면 됩니다.

클릭 & 드래그　　마우스 우클릭-Tag-태그 클릭

3. 태그 삭제: 태그를 삭제하려면 태
   그에 마우스 버튼을 우클릭하면
   나타나는 확장 메뉴 중 [Delete]
   명령을 클릭하면 됩니다.

마우스 버튼 우클릭-[Delete] 클릭　　태그가 삭제됨.

561

3 옵션 창

선택한 에셋 파일의 옵션을 설정할 수 있는 옵션 창이 나타납니다.

01 **[Generic] 옵션 창**: [Materials] 옵션 창에서 메트리얼을 선택하면 [Generic] 옵션 창이 나타납니다.

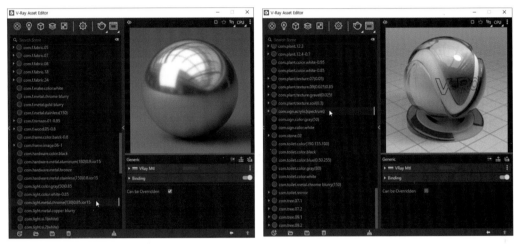

메트리얼 선택-[Generic] 옵션 창이 나타남.　　　　　　　　메트리얼 선택-[Generic] 옵션 창이 나타남.

02 **[Lights] 옵션 창**: [Lights] 옵션 창에서 조명을 선택하면 해당 조명의 [Lights] 옵션 창이 나타납니다.

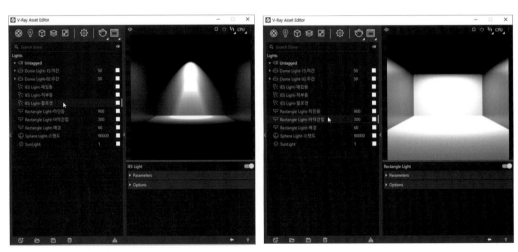

IES 라이트 선택-[IES Light] 옵션 창이 나타남.　　　　　Rectangle Light 선택-[Rectangle Light] 옵션 창이 나타남.

03 **[Geometries] 옵션 창**: [Geometries] 옵션 창에서 브이레이 오브젝트를 선택하면 해당 오브젝트의
옵션 창이 나타납니다.

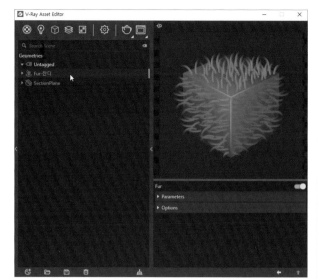

Fur-잔디 선택-[Fur] 옵션 창이 나타남.

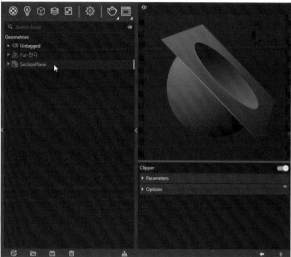

[SectionPlane] 선택-[Clipper] 옵션 창이 나타남.

04 **[Render Elements] 옵션 창**: [Render Elements] 옵션 창에서 채널을 선택하면 해당 채널의 옵션
창이 나타납니다.

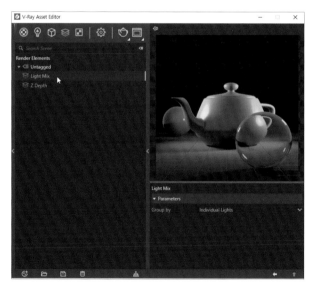

[Light Mix] 클릭-[Light Mix] 옵션 창이 나타남.

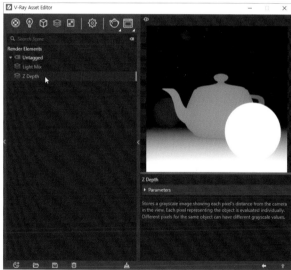

[Z Depth] 클릭-[Z Depth] 옵션 창이 나타남.

[Settings] 옵션 창 알아보기

4강 · SketchUp

[V-Ray Asset Editor] 창에서 [Settings] 아이콘을 클릭하면 나타나는 [Settings] 옵션 창의 구성 요소에 대해 알아보겠습니다.

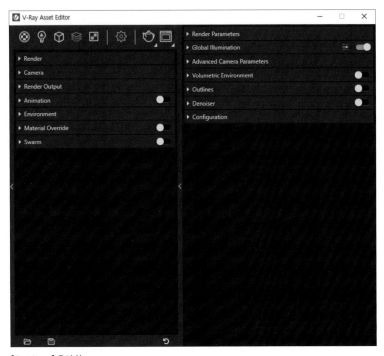

[Settings] 옵션 창

1 ── [Render] 탭 알아보기

렌더링에 사용할 엔진과 렌더링 방식, 품질을 설정합니다.

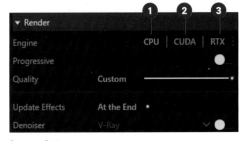

[Render] 탭

01 [Engine]: 렌더링에 사용할 엔진을 설정(기본 설정 CPU)합니다.

❶ [CPU]: CPU 방식으로 렌더링합니다.

❷ [CUDA]: CUDA(GPU) 방식으로 렌더링합니다.

❸ [RTX]: RTX 방식으로 렌더링합니다. 그래픽 카드 제품군이 RTX여야 사용할 수 있습니다.

02 **[Progressive]**: 옵션을 활성화하면 점진적으로 노이즈를 제거하는 [Progressive] 방식으로 렌더링하고 비활성화하면 사각형 버킷이 나오는 버킷 방식으로 렌더링합니다.

03 **[Quality]**: 렌더링 품질을 설정합니다. [Quality] 옵션의 슬라이드를 조절하면 여러 가지 타입의 품질을 설정할 수 있으며 [Render Parameters] 탭과 [Global Illumination] 탭의 옵션 값도 자동으로 수정됩니다. 사용자가 [Render Parameters] 탭과 [Global Illumination] 탭의 옵션을 수정하면 Custom으로 표기됩니다.

04 **[Update Effects](기본 설정: At the End)**: Progressive 방식으로 렌더링할 경우, 노이즈 제거, 렌즈 효과, 조명 분석 단계 등의 업데이트 규칙성을 제어합니다. 슬라이드를 움직이면 타입을 선택할 수 있습니다.

05 **[Denoiser]**: 렌더링 이미지의 노이즈를 제거하는 [Denoiser] 옵션의 활성화 여부를 설정(기본 설정: 비활성화)합니다. [Denoiser] 옵션을 활성화하면 내림 버튼 █이 활성화돼 여러 가지 타입을 선택할 수 있으며 [Settings] 옵션 창 오른쪽의 [Denoiser] 탭의 옵션도 활성화 상태로 자동 설정됩니다. 자세한 기능은 [Denoiser] 탭에서 설명합니다.

[Denoiser] 활성화: 내림 버튼 활성화됨, [Denoiser] 탭의 옵션도 활성화됨.

2 ── [Camera] 탭 알아보기

카메라 타입, 노출, 화이트 밸런스, 피사계 심도 효과 등을 설정합니다.

[Camera] 탭

01 **[Type]** : 카메라 타입을 설정(기본 설정 : Standard)합니다.

❶ [Standard] : 표준 타입입니다.

스케치업   Standard

❷ [VR Spherical Panorame] : 파노라마 렌더링하는 타입입니다.

스케치업   VR Spherical Panorama

[VR Spherical Panorama] 타입으로 렌더링하면 [VFB] 창에서 파노라마 뷰로 이미지를 확인할 수 있습니다.

[View-Panorama View] 클릭   마우스 스크롤 버튼을 클릭한 상태로 드래그하면서 이미지 확인

❸ **[VR Cubemap]**: 정육면체(Cubic)를 펼쳐서 한 장으로 렌더링하는 타입입니다.

스케치업

[VR Cubemap]

02 **Stereo**: 입체 렌더링 모드를 설정(기본 설정: 비활성화)합니다. [Stereo] 옵션을 활성화하면 [Render Output] 탭에 [Output Layout] 옵션이 자동 활성화되며 타입을 설정할 수 있습니다. [Side-By-Side] 타입은 동일한 이미지를 가로로 2장 나란히 렌더링하고 [Top-Bottom] 타입은 아래 위로 2장 렌더링합니다.

[Stereo] 옵션 활성화-[Output Layout] 타입 선택

03 Exposure: 물리적 카메라 노출을 설정(기본 설정: 활성화)합니다.

04 Exposure Value(EV): 노출값을 설정(기본 설정: 14.229)합니다. 노출값은 조리개와 카메라 속도 의 조합에 의해 결정되는 노출량을 나타내는 값을 말하며 값을 내리면 장면이 밝아지고 값을 올리면 장면이 어두워집니다. [Auto] 옵션(기본 설정: 비활성화)을 활성화하면 장면의 밝기를 브이레이가 자동으로 계 산해서 렌더링합니다.

Auto 비활성화   Auto 활성화

05 [Compensation]: [Exposure Value(EV)] 옵션이 Auto로 설정된 경우에 활성화되는 옵션으로, 자동 노출값을 추가로 보정합니다. 값(기본 설정: 0)이 1.0이면 2배 더 밝아지고 -1.0이면 2배 더 어두워 집니다.

06 [White Balance]: 화이트 밸런스를 설정(기본 색상: 흰색, Auto 비활성화)합니다. 화이트 밸런스는 흰색을 흰색으로 표현하는 기능을 말하며 색상 박스(기본 설정 : 흰색)를 클릭해 렌더링 이미지에서 흰색으 로 표현할 색상을 설정하거나 [Auto] 옵션을 활성화해 자동 화이트 밸런스 기능을 사용할 수 있습니다.

White Balance: Auto 비활성화   White Balance: Auto 활성화

07 [Auto Values]: [Exposure Value(EV)] 옵션이 Auto로 설정되고 [White Balance] 옵션이 Auto로 설정됐을 때 사용하는 옵션으로, 자동으로 계산된 노출 및 화이트 밸런스 값을 적용합니다.

08 **[Depth of Field]**: 초점이 맞는 부분은 선명하고 주변 부분을 흐릿하게 표현하는 피사계 심도 효과를 설정(기본 설정: 비활성화)합니다.

❶ [Defocus]: 초점이 맞는 주변부의 흐림 정도를 설정(기본 설정: 0.303)합니다.

[Depth of Field] 비활성화

[Depth of Field] 활성화, [Defocus]: 0.5, [Focus Source]: 번호판

❷ [Focus Source]: 초점을 지정(기본 설정: Fixed Distance)합니다. [Pick Point] 아이콘을 클릭한 후 초점을 지정할 부분을 클릭하면 됩니다.

❸ [Focus Distance]: [Focus Source] 타입을 [Fixed Distance]로 설정했을 때 나타나는 옵션으로, 초점 거리(기본 설정: 200)를 표시합니다.

09 **[Effects]**: 비네팅 효과와 카메라 렌즈의 왜곡을 설정합니다.
❶ [Vignetting]: 렌즈 주변부로 갈수록 어두워지는 비네팅 효과를 설정(기본 설정: 0)합니다.
❷ [Vertical Lens Tilt]: 카메라 렌즈의 수직 방향의 왜곡을 설정(기본 설정: 0)합니다.

3 ── [Render Output] 탭 알아보기

렌더링 이미지의 출력 크기, 비율, 자동 저장 여부, 파일 형식 등을 설정합니다.

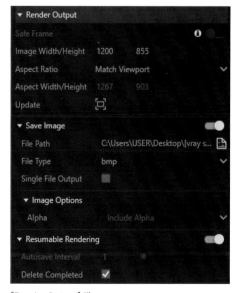

[Render Output] 탭

01 [Safe Frame]: 렌더링 영역의 표시 여부를 설정(기본 설정: 비활성화)합니다. 옵션을 활성화하면 스케치업 화면상에서 렌더링되는 영역이 표시됩니다. 렌더링 비율을 설정하는 [Aspect Ratio] 옵션에서 스케치업의 화면 비율로 렌더링하는 [Match Viewport] 타입을 선택하면 해당 옵션은 비활성화됩니다.

스케치업 화면에 영역이 표시됨.

[Safe Frame] 활성화, Aspect Ratio:
4:5-Portrait

02 [Image Width/Height]: 렌더링 이미지의 가로, 세로 크기를 설정(기본 설정: 800, 450)합니다.

03 [Aspect Ratio]: 렌더링 크기의 비율을 설정(기본 설정: 16:9-Wide Screen)합니다. 내림 버튼 을 클릭하면 선택할 수 있는 여러 가지 타입이 나타납니다.

04 [Aspect Width/Height]: [Aspect Ratio] 옵션을 임의로 렌더링 크기를 조절할 수 있는 [Custom] 타입으로 설정했을 때 활성화되는 옵션으로 렌더링 크기의 가로, 세로 비율을 나타내고 임의로 가로나 세로 비율을 설정할 수 있습니다.

05 [Update]: [Update] 아이콘 을 클릭하면 현재의 스케치업 화면 비율에 맞게 가로와 세로 크기를 업데이트합니다.

06 [Save Image]: 자동 저장 여부를 설정(기본 설정: 비활성화)합니다.
❶ [File Path]: 자동 저장 경로를 설정합니다.
❷ [File Type]: 자동 저장 이미지 파일 형식을 설정합니다.
❸ [Single File Output]: 단일 파일 출력 여부를 설정(기본 설정: 체크 표시 해제)합니다. 활성화하면 다양한 채널을 추가했더라도 메인 채널(RGB color)만 저장됩니다.

07 [Image Options]: 알파 채널의 처리 방식을 설정하는 옵션으로 png, tga, sgi, exr, pic, tif 파일 형식만 사용할 수 있습니다. [Alpha] 옵션의 내림 버튼 을 클릭하면 선택할 수 있는 여러 가지 타입이 나타납니다.

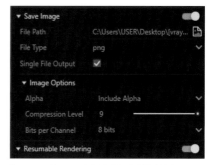

[File type]: png 파일, 하위 옵션이 활성화됨.

내림 버튼 클릭

❶ [Alpha]: [Alpha] 옵션의 내림 버튼 을 클릭하면 선택할 수 있는 여러
가지 타입이 나타납니다.

• [No Alpha]: 알파 채널이 저장되지 않습니다.

• [Include Alpha]: 알파 채널을 저장합니다.

• [Separate Alpha]: 알파 채널은 별도의 파일로 저장합니다.

❷ [Compression Level]: 압축 수준을 설정합니다.

❸ [Bits per Channel]: 비트 심도, 즉 데이터양을 설정합니다. 내림 버튼
을 클릭하면 선택할 수 있는 여러 가지 타입이 나타납니다.

08 [Resumable Rendering]: 렌더링을 중단한 후 중단한 부분부터 렌더링이 되는 재개 가능 렌더링 여
부를 설정(기본 설정: 비활성화)합니다.

❶ [Autosave Interval]: 렌더링 중에 재개 가능한 파일의 저장하는 간격을 분 단위로 설정(기본 설정
: 1)합니다. 해당 옵션은 [Progressive] 방식으로 렌더링할 때만 사용할 수 있습니다.

❷ [Delete Completed]: 렌더링이 완료된 후 재개 가능한 파일의 삭제 여부를 설정(기본 설정: 체크
표시)합니다.

4 —— [Animation] 탭 알아보기

애니메이션 시퀀스 렌더링 여부를 설정(기본 설정: 비활성화)합
니다.

[Animation] 탭

01 [Time Segment]: 애니메이션 렌더링 프레임 수를 설
정합니다. 기본으로 설정된 [Entire Animation] 타입
은 전체 애니메이션을 개별 프레임으로 렌더링하는 타입이
고 내림 버튼 을 클릭해 [Frame Range] 타입을 선택
하면 특정 프레임만 선택할 수 있습니다.

내림 버튼 클릭-[Frame Range] 선택

❶ [Start]: 시작 프레임을 설정합니다.

❷ [End]: 끝 프레임을 설정합니다.

❸ [Get Animation Range]: [Get Animation Range] 아이콘 을 클릭하면 끝 프레임 수가
[End] 옵션에 나타나고 현재 프로젝트 애니메이션 길이와 일치하도록 프레임 범위를 설정합니다.

02 [Motion Blur]: 화면 이동 시 생성되는 잔상을 표현하는 모션 블러 효과의 활성화 여부를 설정합니다.

03 [Camera Motion Blur]: 모션 블러 효과를 계산할 때 카메라 모션 블러 효과의 활성화 여부를 설정합
니다.

5 —— [Environment] 탭 알아보기

[Environment] 탭

[Background], [GI], [Reflection], [Refraction], [Secondary Matte] 옵션을 설정합니다.

❶ **[Background]**: 배경으로 사용할 타입을 설정(기본 설정: Sky)합니다.

❷ **GI**: 전역 조명의 색상, 세기, 타입을 설정(기본 설정: 비활성화)합니다. 전역 조명 (GI)은 빛이 표면에 닿는 직접광뿐만 아니라 다른 표면에 부딪히면서 반사되는 간접광도 표현합니다.

❸ **Reflection**: 반사되는 색상, 세기, 타입을 설정(기본 설정: 비활성화)합니다.

❹ **Refraction**: 굴절되는 색상, 세기, 타입을 설정(기본 설정: 비활성화)합니다.

❺ **Secondary Matte**: 반사값이 없는 매트한 재질에 영향을 미치는 색상, 세기, 타입을 설정(기본 설정: 비활성화)합니다.

6 —— [Material Override] 탭 알아보기

특정 색상이나 메트리얼로 작업 모델을 빠르게 렌더링하는 메트리얼 오버라이드(Material Override) 옵션의 활성화 여부를 설정(기본 설정: 비활성화)합니다.

[Material Override] 탭

❶ **Override Color**: 오버라이드 색상을 설정(기본 설정: R: 188, G: 188, B: 188)합니다.

❷ **Override Material**: 오버라이드 메트리얼을 설정(기본 설정: None)합니다. 내림 버튼▇▇을 클릭하면 현재 모델의 메트리얼이 나타나며 특정 메트리얼을 선택하면 해당 메트리얼로만 모든 재질이 표현되는 오버라이드 렌더링을 할 수 있습니다.

7 —— [Swarm] 탭 알아보기

여러 대의 컴퓨터로 렌더링하는 분산 렌더링의 활성화 여부를 설정(기본 설정: 비활성화)합니다.

[Swarm] 탭

01 **[Goal]**: 사용 가능한 리소소의 비율을 설정합니다. [V-Ray SWARM] 아이콘▇▇을 클릭하면 네트워크 서버 페이지가 열리며 네트워크에 연결된 컴퓨터가 검색됩니다. 해당 기능을 사용하려면 분산 렌더링에 참여할 컴퓨터에 [V-Ray for SketchUp] 또는 [V-Ray Swarm]이 설치돼 있어야 합니다.

02 [Tags]: [Swarm] 포트의 [localhost: 24267] 안에 세팅된 태그를 기준으로 하며 [Swarm]에 연결된 PC에 이름을 지정해 해당 옵션에 입력된 PC만 렌더링에 참여할 수 있게 설정합니다.

03 [Network Discovery]: 분산 렌더링에 사용할 PC의 검색 방법을 설정합니다.

　❶ [Auto Discovery]: 옵션을 활성화하면 자동으로 분산 렌더링에 사용할 PC를 검색합니다.

　❷ [Node Address]: 수동으로 분산 렌더링에 사용할 PC의 IP주소를 입력합니다.

04 [Cap CPU Utilization]: CPU 사용률을 제한합니다.

8 —— [Render Parameters] 탭 알아보기

렌더링 품질에 가장 큰 영향을 미치는 옵션들을 설정합니다.

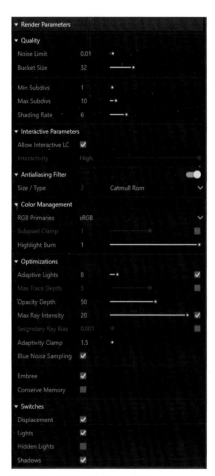

버킷 방식을 선택했을 때 나타나는 옵션들

01 [Quality]: 렌더링 이미지의 품질을 설정합니다.

　❶ [Noise Limit]: 노이즈 한계값을 설정(기본 설정: 0.04)합니다. 값이 적을수록 이미지의 노이즈는 줄어들며 렌더 타임은 증가합니다.

　❷ [Bucket Size]: 버킷 방식일 때 나타나는 사각형 박스인 버킷의 크기를 설정(기본 설정: 32)합니다. 버킷의 크기는 렌더 타임에 영향을 미치지 않습니다.

　❸ [Min Subdivs]: 1개의 픽셀에 적용할 최소 샘플링 값을 설정(기본 설정: 1)합니다. 값이 높으면 이미지의 품질은 좋아지고 렌더 타임은 증가합니다. 여기서 샘플링(Sampling)은 렌더링의 연산 작업을 말합니다. 연산 작업의 대상이 되는 샘플의 연산 시간을 얼마나 많이 할당하느냐에 따라 렌더링 이미지의 품질과 렌더 타임에 큰 영향을 미칩니다.

　❹ [Max Subdivs]: 1개의 픽셀에 적용할 최대 샘플링 값을 설정(기본 설정: 20)합니다. 값이 높으면 이미지의 품질은 좋아지고 렌더 타임은 증가합니다.

　❺ [Shading Rate]: 음영 효과를 계산할 때 얼마나 많은 광선을 사용할 것인지를 설정(기본 설정: 6)합니다. 값이 높으면 이미지의 품질은 좋아지고 렌더 타임은 증가합니다.

02 [Interactive Parameters]: 인터랙티브 렌더링에 관한 옵션을 설정합니다.

　❶ [Allow Interactive LC]: [Interactive] 렌더링 중에 [Secondary GI] 엔진으로 [Light Cache] 타입의 사용 여부를 설정(기본 설정: 체크 표시)합니다. 체크 표시를 해제하면 [Brute Force] 타입이 사용됩니다.

　❷ [Interactivity]: 각 픽셀에 추적되는 광선 수의 제어 여부를 설정(기본 설정: 비활성화)합니다.

03 [Antialiasing Filter]: 안티에일리어싱 필터 활성화 여부(기본 설정: 활성화)와 타입을 설정합니다. 렌더링 이미지의 최소 단위는 사각형 픽셀(Pixel)입니다. 이 사각형 픽셀들이 모여 하나의 이미지를 완성하는데, 이 픽셀들을 크게 확대해 보면 객체 경계 부분에 각이 지는 계단 현상(Aliasing)이 나타납니다. 이런 계단 현상을 완화하기 위해 배경색과 이미지의 중간색을 경계 부분에 채워 계단 현상을 완화시키는 것을 안티에일리어싱(Antialiasing)이라고 합니다.

❶ [Size/Type]: 안티에일리어싱 필터 타입과 값을 설정(기본 설정: 2, Lanczos)합니다. 내림 버튼 🔽을 클릭하면 선택할 수 있는 여러 가지 타입이 나타나지만, 가장 선명한 [Catmull Rom] 타입과 가장 부드러운 [Area] 타입을 주로 사용합니다.

[Antialiasing Filter]: Catmull Rom   1200% 확대

[Antialiasing Filter]: Area   1200% 확대

04 [Color Management]: 색상에 관련된 옵션을 설정합니다.

➊ [RGB Primaries]: RGB 기본색 공간을 설정(기본 설정: sRGB)합니다. 내림 버튼▼을 클릭하면 sRGB 타입보다 더 넓은 색상 영역을 갖고 있는 [ACEScg] 타입을 선택할 수 있습니다.

sRGB   ACEScg

➋ [Subpixel Clamp]: 색상 구성 요소에 대한 값을 설정(기본 설정: 체크 표시 해제)합니다.

➌ [Highlight Burn]: 이미지의 하이라이트에 노출 보정을 적용(기본 설정: 1)합니다.

05 [Optimizations]: 렌더링 환경을 설정합니다.

➊ [Adaptive Lights]: 계산할 인공조명의 개수를 설정(기본 설정: 8)합니다. 설치된 인공조명 중 입력한 숫자의 조명만 무작위로 선택해 계산한 후 렌더링하기 때문에 렌더링 시간을 단축할 수 있습니다. 값이 낮을수록 렌더 타임은 감소하지만, 장면에 노이즈가 증가할 수 있으며 값이 클수록 렌더 타임은 증가하지만, 장면에 노이즈는 줄어듭니다.

➋ [Max Trace Depth]: 반사와 굴절 횟수를 설정(기본 설정: 체크 표시 해제)합니다.

➌ [Opacity Depth]: 투명 재질의 한계치를 설정(기본 설정: 50)합니다.

➍ [Max Ray Intensity]: 광선 추적의 최대 깊이 값을 설정(기본 설정: 20)합니다.

➎ [Secondary Ray Bias]: 동일한 2개의 객체가 겹쳐 있을 경우에 발생하는 얼룩의 제거 여부를 설정(기본 설정: 체크 표시 해제)합니다.

➏ [Adaptivity Clamp]: 과다 노출된 영역의 과도한 샘플링을 방지하기 위한 한계값을 설정(기본 설정: 1.5)합니다.

➐ [Blue Noise Sampling]: 더 작은 샘플로 더 나은 노이즈를 제거하는 블루 노이즈 샘플링 사용 여부를 설정(기본 설정: 체크 표시)합니다.

➑ [Embree]: 렌더 타임이 빨라지는 엠브리 가속 기능의 활성화 여부를 설정(기본 설정: 체크 표시)합니다.

➒ [Conserve Memory]: 메모리 절약 여부를 설정(기본 설정: 체크 표시 해제)합니다. 체크 표시를 하면 렌더 타임이 증가합니다.

06 [Switches]: 디스플레이스먼트, 인공조명, 그림자 효과를 일괄적으로 제어합니다.

❶ [Displacement]: 디스플레이스먼트 효과의 표현 여부를 설정(기본 설정: 체크 표시)합니다.

❷ [Lights]: 인공조명의 표현 여부를 설정(기본 설정: 체크 표시)합니다.

❸ [Hidden Lights]: 숨어 있는(Hide) 조명의 표현 여부를 설정(기본 설정: 체크 표시 해제)합니다.

❹ [Shadows]: 그림자의 표현 여부를 설정(기본 설정: 체크 표시)합니다.

9 —— [Global Illuminations] 탭 알아보기

[Global Illuminations] 탭

GI(전역 조명)의 세부 옵션을 설정(기본 설정: 활성화)합니다. 전역 조명(GI)은 빛이 표면에 닿는 직접광뿐 아니라 다른 표면에 부딪히면서 반사되는 간접광도 표현하는 컴퓨터 그래픽에서의 빛 표현 방식 중 하나입니다. 스케치업 브이레이에서 태양광인 SunLight와 각종 인공조명 없이 GI만으로도 장면의 빛을 표현할 수 있습니다. GI는 빛을 계산하는 연산 타입의 조합이 중요한데 이 책에서는 가장 효율적인 조합인 [Irradiance Map] 타입과 [Light Cache] 타입만 설명합니다.

01 [Primary Rays]: 빛을 계산하는 첫 번째 연산 타입을 설정(기본 설정: Brute force)합니다.

02 [Secondary Rays]: 빛을 계산하는 두 번째 연산 타입을 설정(기본 설정: Light Chche)합니다.

03 [Irradiance map]: [Irradiance map] 타입의 세부 옵션을 설정합니다.

❶ [Min Rate]: GI를 계산하는 시작 샘플링 값을 설정(기본 설정: -3)합니다.

❷ [Max Rate]: GI를 계산하는 마지막 샘플링 값을 설정(기본 설정: -1)합니다.

❸ [Subdivs]: GI 샘플의 품질을 설정(기본 설정: 50)합니다.

❹ [Interpolation]: 간접광을 보간하는 데 사용하는 GI 샘플 수를 설정(기본 설정: 30)합니다. 보간(Interpolation)은 새로운 점을 만들기 위해 수많은 점을 평균화하는 것을 말합니다. 이 방법은 샘플 점들을 직선으로 연결하지 않고 곡선으로 연결합니다. 몇 개의 점에 주어진 함수값을 기초로 그 점들 사이의 함수값을 구하는 근사 계산법을 보간법이라고 합니다.

❺ [Color Threshold]: 색상 임곗값을 설정(기본 설정: 0.4)합니다. 임곗값이란 어떤 현상이 다르게 나타나기 시작하는 경계의 값을 말합니다.

❻ [Normal Threshold]: 노멀 임곗값을 설정(기본 설정: 0.2)합니다.

❼ [Distance Threshold]: 거리 임곗값을 설정(기본 설정: 0.1)합니다.

❽ [Disk Caching]: [Irradiance map]의 연산 모드와 연산 데이터 파일의 저장 여부를 설정합니다.

• [Mode]: 연산 모드를 설정(기본 설정: Single Frame)합니다.

내림 버튼 클릭

- **Single Frame**: 렌더링할 때마다 GI를 계산하는 모드입니다. 렌더링을 완료한 후 [Save] 버튼을 클릭해 원하는 경로에 연산 데이터 파일을 저장할 수 있으며 [Auto-Save/File] 옵션에 체크 표시를 하고 [Save File] 아이콘🖺)을 클릭하면 원하는 경로에 연산 데이터 파일을 자동 저장할 수도 있습니다.

렌더링-[Save] 버튼을 클릭해 저장   [Auto-Save/File] 체크 표시-[Save File] 아이콘 클릭해 저장

- **[From File]**: 저장한 연산 데이터 파일을 불러와 빠르게 렌더링하는 모드입니다. [Single Frame] 모드로 렌더링을 한 번 진행한 후 연산 데이터 파일을 저장하고 [From File] 모드로 바꾼 다음 [Open File] 아이콘 📂을 클릭해 저장한 연산 데이터 파일을 불러오면 됩니다. 이 때 주의할 점은 연산 데이터 파일은 해당 장면에 맞게 저장하기 때문에 연산 데이터 파일을 저장한 다음 객체와 장면의 변화가 있으며 GI가 올바로 표현되지 않는다는 것입니다.

[From File] 모드 선택-[Open File] 아이콘 클릭-저장한 연산 데이터 파일을 불러옴.

- **[Incremental Add to Map]**: 객체와 장면의 변화가 있어도 변화된 환경에 맞는 GI를 표현하는 모드입니다. 연산 데이터 파일을 저장한 후 객체와 장면의 변화를 주고 [From File] 모드로 렌더링하면 변화되기 전의 GI가 표현되지만, [Incremental Add to Map] 모드는 변화된 장면에 맞는 GI를 표현합니다.

[Incremental Add to Map] 모드

• **[Keep File]**: 연산 데이터 파일의 저장 여부를 설정(기본 설정: 체크 표시)합니다.
• **[Auto-Save/File]**: 연산 데이터 파일의 자동 저장 여부를 설정(기본 설정: 체크 표시 해제)합니다.

04 [Light Cache]: Light Cache 타입의 세부 옵션을 설정합니다.

❶ [Subdivs]: 카메라에서 추적되는 경로의 수를 설정(기본 설정: 800)합니다.

❷ [Sample Size]: 샘플의 간격을 설정(기본 설정: 0.01, Screen Space)합니다.

❸ [Retrace]: [Light Cache]의 추적값을 설정(기본 설정: 2)합니다.

❹ [Disk Caching]: [Light Cache]의 연산 모드와 연산 데이터 파일의 저장 여부를 설정합니다.

• [Mode]: 연산 모드를 설정(기본 설정: Single Frame)합니다. [Irradiance map] 타입과 달리 [Incremental Add to Map] 모드는 지원하지 않습니다.

• [Keep File]: 연산 데이터 파일의 저장 여부를 설정(기본 설정: 체크 표시)합니다.

• [Auto-Save/File]: 연산 데이터 파일의 자동 저장 여부를 설정(기본 설정: 체크 표시 해제)합니다.

05 [Caustics]: 빛이 투명한 객체를 통과할 때 주변으로 산란되는 현상인 커스틱(Caustics) 효과의 표현 여부를 설정(기본 설정: 비활성화)합니다.

[Caustics]

❶ [Multiplier]: 커스틱 효과의 세기를 설정(기본 설정: 1)합니다. 커스틱에 영향을 미치는 모든 광원에 적용됩니다.

❷ [Search Distance Units]: 빛의 입자 또는 빛의 알갱이라고 하는 광자(Photons)의 검색 영역을 설정하는 타입을 설정(기본 설정: World)합니다. 내림 버튼 ∨ 을 클릭해 [Pixels] 타입을 선택할 수도 있습니다.

❸ [Search Dist(World or Pixels)]: 광자의 검색 영역을 설정(기본 설정: 5)합니다.

❹ [Max Photons]: 최대 광자 수를 설정(기본 설정: 60)합니다. 값을 올리면 커스틱 효과가 부드럽게 표현됩니다.

❺ [Max Density]: 광자 밀도의 최댓값을 설정(기본 설정: 0)합니다.

❻ [Calculation Mode/Disk Caching]: 모드와 파일 저장 여부 등을 설정합니다.

• [Mode]: 모드를 설정(기본 모드: New Map)합니다. 내림 버튼 ∨ 을 클릭하면 선택할 수 있는 모드가 나타납니다. [New map] 모드는 렌더링할 때마다 [Photon map]을 계산하며 [From File] 모드는 저장한 [Photon Map] 파일을 불러옵니다.

- [New Map]: 렌더링할 때마다 [Photon Map]을 계산하는 모드입니다.

- [From File]: 저장한 [Photon Map] 파일을 불러와서 빠르게 렌더링하는 모드입니다.

- [Progressive]: 고급 샘플링 기술을 사용해서 기존 포톤 매핑 기술의 메모리 제약 없이 필요한 만큼의 포톤을 추적하는 모드입니다.

• [Keep File]: [Photon Map] 파일의 저장 여부를 설정(기본 설정: 체크 표시)합니다.

• [Auto-Save/File]: [Photon Map] 파일의 자동 저장 여부를 설정(기본 설정: 체크 표시 해제)합니다.

렌더링 과정

버킷 타입 렌더링은 화면이 점차 밝아지면서 GI를 계산하는 GI 연산 과정, 사각형 버킷이 돌아다니면서
샘플링하는 샘플링 과정, 마지막으로 렌더링이 완성되는 렌더링 과정으로 총 3단계에 걸쳐 진행됩니다.

GI 연산 과정

샘플링 과정

렌더링 과정

[Single Frame] 모드는 렌더링할 때마다 3단계의 과정(GI 연산, 샘플링, 렌더링)으로 렌더링하는
모드이며 [From File] 모드는 GI 연산 과정과 샘플링 과정을 건너뛰고 바로 최종 렌더링하는 모드입
니다.

브이레이는 렌더링할 때마다 [Primary Rays]와 [Secondary Rays]에 설정된 타입의 연산 데이
터 파일을 만듭니다. 이 2개의 연산 데이터 파일을 저장한 후 해당 연산 데이터 파일을 불러와서 [From
File] 모드 렌더링하면 3단계로 진행되는 렌더링 과정이 1단계로 끝나기 때문에 렌더 타임이 많이 감소
합니다.

커스틱 옵션 활성화

커스틱 옵션을 활성화한 후 렌더링을 시작하면 커스틱 포톤 맵 연산 시간이 추가되기 때문에 렌더 타임은 증가합니다.

06 **[GI Caustics]**: [GI Caustics]에 관련된 옵션을 설정합니다.

❶ **[Reflective Caustics]**: 거울과 같은 반사 객체의 반사 여부를 설정(기본 설정: 체크 표시 해제)합니다.

❷ **[Refractive Caustics]**: 유리와 같은 투명한 객체의 통과 여부를 설정(기본 설정: 체크 표시)합니다.

07 **[Ambient Occlusion]**: 객체 경계면의 음영을 표현하는 [Ambient Occlusion] 효과의 표현 여부를 설정(기본 설정: 비활성화)합니다.

❶ [Radius]: [Ambient Occlusion] 효과의 반경을 설정(기본 설정: 8)합니다.

❷ [Occlusion Amount]: [Ambient Occlusion] 효과의 세기를 설정(기본 설정: 0.8)합니다.

10 — [Advanced Camera Parameters] 탭 알아보기

01 **[Film Sensitivity(ISO)]**: 필름 감도를 설정(기본 설정: 100)합니다. 값이 높으면 밝아지고 값이 낮으면 어두워집니다.

02 **[Apecture (F Number)]**: 조리개의 넓이를 조절해 카메라로 들어오는 빛의 양을 설정(기본 설정: 8)합니다. 값이 높으면 어두워지고 값이 낮으면 밝아집니다.

03 **[Shutter Speed(1/s)]**: 조리개의 개방 시간을 설정(기본 설정: 300)합니다. 값이 높으면 어두워지고 값이 낮으면 밝아집니다.

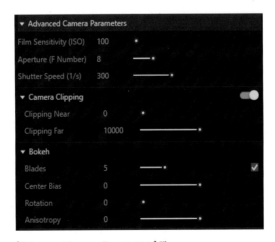

[Advanced Camera Parameters] 탭

Camera Clipping

[Camera Clipping] 옵션을 활성화한 후 원하는 지점을 클릭하면 해당 지점에서 카메라 클리핑이 됩니다.

클릭

카메라 클리핑이 되는 부분이 표시됨.

렌더링

04 [Camera Clipping]: 카메라 클리핑의 활성화 여부를 설정(기본 설정: 비활성화)합니다.

❶ [Clipping Near]: 카메라 위치를 기준으로 카메라 클리핑 효과의 가까운 거리를 설정(기본 설정: 0)합니다.

❷ [Clipping Far]: 카메라 위치를 기준으로 카메라 클리핑 효과의 먼 거리를 설정(기본 설정: 10000)합니다.

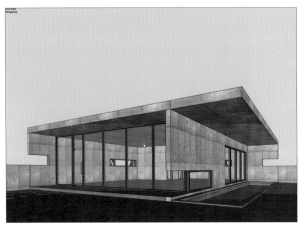
스케치업: Near: 300, Far: 10000

렌더링

05 [Bokeh]: 조리개의 모양과 DOF 효과의 범위와 방향을 설정(기본 설정: 비활성화)합니다. [Depth of Field] 옵션을 활성화해야 활성화되는 옵션입니다.

❶ [Blades]: 조리개의 모양을 설정(기본 설정: 체크 표시 해제, 5)합니다.

❷ [Center Bias]: [DOF] 효과의 범위를 설정(기본 설정: 0)합니다.

❸ [Rotation]: 조리개 모양의 회전 각도를 설정(기본 설정: 0)합니다.

❹ [Anisotropy]: [DOF] 효과의 수직, 수평 방향의 왜곡을 설정(기본 설정: 0)합니다. 값이 +일 경우에는 수평 방향, -일 경우에는 수직 방향으로 늘어납니다.

11 — [Volumetric Environment] 탭 알아보기

[Volumetric Environment] 탭의 [Aerial Perspective] 타입과 [Environment Fog] 타입에 대해 알아보겠습니다.

01 [Aerial Perspective]

대기 효과를 시뮬레이션하는 [Aerial Perspective] 타입의 세부 옵션에 대해 알아보겠습니다.

❶ [Sun]: 태양광 사용 여부를 설정(기본 설정: /SunLight)합니다.

❷ [Visibility Range]: 가시거리를 설정(기본 설정: 6000)합니다.

[Aerial Perspective] 타입

[Environment Fog] 타입

❸ **[Atomosphere Height]**: 대기 높이를 설정(기본 설정: 6000)합니다.

❹ **[Light Multiplier]**: 대기 효과에서 산란되는 태양광의 세기를 설정(기본 설정: 1)합니다.

❺ **[Filter Color]**: 산란하지 않는 빛의 색상을 설정(기본 설정: 흰색)합니다.

❻ **[Affect Environment]**: 대기 효과가 환경을 영향을 미칠지의 여부를 설정(기본 설정: 체크 표시)합니다.

❼ **[Affect Background]**: 대기 효과가 배경에 영향을 미칠지의 여부를 설정(기본 설정: 체크 표시)합니다.

02 [Environment Fog]

안개나 대기 먼지 효과를 시뮬레이션하는 [Environment Fog] 타입의 세부 옵션에 대해 알아보겠습니다.

❶ **[Color]**: 안개의 색상을 설정(기본 설정: R: 237, G: 237, B: 237)합니다.

❷ **[Emission]**: 안개의 배출 범위를 설정(기본 설정: 검은색)합니다. 흰색으로 갈수록 안개 배출 범위가 늘어나 더 탁하게 표현됩니다.

❸ **[Emission Multiplier]**: 안개 배출 세기를 설정(기본 설정: 1)합니다.

❹ **[Distance]**: 안개가 표현되는 거리를 설정(기본 설정: 1000)합니다.

❺ **[Height]**: 안개가 표현되는 높이를 설정(기본 설정: 200)합니다.

❻ **[Scatter GI-Scatter Bounces]**: GI 산란 횟수를 설정(기본 설정: 4)합니다.

❼ **[Affect]**: 카메라, 배경, 그림자, GI, 반사 및 굴절 광선에 안개 효과를 표현할지를 설정합니다.

• **[Affect Camera Rays]**: 카메라에 안개 효과를 표현할지를 설정(기본 설정: 체크 표시)합니다.

• **[Affect Background]**: 배경에 안개 효과를 표현할지를 설정(기본 설정: 체크 표시)합니다.

- [Affect Secondary Rays]: 그림자, GI, 반사 및 굴절 광선에 안개 효과를 표현할지를 설정(기본 설정: 체크 표시)합니다.
- ❽ [Affect By-Lights]: 안개에 영향을 미칠 조명 타입을 설정(기본 설정: All Lights)합니다. 내림 버튼을 클릭하면 선택할 수 있는 타입이 나타납니다.
  - [No Lights]: 조명이 영향을 미치지 않습니다.
  - [All Lights]: 모든 조명이 영향을 미칩니다.
  - [Selected Light]: 선택한 조명만 영향을 미칩니다.

12 — [Outlines] 탭 알아보기

객체의 윤곽선을 표현하는 Outlines 효과의 세부 옵션을 설정(기본 설정: 비활성화)합니다. Outlines 효과는 스케치업 브이레이 6.2 버전을 기준(2024년 12월 현재)으로 렌더링 엔진이 CPU일 경우에만 지원되고 GPU일 경우에는 지원되지 않습니다.

[Outlines] 탭

01   [Line Color]: 색상을 설정(기본 설정: 검은색)합니다.
02   [Opacity]: 불투명도를 설정(기본 설정: 1)합니다.

03 [Normal Threshold]: 표면 법선에 선을 생성할 시점을 설정(기본 설정: 0.7)합니다. 값을 '1'로 설정하면 곡선 객체가 선으로 채워집니다.

[Normal Threshold]: 0   [Normal Threshold]: 0.7   [Normal Threshold]: 1

04 [Overlap Threshold]: 동일한 객체의 겹치는 부분에 대한 윤곽이 생성되는 시점을 설정(기본 설정: 0.95)합니다. 값이 낮을수록 내부에 겹치는 선이 줄어들고 값이 클수록 겹치는 선이 더 많아집니다.

05 [Width]: 윤곽선의 폭을 설정(기본 설정: 1.5)합니다.

06 [Width Type]: 윤곽선의 폭을 표현하는 타입을 설정(기본 설정: Pixels)합니다.

07 [Trace Bias]: 반사/굴절의 광선 편향량을 설정(기본 설정: 0.2)합니다.

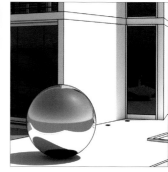

[Trace Bias]: 0.2   [Trace Bias]: 1   [Trace Bias]: 10

08 [No Inner Edges]: 객체 내부 모서리의 표현 여부를 설정(기본 설정: 체크 표시 해제)합니다. 체크 표시를 하면 내부 모서리가 선으로 표현되지 않습니다.

[No Inner Edges] 체크 표시 해제   [No Inner Edges] 체크 표시

09 [Visible in Secondary] : 반사, 굴절되는 재질의 윤곽선 표현 여부를 설정(기본 설정: 체크 표시 해 제)합니다. 체크 표시를 하면 반사, 굴절되는 재질의 윤곽선이 표현됩니다.

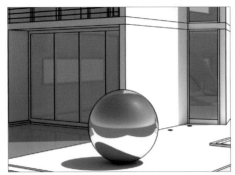 

[Visible in Secondary:] 체크 표시 해제   [Visible in Secondary:] 체크 표시

10 [Compensate EV] : 선 색상 값의 자동 보정 기능을 설정(기본 설정: 체크 표시)합니다.
11 [Render Element Only] : 윤곽선은 윤곽선 렌더 요소에만 나타나고 RGB(기본 설정: 체크 표시 해 제) 이미지에는 나타나지 않습니다.
12 [Inner Line Color] : 내부 선의 색상 및 폭을 설정(기본 설정: 비활성화)합니다.
    ❶ [Inner Line Color] : 내부 선의 색상을 설정(기본 설정: 검은색)합니다.
    ❷ [Inner Width] : 내부 선의 폭을 설정(기본 설정: 1.5)합니다.

13 — [Denoiser] 탭 알아보기

디노이저(Denoiser)는 렌더링 이미지의 노이즈를 제 거하는 옵션으로 빠른 렌더 타임에 좋은 품질을 만들 수 있는 옵션입니다. [Denoiser] 탭은 [Render] 탭의 [Denoiser] 옵션을 활성화해야 활성화됩니다.

[Denoiser] 탭

01 [Engine] : [Denoiser] 옵션을 사용할 엔진 타입을 설정(기본 설정: V-Ray Denoiser)합니다. 내림 버튼 ▼을 클릭하면 선택할 수 있는 타입이 나타납니다. 저자의 경우에는 렌더 타임이 빠르고 이미지가 선 명한 [Inter Open Image Denoiser] 타입만을 사용합니다.

[Inter Open Image Denoiser] 타입

[V-Ray Denoiser] 타입: 이미지가 흐릿함.

[NVIDIA AI Denoise] 타입: 이미지에 노이즈 발생

[Intel Open Image Denoise] 타입: 이미지가 선명하고 노이즈가 없음.

02 **[Preset]**: 디노이저 강도 및 반경 값을 자동으로 설정하는 타입을 설정(기본 설정: Default)합니다. 내림 버튼 ▼을 클릭하면 여러 타입이 나타납니다.

내림 버튼 클릭

❶ **[Mild]**: [Default] 타입보다 더 미묘한 수준의 노이즈 제거를 적용합니다.

❷ **[Default]**: 중간 수준의 노이즈 제거를 적용합니다.

❸ **[Strong]**: [Default] 타입보다 더 강한 수준의 노이즈 제거를 적용합니다.

❹ **[Custom]**: 디노이저 강도 및 반경 값을 직접 설정합니다.

03 **[Strength]**: [Preset] 타입을 [Custom] 타입으로 설정했을 때 활성화(기본 설정: 비활성화)되는 옵션으로, 노이즈를 제거 작업의 강도를 설정(기본 설정: 1)합니다.

04 **[Radius]**: [Preset] 타입을 [Custom] 타입으로 설정했을 때 활성화(기본 설정: 비활성화)되는 옵션으로 노이즈를 제거할 때 각 픽셀의 반경을 설정(기본 설정: 10)합니다.

05 **[Mode]**: 디노이즈 결과가 [VFB] 창에 저장되고 표시되는 방식을 설정(기본 설정: [Show Denoiser Channel])합니다.

06 **[Update]** 버튼 🔁: 장면을 다시 렌더링하지 않고도 노이즈 제거 채널을 업데이트합니다.

14 — [Configuration] 탭 알아보기

[Configuration] 탭의 구성 요소에 대해 알아보겠습니다.

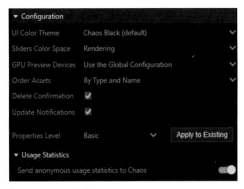

[Configuration] 탭

01 [UI Color Theme] : 전체적인 UI 색상 타입을 설정(기본 설정 : Chaos Black)합니다. 내림 버튼을 클릭하면 [Dark], [Bright] 타입을 선택할 수 있습니다.

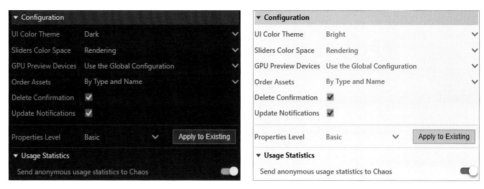

[Dark]   [Bright]

02 [Siders Color Space] : 색 공간을 설정(기본 설정 : Rendering)합니다.

03 [GPU Preview Devices] : GPU 미리 보기에 사용되는 장치를 설정(기본 설정 : Use the Global Configuration)합니다.

04 [Order Assets] : 에셋의 정렬 방식을 설정(기본 설정 : By Type and Name)합니다.

05 [Delete Confirmation] : 에셋을 삭제할 때마다 알림 창의 표시 유무를 설정(기본 설정 : 체크 표시)합니다.

06 [Update Notifications] : 소프트웨어 업데이트의 자동 알림을 설정(기본 설정 : 체크 표시)합니다.

07 [Properties Level] : 새로 생성된 에셋에 대한 구성 수준을 설정(기본 설정 : Basic)합니다.

08 [Usage Statistics-Send anonymous usage statistics to Chaos] : 모든 에셋을 적용(기본 설정 : 활성화)합니다.

5강

SketchUp

[Generic]
옵션 창
알아보기

[Materials] 옵션 창에서 메트리얼을 선택하면 나타나는
[Generic] 옵션 창의 구성 요소에 대해 알아보겠습니다.

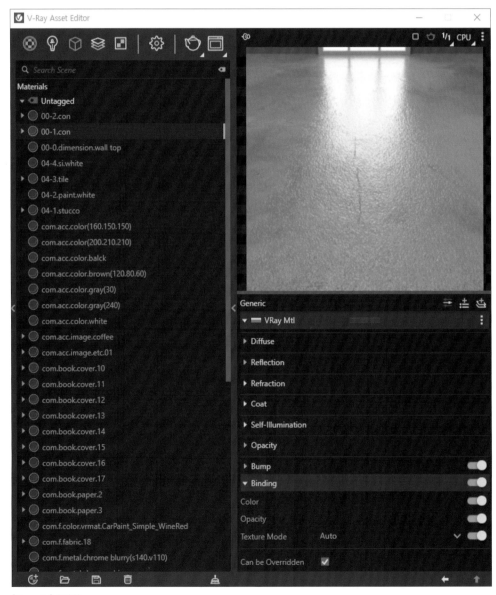

[Generic] 옵션 창

1 —— 아이콘 알아보기

각종 아이콘의 기능에 대해 알아보겠습니다.

01 [Switch To Advanced Settings] 아이콘➡: 숨은 옵션을 나타냅니다.

02 [Add Attribute] 아이콘➕: 속성을 추가합니다. 내림 버튼▼을 클릭하면 다양한 속성을 추가할 수 있습니다.

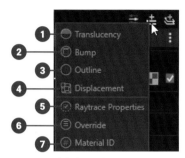

내림 버튼 클릭

❶ [Translucency]: 반투명도 속성을 추가합니다.

❷ [Bump]: 범프 속성을 추가합니다.

❸ [Outline]: 아웃라인 속성을 추가합니다.

❹ [Displacement]: 디스플레이스먼트 속성을 추가합니다.

❺ [Raytrace Properties]: 레이트레이스 속성을 추가합니다.

❻ [Override]: 오버라이드 속성을 추가합니다.

❼ [Material ID]: Material ID 속성을 추가합니다.

03 [Add Layer] 아이콘📑: 레이어를 추가합니다. 내림 버튼▼을 클릭하면 다양한 레이어를 추가할 수 있습니다.

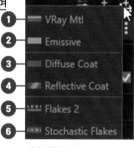

내림 버튼 클릭

❶ [VRay Mtl]: [VRay Mtl] 레이어를 추가합니다.

❷ [Emissive]: [Emissive] 레이어를 추가합니다.

❸ [Diffuse Coat]: [Diffuse Coat] 레이어를 추가합니다.

❹ [Reflection Coat]: [Reflection Coat] 레이어를 추가합니다.

❺ [Flakes 2]: [Flakes 2] 레이어를 추가합니다.

❻ [Stochastic Flakes]: [Stochastic Flackes] 레이어를 추가합니다.

Outline

Outline을 추가하면 해당 메트리얼로 매핑된 객체의 가장자리 선을 표현할 수 있기 때문에 독특한 연출이 가능합니다.

Outline 추가

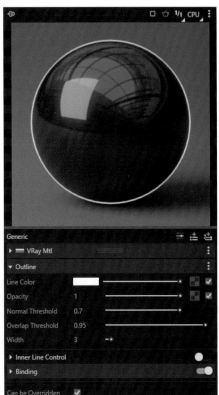

옵션 설정

Outline 추가 전

Outline 추가-옵션 설정

2 —— [VRay Mtl] 레이어 알아보기

[VRay Mtl] 레이어에 대해 알아보겠습니다.

[Bitmap] 옵션 창이 나타남.-이미지 확인

01 **[Diffuse]**: 메트리얼의 색상과 맵을 설정합니다.

❶ **[Color]**: 메트리얼의 색상을 설정합니다. 색상 매핑을
했을 경우에는 [Texture Slot] 버튼이 비활성화█로
표시되고 이미지 매핑을 했을 경우에는 활성화█로 표
시됩니다. 활성화 [Texture Slot] 버튼█을 클릭하면
[Bitmap] 옵션 창이 나타나고 매핑한 이미지를 확인
할 수 있습니다.

이미지 매핑-[Texture Slot] 버튼 클릭

현장 ― 플러스 ✳

색상 매핑, 이미지 매핑

색상으로 매핑하는 것을 '색상 매핑'이라 하고 이미지(텍스처)로 매핑하는 것을 '이미지 매핑'이라고 합
니다.

색상 매핑: 스케치업의 [Materials] 창

이미지 매핑

색상 매핑: [Generic] 옵션 창

이미지 매핑

02 **[Reflection]** : 반사 효과의 표현 여부를 설정(기본 설정 : 비활성화)합니다.

[Reflection]

❶ **[Reflection Color]** : 재질의 반사 강도 및 반사 색상을 설정(기본 설정 : 검은색)합니다. 색상이 흰색으로 갈수록 반사와 하이라이트가 많이 표현되고 검은색으로 갈수록 반사와 하이라이트가 조금 표현됩니다. 흰색은 반사 활성화, 검은색은 반사 비활성화라고 기억하기 바랍니다.

흰색(반사 활성화)

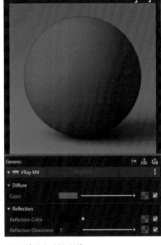

검은색(반사 비활성화)

현장 ─ 플러스 ✳

반사 색상이 회색인 경우

[Reflection Color]를 회색으로 설정해도 반사가 표현되고 하이라이트도 표현되지만, 반사값을 설정하는 [Reflection Glossiness] 값(반사값)을 조절하는 것이 더 편리하기 때문에 반사 색상은 흰색(활성화)과 검은색(비활성화)을 주로 사용합니다.

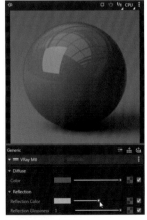

반사 색상이 회색일 경우

❷ [Reflection Glossiness]: 반사의 선명도, 즉 반사값을 설정(기본 설정: 1)합니다. 값이 1과 가까울수록 선명한 반사가 표현되고 값이 0과 가까울수록 흐릿한 반사가 표현됩니다. 1이 가장 선명한 반사가 표현되고 0은 반사가 표현되지 않습니다.

 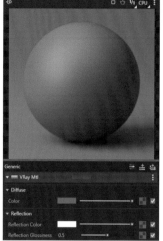 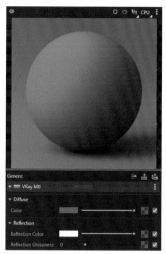

[Reflection Glossiness]: 1   [Reflection Glossiness]: 0.5   [Reflection Glossiness]: 0

❸ [Fresnel]: 바라보는 시점에 따라 반사의 강도가 달라지는 프레넬 반사의 표현 여부를 설정(기본 설정: 체크 표시)합니다. 체크 표시를 해제하면 재질 색상은 무시하고 완전 반사됩니다. 거울을 표현할 때 [Fresnel] 옵션에 체크 표시를 해제하면 됩니다.

 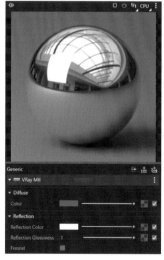

체크 표시   체크 표시 해제

❹ **[Reflection IOR]**: 반사 굴절률(IOR, Index Of Refraction)을 설정(기본 설정: 체크 표시 해제)합니다. 체크 표시를 하고 값을 높이면 주변의 사물이 더 많이 반사되며 일정 값부터는 금속 질감으로 표현됩니다.

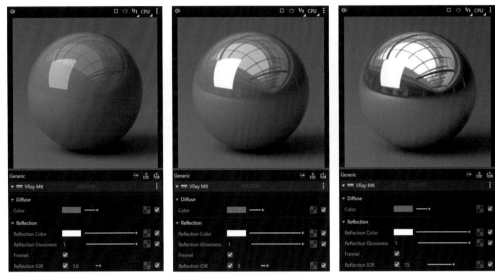

[Reflection IOR]: 체크 표시, 1.6   [Reflection IOR]: 3   [Reflection IOR]: 15

❺ **[Metalness]**: 금속 질감을 설정(기본 설정: 0)합니다.

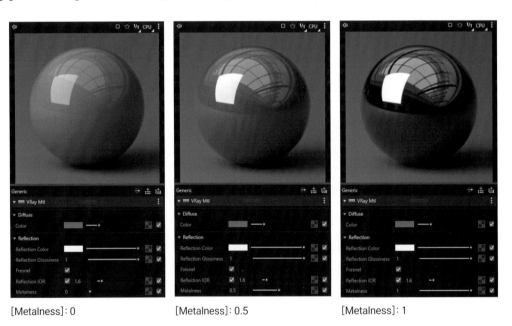

[Metalness]: 0   [Metalness]: 0.5   [Metalness]: 1

❻ [Surface Control]: 표면의 표현 타입을 설정(기본 설정: Use Glossiness)합니다. 기본 설정은 표면을 매끄럽게 표현하는 [Use Glossiness] 타입으로 설정돼 있으며 내림 버튼▼을 클릭해서 [Use Roughness] 타입을 선택하면 표면을 거칠게 표현하며 반사값이 반대 개념으로 설정됩니다.

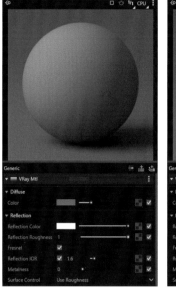 

내림 버튼 클릭-[Use Roughness] 선택   반사값 0: 정반사가 표현됨.

03   Refraction: 굴절 효과의 표현 여부를 설정(기본 설정: 비활성화)합니다.

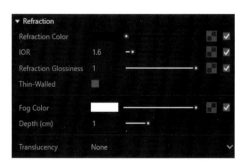

[Refraction]

❶ [Refraction Color]: (기본 설정: 검은색)
재질의 굴절 강도를 설정(기본 설정: 검은색)합니다. 색상이 흰색으로 갈수록 굴절이 많이 표현되고 색상이 검은색으로 갈수록 굴절이 조금 표현됩니다. 흰색은 굴절 활성화, 검은색은 굴절 비활성화라고 기억하기 바랍니다.

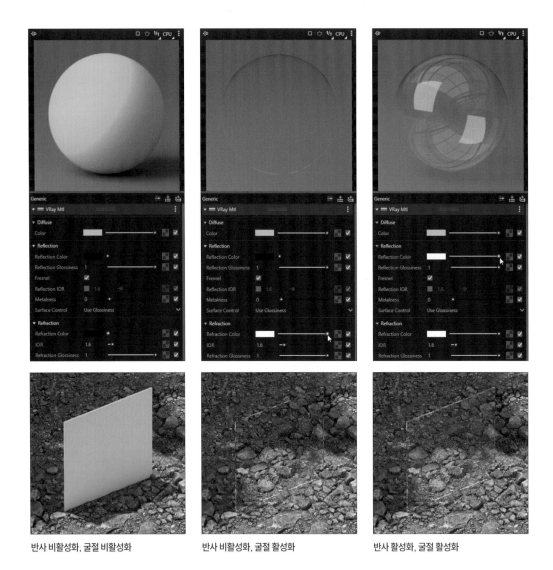

반사 비활성화, 굴절 비활성화　　　반사 비활성화, 굴절 활성화　　　반사 활성화, 굴절 활성화

반사+굴절

물이나 유리같이 투명한 재질은 반사와 굴절을 모두 활성화해야 합니다.

❷ [IOR]: 재료 표면을 통과하는 빛이 휘는 굴절률을 설정(기본 설정: 1.6)합니다. 값이 1일 경우에는 빛이 방향을 바꾸지 않기 때문에 매핑한 객체가 보이지 않습니다. 값을 올리면 빛이 휘어 다른 방향의 사물이 표현됩니다.

IOR: 1　　　　　　　　IOR: 5

❸ **[Refraction Glossiness]**: 굴절의 선명도를 설정(기본 설정: 1)합니다. 값을 내리면 흐릿하게 표현하며 렌더 타임은 증가합니다.

[Refraction Glossiness]: 1　　　　[Refraction Glossiness]: 0.8

❹ **[Thin-Walled]**: 반투명(Translucency) 모드가 SSS 타입으로 설정돼 있을 경우, 반투명 효과를 설정 (기본 설정: 체크 표시 해제)합니다.

❺ **[Fog Color]**: 투명한 객체를 통과하는 빛의 색상을 설정(기본 설정: 흰색)합니다. 빛은 투명한 객체를 통과 하면서 일부 흡수되거나 산란되면서 빛의 세기가 감소합니다.

[Fog Color]: R: 220, G: 255, B: 255　　　[Fog Color]: R: 220, G: 240, B: 255

❻ **[Depth(cm)]**: Fog Color의 세기를 설정(기본 설정: 1)합니다. 값이 높을수록 세기가 약해집니다.

[Depth]: 1　　　　　　[Depth]: 10

Fog Color와 객체의 두께

[Fog Color]는 객체의 두께가 얇으면 연하게 표현되고 객체의 두께가 두꺼우면 진하게 표현됩니다.

16mm

50mm

❼ [Translucency]: 빛이 객체의 내부로 침투하면서 반투명하게 산란되는 SSS(Sub Surface Scattering) 효과 타입을 설정(기본 설정: None)합니다.

04 [Coat]: 코트 레이어를 혼합합니다.

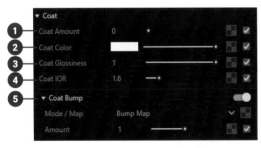
Coat

❶ [Coat Amount]: 코트 레이어의 혼합 가중치를 설정(기본 설정: 0)합니다.

❷ [Coat Color]: 코트 색상을 설정(기본 설정: 흰색)합니다.

❸ [Coat Glossiness]: 코트 선명도를 설정(기본 설정: 1)합니다.

❹ [Coat IOR]: 코트 굴절률을 설정(기본 설정: 1.6)합니다.

❺ [Coat Bump]: 코트 범프 맵을 설정(기본 설정: 비활성화)합니다.

• [Mode/Map]: 맵을 설정합니다.

• [Amount]: 범프 세기를 설정합니다.

05　**[Self-Illumination]**: 자체 발광을 설정합니다.

[Self-Illumination]

❶ **[Color]**: 자체 발광 색상을 설정(기본 설정: 검은색)합니다.

❷ **[Intensity]**: 자체 발광 세기를 설정(기본 설정: 1)합니다.

❸ **[Compensate EV]**: 카메라 노출을 설정(기본 설정: 체크 표시 해제)합니다. 체크 표시를 하면 자체 발광의 색상이 카메라 노출과 관계없이 동일하게 유지됩니다.

06　**[Opacity]**: 불투명도를 설정합니다.

Opacity

❶ **[Opacity]**: 불투명도를 설정(기본 설정: 1)합니다.

[Opacity]: 1　　　　　　　[Opacity]: 0.5　　　　　　　[Opacity]: 0

❷ **[Custom Source]**: 불투명도 타입을 설정(기본 설정: Diffuse Texture Alpha)합니다.

07　**[Bump]**: 범프 효과의 표현 여부를 설정(기본 설정: 활성화)합니다.

[Bump]

❶ **[Mode/Map]**: 범프 타입(기본 설정: Bump Map)과 맵을 설정합니다.

❷ **[Amount]**: 범프 효과의 세기를 설정(기본 설정: 1)합니다.

3 ── [Binding] 레이어 알아보기

[Binding] 레이어 탭

[Binding] 레이어(브이레이 7.0 버전부터는 [Viewport Display])는 스케치업과 브이레이 매핑을 서로 동일하게 표현하는 기능을 갖고 있습니다. 즉, 스케치업의 [Materials] 창이나 브이레이의 [Materials] 옵션 창에서 색상, 불투명도, 재질을 수정하면 서로 연동돼 동일하게 표현됩니다.

01 [Color]: 색상 바인딩을 설정(기본 설정: 활성화)합니다.

현장─플러스 ✳

색상 바인딩

색상 바인딩에 대해 알아보겠습니다.

1. [Color] 옵션 활성화: 스케치업과 브이레이에서 메트리얼 색상을 동일하게 표현합니다. 그림의 '구' 그룹에 매핑한 'metal(170)' 메트리얼의 색상을 스케치업의 [Materials] 창에서 수정하면 브이레이의 [Generic] 옵션 창의 [미리 보기] 창에 바로 반영되며 렌더링 시에 수정한 색상이 표현됩니다. 단, 미리 보기는 색상 매핑만 반영되고 이미지 매핑은 반영되지 않습니다(6.2 버전 기준).

기본 상태

스케치업의 [Materials] 창에서 색상 수정: 브이레이 [미리 보기] 창의 색상도 수정됨.

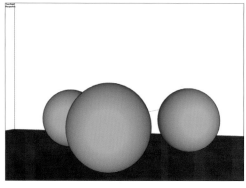

스케치업 화면

렌더링: 수정한 색상이 표현됨.

2. [Color] 옵션 비활성화: 색상을 동일하게 표현하지 않습니다. 비활성화하면 스케치업과 브이레이에서 각각 다른 색상으로 표현할 수 있습니다.

[Color] 옵션 비활성화

스케치업의 [Materials] 창에서 색상 수정: 브이레이 [미리 보기] 창의 색상은 수정 안 됨.

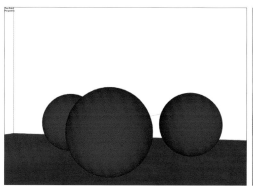

스케치업: 색상이 수정됨.

렌더링: 수정한 색상이 표현 안 됨.

저자는 스테인리스와 같은 금속 질감 표현할 때 [Color] 옵션을 비활성화해서 사용합니다. 즉, 스케치업에서 연한 회색으로 금속 표현하고 브이레이에서는 [Diffuse] 색상을 진한 회색으로 설정해 선명하고 진하게 표현한다는 의미입니다. 브이레이의 [Diffuse] 색상을 연한 회색으로 설정하면 스테인리스가 아닌 알루미늄 질감이 표현되기 때문입니다.

[Binding]-[Color] 옵션 비활성화

[Diffuse] 색상 수정: [미리 보기] 창의 질감은 진하게 표현되지만 스케치업의 [Materials] 창은 변화 없음.

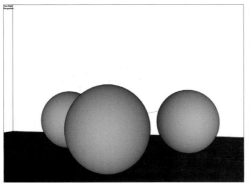 

스케치업 화면: 색상 변화 없음.   렌더링: [Diffuse] 색상이 표현됨.

02 **Opacity**: 불투명도 바인딩을 설정(기본 설정: 활성화)하지만, 스케치업에서 불투명도를 설정하면 자동으로 비활성화됩니다.

[Opacity]: 100

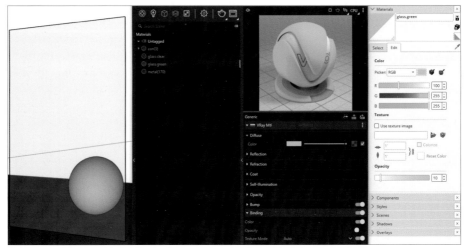

[Opacity]: 10으로 수정하면 자동으로 [Opacity] 옵션 비활성화됨.

03 **[Texture Mode]**: 텍스처 모드를 설정(기본 설정: Auto, 활성화)합니다. 내림 버튼 ![]을 클릭하면 선택 가능한 모드가 나타납니다.

[Texture Mode]

❶ **[Auto]**: 기본적으로 [Diffuse] 텍스처를 바인딩합니다.

[Texture Mode]: Auto, Diffuse 텍스처를 바인딩

스케치업

브이레이

❷ **[Texture Helper]**: [Texture Helper] 모드를 선택하면 해당 메트리얼이 랜덤한 색상과 격자 모양의 'V-Ray Texture Helper' 메트리얼로 표현됩니다. 스케치업 화면에서만 표현되며 렌더링 시에는 원본 메트리얼로 표현됩니다.

[Texture Helper] 모드: 스케치업

스케치업의 [Materials] 창에서도 'V-Ray Texture Helper' 메트리얼로 표현됨.

❸ [Custom] : 사용자 지정 텍스처를 사용합니다. [Custom] 모드를 선택하면 'V-Ray Texture Helper. png' 메트리얼로 표현되고 [Texture] 옵션이 추가돼 맵을 설정할 수 있습니다. 맵을 설정하면 스케치업 화면에서는 설정한 맵으로 매핑이 수정되지만 브이레이 렌더링에는 영향을 미치지 않습니다.

[Custom] : 맵 설정

스케치업 : 설정한 메트리얼로 수정됨.

렌더링 : 설정한 메트리얼이 표현되지 않고 원본 메트리얼이 표현됨.

❹ [Bake] : 브이레이 맵 타입을 설정했을 때 스케치업에서 해당 맵 타입을 나타냅니다.

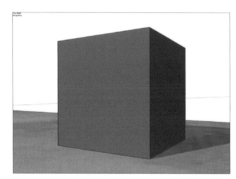

스케치업 : 색상 매핑

Diffuse 맵으로 Cheker 타입 설정

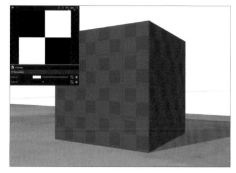

Checker 타입 미리 보기: 스케치업에서 'V-Ray Texture Helper' 메트리얼로 표현됨.

브이레이

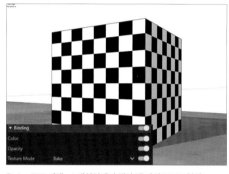

Bake 모드 선택: 스케치업에서 해당 맵 타입으로 표현됨.

브이레이

04 **Can be Overriden**: Material Override 효과의 포함 여부를 설정(기본 설정: 체크 표시)합니다.

렌더링

[Material Override] 렌더링

촛불 메트리얼만 [Can be Overriden] 체크 해제

[Lights] 옵션 창 알아보기

[SunLights] 옵션 창과 각종 인공조명의 옵션 창에 대해 알아보겠습니다.

1 | [SunLights] 옵션 창 알아보기

[SunLight] 옵션 창의 구성 요소에 대해 알아보겠습니다. 선라이트(SunLight)는 태양이 발산하는 빛, 즉 햇빛으로 이해하기 바랍니다.

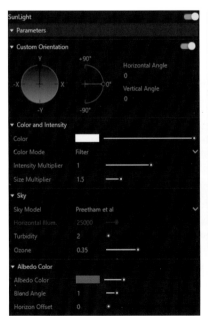

[SunLight] 옵션 창 1

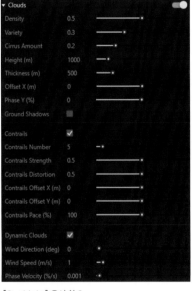

[SunLight] 옵션 창 2

[SunLight] 옵션 창 3

1 —— [Parameters]

[Parameters] 탭의 세부 옵션에 대해 알아보겠습니다.

❶ [Custom Orientation]
- [Horizontal Angle] : 방위(수평 회전)를 설정합니다.
- [Vertical Angle] : 고도(수직 회전)를 설정합니다.

[Custom Orientation]

❷ [Color and Intensity]

[Color and Intensity]

- [Color] : 빛의 색상을 설정합니다.
- [Color Mode] : 색상 모드를 설정합니다. 내림 버튼 ∨을 클릭하면 여러 가지 모드를 선택할 수 있지만 기본적으로 설정된 [Filter] 모드를 가장 많이 사용합니다.
- [Intensity Multiplier] : 선라이트의 세기를 설정합니다.
- [Size Multiplier] : 태양의 크기를 설정합니다. 값을 올리면 태양의 크기는 커지며 그림자의 경계면이 부드러워집니다.

❸ [Sky]

[Sky]

- [Sky Model] : [Sky Model] 타입을 설정합니다.
- [Horizontal Illum] : 하늘에서 오는 수평 표면에 대한 조명의 강도(lx)를 설정합니다. [Sky Model]을 [Preetham et al], [Hosek et al], [PRG Clear Sky] 타입으로 선택했을 경우 해당 옵션은 비활성화됩니다.
- [Turbidity] : 대기의 흐림 정도와 혼탁도를 설정합니다.
- [Ozone] : 오존 농도를 설정합니다. 값이 0.0에 가까울수록 햇빛이 노랗게 표현되고 값이 1.0에 가까울수록 햇빛이 파랗게 표현됩니다. [Sky Model]을 [PRG Clear Sky] 타입으로 선택했을 경우 해당 옵션은 비활성화됩니다.

❹ [Albedo Color]

[Albedo Color]

- **[Albedo Color]** : 알베도 색상을 설정합니다.

기본 색상(R: 124, G: 124, B: 124)   흰색

- **[Blend Angle]** : 수평선과 하늘 사이의 혼합 각도를 설정합니다.

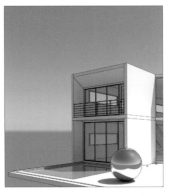

[Blend Angle] : 0   [Blend Angle] : 1   [Blend Angle] : 5

- **[Horizon Offset]** : 수평선 위치를 설정합니다. 값이 높을수록 수평선의 위치가 내려갑니다.

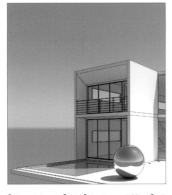

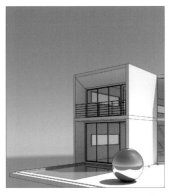

[Blend Angle] : 1, [Horizon Offset] : 0   [Blend Angle] : 1, [Horizon Offset] : 5   [Blend Angle] : 1, [Horizon Offset] : 10

❺ [Clouds]

• **[Density]** : 구름의 밀도를 설정(기본 설정: 0.5)합니다. 값이 높을수록 구름의 양이 많아집니다.

• **[Variety]** : 구름의 다양한 모양을 설정(기본 설정: 0.3)합니다.

• **[Cirrus Amount]** : 권운(새털구름)량을 설정(기본 설정: 0.2)합니다.

• **[Height(m)]** : 구름의 높이를 설정(기본 설정: 1000)합니다.

• **[Thickness(m)]** : 구름의 두께를 설정(기본 설정: 500)합니다.

• **[Offset X(m)]** : X축 방향의 이동 거리를 설정(기본 설정: 0)합니다.

• **[Offset Y(m)]** : Y축 방향의 이동 거리를 설정(기본 설정: 0)합니다.

• **[Phase X(%)]** : 백분율로 지정된 X축 방향의 단계를 설정(기본 설정: 0)합니다.

• **[Phase Y(%)]** : 백분율로 지정된 Y축 방향의 단계를 설정(기본 설정: 0)합니다.

• **[Ground Shadows]** : 아주 큰 장면에 적합한 구름 그림자를 표현(기본 설정: 체크 표시 해제)합니다.

[Ground Shadows] 체크 표시 해제

[Ground Shadows] 체크 표시

화면 축소-[Ground Shadows] 체크 표시 해제

[Ground Shadows] 체크 표시

- [Contrails]: 비행운을 표현(기본 설정: 체크 표시 해제)합니다.

체크 표시 해제

체크 표시

- [Contrails Number]: 비행운의 숫자를 설정(기본 설정: 5)합니다.
- [Contrails Strength]: 비행운의 불투명도를 설정(기본 설정: 0.5)합니다. 값이 낮을수록 불투명하게 표현됩니다.
- [Contrails Distortion]: 비행운의 왜곡 정도를 설정(기본 설정: 0.5)합니다.
- [Contrails Offset X(m)]: 비행운의 X축 방향의 이동 거리를 설정(기본 설정: 0)합니다.
- [Contrails Offset Y(m)]: 비행운의 Y축 방향의 이동 거리를 설정(기본 설정: 0)합니다.
- [Contrails Pace(%)]: 비행운의 속도를 설정(기본 설정: 100)합니다.

- [Dynamic Clouds]: 다이내믹 클라우드를 표현(기본 설정: 체크 표시 해제)합니다.
- [Wind Direction(deg)]: 풍량을 설정(기본 설정: 0)합니다. 값이 0이면 구름의 양이 X 방향으로 이동한다는 의미로 값을 높이면 시계 방향으로 수평 회전됩니다.
- [Wind Speed(m/s)]: 초당 미터 단위로 측정되는 구름 이동 속도를 설정(기본 설정: 1)합니다.
- [Phase Velocity (%/s)]: 백분율로 지정된 속도의 단계를 설정(기본 설정: 0.001)합니다.

2 — [Options]

[Options] 탭의 세부 옵션에 대해 알아보겠습니다.

❶ [Invisible]: 선라이트의 숨김 여부를 설정(기본 설정: 체크 표시 해제)합니다.

체크 표시 해제

체크 표시

❷ [Shadows]: 그림자 표현 여부를 설정(기본 설정: 체크 표시)합니다.

❸ [Affect Diffuse]: 빛의 난반사로 인한 재질의 표현 여부를 설정(기본 설정: 체크 표시)합니다.

❹ [Affect Atmospherics]: 선라이트가 대기 효과에 영향을 미칠지의 여부를 설정(기본 설정: 체크 표시)합니다.

❺ [Affect Atmospheric Shadows]: 대기 효과의 그림자 표현 여부를 설정(기본 설정: 체크 표시)합니다.

❻ [Caustic Photons]

• [Caustic Subdivisions]: 선라이트에서 발산하는 광자의 수를 설정(기본 설정: 1000)합니다. 값이 낮을수록 노이즈가 증가하며 값이 클수록 좋은 품질을 만들지만, 렌더 타임은 더 길어집니다.

• [Emit Radius]: 선라이트가 발산하는 광자의 반경을 설정(기본 설정: 50)합니다.

2 [Rectangle Light] 옵션 창 알아보기

[Rectangle Light] 옵션 창의 구성 요소에 대해 알아보겠습니다.

1 — [Parameters]

[Parameters] 탭의 세부 옵션에 대해 알아보겠습니다.

❶ Color/Texture: 빛의 색상 및 텍스처를 설정합니다.
- Color: 빛의 색상을 설정(기본 설정: 흰색)합니다.

스케치업 화면

렌더링: Intensity: 600, 기본 색상: 흰색(6500K)

[Rectangle Light] 옵션 창

색상 박스를 클릭하면 나타나는 [V-Ray Color Picker] 창에서 [RGB or HSV] 채널의 값을 입력할 수 있고 색온도(Kelvin)를 설정하는 K 옵션에 값을 입력할 수도 있습니다.

색상 박스 클릭-색온도 '5000' 입력

5000K

3000K

- **Texture**: 텍스처를 설정합니다. [Color/Texture] 옵션 타입을 [Bitmap]으로 설정하고 이미지 파일을 적용한 다음 [Color/Texture] 옵션에 체크 표시를 하면 해당 이미지 파일이 표현됩니다.

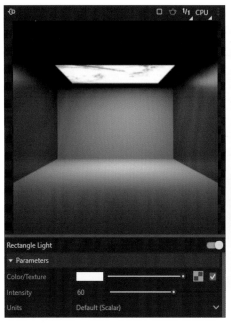

[Bitmap] 타입 설정-이미지 파일 적용-옵션 체크

적용한 이미지 파일

이미지 파일 적용 전

이미지 파일 적용 후

❷ [Intensity]: 빛의 세기를 설정(기본 설정: 30)합니다.

❸ [Units]: 빛의 단위를 설정(기본 설정: Default)합니다. 내림 버튼▼을 클릭하면 여러 가지 단위를 설정
할 수 있지만, 가장 많이 사용하는 단위는 기본으로 설정된 Default(Scalar) 타입입니다.

❹ [Shape]: 렉탱글 라이트의 모양을 설정(기본 설정: Rectangle)합니다. 내림 버튼▼을 클릭해서
[Disc] 타입을 선택하면 원형으로 표현됩니다.

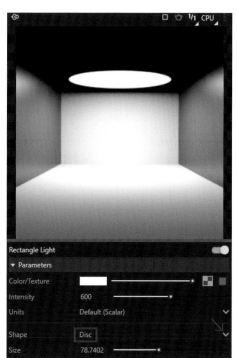

스케치업 화면

렌더링

내림 버튼 클릭-[Disc] 클릭

❺ [U Size/V Size]: 렉탱글 라이트의 크기를 나타내며 인치 단위로 표시됩니다. 렉탱글 라이트를 만들면 자
동으로 값이 표시되며 값을 조절할 수도 있습니다. 렉탱글 라이트는 크기와 밝기가 비례합니다.

❻ **[Directionality]**: 렉탱글 라이트의 방향성을 설정(기본 설정: 0)합니다. 값이 0일 때 빛은 모든 방향으로 똑같이 발산되며 값을 올리면 빛이 한 방향으로 집중됩니다.

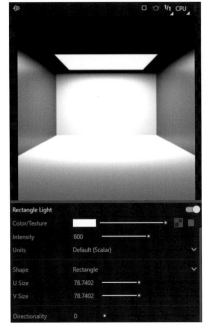

렌더링

[Directionality]: 0

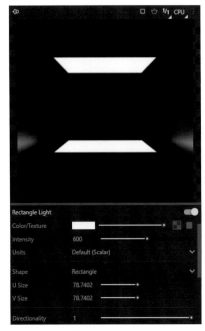

렌더링

[Directionality]: 1

2 —— [Options]

[Options] 탭의 세부 옵션에 대해 알아보겠습니다.

❶ **[Invisible]**: 렉탱글 라이트의 숨김 여부를 설정(기본 설정: 체크 표시 해제)합니다. [Invisible] 옵션에 체크 표시를 하면 렉탱글 라이트는 보이지 않고 렉탱글 라이트가 발산하는 빛만 표현되지만, 반사값을 가진 재질에는 렉탱글 라이트가 반사됩니다.

[Invisible]: 체크 표시 해제   [Invisible]: 체크 표시

❷ **[No Decay]**: 빛의 감소 여부를 설정(기본 설정: 체크 표시 해제)합니다. 빛의 세기는 광원이 있는 곳에서 멀어질수록 감소하지만, [No Decay] 옵션에 체크 표시를 하면 빛의 세기가 감소하지 않습니다. 단, 거리의 제한 없이 무한계로 빛의 세기가 균등하게 표현되는 것은 아닙니다.

[Intensity]: 150, [No Decay]: 체크 표시 해제   [No Decay]: 체크 표시

❸ [Shadows]: 빛의 그림자 표현 여부를 설정(기본 설정: 체크 표시)합니다.

[Shadows]: 체크 표시

[Shadows]: 체크 표시 해제

❹ [Double Sided]: 렉탱글 라이트 빛의 방향을 설정(기본 설정: 체크 표시 해제)합니다. 렉탱글 라이트의 빛
은 앞면으로만 발산하지만, [Double Sided] 옵션에 체크 표시를 하면 뒷면에서도 발산합니다.

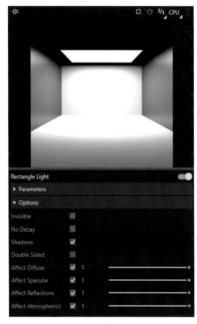
[Intensity]: 150, [Double Sided]: 체크 표시 해제

[Double Sided]: 체크 표시

렌더링

렌더링

렉탱글 라이트는 두께가 없는 면으로 생성되지만 [Double Sided] 옵션에 체크 표시를 하면 앞면과 뒷면으로 빛이 발산돼 경계면에 그림자가 나타나기 때문에 사용 시 주의해야 합니다.

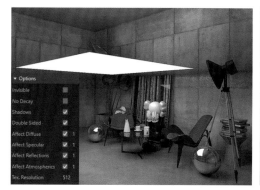 

[Invisible] : 체크 표시 해제 　　　　　　　　　　　　　　[Invisible] : 체크 표시

❺ [Affect Diffuse] : 렉탱글 라이트가 반사값을 가진 재질에 영향을 미칠지 여부를 설정(기본 설정 : 체크 표시)합니다.

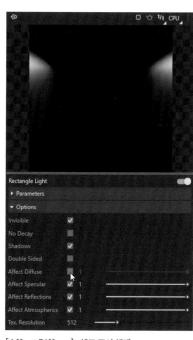

렌더링

[Affect Diffuse] : 체크 표시 해제

❻ [Affect Specular] : 반사값을 가진 재질에 렉탱글 라이트가 발산하는 빛의 반사 여부를 설정(기본 설정: 체크 표시)합니다.

렌더링

[Affect Specular] : 체크 표시

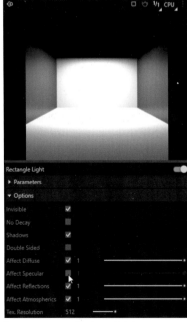

렌더링

[Affect Specular] : 체크 표시 해제

❼ [Affect Reflection] : 반사값을 가진 재질에 렉탱글 라이트의 반사 여부를 설정(기본 설정 : 체크 표시)합니다.

[Affect Reflection] : 체크 표시   [Affect Reflection] : 체크 표시 해제

❽ [Affect Atmospheircs] : 렉탱글 라이트가 대기 효과에 영향을 미칠지의 여부를 설정(기본 설정 : 체크 표시)합니다.

❾ [Tex. Resolusion] : 중요도 샘플링을 위한 텍스처 리샘플링 값(기본 설정 : 512)을 설정합니다.

❿ [Caustic Photons]-[Caustic Subdivs] : 커스틱 효과의 품질을 설정합니다.

3 | [Sphere Light] 옵션 창 알아보기

[Sphere Light] 옵션 창의 구성 요소에 대해 알아보겠습니다.

1 — [Parameters]

[Parameters] 탭의 세부 옵션에 대해 알아보겠습니다.

❶ [Color]: 빛의 색상을 설정합니다.

❷ [Intensity]: 빛의 세기를 설정합니다.

❸ [Units]: 빛의 단위를 설정합니다. 내림 버튼 ⬇ 을 클릭하면 여러 가지 단위를 설정할 수 있지만, 가장 많이 사용하는 단위는 기본으로 설정된 [Default(Scalar)] 타입입니다.

❹ [Size]: 스피어 라이트의 지름을 나타내며 인치 단위로 표시됩니다. 스피어 라이트는 크기와 밝기가 비례합니다.

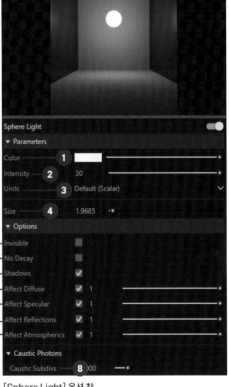

[Sphere Light] 옵션 창

2 — [Options]

[Options] 탭의 세부 옵션에 대해 알아보겠습니다.

❶ [Invisible]: 스피어 라이트의 숨김 여부를 설정(기본 설정: 체크 표시 해제)합니다.

❷ [No Decay]: 빛의 감소 여부를 설정(기본 설정: 체크 표시 해제)합니다.

❸ [Shadows]: 빛의 그림자 표현 여부를 설정(기본 설정: 체크 표시)합니다.

❹ [Affect Diffuse]: 조명이 반사값을 가진 재질에 영향을 줄 것인지를 설정(기본 설정: 체크 표시)합니다.

❺ [Affect Specular]: 반사값을 가진 재질에 스피어 라이트가 발산하는 빛의 반사 여부를 설정(기본 설정: 체크 표시)합니다.

❻ [Affect Reflection]: 반사값을 가진 재질에 스피어 라이트의 반사 여부를 설정(기본 설정: 체크 표시)합니다.

❼ [Affect Atmospheircs]: 스피어 라이트가 대기 효과에 영향을 미칠지의 여부를 설정(기본 설정: 체크 표시)합니다.

❽ [Caustic Photons]-[Caustic Subdivs]: 커스틱 효과의 품질을 설정합니다.

4 [Spot Light] 옵션 창 알아보기

[Spot Light] 옵션 창의 구성 요소에 대해 알아보겠습니다.

1 —— [Parameters]

[Parameters] 탭의 세부 옵션에 대해 알아보겠습니다.

❶ [Color]/[Texture]
  - [Color] : 빛의 색상을 설정합니다.

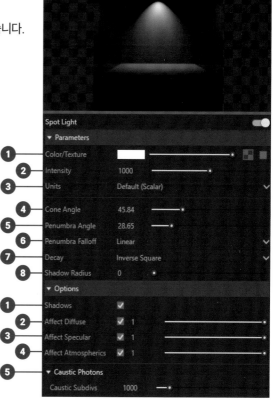

[Spot Light] 옵션 창

6500K

5000K

3000K

- [Texture]: 텍스처를 설정합니다. [Color]/[Texture] 옵션 타입을 [Bitmap]으로 설정한 후 이미지 파일을 적용하고 [Color]/[Texture] 옵션에 체크 표시를 하면 해당 이미지 파일이 표현됩니다.

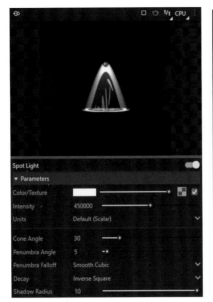

[Bitmap] 타입 설정-이미지 파일 적용-옵션 체크   적용한 이미지 파일/옵션 값

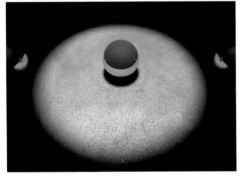

이미지 파일 적용 전   이미지 파일 적용 후

❷ [Intensity]: 빛의 세기를 설정(기본 설정: 1000)합니다.

[Intensity]: 150000   [Intensity]: 450000

❸ **[Units]** : 빛의 단위를 설정합니다. 내림 버튼 ![]을 클릭하면 여러 가지 단위를 설정할 수 있지만, 가장 많이 사용하는 단위는 기본으로 설정된 [Default(Scalar)] 타입입니다.

❹ **[Cone Angle]** : 빛이 산란되는 각도를 설정(기본 설정: 45.84)합니다.

[Intensity] : 450000, [Cone Angle] : 30

[Cone Angle] : 60

❺ **[Penumbra Angle]** : 반그림자 각도를 설정(기본 설정: 28.65)합니다.

Intensity: 450000, Cone Angle: 30, Penumbra Angle: 10

Penumbra Angle: 40

❻ **[Penumbra Falloff]** : 반그림자의 범위를 표현하는 타입을 설정(기본 설정: Linear)합니다. 내림 버튼 ![]을 클릭해 [Smooth Cubic] 타입을 선택하면 조금 더 부드럽게 표현됩니다.

[Intensity] : 450000, [Cone Angle] : 30, [Penumbra Falloff] : Linear

[Penumbra Falloff] : Smooth Cubic

❼ [Decay]: 빛의 표현 타입을 설정(기본 설정: Inverse Square)합니다. 내림 버튼▼을 클릭하면 여러 가지 타입을 선택할 수 있지만, 일반적으로 사용하는 타입은 기본 설정된 [Inverse Square] 타입입니다.

❽ [Shadow Radius]: 그림자 경계면의 부드러움 정도를 설정(기본 설정: 0)합니다.

[Shadow Radius] : 0   [Shadow Radius] : 10

2 — [Options]

[Options] 탭의 구성 요소에 대해 알아보겠습니다.

❶ [Shadows]: 빛의 그림자 표현 여부를 설정(기본 설정: 체크 표시)합니다.
❷ [Affect Diffuse]: 스팟 라이트가 반사값을 가진 재질에 영향을 미칠지의 여부를 설정(기본 설정: 체크 표시)합니다.
❸ [Affect Specular]: 반사값을 가진 재질에 스팟 라이트가 발산하는 빛의 반사 여부를 설정(기본 설정: 체크 표시)합니다.
❹ [Affect Atmospheircs]: 스팟 라이트가 대기 효과에 영향을 미칠지의 여부를 설정(기본 설정: 체크 표시)합니다.
❺ [Caustic Photons]-[Caustic Subdivs]: 커스틱 효과의 품질을 설정합니다.

5 [IES Light] 옵션 창 알아보기

[IES Light] 옵션 창의 구성 요소에 대해 알아보겠습니다.

1 —— [Parameters]

[Parameters] 탭의 세부 옵션에 대해 알아보겠습니다.

❶ [Color]: 빛의 색상을 설정합니다.
❷ [Intensity]: 빛의 세기를 설정(기본 설정: 0.66)
합니다.

[IES Light] 옵션 창

[Intensity]: 300000

[Intensity]: 600000

❸ **[IES Light File]**: 적용한 IES 데이터 파일의 경로를 표시합니다. [Open File] 아이콘███을 클릭해 IES 데이터 파일을 불러올 수 있습니다.

❹ **[Shape]**: 빛의 모양을 설정하는 타입을 선택(기본 설정: [From IES File])합니다. 내림 버튼███을 클릭하면 네 개의 타입을 선택할 수 있습니다.

❺ **[Diameter]**: [Shape] 타입을 [Circle], [Sphere] 타입으로 선택했을 때 활성화되며 빛의 지름을 설정(기본 설정 0.1)합니다. 값을 올리면 빛이 좀 더 밝아지고 객체의 그림자가 부드러워집니다.

[Diameter]: 0.1 [Diameter]: 1

❻ **[Light Shape]**: IES 라이트의 모양을 설정(기본 타입: [For Shadows Only])합니다.

2 — [Options]

[Options] 탭의 세부 옵션에 대해 알아보겠습니다.

❶ **[Shadows]**: 빛의 그림자 표현 여부를 설정(기본 설정: 체크 표시)합니다.

❷ **[Affect Diffuse]**: 조명이 반사값을 가진 재질에 영향을 줄 것인지를 설정(기본 설정: 체크 표시)합니다.

❸ **[Affect Specular]**: 반사값을 가진 재질에 IES 라이트가 발산하는 빛의 반사 여부를 설정(기본 설정: 체크 표시)합니다.

❹ **[Affect Atmospheircs]**: IES 라이트가 대기 효과에 영향을 미칠지의 여부를 설정(기본 설정: 체크 표시)합니다.

❺ **[Caustic Photons]-[Caustic Subdivs]**: 커스틱 효과의 품질을 설정합니다.

6 [Mesh Light] 옵션 창 알아보기

[Mesh Light] 옵션 창의 구성 요소에 대해 알아보겠습니다.

1 — [Parameters]

[Parameters] 탭의 세부 옵션에 대해 알아보겠습니다.

❶ [Color/Texture] : 빛의 색상 및 텍스처를 설정합니다.
❷ [Intensity] : 빛의 세기를 설정(기본 설정: 30)합니다.
❸ [Units] : 빛의 단위를 설정합니다. 내림 버튼 을 클릭하면 여러 가지 단위를 설정할 수 있지만, 가장 많이 사용하는 단위는 기본으로 설정된 [Default(Scalar)] 타입입니다.

[Mesh Light] 옵션 창

2 — [Options]

[Options] 탭의 세부 옵션에 대해 알아보겠습니다.

❶ [Invisible] : 메시 라이트의 숨김 여부를 설정(기본 설정: 체크 표시 해제)합니다.
❷ [No Decay] : 빛의 감소 여부를 설정(기본 설정: 체크 표시 해제)합니다.
❸ [Shadows] : 빛의 그림자 표현 여부를 설정(기본 설정: 체크 표시)합니다.
❹ [Double Sided] : 메시 라이트 빛의 방향을 설정(기본 설정: 체크 표시 해제)합니다.
❺ [Affect Diffuse] : 반사값을 가진 재질에 영향을 줄 것인지를 설정(기본 설정: 체크 표시)합니다.
❻ [Affect Specular] : 반사값을 가진 재질에 메시 라이트가 발산하는 빛의 반사 여부를 설정(기본 설정: 체크 표시)합니다.
❼ [Affect Reflection] : 반사값을 가진 재질에 메시 라이트의 반사 여부를 설정(기본 설정: 체크 표시)합니다.
❽ [Affect Atmospheircs] : 메시 라이트가 대기 효과에 영향을 미칠지의 여부를 설정(기본 설정: 체크 표시)합니다.
❾ [Tex. Resolusion] : 중요도 샘플링을 위한 텍스처 리샘플링 값(기본 설정: 512)을 설정합니다.
❿ [Caustic Photons]-[Caustic Subdivs] : 커스틱 효과의 품질을 설정합니다.

7 [Dome Light] 옵션 창 알아보기

[Dome Light] 옵션 창의 구성 요소에 대해 알아보겠습니다.

1 —— [Parameters]

❶ [Color]/[Texture HDR]: 빛의 색상 및 HDR 파일을 설정합니다.

❷ [Intensity]: 빛의 세기를 설정(기본 설정: 1)합니다.

❸ [Units]: 빛의 단위를 설정(기본 설정: Default)합니다. 내림 버튼█을 클릭하면 여러 가지 단위를 설정할 수 있지만, 가장 많이 사용하는 단위는 기본으로 설정된 Default(Scalar) 타입입니다.

❹ [Shape]: 돔 라이트의 표현 범위를 설정(기본 설정: Sphere)합니다. 내림 버튼█을 클릭한 후 Hemisphere 타입을 선택하면 반구로 설정돼 지평선 (수평선) 아래는 환경이 표현되지 않고 색상으로만 표현 됩니다.

[Dome Light] 옵션 창

[Sphere]

[Hemisphere]

630

❺ [Finite Dome] : 체크 표시를 하면 유한 돔을 사용할 수 있습니다. 유한 돔이란 사용자가 돔 라이트의 반경, 카메라 높이, 지면과의 혼합량을 각각 설정할 수 있는 돔 라이트를 말합니다.

- [Radius] : 반경을 설정(기본 설정 : 100)합니다. 해당 기능의 설명을 위해 그림에는 '15'번 돔 라이트가 실내(모델의 중앙)에 배치돼 있습니다.

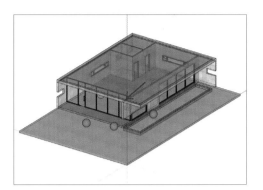

돔 라이트 위치

[Radius] : 600

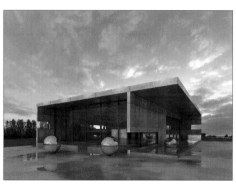

[Radius] : 600

- [Projection Height] : 카메라 높이를 설정(기본 설정 : 50)합니다.

[Radius] : 600, [Projection Height] : 200

[Radius] : 600, [Projection Height] : 200

- [Ground Blend]: 지면과의 혼합량을 설정(기본 설정: 0.2)합니다.

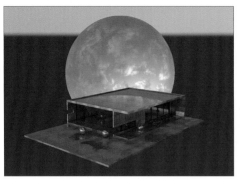 

Radius: 600, Projection Height: 50, Ground Blend: 1   Radius: 600, Projection Height: 50, Ground Blend: 1

❻ **Use Transform**: 체크 표시(기본 설정: 체크 표시 해제)하면 돔 라이트를 스케치업에서 회전 도구 Rotate⟳로 회전시켰을 경우 회전 각도가 반영됩니다.

❼ **Adaptive**: Adaptive Dome Light 샘플링 사용 유무를 설정(기본 설정: 체크 표시)합니다.

2 — [Options]

[Options] 탭의 세부 옵션에 대해 알아보겠습니다.

❶ **Invisible**: 돔 라이트의 숨김 여부를 설정(기본 설정: 체크 표시 해제)합니다. 조명은 보이지 않고 조명의 발산하는 빛만 표현되는 다른 인공조명과 다르게 돔 라이트의 Invisible 옵션에 체크 표시를 하면 환경이 표현되지 않습니다.

[Invisible] 체크 표시 해제   [Invisible] 체크 표시

❷ [Shadows]: 빛의 그림자 표현 여부를 설정(기본 설정: 체크 표시)합니다.

❸ [Affect Alpha]: 알파 채널에서 돔 라이트의 보임 여부를 설정(기본 설정: 체크 표시)합니다.

[Affect Alpha] 옵션에 체크 표시를 한 후 렌더링하고 tif(또는 png) 파일 형식으로 저장했을 경우 돔 라이트가 표현하는 환경이 보이게 저장됩니다. [Affect Alpha] 옵션의 체크 표시를 해제하면 환경이 보이지 않고 투명하게 저장됩니다.

체크 표시   체크 표시 해제

❹ [Affect Diffuse]: 돔 라이트가 반사값을 가진 재질에 영향을 미칠지의 여부를 설정(기본 설정: 체크 표시)합니다.

❺ [Affect Specular]: 반사값을 가진 재질에 돔 라이트가 발산하는 빛의 반사 여부를 설정(기본 설정: 체크 표시)합니다.

❻ [Affect Reflection]: 반사값을 가진 재질에 돔 라이트의 반사 여부를 설정(기본 설정: 체크 표시)합니다.

❼ [Affect Atmospheircs]: 돔 라이트가 대기 효과에 영향을 미칠지의 여부를 설정(기본 설정: 체크 표시)합니다.

❽ [Tex. Resolusion]: 중요도 샘플링을 위한 텍스처 리샘플링 값(기본 설정: 512)을 설정합니다.

❾ [Caustic Photons]: 커스틱과 광자의 세부 옵션을 설정합니다.

• [Caustic Subdivs]: 커스틱 효과의 품질을 설정(기본 설정: 1000)합니다.

• [Target Radius]: 광자가 발사되는 반지름을 설정(기본 설정: 100)합니다.

• [Emit Distance]: 광자가 발사되는 거리를 설정(기본 설정: 150)합니다.

카오스 밴티지 사용하기

SketchUp & V-Ray & Chaos Vantage

SketchUp & V-Ray & Chaos Vantage

이번 과정에서는 실시간 렌더링 프로그램인 카오스 밴티지에 대해 학습하겠습니다. 지면의 한계로 인해 모든 내용을 다루지는 못하지만, 저자가 실무에 활용하는 핵심적인 내용 위주로 학습하기 때문에 독자분들도 실무에 활용하는 데 부족함이 없다고 생각합니다. 지난 과정에서 스케치업 브이레이로 렌더링한 이미지와 이번 과정에서 카오스 밴티지로 렌더링한 이미지의 품질과 렌더 타임을 비교하면서 학습하기 바랍니다.

1 | 카오스 밴티지 환경 설정하고 장면 추가하기

이번 과정에서는 카오스 밴티지의 기본적인 환경을 설정하고 장면을 추가하는 방법에 대해 학습하겠습니다. 카오스 밴티지 파일은 라이브 링크가 걸려 있던 스케치업 파일의 경로가 다르면 올바르게 표현되지 않기 때문에 카오스 밴티지 완성 파일은 제공되지 않습니다. 카오스 밴티지 학습 내용은 길지 않기 때문에 한 번에 이어서 학습하는 방법을 권장합니다.

1 — 파일 실행

'P4-1.skp' 파일을 실행한 후 카오스 밴티지를 실행하기 위해 [Start Chaos Vantage] 도구⊗를 클릭합니다. [Chaos vantage] 창이 나타나면서 실시간으로 렌더링된 화면이 확인됩니다.

파일 실행-[Start Chaos Vantage] 도구 클릭-확인

알아두기

카오스 밴티지 실행화면

카오스 밴티지는 실시간 렌더링 프로그램이기 때문에 스케치업 브이레이와 달리 실시간으로 렌더링된 화면이 바로 나타납니다. 아무 설정이 없는 카오스 밴티지의 실행 화면의 특성은 다음과 같습니다.

1. Bloom 효과가 적용돼 있음.
2. 이미지가 흐릿함.

2 —— [Render Defaults]

[Render Defaults] 세팅을 하기 위해 메뉴의 [Edit]-[Preferences]를 클릭해 [Preferences] 창을 나타나게 한 후 [Render Default] 메뉴를 클릭합니다. [Primary] 옵션의 내림 버튼 을 클릭해 [Vantate] 타입을 선택한 후 [Secondary] 옵션의 내림 버튼 을 클릭해 [Same as Primary] 타입을 선택합니다.

[Edit]-[Preferences] 클릭

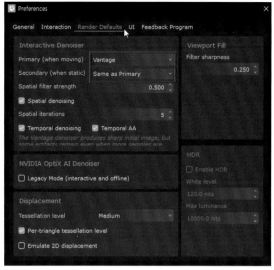

확인/설정

> 알아두기
>
> ### [Primary], [Secondary] 옵션
>
> [Primary] 옵션은 화면을 움직일 때 사용할 노이즈 제거 타입을 설정하고 [Secondary] 옵션은 작업이 없을 때의 노이즈 제거 타입을 설정합니다. [Primary] 옵션과 [Secondary] 옵션은 여러 가지 타입을 선택할 수 있지만, 저자는 [Primary] 옵션은 [Vantage] 타입, [Secondary] 옵션은 [Same as Primary] 타입을 사용(카오스 밴티지 2.6 버전 기준)합니다.

3 —— [Open Render settings]

렌더 세팅을 하기 위해 [Open Render settings] 아이콘을 클릭해 세부 옵션 창을 펼칩니다.

> 알아두기
>
> ### 카오스 밴티지의 특성
>
> 카오스 밴티지를 처음 학습하게 되면 '카오스 밴티지는 실시간 렌더링이 되는데 굳이 렌더 타임이 오래 걸리는 스케치업 브이레이를 사용할 필요가 있을까?'라는 생각을 누구나 하게 됩니다. 카오스 밴티지의 특성을 아직은 잘 모르기 때문에 이런 생각이 드는 것은 당연합니다. 카오스 밴티지는 스케치업 브이레이 없이 단독으로 사용할 수 없습니다. 스케치업 브이레이 설정이 카오스 밴티지와 연동되기 때문(카오스 밴티지 2.6 버전 기준)입니다.

[Open Render settings] 아이콘 클릭

4 —— [Color Correction] 확인

[Chaos Vantage] 창의 왼쪽 위에 있는 [Color Corrections tab] 아이콘 을 클릭해 [Color correction] 탭을 펼친 후 [Bloom] 옵션 탭을 확인합니다. 카오스 밴티지는 기본적으로 [Render settings] 창의 [Toggle Color Corrections] 아이콘 이 활성화돼 Bloom 효과가 적용됩니다.

아이콘 클릭-옵션 탭 확인

5 —— [Color Corrections] 비활성화

[Bloom] 효과를 적용하지 않기 위해 [Toggle Color Corrections] 아이콘 을 클릭해 비활성화합니다.

[Toggle Color Corrections] 아이콘 클릭-화면 확인

6 —— [Denoiser]

기본적으로 화면을 흐릿하게 표현해서 노이즈를 제거하는 [Denoiser] 옵션의 수치값이 '100'으로 설정돼 있기 때문에 뷰포트에서 보이는 렌더링 이미지가 조금 흐릿하게 표현됩니다. [Denoiser] 옵션의 슬라이드를 왼쪽으로 드래그해서 '0'으로 설정하거나 수치 입력란에 '0'을 입력한 후 Enter 를 눌러 [Denoiser] 옵션의 수치값을 '0'으로 설정합니다. 렌더링 이미지가 선명해진 것을 알 수 있습니다. 0으로 설정했을 때 화면이 그림처럼 보이지 않고 색상이 다르게 표현된다면 스케치업에서 '1-1' 장면 탭을 클릭하면 됩니다.

[Denoiser]: 0

Denoiser

[Denoiser] 옵션은 화면을 흐릿하게 표현해서 노이즈를 제거하는 옵션입니다. 수치값이 0이면 선명하게 렌더링되고 수치값이 '100'이면 흐릿하게 렌더링됩니다.

[Denoiser]: 0

[Denoiser]: 100

7 —— 카메라 추가

[Chaos vantage] 창 왼쪽 위에 있는 [Camera tab] 아이콘🔘
을 클릭해서 [Camera] 탭을 확장한 후 [Camera lister] 옵션 탭
에 있는 [Create a camera from current view and camera
settings] 아이콘🔘을 클릭해 카메라를 추가합니다. 카메라 이름이
'[F1] Camera 001'로 자동 설정되는 것을 알 수 있습니다. 카메라 추
가 아이콘의 이름이 길기 때문에 [Create a camera] 아이콘🔘으로
줄여서 부르겠습니다.

[Create a camera] 아이콘 클릭

알
아
두
기
카메라

카오스 밴티지의 카메라는 스케치업의 장면(Scene)에 해당합니다.

8 —— 장면 탭 클릭

스케치업에서 '1-2' 장면 탭을 클릭한 후 [Chaos Vantage] 창의 [Camera lister] 옵션 탭의 [Home]
Original Camera를 클릭한 다음 [Create a camera] 아이콘🔘을 클릭해 카메라를 추가합니다. 카오스 밴
티지의 렌더링 화면 오른쪽 윗부분을 보면 '02'번 돔 라이트의 밝은 부분이 눈에 띈다는 것을 알 수 있습니다.

[Home] 카메라 클릭

[Create a camera] 아이콘 클릭

화면 확인

[Home] Original Camera / 화면 전환

1. [Home] Original Camera

카오스 밴티지 2.5 버전까지는 스케치업에서 장면을 수정하면 카오스 밴티지에서 실시간으로 반영되었지만, 2.6 버전으로 업데이트되면서 실시간으로 반영되지 않고 [Home] Original Camera를 클릭해야 스케치업 장면과 동일하게 설정됩니다.

2. 카오스 밴티지에서 화면 전환

카오스 밴티지에서도 화면 전환이 되지만, 저자는 스케치업에서 화면 전환을 하고 장면을 설정한 다음 카오스 밴티지에서 카메라를 추가하는 순서로 작업하고 있습니다. 대부분 듀얼 모니터를 사용하기 때문에 스케치업에서 화면 전환을 하면서 실시간으로 카오스 밴티지의 실시간 렌더링 화면을 확인하는 방법이 효율적인 작업 방식이기 때문입니다. 카오스 밴티지에서 화면을 전환한 다음 원래의 장면으로 돌아가려면 [Camera lister] 탭에서 해당 카메라를 클릭하거나 스케치업의 장면 탭을 클릭하면 됩니다. 카오스 밴티지에서의 마우스 사용법은 다음과 같습니다.

· 마우스 스크롤 버튼: 마우스 스크롤 버튼을 밀면 화면이 확대되고 당기면 축소됩니다. 그리고 마우스 스크롤 버튼을 클릭한 채로 드래그하면 화면이 이동됩니다.

· 마우스 오른쪽 버튼: 마우스 오른쪽 버튼을 클릭한 채로 드래그하면 화면을 둘러보기합니다.

9 —— 돔 라이트 회전

[V-Ray Asset Editor] 창의 [Lights] 옵션 창에서 'Dome Light-02.주간' 컴포넌트를 선택한 후 90도 회전합니다.

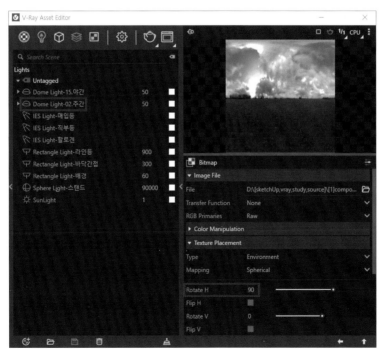

'02'번 돔 라이트 선택-[Rotate H]: '90' 입력

10 ── 업데이트

카오스 밴티지에서 실시간으로 반영된 것을 확인할 수 있습니다. [Camera lister] 탭에 있는 [F2] 카메라의
[Update camera] 아이콘 🔄을 클릭하거나 카메라를 클릭해 업데이트합니다.

화면 확인-[Update camera] 아이콘 클릭

현
장
─
플
러
스

✳

카메라 이름 수정

카메라 이름을 수정하려면 카메라 하단의 이름을 더블클릭한
다음 수정할 이름을 입력하고 Enter 를 누르면 됩니다.

더블클릭-이름 수정

11 ── 장면 설명 입력

스케치업의 [Scenes] 창에서 장면 설명란에 '[외부 투시도]오후세
시,0901,02번 돔라이트 90도 회전'이라고 입력합니다.

장면 설명 입력

12 — 장면 클릭

[Chaos vantage] 창의 [Camera lister] 탭의 'F1' 카메라를 클릭합니다. 돔 라이트를 회전했기 때문에 해당 장면은 최초의 배경과 다르게 표현되는 것을 알 수 있습니다.

카메라 클릭-확인

돔 라이트(HDR 파일) 각도

스케치업의 [Scenes] 창에서 돔 라이트(HDR 파일) 각도를 장면별로 다르게 입력한 이유는 동일한 각도로 여러 개의 장면에 어울리는 배경을 표현하는 것이 어렵기 때문입니다. 즉 '1' 장면에서는 돔 라이트의 각도가 어울리지만, '2' 장면에서는 '1' 장면과 같은 각도의 배경이 마음에 들지 않은 경우가 발생합니다. 돔 라이트는 360도 배경을 표현하기 때문에 동일한 각도로 여러 개의 장면에 어울리는 배경을 표현하는 것은 HDR 파일의 종류에 따라 조금씩 다르지만, 대부분 어렵습니다. 따라서 스케치업의 [Scenes] 창에서 장면의 특성을 상세하게 입력하고 추가 작업 전에 장면 설명을 먼저 읽어 보고 수정할 부분은 수정한 후 작업을 진행해야 합니다. 장면 설명을 상세하게 입력하고 확인하는 것은 어렵거나 번거로운 일은 아닙니다. 습관이 안 됐을 뿐입니다.

13 — [Background]

[Chaos vantage] 창의 [Enviroment] 탭에 있는 [Background] 옵션 탭을 클릭해 펼치고 [Mode] 옵션의 내림 버튼 ✓을 클릭해 [Image] 모드를 클릭합니다.

[Mode] 옵션의 내림 버튼 클릭-[Image] 클릭

[Chaos vantage] 창에서 HDR 파일 회전

[Chaos vantage] 창의 오른쪽 위에 있는 [Environment tab] 아이콘 을 클릭하면 [Environment] 탭이 나타납니다. [Environment] 탭은 스케치업 브이레이와 마찬가지로 환경 설정에 관련된 옵션들이 있으며 [Sky] 옵션 탭에 있는 [Rotation] 옵션의 슬라이드 바를 조절하거나 수치값을 입력하면 실시간으로 HDR 파일을 회전할 수 있습니다. 스케치업 브이레이보다 빠르게 HDR 파일을 확인할 때 유용하게 사용할 수도 있지만 [Chaos vantage] 창에서 설정한 각도는 브이레이와 연동되지 않습니다. 이런 부분 때문에 스케치업 브이레이에서 각종 옵션을 수정하고 카오스 밴티지에서 실시간 렌더링 이미지를 확인하는 방법이 효율적입니다.

[Rotation] 옵션의 슬라이드 바를 조절-HDR 파일이 회전됨.

[Chaos vantage] 창에서 [HDR] 파일의 [Rotation] 옵션의 각도를 조절했다면 스케치업에서 장면 탭을 클릭하거나 [Scenes] 창에서 장면의 섬네일 이미지를 더블클릭해야 원래의 각도로 되돌아갑니다.

스케치업 장면 탭 클릭

[Scenes] 창에서 섬네일 이미지 더블클릭

644

14 — 배경 이미지 불러오고 옵션 설정

[Specifies an image file for the background] 아이콘을 클릭해 저자가 직접 촬영한 사진인 '배경 (매니아).jpg' 파일(경로: 예제 파일/따라하기)을 선택해 불러옵니다. 그런 다음 매핑 타입을 설정하기 위해 [Mapping] 옵션의 내림 버튼을 클릭해 [Screen] 타입을 선택한 후 이미지가 렌더링 화면에 꽉 차게 배치되도록 [Fit] 옵션의 내림 버튼을 클릭해 [Outside] 타입을 선택합니다.

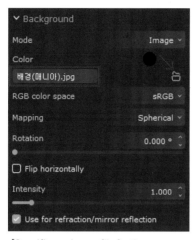

[Specifies an image file for the background] 아이콘 클릭-이미지 파일 불러오기

[Mapping]: [Screen]-[Fit]: [Outside]

15 — 세기 입력

배경의 세기를 설정하는 [Intensity] 옵션의 수치값을 '50'으로 설정합니다.

[Intensity]: 50

16 ― 확인

렌더링 화면을 확인합니다. 유심히 확인해 볼 부분은 유리에도 배경 이미지가 반사되고 있다는 점입니다.

확인

현 장 ― 플 러 스 ✳

[camera resolution]

[Render settings] 창의 [render at current camera resolution] 아이콘📷을 클릭하면 현재 설정된 해상도와 뷰포트 해상도를 선택해서 렌더링할 수 있습니다. 현재 설정된 해상도란 스케치업 브이 레이의 [Render Output] 탭에서 설정한 픽셀 크기 또는 [Chaos Vantage] 창의 [Resolution] 옵션에서 설정한 픽셀 크기를 의미하며, 뷰포트 해상도란 [Chaos Vantage] 창의 렌더링 화면 픽셀 크기를 의미합니다. 카오스 밴티지로 실시간 렌더링할 때 컴퓨터가 무거워질 경우 낮은 해상도로 모델을 가볍게 확인하고 최종 출력 시에 설정된 해상도로 출력하면 됩니다. 각 해상도는 출력 이미지와 동영상 에도 적용됩니다.

[camera resolution]

1. [25% of the current camera resolution]: 현재 설정된 해상도의 25% 크기로 표현합니다.
2. [50% of the current camera resolution]: 현재 설정된 해상도의 50% 크기로 표현합니다.

 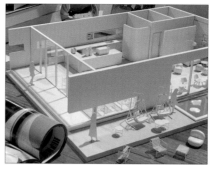

25%   50%

3. [Current camera resolution]: 현재 설정된 해상도로 표현합니다.

4. [25% of viewport resolution keeping current camera aspect ratio]: 뷰포트 해상도의 25% 크기로 표현합니다.

5. [50% of viewport resolution keeping current camera aspect ratio]: 뷰포트 해상도의 50% 크기로 표현합니다.

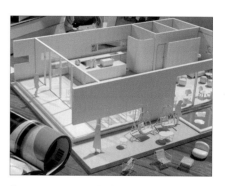

Current camera resolution

25%   50%

6. [Viewport resolution keeping current camera aspect ratio]: 뷰포트 해상도로 표현합니다.

[Viewport resolution keeping current camera aspect ratio]

17 — 카메라 업데이트

[Camera lister] 탭에서 '[F1]' 카메라를 클릭해 업데이트합니다.

카메라 클릭

알
아
두
기

카메라 업데이트/카메라 삭제

인공조명의 변화를 주거나 DOF 효과를 사용하면 [Camera lister] 옵션 탭에서 카메라를
클릭해도 업데이트가 되지 않기 때문에 [Update camera] 아이콘🔄을 클릭해서 업데이
트해야 합니다. 그리고 카메라를 삭제하려면 [Delete] 아이콘🗑을 더블클릭하면 됩니다.

18 — 확인

[F2] 카메라를 클릭해 렌더링 화면을 확인합니다. [F1] 카메라와 동일한 배경이 표현되는 것을 알 수 있습니다.
이처럼 배경 이미지를 불러오면 장면을 수정해도 동일한 배경을 표현할 수 있습니다.

[F2] 카메라 클릭

배경 이미지

카오스 밴티지에서 화면을 회전시켜 보면 배경 이미지가 고정돼 있다는 것을 알 수 있습니다. 돔 라이트
는 장면에 어울리는 각도를 장면별로 설정해야 하는 번거로움이 있지만 그만큼 다양한 배경을 표현할 수
있는 특성이 있고 배경 이미지를 불러오면 화면에 고정돼 장면별로 동일한 배경이 보이기 때문에 각도를
수정해야 하는 번거로움은 없지만, 같은 배경이기 때문에 단조로울 수 있다는 특성이 있습니다.

[Chaos vantage] 창에서 확인

19 ── 이미지 저장 경로 설정

[Chaos vantage] 창의 오른쪽 아래에 있는 [High Quality Render]
아이콘 을 클릭합니다. [Camera settings] 창이 나타나면 [Still
image] 탭을 클릭한 후 이미지 저장 경로를 설정하기 위해 [Output] 옵
션의 [Browse] 아이콘 을 클릭합니다. [Save Image] 창이 나타나
면 경로(바탕 화면/[vray study]/rendering)를 설정한 후 파일 이름에
'4'를 입력하고 [저장] 버튼을 클릭합니다.

[High Quality Render] 아이콘 클릭-[Still
image] 탭 클릭-[Browse] 아이콘 클릭

View mode

[Render Settings] 창에 있는 [View Mode] 옵션의 내림 버튼 ✓ 을 클릭하면 다양한 채널이 나타납니다. 각 채널은 특정 재질감이나 조명 효과 등을 확인하거나 포토샵 후보정에 사용합니다.

Beauty 채널(기본 설정)

Material Mask 채널

2 | 렌더링 이미지 파일 만들고 저장하기

이번 과정에서는 이미지 파일을 출력(저장)하는 방법을 학습하겠습니다. 해당 과정을 학습하기 전에 독자 분들의 컴퓨터 사양(CPU, 그래픽 카드, RAM)을 먼저 확인하기 바랍니다. 컴퓨터 사양에 따라 출력할 수 있는 이미지의 픽셀 크기가 다르기 때문입니다.

1 — Quick save snapshot

이전 과정의 완성 파일을 이용해 계속 따라합니다. 이미지를 출력하기 위해 [Chaos vantage] 창 오른쪽 아래에 있는 [Quick save snapshot] 아이콘을 클릭합니다.

[Quick save snapshot] 아이콘 클릭

2 — 이미지 저장

[Save image] 창이 나타나면 파일 이름에 '4-1.1200픽셀'을 입력한 후 [저장] 버튼을 클릭합니다.

파일 이름 입력-[저장] 버튼 클릭

이미지 보정

이미지를 보정하려면 [Chaos vantage] 창의 왼쪽 위에 있는 [Color correction Tab] 아이콘 을
클릭해 [Color correction] 탭을 나타낸 후 원하는 옵션 탭을 활성화하고 수치값을 조절하면 됩니다.

[Color correction] 탭에서 이미지 보정

3 ── 렌더링 크기 설정

스케치업 브이레이의 [Settings] 옵션 창의 [Render Output] 탭에서 렌더링 가로 크기를 '2048픽셀'로
설정합니다. [Chaos vantage] 창의 오른쪽에 있는 [Camera] 탭의 [Open advanced Resolution
Settings] 아이콘 을 클릭해 세부 옵션을 펼친 후 가로 크기를 확인해 보면 2048픽셀로 자동 수정된 것을 알
수 있습니다. 이처럼 스케치업 브이레이에서 설정한 픽셀 수치값은 카오스 밴티지에서 자동으로 연동됩니다. 하지
만 카오스 밴티지에서 설정한 픽셀 수치값은 스케치업 브이레이에서는 자동으로 수정되지 않습니다.

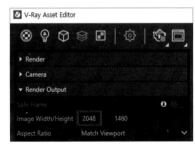

[Image Width]: '2048' 입력

[Open advanced Resolution Settings] 아이콘 클릭-확인

4 —— 이미지 저장

[Quick save snapshot] 아이콘을 클릭해 이름을 '4-2.2048픽셀'로 입력한 후 저장합니다.

[Quick save snapshot] 아이콘 클릭-이름 입력-저장

렌더링 최대 크기

카오스 밴티지는 컴퓨터 사양에 따라 실시간 렌더링 되는 픽셀 크기가 다릅니다. 예를 들어 저자의 컴퓨터(i9 13세대, RTX 4080, RAM 64GB)로는 카오스 밴티지로 11000픽셀까지 렌더링할 수 있으며 11000픽셀이 넘어가면 렌더링되지 않습니다. 저자의 노트북(i9 11세대, RTX 3060, RAM 32GB)으로는 2000픽셀까지만 렌더링할 수 있습니다. 카오스 밴티지가 실시간 렌더링 프로그램 중 가장 좋은 품질을 만들 수 있다는 장점이 있지만, 레이 트레이싱 기반의 실시간 렌더링 프로그램이라는 태생적인 환경 때문에 컴퓨터 사양을 많이 따진다는 단점도 있습니다. 독자가 사용하는 컴퓨터 사양을 확인하고 렌더링할 수 있는 최대 픽셀 크기를 테스트하고 메모해 놓기를 바랍니다.

1 | 4096픽셀 이하의 이미지를 출력할 경우

스케치업 브이레이에서 4096픽셀로 설정하면 [Chaos Vantage] 창 오른쪽 아래의 상태 표시줄에 해당 픽셀 크기가 나타나고 [Quick save snapshot] 아이콘을 클릭해서 저장하면 4096픽셀 크기의 이미지가 저장됩니다.

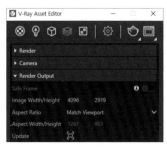

스케치업 브이레이 4096픽셀 설정

[Chaos Vantage] 창의 상태 표시줄에 표시됨.

하지만 스케치업 브이레이에서 5000픽셀을 입력하면 [Chaos Vantage] 창의 상태 표시줄은 4096픽셀로 표시되고 [Quick save snapshot] 아이콘을 클릭해서 저장하면 5000픽셀 크기가 아닌 4096픽셀 크기가 저장됩니다. 즉, [Quick save snapshot] 아이콘을 클릭해 저장할 수 있는 최대 픽셀 크기는 4096픽셀이라는 의미입니다.

스케치업 브이레이 5000픽셀 설정: [Chaos Vantage] 창의 상태 표
시줄에는 4096픽셀로 표시됨.

2 | 4096픽셀 이상의 이미지를 출력할 경우

4096픽셀보다 큰 픽셀의 이미지를 출력하려면 [High Quality Render] 아이콘을 클릭해 [Render setup] 창을 나타낸 후 [Still image] 탭을 클릭하고 렌더링 크기를 입력한 다음 [Start] 버튼을 클릭하면 됩니다. [Render setup] 창의 세부 옵션들의 기능은 마지막 과정에서 설명합니다.

[Rendering HQ snapshot] 창이 나타나고 시간이
표시됨.

[High Quality Render] 아이콘 클릭-[Still
image] 탭 클릭-크기 입력-[Start] 버튼 클릭

3 │ 이미지 출력이 안 되는 경우

컴퓨터 사양에 비해 픽셀 크기가 크면 이미지는 출력되지 않습니다. [Render setup] 창에서 픽셀 크기를 입력한 후 [Memory requirements] 옵션의 [Approx. GPU memory needed] 항목을 확인해 보면 추가로 필요한 GPU 메모리의 양이 근삿값으로 표시됩니다. 수치값이 −일 때(연두색 박스로 표시됨)는 여유가 있다는 의미이고 +일 때(연두색, 노란색, 주황색 박스로 표시됨)는 표시된 수치값 정도의 메모리양이 필요하다는 의미입니다. 수치값이 +일 경우에도 연두색 박스로 표시되면 출력 가능합니다.

렌더링 크기 '4096' 입력: 메모리의 양이 여유가 있음.

렌더링 크기 '15000' 픽셀 입력: 추가 메모리가 많이 필요함.

추가로 메모리가 많이 필요한데도 렌더링 이미지를 출력하기 위해 [Start] 버튼을 클릭하면 [Critical Error] 창이 나타나며 이미지는 출력되지 않고 렉이 걸리기 때문에 카오스 밴티지를 종료하고 다시 실행해야 합니다. 이런 부분 때문에 독자들이 사용하는 컴퓨터 사양을 확인하고 출력 가능한 최대 픽셀은 어느 정도인지를 테스트하고 메모해야 합니다.

[Critical Error] 창

---

5 ── [Clay mode]

[Chaos vantage] 창의 오른쪽 위에 있는 [Materials tab] 아이콘◎을 클릭해 [Materials] 탭을 펼친 후 [Clay Mode] 옵션을 활성화합니다. 단일 색상으로 모델이 표현되는 것을 알 수 있습니다.

[Materials tab] 아이콘 클릭-[Clay Mode] 옵션 활성화

[Clay mode]

카오스 밴티지의 [Clay Mode] 옵션은 스케치업 브이레이의 [Material Override] 옵션과 비슷한 기능을 갖고 있지만, 스케치업 브이레이보다 좋은 옵션을 제공합니다.

1 | 재질감 표현

스케치업 브이레이에서는 특정 재질을 선택하지 않으면 [Material Override] 렌더링은 단일 색상만으로 렌더링되며 재질감이 표현되지 않지만, 카오스 밴티지의 [Clay Mode] 옵션은 반사, 굴절, 범프, 불투명도, 자체 발광 등의 재질감을 표현할 수 있으며 표현하고자 하는 재질감만 선택할 수도 있습니다.

카오스 밴티지: 범프 질감이 표현됨.

브이레이: 범프 질감이 표현되지 않음.

2 | PNG 파일의 투명도를 표현

브이레이에서 [Material Override] 옵션을 활성화한 후 렌더링하면 PNG 파일의 투명도가 표현되지 않지만, 카오스 밴티지의 [Clay Mode] 옵션은 PNG 파일의 투명도를 표현합니다.

카오스 밴티지:나뭇잎, 배경 png 파일의 투명도가 표현됨.

브이레이: 투명도가 표현되지 않음.

6 —— 색상 수정

[Clay color]의 색상 버튼을 클릭해서 [Color swatch] 창을 나타낸 후 [Range] 옵션의 내림 버튼 을 클릭해 '0-255' 타입을 선택하고 R: 230, G:230, B:230을 입력한 다음 Enter 를 누릅니다.

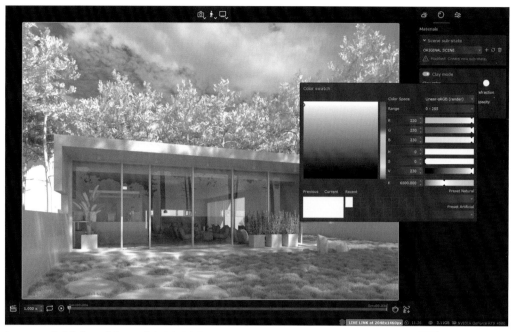

[Clay color] 색상 버튼 클릭-[Range] 옵션의 내림 버튼 클릭-'0-255' 타입 선택-R: 230, G: 230, B: 230 입력- Enter

7 —— 이미지 저장

[Quick save snapshot] 아이콘 을 클릭해 이름에 '4-3.Clay mode'를 입력하고 저장합니다.

이미지 저장-이름 입력

실시간 렌더링 중단하기

[Chaos vantage] 창에서 실시간 렌더링을 중단하려면 활성화된 [Pause Rendering] 아이
콘█을 클릭하면 됩니다. 아이콘이 [Resume Rendering] 아이콘█으로 수정되면서 [Chaos
vantage] 창 아래의 상태 표시줄에 'PAUSED LIVE LINK'라는 문구가 표시됩니다. 실시간 렌더링
을 다시 시작하려면 [Resume Rendering] 아이콘█을 클릭하면 됩니다. 실시간 렌더링 확인이 필
요 없을 때는 [Pause Rendering] 아이콘█을 클릭해 컴퓨터의 부하를 줄이기 바랍니다.

실시간 렌더링 중단/재시작

8 ── [Edges]

[Edges] 옵션에 체크 표시를 한 후 선 두께를 설정하는 [Thickness] 옵션의 수치값을 '2'로 설정합니다.

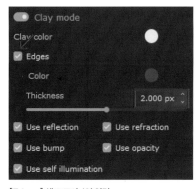

[Edges] 체크 표시-'2' 입력

확인

9 ── 이미지 저장

[Quick save snapshot] 아이콘을 클릭한 후 이름에
'4-4.Edges 두께 2'를 입력하고 저장합니다.

이미지 저장-이름 입력

10 ── [Ambient occlusion]

[Environment tab] 아이콘을 클릭한 후 [Environment] 탭을 나타내고 [Ambient settings] 옵션
탭의 타이틀 바를 클릭해 펼칩니다. 그런 다음 [Ambient occlusion] 옵션에 체크 표시를 하고 [Radius] 옵
션의 수치값을 '2'로 설정합니다.

[Ambient occlusion] 옵션 체크 표시

[Radius]: '2' 입력- Enter

알아두기

스케치업 브이레이와 호환되지 않는 부분

[Chaos vantage] 창의 [Environment] 탭에 있는 [Ambient occlusion] 옵션은 스케치업 브이레이
의 [Global Illumination] 탭의 [Ambient Occlusion] 옵션과 동일한 기능입니다. 스케치업 브이레이
의 [Ambient occlusion] 옵션은 카오스 밴티지(2.6 버전 기준)에서 적용되지 않기 때문에 카오스 밴티지의
[Ambient occlusion] 옵션을 사용해야 합니다.
스케치업 브이레이에서 설정한 옵션(메트리얼, 지오메트리, 인공조명, 기타)의 대부분은
카오스 밴티지와 호환되지만, 몇 가지 기능은 호환되지 않습니다. 내용이 많기 때문에 본
문에 포함하지는 않고 카오스 그룹 웹 페이지 링크(QR코드)로 대신합니다.
https://docs.chaos.com/pages/viewpage.action?pageId=64599178

11 ── 이미지 저장

[Quick save snapshot] 아이콘을 클릭한 후 이름에
'4-5.엠비언트 반지름 2'를 입력하고 저장합니다.

이미지 저장-이름 입력

Invert

[Ambient settings] 옵션 탭의 [Invert] 옵션에 체크 표시를 하면 객체 테두리에 음영이 표현돼 독
특한 표현을 할 수 있습니다.

[Invert] 체크 표시

12 — 옵션 설정

[Materials tab] 아이콘◉을 클릭해 [Materials] 탭이 나타나게 한 후 [Clay Mode] 옵션을 비활성화하고
[Quick save snapshot] 아이콘을 클릭한 다음 이름에 '4-6.엠비언트 적용'을 입력하고 저장합니다.

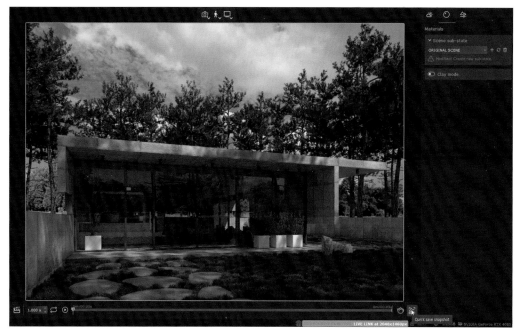

[Clay Mode] 옵션 비활성화-[Quick save snapshot] 아이콘 클릭-이름 입력

13 — 비교

엠비언트 적용 전의 이미지와 비교해 봅니다.

엠비언트 적용 전(4-2)

엠비언트 적용(4-6)

카오스 밴티지와 스케치업 브이레이 렌더링 이미지 비교

저자는 스케치업 브이레이로 렌더링한 이미지도 좋고 카오스 밴티지로 렌더링한 이미지도 좋습니다. 레이 트레이싱(광선 추적 방식) 기반의 실시간 렌더링 프로그램인 카오스 밴티지가 스케치업 브이레이와 거의 동일하거나 더 우수한 품질을 표현한다는 것은 아주 놀라운 부분입니다. 저자의 실무 렌더링 작업은 대부분 카오스 밴티지로 진행하고 카오스 밴티지에서 표현되지 않는 특정 효과나 질감을 표현할 경우에는 스케치업 브이레이를 사용합니다. 카오스 밴티지는 높은 컴퓨터 사양을 요구하지만, 충분히 투자할 가치가 있는 프로그램입니다. 스케치업 브이레이와 카오스 밴티지의 렌더 타임 비교는 무의미하므로 품질 차이 위주로 비교해 봅니다.

스케치업 브이레이(2048픽셀, 6분 36초)

카오스 밴티지(실시간)

스케치업 브이레이(8분 18초)

카오스 밴티지(실시간)

스케치업 브이레이(7분 21초)

카오스 밴티지(실시간)

스케치업 브이레이(18분 22초)

카오스 밴티지(실시간)

14 — DOF

스케치업에서 '1-3' 장면 탭을 클릭한 후 [Chaos Vantage] 창의 [Camera lister] 옵션 탭의 [Home] Original Camera를 클릭합니다. 피사계 심도 효과를 표현하기 위해 [Open Camera settings] 아이콘을 클릭합니다. 그런 다음 초점을 지정하기 위해 [Pick Focus Point] 아이콘을 클릭하고 화면의 'D'를 클릭합니다.

스케치업에서 '1-3' 장면 탭 클릭-[Home] 카메라 클릭- [Open Camera settings] 아이콘 클릭-[Pick Focus Point] 아이콘 클릭- 글자 'D' 클릭

현장ㅡ플러스 ✳

단축키

마우스 포인터를 아이콘에 올려놓으면 나타나는 말풍선에 대괄호로 표시된 문자는 해당 아이콘의 단축키입니다. 또한 메뉴의 [Edit]-[Mouse and Key Shortcuts] 명령을 클릭하면 나타나는 [Mouse and Key Shortcuts] 창에서 기본 단축키를 확인할 수 있으며 원하는 단축키로 수정할 수도 있습니다.

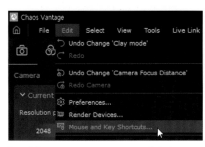

[Edit]-[Mouse and Key Shortcuts] 클릭

기본 단축키 확인/수정

15 — 옵션 설정

[Camera] 탭의 [Depth of field] 옵션에 체크 표시를 한 후 [Open advanced Depth of Field Settings] 아이콘을 클릭합니다. 그런 다음 카메라의 조리개 크기를 설정하는 [Aperture size] 옵션에 체크 표시를 하고 수치 입력란에 '30'을 입력한 후 Enter 를 누릅니다.

확인

[Depth of field] 옵션 체크 표시-[Open advanced Depth of Field Settings] 아이콘 클릭-[Aperture size] 옵션 체크 표시-'30' 입력

16 — 이미지 저장

[Quick save snapshot] 아이콘을 클릭한 후 이름에 '4-7.DOF'를 입력하고 저장합니다.

4-7.DOF

이미지 저장

17 — DOF

'00-5.건축-천장' 그룹을 클릭해 초점을 수정한 후 [Quick save snapshot] 아이콘 을 클릭해 이름에 '4-8.DOF'를 입력하고 저장합니다.

초점 클릭

4-8.DOF

이미지 저장

18 — 장면 추가

[Camera lister] 탭에서 장면을 추가합니다.

장면 추가

19 — 야간 장면 설정

스케치업에서 '1-1.N' 장면 탭을 클릭한 후 [Camera lister] 옵션 탭에서 [Home] Original Camera를 클릭합니다. 그런 다음 돔 라이트로 환경을 표현하기 위해 [Environment] 탭의 [Background] 옵션 탭에 있는 [Mode] 옵션의 내림 버튼 ⌄을 클릭해 [Same as environment] 모드를 클릭합니다.

[Mode] 옵션의 내림 버튼 클릭-[Same as environment] 클릭

확인

알아두기

야간 장면 렌더링

주간 장면 렌더링과 달리 야간 장면 렌더링은 노이즈가 발생하고 많은 인공조명을 실시간으로 계산하기 때문에 컴퓨터가 좀 더 무거워집니다. 카오스 밴티지는 점진적으로 노이즈를 제거하는 방식이기 때문에 렌더링 픽셀 크기에 따라 몇 초에서 몇십 초 정도 시간이 흐르면 노이즈는 제거되며 컴퓨터의 부하도 줄어듭니다.

20 — 자체 발광 활성화

브이레이의 [Materials] 옵션 창에서 'com.light.si.1(white)', 'com.light.si.2(white)', 'com.light.si.3(white)' 메트리얼의 자체 발광 옵션을 활성화합니다.

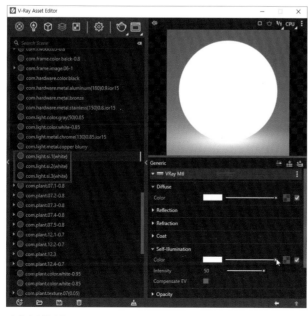

자체 발광 활성화

확인

21 ― 카메라 추가/이미지 저장

[Camera lister] 옵션 탭에서 [Create a camera] 아이콘 을 클릭해 카메라를 추가합니다. 그런 다음
[Quick save snapshot] 아이콘 을 클릭해 이름에 '4-9.야간 장면'을 입력하고 저장합니다.

장면 추가

4-9.야간장면

이미지 저장-이름 입력

22 ― 조명 세기 설정

조명이 스케치업 브이레이보다 어둡게 표현됐기 때문에 조명의 세기를 올리겠습니다. 스케치업 브이레이의
[Lights] 옵션 창에서 'IES Light-매입등', 'IES Light 직부등', 'Rectangle Light-라인등'의 세기를 기존
보다 2배 높게 설정합니다.

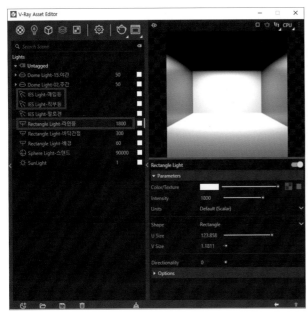

조명 세기 설정

확인

23 ── 카메라 업데이트/이미지 저장

장면 업데이트

이미지 저장-이름 입력

[Camera lister] 옵션 탭의 [F4] 카메라의 [Update camera] 아이콘을 클릭해 업데이트합니다. [Quick save snapshot] 아이콘을 클릭해 이름에 '4-10.조명 세기 수정'를 입력하고 저장합니다.

24 ── 카오스 밴티지 파일 저장

카오스 밴티지 파일을 저장하기 위해 메뉴의 [File]-[Save Scene] 명령을 클릭합니다. [Save Vantage file] 창이 나타나면 경로를 지정한 후 파일 이름에 'P4-2.완성'을 입력하고 [저장] 버튼을 클릭합니다.

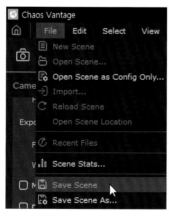

메뉴의 [File]-[Save Scene] 클릭

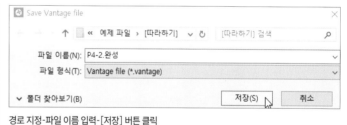

경로 지정-파일 이름 입력-[저장] 버튼 클릭

25 ── 카오스 밴티지 종료

[Chaos Vantage] 창을 닫습니다.

닫기

26 — 스케치업 파일 저장

스케치업의 [File] 메뉴의 [Save A Copy As] 명령을 클릭한 후 [다른 이름으로 저장] 창이 나타나면 경로를 지정하고 파일 이름에 'P4-2.완성.1'을 입력한 다음 [저장] 버튼을 클릭합니다. 따라하기한 스케치업 파일은 저장하지 않고 닫습니다.

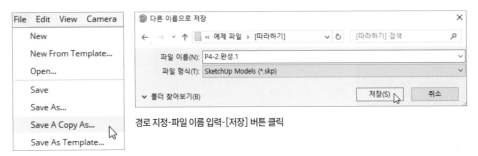

[File]-[Save A Copy As] 클릭

경로 지정-파일 이름 입력-[저장] 버튼 클릭

카오스 밴티지 파일을 실행하는 방법

저장한 카오스 밴티지 파일은 다른 파일 형식처럼 더블클릭해서 실행하지 않습니다. 카오스 밴티지 파일을 실행하는 방법은 다음과 같습니다.

1. 스케치업 파일 실행

스케치업 파일 실행

2. [Start Chaos Vantage] 도구⊗ 클릭

[Start Chaos Vantage] 도구 클릭

672

3. [Chaos Vantage] 창에서 [File] 메뉴의 [Open Scene as Config Only] 명령 클릭

[File]-[Open Scene as Config Only] 클릭

4. [Open Vantage file] 창에서 저장한 카오스 밴티지 파일 선택-[열기] 버튼 클릭

카오스 밴티지 파일 선택-[열기] 버튼 클릭

5. 저장한 카오스 밴티지 파일이 실행됨.

저장한 카오스 밴티지 파일이 실행됨.

3 | 렌더링 동영상 파일 만들고 저장하기

이번 과정에서는 여러 개의 장면을 이용해 렌더링 동영상을 만들고 출력(저장)하는 방법에 대해 학습하겠습니다.

1 —— 파일 실행

'P4-3.skp' 파일을 실행한 후 장면을 확인합니다. 예제 파일은 동영상 제작을 위한 장면을 미리 만들어 놓은 상태입니다.

장면 확인

2 ── [Animation]

스케치업에서의 장면 전환 시간을 설정하기 위해 메뉴의 [Window]-[Model Info]를 클릭해 [Model Info] 창을 나타냅니다. [Animation] 항목을 클릭한 후 [Enable Scene Transitions] 옵션의 수치값에 '5'를 입력하고 [Scene Delay] 옵션의 수치값에 '0'을 입력한 다음 [Model Info] 창을 닫습니다.

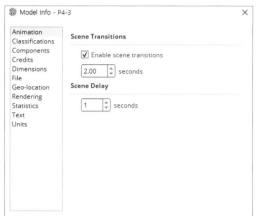

[Model Info] 창 열기

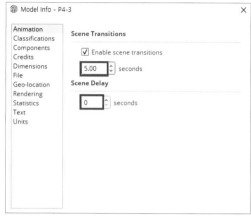

수치값 입력

알아두기

[Scene Transitions], [Scene Delay]

[Enable scene transitions]는 장면 전환 시간을 설정하는 옵션, [Scene Delay]는 장면 대기 시간을 설정하는 옵션입니다. 장면 전환 시간은 '1' 장면에서 '2' 장면으로 전환되는 시간을 의미하고 장면 대기 시간은 '1' 장면에서 '2' 장면으로 전환된 후 설정한 시간만큼 대기하고 '3' 장면으로 넘어가는 시간을 의미합니다. 스케치업에서는 모든 장면을 동일한 시간으로 설정하기 때문에 장면별로 장면 전환 시간과 대기 시간을 각각 설정할 수는 없습니다.

3 ── 장면 선택

스케치업의 [Scenes] 창에서 '0' 장면을 클릭한 후 Shift 를 누른 상태에서 '3-10' 장면을 클릭해 다중 선택합니다.

'0' 장면 클릭

Shift 를 누른 상태에서 '3-1' 장면 클릭

4 ── [Include in animation]

[Include in animation] 옵션의 체크 표시를 해제합니다.

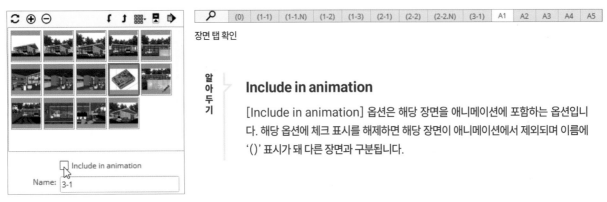

장면 탭 확인

Include in animation

[Include in animation] 옵션은 해당 장면을 애니메이션에 포함하는 옵션입니다. 해당 옵션에 체크 표시를 해제하면 해당 장면이 애니메이션에서 제외되며 이름에 '()' 표시가 돼 다른 장면과 구분됩니다.

옵션 체크 표시 해제

5 ── 애니메이션 확인

'A1' 장면 탭에 마우스 포인터를 올려놓고 마우스 버튼을 우클릭하면 나타나는 확장 메뉴 중 [Play Animation] 명령을 클릭합니다. 스케치업 화면에서 장면이 애니메이션으로 재생되는 것을 알 수 있습니다. 동영상을 확인한 후 [Animation] 알림 창의 [Stop] 버튼을 클릭해 동영상을 정지합니다.

마우스 우클릭-[Play Animation] 클릭

애니메이션 확인-[Stop] 버튼 클릭

스케치업에서 장면을 추가하고 애니메이션을 확인하는 이유

스케치업에서 장면을 추가하고 애니메이션을 확인하는 이유는 카오스 밴티지로 동영상 렌더링을 하기 전의 사전 작업 개념입니다. 카오스 밴티지에서 스케치업의 장면과 다른 장면을 임의로 설정하면 스케치업 장면과 연동되지 않기 때문에 스케치업에서 장면을 설정하고 카오스 밴티지에서 확인하는 방법이 효율적입니다.

6 —— 카오스 밴티지 실행

'A1' 장면 탭을 클릭한 후 [Start Chaos Vantage] 도구⊗를 클릭해 카오스 밴티지를 실행합니다. 그런 다음
[Toggle Color Corrections] 아이콘⊗을 클릭해 비활성화하고 [Denoiser] 옵션의 수치값을 '0'으로 설정
합니다.

카오스 밴티지 실행-기본 설정

7 —— 기본값으로 저장

메뉴의 [Edit]-[Save Scene Settings as Default] 명령을 클릭한 후 [Confirm Settings
Overwrite] 알림 창이 나타나면 [Yes] 버튼을 클릭합니다.

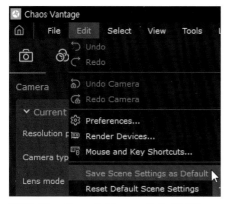

[Edit]-[Save Scene Settings as Default] 클릭

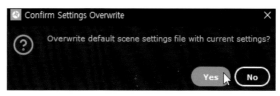

[Yes] 버튼 클릭

알아두기

현재의 장면 설정을 기본값으로 저장

[Toggle Color Corrections] 아이콘⊗을 클릭해 비활성화한 후
[Denoiser] 옵션의 수치값을 '0'으로 설정하는 과정을 카오스 밴티지를 실
행할 때마다 반복해야 하므로 번거롭게 느껴집니다. 메뉴의 [Edit]-[Save
Scene Settings as Default] 명령을 클릭하면 현재의 장면 설정이 기
본값으로 저장돼 카오스 밴티지를 실행할 때마다 적용되기 때문에 해당 과정
을 반복할 필요가 없습니다.

8 ── 옵션 설정

메뉴의 [Edit]-[Preferences]를 클릭해 [Preferences] 창을 나타냅니다. [General] 탭을 클릭한 후
[Improve desktop responsiveness in interactive Mode] 옵션에 체크 표시를 합니다.

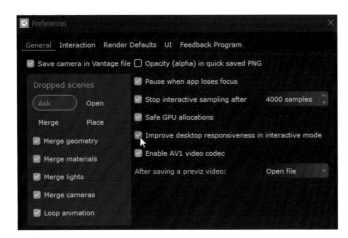

옵션 체크 표시

알아두기

[Improve desktop responsiveness in interactive mode]

해당 옵션에 체크 표시를 하면 인터렉티브 모드일 경우 카오스 밴티지가 컴퓨터의 다른 작업에 미치는 영향을 줄이기 때문에 좀 더 가볍게 작업할 수 있습니다. 카오스 밴티지의 렌더링 속도가 조금 느려지지만, 차이가 크지는 않습니다.

9 ── 카메라 추가

[Camera lister] 탭에서 [Create a camera] 아이콘 을 클릭해 카메라를 추가합니다. 그런 다음 스케치업에서 'A2' 장면 탭을 클릭한 후 [Home] Original Camera를 클릭하고 [Create a camera] 아이콘을 클릭해 카메라를 추가합니다. 동일한 방법을 반복하면서 'A5' 장면까지 카메라를 추가합니다.

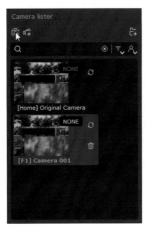
카메라 추가

[Home] 카메라 클릭-카메라 추가

카메라 추가

10 — [Toggle Animation Editor]

여러 개의 장면을 동영상으로 만들기 위해 렌더링 화면 왼쪽 아래에 있는 [Toggle Animation Editor] 아이콘 을 클릭한 후 [Shot] 버튼을 클릭합니다.

[Toggle Animation Editor] 아이콘 클릭-[Shot] 버튼 클릭

11 — [Animation Editor]에 카메라 추가

[Camera lister] 탭에서 [F1] 카메라의 섬네일 이미지를 클릭한 채로 드래그해서 [Animation Editor]에 [F1] 카메라 클립을 추가합니다. 그런 다음 추가된 카메라 클립에 마우스 포인터를 올려놓고 우클릭하면 나타나는 확장 메뉴 중 [Linear Path]를 클릭합니다.

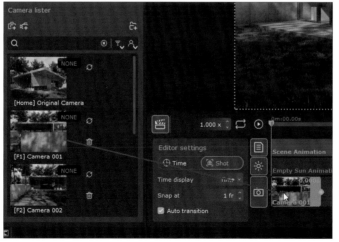

카메라를 클릭, 드래그

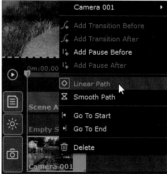

마우스 우클릭-[Linear Path] 클릭

12 — [Animation Editor]에 카메라 추가

11과 동일한 방법으로 [F2], [F3], [F4], [F5] 카메라를 차례대로 추가합니다.

카메라 추가

13 — 장면 전환 시간 설정

[F1]과 [F2] 카메라 클립 사이의 [Transition] 클립에 마우스 포인터를 올려놓고 마우스 버튼을 우클릭하면 나타나는 확장 메뉴 중 [Set Duration] 명령을 클릭합니다. [Duration] 창이 나타나면 [Duration]의 수치 입력란에 '7'을 입력하고 [OK] 버튼을 클릭합니다.

마우스 우클릭-[Set Duration] 클릭

'7' 입력-[OK] 버튼 클릭

14 — 장면 전환 시간 설정

그림을 참조해 장면 전환 시간을 각각 설정합니다.

설정

680

15 — [Play]

[Play] 버튼 을 클릭해 [Chaos Vantage] 창에서 동영상으로 확인합니다.

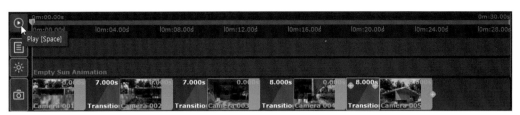

[Play] 버튼 클릭

카메라 클립 / Transition 확장 메뉴

카메라 클립과 Transition에 마우스 포인터를 올려놓고 우클릭하면 나타나는 확장 메뉴에 대해 알아보겠습니다.

1 │ 카메라 클립 확장 메뉴

❶ [Add Transition Before] : 선택한 카메라 클립 앞에 전환 항목을 추가합니다.

❷ [Add Transition After] : 선택한 카메라 클립 뒤에 전환 항목을 추가합니다.

❸ [Add Pause Before] : 선택한 카메라 클립 앞에 일시 정지 항목을 추가합니다.

❹ [Add Pause After] : 선택한 카메라 클립 뒤에 일시 정지 항목을 추가합니다.

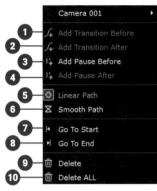

카메라 클립 확장 메뉴

❺ [Linear Path] : 카메라가 선형으로 이동합니다.

❻ [Smooth Path] : 카메라가 부드럽게 이동합니다.

❼ [Go To Start] : 슬라이더를 선택한 카메라 클립의 시작 부분으로 이동합니다.

❽ [Go To End] : 슬라이더를 선택한 카메라 클립의 끝으로 이동합니다.

❾ [Delete] : 선택한 카메라 클립을 삭제합니다.

❿ [Delete ALL] : 트랙의 모든 요소를 삭제합니다.

2 | Transition 확장 메뉴

❶ **Linear**: 똑같은 속도로 카메라 전환이 됩니다.

❷ **In/Out Quad**: 시작과 끝은 느리지만, 중간은 빠른 카메라 전환이 됩니다.

❸ **In Quad**: 시작은 느리고 끝은 빠른 카메라 전환이 됩니다.

❹ **Out Quad**: 시작은 빠르지만 끝이 느린 카메라 전환이 됩니다.

❺ **Set Duration**: 장면 전환 시간과 프레임 수를 설정하는 [Duration] 창을 나타냅니다.

❻ **Go To Start**: 슬라이더를 선택한 카메라 클립의 시작 부분으로 이동합니다.

❼ **Go To End**: 슬라이더를 선택한 카메라 클립의 끝부분으로 이동합니다.

❽ **Delete**: 선택한 Transition 클립을 삭제합니다.

❾ **Delete ALL**: 모든 클립을 삭제합니다.

Transition 확장 메뉴

Transition 타입별 비교

16 — [High Quality Render]

동영상 파일로 출력(저장)하기 위해 [High Quality Render] 아이콘🍲을 클릭해 [Render setup] 창을 나타냅니다. 그런 다음 그림에서 표시한 부분을 확인하고 그림과 다른 부분은 동일하게 설정합니다. 해당 옵션들의 설명은 해당 과정 마지막의 '현장 플러스'를 참조하기 바랍니다.

옵션 확인/설정

동영상 출력 시간

카오스 밴티지의 스틸컷 렌더링은 매우 빠르지만, 동영상 렌더링은 몇백 장에서 몇천 장의 이미지를 렌더링하면서 동영상으로 만들기 때문에 시간이 오래 걸립니다. [Render setup] 창의 [Last frame] 옵션의 수치값은 렌더링하는 총 장수를 의미합니다.

17 ── 동영상 출력(저장)

[Render setup] 창의 [Start] 버튼을 클릭해 동영상으로 출력합니다. [Rendering HQ sequence] 창이 나타나면서 경과 시간(Elapsed), 남은 시간(Remaining) 등이 표시됩니다.

동영상 내보내기

18 ── 확인

저장된 동영상 이름에 'P4-3.완성'을 입력한 후 동영상 플레이어를 이용해 확인합니다.

동영상 재생

카오스 밴티지로 작업한 동영상

저자가 카오스 밴티지로 작업한 동영상입니다.

19 — 카오스 밴티지 파일 저장

[Chaos Vantage] 창에서 메뉴 [File]-[Save scene]을 클릭해 [Save Vantage file] 창을 나타나게 한 후 경로를 지정하고 파일 이름에 'P4-3.완성'을 입력한 다음 [저장] 버튼을 클릭합니다. 카오스 밴티지를 종료합니다.

카오스 밴티지 저장

20 — 스케치업 파일 저장

메뉴의 [File]-[Save A Copy As] 명령을 클릭해 [다른 이름으로 저장] 창을 나타나게 한 후 경로를 지정하고 파일 이름에 'P4-3.완성.1'을 입력한 다음 [저장] 버튼을 클릭합니다. 스케치업은 저장하지 않고 종료합니다.

스케치업 저장

[Render Setup] 창의 세부 옵션 알아보기

[High Quality Render] 아이콘을 클릭하면 나타나는 [Render Setup] 창의 세부 옵션에 대해 알아보겠습니다.

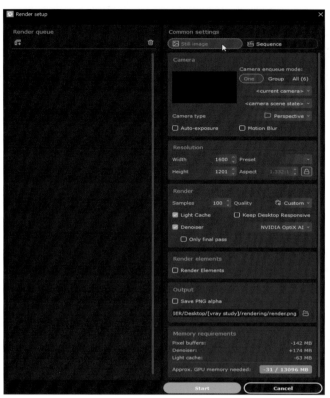

[Still image] 탭

[Sequence] 탭

1 | [Still image] 탭

정지된 장면의 렌더링 이미지를 출력할 때 선택합니다.

① [Camera]

[Camera]

- [Camera enquesue mode]: 카메라가 렌더 대기열에 추가되는 방식을 설정합니다.
  - [One]: 선택한 카메라를 대기열에 추가합니다.
  - [Group]: 선택한 카메라 그룹을 대기열에 추가합니다.
  - [All]: 모든 장면의 카메라를 대기열에 추가합니다. [Render setup] 창 왼쪽 위에 있는
    [Render queue] 아이콘을 클릭하면 선택한 카메라가 대기열에 추가됩니다.

아이콘 클릭-대기열에 추가됨.

- [Current camera]: 렌더링할 카메라를 선택합니다.
- [camera scene state]: 카메라 상태를 설정합니다.
- [Camera type]: 카메라 타입을 선택합니다. 내림 버튼을 클릭하면 여러 개의 카메라 타입이
  나타납니다.

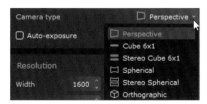

카메라 타입

- [Pespective] : 가장 일반적인 카메라 타입입니다.

- [Cube 6x1] : 스케치업의 [VR Cubemap] 타입과 동일한 카메라 타입입니다.

- [Stereo Cube 6x1] : [Cube 6x1] 타입을 좌, 우로 렌더링하는 카메라 타입입니다.

- Spherical : 스케치업 브이레이의 [VR Spherical Panorama] 타입과 동일한 카메라 타입입니다.

- [Stereo Spherical] : [Spherical] 타입을 좌, 우로 렌더링하는 카메라 타입입니다.

- [Otrhographic] : 정사도법으로 렌더링하는 카메라 타입입니다.

- [Auto-exposure] : 체크 표시를 하면 자동 노출을 활성화합니다.

[Auto-exposure] 체크 표시 해제   [Auto-exposure] 체크 표시

- [Motion Blur] : 체크 표시를 하면 모션 블러 효과를 활성화합니다.

② Resolution

- [Width/Height]: 렌더링 가로/세로 크기를 설정합니다.
- [Preset]: 사전 정의된 해상도로 설정한 후 내림 버튼▣을 클릭하면 다양한 해상도가 나타납니다.
- [Aspect]: 렌더링 해상도의 종횡비를 설정합니다.

③ Render

- [Samples]: 픽셀당 할당되는 샘플 수를 설정합니다.
- [Quality]: 품질을 설정합니다. 내림 버튼▣을 클릭하면 다양한 타입이 나타납니다.
- [Light Cache]: 체크 표시를 하면 렌더링할 때 [Light Cache]를 활성화합니다.
- [Keep Desktop Responsive]: 체크 표시를 하면 렌더링할 때 컴퓨터에 미치는 영향을 줄입니다.
- [Denoiser]: 체크 표시를 하면 디노이저를 활성화합니다. 내림 버튼▣을 클릭하면 선택할 수 있는 타입이 나타납니다.
- [Only Final pass]: 최종 과정에서만 디노이저를 활성화합니다. 샘플 수가 많으면 렌더링 시간을 줄여 줍니다.

④ [Render elements]-[Render Element]: 체크 표시를 하면 선택한 [Render Element] 채널을 모두 렌더링합니다.

⑤ [Output]

- [**Save PNG alpha**]: 체크 표시를 하면 배경을 투명하게 출력합니다.

체크 표시 해제   체크 표시

- **저장 경로 설정**: [Browse] 아이콘 을 클릭해 저장 경로를 설정합니다.

⑥ [**Memory requirements**]

- [**Pixel buffers**]: 현재 설정된 렌더링 해상도에 필요한 추가 메모리의 양을 표시합니다.
- [**Denoiser**]: 디노이저에 필요한 추가 메모리의 양을 표시합니다.
- [**Light cache**]: Light cache에 필요한 메모리의 양을 표시합니다.
- [**Approx. GPU memory needed**]: 현재의 렌더링 해상도 및 설정에 대해 추가로 필요한 GPU 메모리의 근삿값을 표시합니다.

2 │ [Sequence] 탭

동영상 렌더링을 출력할 때 선택합니다. [Still image] 탭과 중복되는 내용의 설명은 생략합니다.

① [**Output**]

- **[Frame range/Custom Frames]**: 프레임 범위 방식이나 사용자 지정 프레임 방식을 설정합니다.

- **[First frame/Last frame]**: 애니메이션 시퀀스의 첫 번째 프레임과 마지막 프레임을 설정합니다.

- **[Interval]**: 프레임 출력 간격을 설정합니다. 1은 애니메이션의 모든 프레임을 렌더링하는 방식입니다.

- **[FPS]**: 초당 프레임 수를 설정합니다.

- **[Output file type]**: 출력 파일 형식을 설정합니다. 내림 버튼 ⌄ 을 클릭하면 출력할 수 있는 파일 형식이 나타납니다.

파일 형식

찾아보기